首都经济贸易大学教改成果论丛

以本为本 铸魂育人

首都经济贸易大学教育教学改革论文集

韩宪洲 ◎ 主编

首都经济贸易大学出版社
Capital University of Economics and Business Press
·北 京·

图书在版编目（CIP）数据

以本为本　铸魂育人：首都经济贸易大学教育教学改革论文集／韩宪洲主编. -- 北京：首都经济贸易大学出版社，2022. 7
ISBN 978-7-5638-3358-0

Ⅰ. ①以…　Ⅱ. ①韩…　Ⅲ. ①高等学校—教育改革—北京—文集②高等学校—教学改革—北京—文集
Ⅳ. ①G642. 0-53

中国版本图书馆 CIP 数据核字（2022）第 081799 号

以本为本　铸魂育人——首都经济贸易大学教育教学改革论文集
韩宪洲　主编
YIBEN WEIBEN　ZHUHUN YUREN
——SHOUDU JINGJI MAOYI DAXUE JIAOYU JIAOXUE GAIGE LUNWENJI

责任编辑　潘　飞
封面设计　砚祥志远·激光照排　TEL：010-65976003
出版发行　首都经济贸易大学出版社
地　　址　北京市朝阳区红庙（邮编 100026）
电　　话　（010）65976483　65065761　65071505（传真）
网　　址　http://www.sjmcb.com
E- mail　publish@cueb.edu.cn
经　　销　全国新华书店
照　　排　北京砚祥志远激光照排技术有限公司
印　　刷　唐山玺诚印务有限公司
成品尺寸　170 毫米×240 毫米　1/16
字　　数　471 千字
印　　张　29. 75
版　　次　2022 年 7 月第 1 版　2022 年 7 月第 1 次印刷
书　　号　ISBN 978-7-5638-3358-0
定　　价　90. 00 元

序言

党的十九大以来，习近平总书记多次强调：高等教育是一个国家发展水平和发展潜力的重要标志；党和国家事业发展对高等教育的需要，对科学知识和优秀人才的需要，比以往任何时候都更为迫切；培养社会主义建设者和接班人，是我们党的教育方针，是我国各级各类学校的共同使命；走内涵式发展道路是我国高等教育发展的必由之路。本科教育是高等教育中具有战略地位的教育，是纲举目张的教育。建设高等教育强国必须坚持“以本为本”，把本科教育放在人才培养的核心地位，放在教育教学的基础地位，放在新时代教育发展的前沿地位。

近三年来，首都经济贸易大学以习近平新时代中国特色社会主义思想为指导，深入贯彻党的十九大和十九届二中、三中、四中、五中、六中全会精神，全面贯彻习近平总书记关于教育的重要论述和全国教育大会的精神，认真落实新时代全国高等学校本科教育工作会议、教育部《关于深化本科教育教学改革 全面提高人才培养质量的意见》精神，坚持教育为人民服务、为中国共产党治国理政服务、为巩固和发展中国特色社会主义制度服务、为改革开放和社会主义现代化建设服务，全面落实立德树人根本任务，切实推进本科教育内涵式发展，努力培养德智体美劳全面发展的社会主义建设者和接班人。

第一，“三全育人”体制机制逐步健全完善。学校本科教育始终贯彻落实立德树人根本任务，不断优化顶层设计，创新“三全育人”体制机制，深化课程思政建设。学校各单位、各部门、全体教职员工以生为本，为培养担当民族复兴大任的时代新人而协同配合，“三全育人”工作体系日益健全完善。2021 年，为认真落实新时代全国高等学校本科教育工作会议、教育部《关于深化本科教育教学改革 全面提高人才培养质量的意见》精神，加快推进北京市属高水平研究型大学、“国内一流、国际知名”财经大学建设进程，打造新时代一流本科教育体系，全面提升一流本科教育建设保障能力和水平，学校制定《首都经济贸易大学全面落实立德树人根本任务 打造新时代一流本科教育实施方案》（以下简称“首经贸本科教育 20 条”）。首经贸本科教育20 条从指导思想、建设目标、建设原则、课程思政、专业建设、课程建设、教材制度、教学模式、培养体系、教改研究、实践教学、竞赛科创、教学团队、教学评价、教学管理、教学服务、考核机制、智慧环境、质量评估、组织实施等 20 个方面为学校教育教学改革指明了方向。

第二，人才培养坚持厚植基础、五育并举。学校不断推进人才培养模式改革，秉承“厚基础、宽口径”的人才培养理念，强调专业大类培养，逐步破除和减少学科、专业、学院间壁垒，已在城市经济与公共管理学院、工商管理学院、劳动经济学院、金融学院等 7 个学院实现大类招生和大类培养。学校重视理论基础学习，2021 年全面修订本科人才培养方案，学科基础课学分较 2017 版本科人才培养方案提高 20%。学校贯彻落实国家和北京市教委关于劳动育人和美育、体育工作的最新文件精神，加快构建德智体美劳全面培养的教育体系，在培养方案中明确增加劳动育人实践教育环节，设定美育课程最低修读学分要求，并将通过大学生体质健康测试作为毕业审核条件。

第三，课程思政建设不断深化。课程思政建设是构建“三全育人”格局的关键要素，学校加强课程思政顶层设计，先后出台了《关于推进“三全育人”综合改革的实施意见》《关于深化课程思政建设的意见》《关于推进试点学院课程思政建设的实施意见》等多个文件，为学校课程思政发展奠定了坚实的制度基础。学校先后推出“五二二”课程思政与专业思政一体化育人体系，深入推进“七个一批”和“六个推进”工程，着力打造、建设课程思政示范课程、课程思政案例库、课程思政教学名师和团队等精品资源。2021 年，为全面落实《高等学校课程思政建设指导纲要》，贯彻落实立德树人根本任务，推进学校“三全育人”综合改革和深化课程思政建设，提升学校课程思政建设的能力和水平，提升课堂育人效果，构建高水平人才培养体系，学校决定设立首都经济贸易大学课程思政教学研究中心。研究中心将聚焦课程思政理论研究和教学实践，发挥服务、组织、研究、咨询、指导职能，起到示范和引领作用，推动学校课程思政建设工作向前发展。

第四，注重本科师资队伍建设，全面提升教师团队育人水平。学校高度重视优质育人团队打造，引导教师潜心教书育人，严格执行新聘教师课堂准入、教学督导听课、期中教学检查等规章制度，组织学校第二届教学质量奖评选和北京市教学名师推荐申报工作，评选校级教学卓越奖和教学新秀奖，精心组织首届课程思政教学设计大赛、青年教师教学基本功大赛等赛事，以赛促教，全面提升专任教师的专业水平和教学能力。三年来，学校共有 9 位教师荣获北京市教学名师奖，3 个团队获评北京市优秀本科育人团队，共计 20 人次荣获学校教学卓越奖，18 人次荣获学校教学新秀奖。

第五，课堂教学坚持优质化、智慧化。学校坚持“以学生为主体、以教师为主导”的课堂教学理论，将课程、教材的建设与管理作为提升课堂教学质量的重要手段。连续两年开展校级课程建设立项工作，积极探索课程思政示范课程、线上课程和线上线下混合式课程等多种主流课程建设方法，累计资助课程建设项目 97 项，投入资金 147 万元。学校出台教材管理办法，成立教材管理领导机构，大力推进“马工程”重点教材选用工作。三年来，通过全校师生的共同努力，学校建设、选育了一批高水平课程和教材：4 门课程获批国家级一流本科课程，1 部教材获批全国优秀教材，12 门课程获批北京市优质本科课程，12 部教材（课件）获批北京市优质本科教材（课件）。学校着力打造智慧化教学环境，持续、深入推进信息技术与教学过程融合，加速教学信息化改革。学校现有智慧教室 11 间，在中国大学慕课（MOOC）平台、超星平台等多个信息化教学平台拥有自建课程、资源共享课程 2 316 门。教学信息化建设促进了课堂教学的灵活性与学生学习的主动性，为疫情期间本科课堂教学平稳进行提供了重要保障。

第六，实践教学坚持应用导向、行业共建。学校强化实践育人，稳步构建科学的实践教学体系。明确实践育人在人才培养过程中的重要地位，提高实践教学学分占总学分的比例，其中人文社科类专业为 20%，理工类专业为 25%；系统组织学生参与大学生创新创业实践项目，鼓励提交以实习、社会调查等实践性工作为基础的毕业论文（设计），近三年累计资助校级“大科创”项目 1 200 项，项目资助总金额约 402 万元。学生在各级各类竞赛中获省部级以上奖项逾千项，学生竞赛参与率超过 50%。学校支持各类型、各级别的实践教学基地申报与建设工作，目前已拥有国家级实验教学示范中心 1 个（经济与管理实验教学中心），并与科研院所、行业企业共建国家级、省部级实习实训基地 7 个。

第七，学生发展坚持产出导向、国际视野。学校倡导基于学习产出（OBE）的教育理念，重视学生理想信念养成和学业成绩、综合素质提升。持续推进创新创业教育，获评北京市高校示范性创业中心、北京地区高校大学生优秀创业团队“优秀组织奖”等，学生创新创业能力显著增强。学校持续推进人才培养国际化进程，与美国加州大学圣地亚哥分校等高水平院校开展联合培养，通过“外培计划”项目累计派出学生 33 人次。2021 年由教育部批准的中外合作办学项目正式招生。

上述成果的取得，有赖于全校教师持续不断地进行教育教学改革探索。学校也一直将开展教育教学改革研究作为本科教育内涵式发展的重要抓手。三年来，学校本科教学建设与综合改革项目累计立项 400 余项，项目类别包括课程思政示范课程、线上课程、线上线下混合式课程、优质教材建设项目、教学改革研究项目、课程思政案例库建设项目等。学校积极组织申报教育部、北京市各类教育教学改革项目，共获批教育部课程思政示范项目 1 项，北京高等教育“本科教学改革创新项目”9 项，其中重大委托项目 1 项、重点项目1 项。本次编写的《以本为本 铸魂育人——首都经济贸易大学教育教学改革论文集》是 2021 年学校教育教学改革研究的优秀成果合集，包含 28 篇论文，从培养体系、课程建设、教学方法、教学管理四个角度展示了学校教师的教育教学改革思考。

未来首都经济贸易大学将继续加大教学项目建设与选育力度，经过逐级培育、精心打磨、系统论证、科学激励，打造一批彰显学校办学特色、体现学校人才培养亮点的教学改革研究成果。通过教育教学改革研究，进一步推动学校本科教育内涵式高质量发展，努力培养坚定不移听党话、跟党走，堪当民族复兴重任，具有“首经贸特色”的时代新人。

目 录

第一篇 培养体系

地方财经类高校提升质量内涵，打造一流本科教育的建设路径研究

刘　强　陶　盈　陈　磊　郝宇彪　钱　程　郝海然　陈海沐
（首都经济贸易大学　教务处）

【摘　要】 全面落实立德树人根本任务，提升本科教学质量，打造一流本科教育，是新时代高等教育改革发展的时代要求。现阶段地方财经类高校在推进内涵式发展的过程中，依然存在着对发展目标定位和人才培养目标的内涵缺乏统一认识，本科教育核心地位有待强化，教学改革研究未与课堂教学形成良性互动等问题。地方财经类高校在加快打造一流本科教育进程中必须坚持和加强党的领导，立足地方财经高校特点，深入推进课程思政和专业思政建设，深化大类培养模式改革，建设一流专业体系，深入推进教学模式改革，着力提升课堂教学效果，落实教学评价改革，推进高校治理体系的现代化。

【关键词】 地方财经类高校　内涵式发展　本科教育　建设路径

引言

2018 年 5 月 2 日，习近平总书记在北京大学师生座谈会上的讲话中明确指出，办出中国特色世界一流大学要做好三项基础性工作：坚持办学正确政治方向，建设高素质教师队伍，形成高水平人才培养体系。同年 9 月 10 日，习近平总书记在全国教育大会上指明了教育的首要问题、教育工作的根本任务，并提出教育改革中的“9 个坚持”和今后开展教育工作的“9 个要求”。2018 年召开的新时代全国高等学校本科教育工作会议提出，高等教育需要把握好两个基本点：坚持以本为本，推进四个回归。可见，全面落实立德树人根本任务，提升本科教育教学质量，打造一流本科教育，已经成为新时代高

等教育改革发展的必然要求。

当前，地方高校占全国高校总数的95%以上，其教育质量的高低是决定全国本科教育水平的关键。2018年6月，北京市印发《关于统筹推进北京高等教育改革发展的若干意见》，强调“走以质量提升为核心的内涵式发展道路”。提升质量内涵，发展一流本科教育，是新时代地方高校包括地方财经高校的历史使命。

一、地方财经类院校本科教育发展存在的问题

培养一流应用型本科人才，为国家建设尤其是地方发展建设提供坚实的人力资本支撑，是地方高校教育发展的使命担当。然而，正如学者刘振天等所指出的，长期以来，地方高校无不沿着从本科学院到本科大学，从硕士学位授权高校到博士学位授权高校发展的办学思路，始终以学术性研究型大学的人才培养定位为模仿对象，从而导致目标定位、办学思路、评价尺度等方面在学术主导与市场取向之间摇摆不定。

这是值得深思的。事实上，高校的办学定位与党和人民的事业发展是密不可分的，是与国家和地方的建设需求密不可分的。相比部属高校，地方高校在地方经济社会发展中的支撑作用应该更为明显。然而，长期以来，地方高校的盲目攀高和由此造成的进退两难，导致其无法形成成熟的人才培养体系，开展真正意义上的一流本科教育则更是无从谈起。近年来，在习近平总书记关于教育重要论述的指引和国务院及其所属教育部等所颁布的系列文件的指导下，不少地方财经类高校都在探索构建较为完整的涵盖定位、目标、标准、路径、保障的全方位人才培养体系，部分高校还从一流专业建设、金课建设、智能教室建设等多角度推进人才培养模式改革。但与此同时，地方财经类高校在内涵式发展过程中依然存在以下问题。

第一，对学校发展定位、人才培养目标的内涵缺乏统一认识；在专业建设、师资配备、课堂质量等方面与一流本科教育的发展定位相比还存在一定差距；思政课程与课程思政二者在教育功能方面的协同效应有待进一步增强。

第二，本科教育在人才培养体系中的核心地位有待强化。本科教育是大学教育的根和本，在高等学校人才培养体系中占据基础地位，是在高等教育

中具有战略地位和纲举目张意义的教育类型。然而，在实际发展中，许多学校普遍存在重学科建设、轻专业与课程建设，重研究生培养、轻本科教育的倾向；教师中存在重科研、轻教学的现象；学校科研反哺教学的机制不完善，以质量为导向的教学绩效评价机制也有待进一步完善。

第三，教师质量与结构对一流本科教育发展的支撑力度不足。习近平总书记强调，教师是人类灵魂的工程师，是人类文明的传承者，承载着传播知识、传播思想、传播真理，塑造灵魂、塑造生命、塑造新人的时代重任。一流的教师队伍是培养一流人才的关键。反观现实，高校中普遍存在专任教师不足，生师比高等问题。此外，教学梯队建设思路不清晰，高层次教师队伍发展潜力不足，缺乏在国内外具有重要学术影响力的领军人才。

第四，课程资源对高水平人才培养目标的支撑力度不足。课程体系是人才培养的基本支撑。当前，我国经济发展方式一方面需要实现新产业与传统产业的协同发展，另一方面也需要三次产业的融合发展，这就要求高校进行本科人才的个性化、多元化和多样化供给。综观世界一流大学的人才培养模式，都有两个基本的共同点，一是实施通识教育，二是尊重学生的个性发展，即打造丰富的专业课程体系。当前，地方财经院校的课程体系与一流大学相比还存在明显的差距：一是所开设的课程尤其是公共选修课程的总量偏少，生均课程门数偏低；二是专业核心课程凝练不够，课程之间内容重复现象突出，无法满足多样化培养的需要。

第五，教学改革与研究没有与课堂教学形成良性互动。不同于中小学教育，大学教育的核心是在传递基本知识点的基础上引导学生形成具有探索能力的思维模式，且所传授的知识点要与社会发展现实紧密结合。因此，大学课堂教学也需要不断进行教学改革与研究，要从教师传授为主转变为在教师的引导下激发学生自主学习与探索。遗憾的是，很多教师参与教学改革的积极性不高，且现有的教学研究中对以“学”为中心的课堂教学模式的内涵、特点、实施路径、关键问题等研究不够深入。教学改革研究立项中，针对课堂教学中的具体问题所进行的研究很少，教师教学方式方法的创新水平还有较大的提升空间，学校教育对学生学习与成长的增值功能不明显。

第六，实践课程体系不健全，“知行合一”的教学理念有待进一步深化落实。应用型人才培养要求强化实践教学，构建高素质人才实验、实训、实习体系是其应有之义。但是，目前地方财经类高校普遍存在创新创业教育课程资源建设亟待增强的问题，部分院校还存在用创新创业活动代替创新创业教育的现象。

二、地方财经类高校本科教育内涵式发展的改革思路

2018 年 11 月，教育部本科教学工作审核评估专家组进驻首都经济贸易大学，全面考察学校的本科办学情况。在肯定学校在本科教学中工作亮点的同时，专家组也提出了学校在一些方面存在的突出问题，包括落实人才培养整体目标，课程设置、专业建设等方面对高水平复合型人才培养目标定位的支撑度，专业定位建设和人才培养目标的达成度，通识教育和专业教育有效融合的课程体系的建立等，为学校进一步提升人才培养水平开出了良方。

2019 年 11 月，北京市教委专家组对首都经济贸易大学本科教学整改工作进行了实地回访。北京市教委专家组对学校自 2018 年接受本科教学审核评估以来所进行的各项教育教学改革工作给予了充分的肯定，对学校进一步全面落实立德树人，深化教学改革，打造一流本科教育提出了建设性的意见建议。

几年来，首都经济贸易大学深入贯彻落实习近平总书记关于教育的重要论述和全国教育大会精神，认真落实新时代全国高等学校本科教育工作会议精神，立足“两个大局”，心怀“国之大者”，坚持“立足北京、服务首都、面向全国、走向世界”，建设北京市属高水平研究型大学。学校先后在“三全育人”综合改革、专业建设、课程建设、智慧教学环境打造、教学模式改革、教育评价改革等方面推出了一揽子措施，在全面落实立德树人根本任务，打造一流本科教育等方面取得了一系列成效。

（一）立德树人，价值引领

坚持立德树人根本任务，紧紧围绕“培养什么人、怎样培养人、为谁培养人”的根本问题，深化“课程思政”内涵建设，探索“专业思政”体系建设。强化价值引领，最大限度发挥课堂教学育人主渠道作用，全面推进“三全育人”综合改革。做好顶层设计，把做人做事的基本道理、社会主义核心价值观的要求以及实现民族复兴的理想和责任融入本科人才培养方案，实现

思政育人与专业育人的同向同行。

（二）厚植基础，大类培养

遵循人才培养规律，在强化通识教育的基础上，依托学科大类和专业大类探索“大专业”人才培养模式。夯实专业学科基础，使学生接受更严格的基础训练。落实“厚基础、宽口径”人才培养要求，突破相近专业壁垒，系统设计专业大类知识体系，积极打造具有深厚专业大类底蕴的学科基础课程平台和具有鲜明专业特色的专业方向课程平台。

（三）发展个性，鼓励自主

构建学生个性化发展的多元人才培养模式。保证学科优势与专业特色，从通识教育与专业教育两方面继续扩大学生学习自主权。拓宽专业型人才与复合型人才发展的选择路径，鼓励开设更多专业课程供学生进行个性化选择。

（四）产出导向，鼓励创新

构建基于学习成果导向（outcomes based education，OBE）的“以学生为中心、产出导向、持续改进”的教育理念。瞄准国家、社会和高等教育发展趋势、行业发展需求等，对未来 5~10 年人才所需知识结构与综合素质进行科学前瞻，反向设计，制定并不断完善人才培养策略和体系。以开放创新的理念，开设学术写作课程与学科前沿课程，启迪创新意识，培育创新精神，打造鼓励创新的人才培养模式。

（五）强化劳育，提升美育

围绕培养学生社会主义劳动观的要求，以劳动经济学科、行业企业以及校内外实习实训基地为依托，开设理论与实践相结合的劳育课程，构建全方位劳动育人体系。进一步优化通识教育选修课的结构和内涵，开设“审美体验与艺术鉴赏”等通识教育选修课专题模块，开展更多文艺类课程和活动，强化艺术教育，融入校园文化，组织艺术展演，提升美育质量，全面构建五育并举的人才培养体系。

三、学校本科教育发展改革取得的成效

首都经济贸易大学在全面落实立德树人，打造一流本科教育方面推出了一系列改革举措，制定出台了学校本科教育 20 条，在教学运行、教学研究、

教学建设等方面取得了一系列显著成效。

（一）“三全育人”体制机制逐步完善

全面落实立德树人根本任务，不断优化顶层设计，创新“三全育人”体制机制，深化课程思政建设。学校成立课程思政教学研究中心，制定出台了《关于推进“三全育人”综合改革的实施意见》和《关于推进教师党支部落实课程思政建设制度化的实施意见》等多个文件，充分发挥教师党支部、基层党委在深入推进“三全育人”综合改革中的关键作用。加强教学系统与学工系统的沟通协作，加强职能部门与教学单位之间的协调配合，实现合力育人。

（二）人才培养模式迈上新台阶

不断推进人才培养模式改革。学校秉承“厚基础、宽口径”的人才培养理念，强调专业大类培养，逐步破除和减少学科、专业、学院间壁垒，目前已在城市经济与公共管理学院、工商管理学院、劳动经济学院、金融学院等7个学院实现大类招生和大类培养。学校重视理论基础学习，全面修订本科人才培养方案，学科基础课学分较2017年版本科人才培养方案提高20%。学校贯彻落实国家和北京市关于劳动育人、美育、体育工作的最新文件精神，加快构建德智体美劳全面培养的教育体系，在培养方案中明确增加劳动育人实践教育环节，设定美育课程最低修读学分要求，并将通过大学生体质健康测试作为毕业审核条件。学校持续推进人才培养国际化进程，与美国加州大学圣地亚哥分校等高水平院校开展联合培养，至今已通过“外培计划”项目累计派出学生33人次。此外，由教育部批准的中外合作办学项目已于2021年正式招生。

（三）课程思政建设快速推进

课程思政建设是构建“三全育人”格局的关键要素，学校加强课程思政顶层设计，先后出台了《关于深化课程思政建设的意见》和《关于推进试点学院课程思政建设的实施意见》等多个文件，为学校课程思政发展奠定坚实制度基础。在推出“5+2”课程思政试点学院的基础上，又推出了经济学、会计学和法学3个专业思政试点专业。学校先后推出“五二二”课程思政与专业思政一体化建设的育人体系，推出了学校课程思政建设的“七个一批”

和“六个推进”工程，着力打造、建设课程思政示范课程、课程思政案例库、课程思政教学名师和团队等精品资源。截至目前，首都经济贸易大学已建设校级课程思政示范课程 40 余门，设立课程思政类教改立项 70 余项；编辑出版校级课程思政优秀教学案例一部；成功举办学校首届课程思政教学设计大赛；审计学课程获批教育部课程思政示范课程，课程主讲顾奋玲教授团队获评课程思政示范教学团队。

（四）本科专业结构明显优化

积极对接北京“四个中心”城市功能定位和“两区”建设需求，加大本科专业调整力度，持续优化专业结构，建立专业动态调整机制。学校为提高人才培养与新时代社会需求的契合度，近三年来主动关、停、并、转、增 11 个本科专业，调整比例达 25%。学校以“双万计划”为契机，不断夯实学科基础，提升专业教育质量，丰富个性教育内涵，一流本科专业建设驶入快车道，在国家级和北京市一流本科专业建设点申报中取得丰硕成果。目前，学校已获批 18 个国家级一流本科专业建设点和 9 个北京市一流本科专业建设点，获批率均为 100%。国家级一流本科专业建设点（去除已关停专业）覆盖率达 49%，一流本科专业建设点学生覆盖率近 70%，在市属高校中位居前列。

（五）课程教材建设取得新成效

坚持“以学生为主体、以教师为主导”的课堂教学，将课程、教材的建设与管理作为提升课堂教学质量的重要手段。学校已连续两年开展校级课程建设立项工作，积极探索课程思政示范课程、线上课程和线上线下混合式课程等多种主流课程建设方法，累计资助课程建设项目 100 余项。学校制定出台教材管理办法，成立教材管理领导机构，大力推进“马工程”重点教材选用工作，建设、选育了一批国家级和北京市级的高水平课程和教材。

（六）智慧教学环境建设取得新进展

着力打造智慧化教学环境。学校持续、深入推进信息技术与教学过程融合，加快推进教学信息化、智慧化改革和教学资源建设，在硬件教学环境、教学资源建设等方面取得新进展。在中国大学 MOOC（慕课）平台、超星平台等多个信息化教学平台拥有自建课程、资源共享课程 2 300 余门。教学信息化建设促进了课堂教学的灵活性与学生学习的主动性，为疫情期间本科课堂教学的平稳进行提供了重要保障。同时，学校搭建了本科教育微服务平台，推出学生学业画像（即学生学业评价大数据），加强学业监控，提升育人能力和水平。

（七）实践育人协同体系日趋成熟

强化实践育人，稳步构建科学的实践教学体系。学校明确实践育人在人才培养过程中的重要地位，提高实践教学学分占总学分的比例（其中人文社科类专业为20%，理工类专业为25%），系统组织学生参与大学生创新创业实践项目，鼓励提交以实习、社会调查等实践性工作为基础的毕业论文（设计），三年来累计资助校级“大科创”项目1 200项，项目资助总金额400余万元。三年来，首都经济贸易大学学生在各级各类竞赛中获省部级以上奖项逾千项，学生竞赛参与率超过50%。学校支持各类型、各级别的实践教学基地申报与建设工作，目前已拥有经济与管理实验教学中心1个（国家级实验教学中心），并与各科研院所、行业企业共建国家级、省部级实习实训基地7个。

（八）教育教学改革书写新篇章

三年来，学校本科教学建设与综合改革项目累计立项400余项，项目类别包括课程思政示范课程、线上课程、线上线下混合式课程、优质教材建设项目、教学改革研究项目、课程思政案例库建设项目等。学校积极组织申报教育部、北京市各类教育教学改革项目，并获批教育部课程思政示范项目、新文科建设项目，北京高等教育本科教学改革创新重大项目、重点项目等多项。学校高度重视教学成果奖培育，近年来已获得北京市级教学成果奖12项。

四、地方财经类高校打造一流本科教育的建设路径

未来，地方财经类高校在打造一流本科教育进程中，应当继续以习近平新时代中国特色社会主义思想为指导，贯彻落实立德树人根本任务，进一步完善“三全育人”体制机制，全面推进人才培养模式改革和教育教学改革。准确把握《普通高等学校本科教育教学审核评估实施方案（2021—2025年）》和《深化新时代教育评价改革总体方案》等文件精神，提前谋划，提前部署，打有准备之仗。建立健全本科教育教学质量保障体系，引导学校内涵式发展、

特色发展、创新发展。根据学校的发展规划、办学定位、人才培养目标和质量保障体系等建设情况，自主选择突出学校特色的评估方案。强化建改结合，在高度重视学校的办学理念、体制机制、质量文化等软实力建设的同时，着眼学校的本科教育现代化改革对现在问题与不足进行整改。

具体说来，应当遵循以下几点建设路径，着力促进本科教育内涵式发展。

（一）落实立德树人根本任务，全面推进课程思政建设

牢记为党育人、为国育才使命，把立德树人成效作为检验学校一切工作的根本标准，将“三全育人”综合改革作为推进学校内涵式发展的重要抓手。贯彻落实课程思政建设的总体要求，将课程思政、专业思政一体化建设作为提高教学水平的助推器。深入发掘和提炼各类课程所蕴含的思政要素和德育功能，并将其有机融入课堂教学，实现专业教育与思政教育同向同行，形成协同效应。

（二）深化大类培养改革，打造多样化人才培养体系

紧密围绕自身办学定位，结合北京“四个中心”城市功能定位，不断创新人才培养模式，逐步完善“通识教育+专业教育+实践教育”的人才培养基本框架，夯实学科基础，深入推进“厚基础、宽口径”的大类培养模式改革。

（三）加强一流专业建设，推进专业内涵式发展

继续强化优势专业，突出特色专业，优化专业结构。以“双万计划”为契机，把一流专业建设作为学校全面改革的展示窗口和调整优化专业结构的重要突破口，争取获批更多一流本科专业建设点。科学制定专业建设发展规划，提高专业建设质量，深化专业内涵建设，推动专业体系不断迈向规范化、标准化。

（四）着力一流课程建设，坚持教育质量优先

持续推进一流课程建设，探索线上线下混合式教学模式，加大虚拟仿真实验教学课程建设投入，加强微课、慕课及网络课程资源建设，推进传统课堂向信息课堂的转变。搭建学校在线课程平台和课程资源共享平台。坚持“两性一度”要求，打造金课，淘汰水课，提高课程含金量，提升课程建设的先进性和互动性。

（五）推进教学模式改革，提升课堂教学效果

精准匹配本科人才培养方案，着力推动开展教学方式与方法改革，完善线上线下相结合的教学模式，推广研讨式、案例式、项目式、混合式、翻转课堂等多种教学模式，提高学生自主学习能力。增强教师运用信息化手段提高课堂教学质量的能力，推进“互联网+课堂”教学新模式，激发学生的求知欲，增强课程内容的前沿性，提升课堂教学效果。

（六）落实教学评价改革，健全教学成果认定体系

深入贯彻落实《深化新时代教育评价改革总体方案》文件精神，深化学校分类评价改革，改进本科教育教学评估工作，重点突出学校办学定位、思想政治教育、优势特色专业、学生参加社会实践等内容。继续坚持将师风师德作为教师素质评价的第一标准，健全师德考核制度，推动师德建设常态化、长效化。采用自查与检查组实地检查相结合的方式加强教学检查力度，以激发教师教学活力和学生学习兴趣为目的，建立为学生个性化发展提供充分空间的本科教学质量保障体系。建立健全教学成果管理和认定标准，形成高效、高质量的教学成果评价体系，优化完善教师工作量认定、成果奖励等激励制度。

（七）鼓励教学改革研究，全面提升教师教学能力

继续加大教学项目建设与选育力度，经过逐级培育、精心打磨、系统论证、科学激励，打造一批彰显学校办学特色、体现学校人才培养亮点的教学改革研究成果，进一步争取获得国家级教材建设奖、国家级一流本科课程、国家级教学改革研究项目、国家级和省部级教学成果奖等高层次教育教学奖项。全面开展教师教学能力提升培训，助力培养专业素养扎实、教学能力突出、学科视野开阔、家国情怀深厚的“领路人”。

（八）丰富实践教学平台，形成协同育人合力

贯彻“知行合一”教学理念，把实践育人作为推进素质教育的重要手段。一是统筹运用校内资源，改善实验教学条件，搭建优质实验教学平台，加强实验室的规范化管理，构建功能集约、资源共享、开放充分、运作高效的实验教学平台。建设一批高水平的实验教学示范中心，提高实验教学水平。二是加强校内外实习基地建设，提升学生实践创新能力。大力推动与行业部门、

企业单位共同建设实践教育基地，切实加强实习过程管理，健全合作共赢、开放共享的实践育人机制。三是探索完善科教协同、产教融合协同育人机制。深入推进科教结合协同育人体系建设，完善科教协同育人机制，将科研院所的平台、项目和团队资源优势转化为专业建设和人才培养优势，促进科教资源优势互补和有机整合。探索建立学校与企业在人才、实验室、科学研究、科技成果转化等方面优势互补、共建共享、互利共赢的机制。

（九）重视创新创业建设，改革竞赛科创项目

拓展创新创业教育覆盖面，促进学生素质全面发展。挖掘充实各类专业课程的创新创业教育资源，着眼学生创新意识和创新能力培养，面向全体、分类施教、结合专业、强化实践，促进学生全面发展。把创新人才培养贯穿学生培养全过程，不断优化人才培养方案，完善科技创新激励措施。支持高层次学科竞赛项目，营造科技创新浓厚氛围。突出产出导向，孵化支持、重点培育，打造一批具有特色的学生科技创新团队。推进竞赛项目一体化信息管理，实现学科竞赛管理的流程化。构建本科生科创实践体系，建设创新人才培养环境。支持各级各类大学生科技创新项目的开展，鼓励大学生开展创业实践活动和立项研究，重点资助大学生科学研究及各种综合性、开放性实验的课题项目立项，促进不同学科之间的融合与交叉，为培养具有跨学科知识结构的复合型人才搭建平台。

（十）优化信息网络平台，打造智慧教学环境

紧抓新时代信息化、智能化发展机遇，持续推进智慧教学环境建设。优化整合本科教学各信息系统平台，打造一体化智慧教学体系，推动教学服务“一网通办”。充分运用现代信息技术，推进多媒体教室与智慧教室的改造。推进优质教学资源平台建设。发挥信息系统的数据效能，实现“一数一源”，打通数据孤岛。深度挖掘教学质量评价信息数据，综合运用多维数据分析，加强教学过程监测的动态化和精准化。构建“智慧管理—智慧服务—智慧评价”三维驱动的智慧教育管理与服务体系。持续优化网络教学平台，构建多元协同、内容丰富、应用广泛、服务及时的课堂教学云服务体系，满足学生自主学习、自主管理、自主服务等个性化需求。

参考文献

[1] 陈宝生. 坚持“以本为本”推进“四个回归”建设中国特色、世界水平的一流本科教育 [J]. 时事报告（党委中心组学习），2018（5）.

[2] 刘振天. 学术主导还是取法市场：应用型高校建设中的进退与摇摆 [J]. 高等教育研究，2019（10）.

[3] 乐传永，许日华. 地方高校建设一流本科教育的缘由、方向与进路 [J]. 中国高教研究，2020（2）.

[4] 吴玉程. 本科教育在“双一流”建设高校的地位与作用 [J]. 中国高教研究，2018（20）.

[5] 谢和平. 打造一流师资队伍　建设一流本科教育 [J]. 中国大学教学，2019（4）.

[6] 郑庆华. 通识教育与专业教育融合发展：新时代中国特色一流本科人才培养路径探索 [J]. 中国大学教学，2018（10）.

[7] 魏中林. 面向 2035 的一流应用型本科教育发展 [J]. 高教探索，2019（11）.

课程思政在以"国际化"为特色的本科教育中的应用研究

兰 君

（首都经济贸易大学 华侨学院）

【摘 要】习近平总书记强调，在高校思想政治工作中要使各类课程与思想政治理论课同向同行，形成协同效应，让学生成为德才兼备、全面发展的人才。为贯彻落实这一要求，首都经济贸易大学华侨学院根据"国际化"本科人才培养教育教学的特点，探索构建了以"国际化"人才培养为特色的课程思政建设的顶层设计和实施路径，构建以学生、教师、课程为主体的课程思政建设三驾马车。通过实施抓住教师主体、建好课程载体这两个重要举措，初步取得了"国际化"+"课程思政"建设的初步成果。

【关键词】课程思政 国际化 顶层设计 实施路径

引言

2018年，习近平总书记在全国教育大会上指出，要把立德树人融入思想道德教育、文化知识教育、社会实践教育各环节。高校思想政治工作关系高校培养什么样的人，如何培养人以及为谁培养人这一根本问题，而在以"国际化"人才培养为特色的院校中，这一根本问题如何有效解决尤为关键。在首都经济贸易大学的整体发展战略中，华侨学院的定位为"国际化、应用型"本科人才培养。自建立之日起，华侨学院就始终围绕"国际化"特色开展各项教学活动。近几年来，华侨学院本科生出国深造的比例在50%左右，在学校各学院中名列前茅。在中国和平发展的进程中，在国际局势风云变幻的环境下，如何培养建设中国特色社会主义的国际化人才，如何有效地将学生的知识、能力与价值观培养融为一体，如何让学生传好中国声音，讲好中国故事，是我们必须高度重视的。这其中，以“国际化”为特色的二级学院课程思政建设路径的打造，尤其是教师思政意识的建立是关键要素。基于此，本研究从课程思政体系构建的角度入手，探索在“本土国际化”本科人才培养过程中思政元素的实施路径和有效融入方式。

一、以“国际化”为特色实施课程思政建设过程中存在的主要问题

当前，学界已就课程思政建设形成广泛共识。例如：课程思政是整体性课程观，课程思政建设是一项系统性工程；教师是做好课程思政建设的关键，其育人能力的高低直接决定课程思政建设的效果。然而，根据“高校国际化视域下的学生工作理论与实践研究”课题组的调查结果，47.8%的受访者仍然认为自己在遇到国际交流方面的问题时，无法得到有效帮助。这一调查结果凸显了在以“国际化”为特色的教育中，课程思政的建设与实施还存在一些问题。

（一）顶层设计系统性不够

在“2020 CIP 教育创新大会”高等教育专场的圆桌论坛环节，中央民族大学副校长宋敏发表观点认为，不同的学校由于自身的文化和历史积淀不同，课程思政有各自的特色和体系，需要结合自身特点，进行系统性的顶层设计。

即使在同一所学校，由于各个学院的发展历史、建设重点、专业定位等方面存在差别，其课程思政建设的重点也有所不同。课程思政的建设不仅仅是“课程”本身的问题，而是需要结合学院的专业设置情况、人才培养目标、师资特点和水平、配套政策制度等进行系统的顶层设计。在过去以“国际化”为特色的本科教育教学中，一般注重的是人才知识能力、英文水平、国际视野和团队沟通等的培养。在目前“大思政”格局的背景下，如何将思政教育与学院“国际化”定位、专业设置、师资培育、人才培养目标、当前学生特点等要素相结合，搭建系统化的架构，是亟待解决的问题。

（二）专业教师融入度不足

习近平总书记指出，高校各类课程要与思想政治理论课同向同行，形成协同育人、全员育人、全方位育人的效应，任何专业学科都不例外。

但是在实践过程中，仍然存在专业课教师对课程思政的必要性和重要性认识不足的问题，主要体现在两个方面：一是部分教师只熟悉自己的专业，对思政理论及最新的时事政策学习不够，认为专业课程教学中没有课程思政开展的空间；二是部分教师虽然能够充分认识课程思政的必要性和重要性，但受知识储备和教学能力水平等方面的限制，很难在短期内将专业课程与思政要点加以有效融合。

（三）缺乏有效的教学手段

这方面主要体现为专业课教学的传统手段较为单一。尽管随着技术的不断发展，慕课、学习通、蓝墨云班课等线上线下教学手段正在逐步丰富，然而，在课程思政领域如何深挖课程的思政资源，如何将社会主义核心价值观自然融入专业课程的教学中，如何引导学生正确思考和解决现实问题等，仍然困扰着很多专业课教师。

从教学手段角度看，学校、学院层面的总体设计和规范化建设将有助于督促教师进行有效思考。例如，课程大纲中课程目标部分的表述、教案中课程思政点的陈述、课程思政案例库（案例模板）的建设与完善等。当然，校级和院级层面的规范化建设需要结合学校、学院人才培养的特点展开，切忌“一刀切”。

二、课程思政与本科教育“国际化”特色结合的顶层设计与实施路径

课程思政的有效实施是一个系统工程，应结合校（院）特色，结合不同专业课程的特点，有选择、有侧重地进行，使之有机、恰当地融入各类专业课程中（图 1）。

在顶层设计中，有效的统筹规划和组织领导，及时合理的考核，必要的经费支持和激励是项目顺利实施的基础。在内容设计中，应针对本科教育“国际化”特色以及不同专业、不同课程的特点，组织团队有规律、有步骤地进行思政元素的讨论、挖掘与更新。同时，应持续开展教师培训工作，保持教师团队意识形态的一致与观念的与时俱进，并在评奖评优、职称晋升等方面对课程思政工作较为突出的教师予以政策方面的倾斜和鼓励。作为内容设

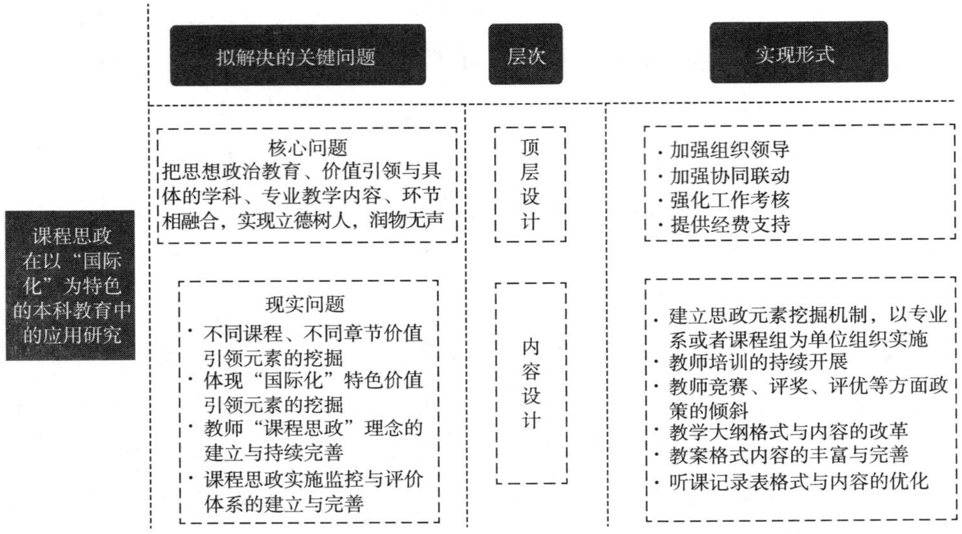

图 1 “国际化”+“课程思政”关键问题逻辑

计的核心，要在教学资料的完善与优化方面着力，具体包括教学大纲、教案、听课记录表等的格式与规范，努力适应课程思政改革的需要，增加相关要素，并在教学过程中落到实处。

基于图 1 的逻辑关系，华侨学院以“国际化”本科人才培养为特色，经过积极探索，确立了国际化特色课程思政建设的顶层设计和实施路径。

（一）两个层面

学院主要从两个层面有序推进课程思政建设。

首先，在专业课程层面，组织修订各门课程教学大纲，根据知识、能力、情感和价值观等明确课程目标，挖掘和梳理各门课程所蕴含的思想政治教育元素和承载的思想政治教育功能（图 2）。

如图 2 所示，华侨学院参照学校本科课程教学大纲管理的相关规定，修改大纲内容格式，明确要求将情感和价值观目标作为课程目标和课堂教学目标的重要组成部分。

其次，在示范引领层面，以院级思政教学改革“金课工程”项目等为抓手，打造一批课程思政示范课程，选树一批课程思政优秀教师，带动课程思政向纵深发展。

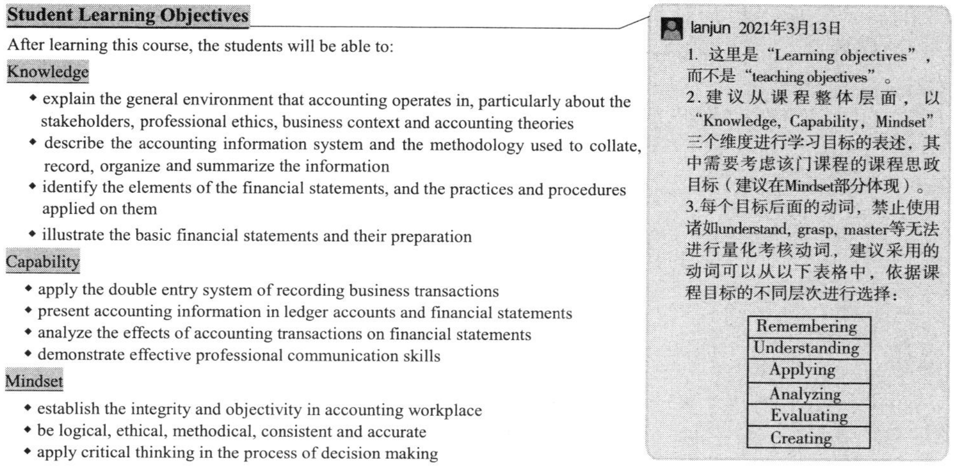

Student Learning Objectives

After learning this course, the students will be able to:

Knowledge

- explain the general environment that accounting operates in, particularly about the stakeholders, professional ethics, business context and accounting theories
- describe the accounting information system and the methodology used to collate, record, organize and summarize the information
- identify the elements of the financial statements, and the practices and procedures applied on them
- illustrate the basic financial statements and their preparation

Capability

- apply the double entry system of recording business transactions
- present accounting information in ledger accounts and financial statements
- analyze the effects of accounting transactions on financial statements
- demonstrate effective professional communication skills

Mindset

- establish the integrity and objectivity in accounting workplace
- be logical, ethical, methodical, consistent and accurate
- apply critical thinking in the process of decision making

lanjun 2021年3月13日

1. 这里是"Learning objectives"，而不是"teaching objectives"。
2. 建议从课程整体层面，以"Knowledge, Capability, Mindset"三个维度进行学习目标的表述，其中需要考虑该门课程的课程思政目标（建议在Mindset部分体现）。
3. 每个目标后面的动词，禁止使用诸如understand, grasp, master等无法进行量化考核动词，建议采用的动词可以从以下表格中，依据课程目标的不同层次进行选择：

Remembering
Understanding
Applying
Analyzing
Evaluating
Creating

图 2　华侨学院课程大纲关于课程思政目标的具体要求

（二）三个步骤

课程思政体系的搭建是一个长期的过程，华侨学院以本研究的立项为契机，构建了课程思政三步走方案（图 3）。

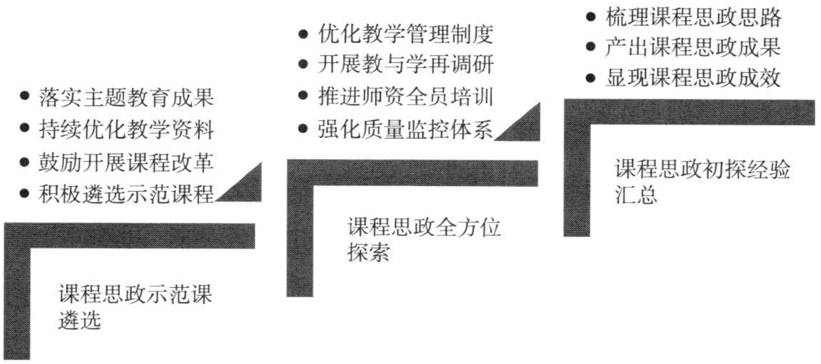

图 3　华侨学院课程思政建设推进步骤

第一步，与教师党支部形成联动，充分发挥党员教师的模范带头作用，在各系（室）落实支部主题教育的各项成果，鼓励教师积极开展课程思政教育教学的改革与创新，并在此基础上遴选示范课程。

第二步，基于课程思政角度，对教学资料、教学管理制度等进行优化与完善；充分发挥学院教师发展与提高办公室（Office of Teachers Development and Advancement，OTDA）的作用，从教师培训角度和质量监控方面对课程思政的有效实施进行设计。

第三步，将初期建设成果加以稳固并积极推广，以螺旋上升的方式在学院内全面推行课程思政建设工作，最终实现学院“国际化”本科人才培养和立德树人的教育目标。

（三）四个重点

对课程思政体系的建设，学院重点从四个角度入手，进行系统化的实施。

首先，从学院管理角度，突出与学校顶层设计的协同效应。学院从领导责任、组织保障、课程大纲、师资建设、教学目标、内容设计、教学方法等方面进行统筹考虑，推动课程思政与思政课程同频共振、协调一致。

其次，从课程思政内容角度，突出结合专业特点分类建设。华侨学院教师承担的课程主要分为通识类（英语、数学等）、工商管理类、信息管理类三部分。对于通识类课程，注重在潜移默化中坚定学生理想信念，厚植爱国主义情怀，加强品德修养，培养奋斗精神；对于工商管理类课程，注重帮助学生了解专业和行业领域的国家战略、法律法规和相关政策，引导学生关注现实问题，培育学生经世济民、诚信服务和德法兼修的职业素养；对于信息管理类课程，注重科学思维方法的训练和科学伦理教育，培养学生探索未知，追求真理，勇攀高峰的责任感和使命感，激发学生科技报国的家国情怀和使命担当。

再次，从教师广泛认同角度，采取优秀教师带动和全员参与并举的方式。学院通过进行比赛以及系（室）推荐等方式遴选一批在课程思政建设方面取得一定成绩的优秀教师，以此鼓舞、带动所有教师，形成育人“合力”的效果。具体方法为：一是强调政治意识，加强专业课教师的政治素养，提高政治站位；二是加强师德师风建设，提高教师人格魅力和“示范性”；三是加强业务技能提升，对课程思政选题、教学设计、方法改进等给予切实的指导，促使专业教师具备课程思政工作的创新意识，不断提升课程思政的教学科研本领。

最后，从课程思政的教育教学方法角度，突出现代技术与方法创新。“因事而化、因时而进、因势而新”不但是对创新教学理念的要求，而且是对改进教学方法的要求。学院鼓励教师通过智慧教室、线上线下混合教学等多种方法，利用新媒体新技术，通过录制视频，设计实践活动等方式，增强大家对课程思政的直观感受、专业自信和思想认同。

三、构建“国际化”+“课程思政”建设的三驾马车

“国际化”本科教育特色学院或者说以“国际化”为特色的本科教育有其特殊性。对于华侨学院而言，如何在全英文授课的情境下，将思政元素以学生听得懂、能接受、愿践行的方式顺畅、有效地融入教育教学中，是全体教师所面临的重大挑战。这一建设过程的设计与实施，需要学院层面进行提前布局与引导。

习近平总书记在全国高校思想政治工作会议上针对培养什么人的问题提出了“四个正确认识”，即正确认识世界和中国发展大势，正确认识中国特色和国际比较，正确认识时代责任和历史使命，正确认识远大抱负和脚踏实地。这也为“国际化”特色本科人才培养中课程思政的建设指明了方向。华侨学院在此基础上构建了“国际化”+“课程思政”建设的三驾马车（图4）。

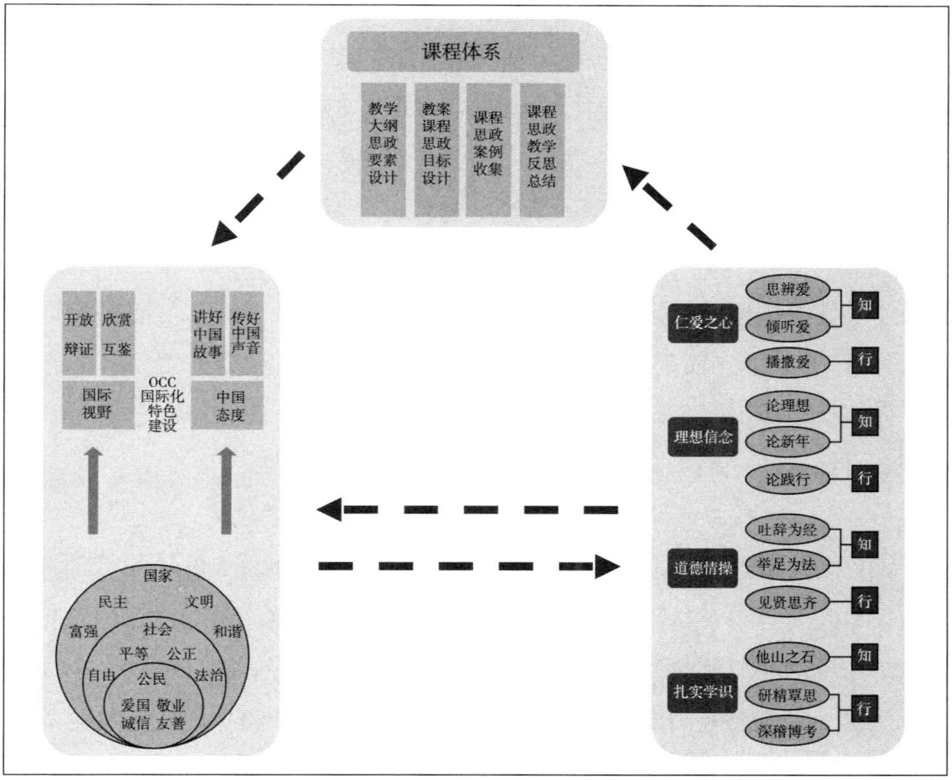

图4 华侨学院“国际化”+“课程思政”建设三驾马车

（一）以学生为本——培养具有国际视野和中国态度的社会主义人才

面对媒介融合和互动生态的日益变化，大学生群体理念和认识的新变化，以及西方敌对势力对我国意识形态安全的挑战等诸多因素，专业课程的学习不仅要使学生学会不同社会岗位所应具备的知识和技能，而且要使学生具备从事不同社会职业应具有的职业素养和思维品行。通过实现专业课教学中的思政协同教育，将社会主义核心价值观寓于课程教学中。

华侨学院在以学生为本的课程思政教育建设过程中，一方面要求教师突出课程教学中社会主义核心价值观之三个层次的应用，另一方面力求通过提炼、比较中外课程教学的思想政治资源，培养学生开放包容的大国心态，培养学生辩证统一的思考能力，培养学生坚定自豪的中国态度。

（二）以教师为主——培育社会主义“四有”好老师

2014 年 9 月，习近平总书记在视察北京师范大学时发表了关于“四有”好老师的重要讲话。习近平总书记强调，今天的学生就是未来实现中华民族伟大复兴中国梦的主力军，广大教师就是打造这支中华民族“梦之队”的筑梦人。因此，打造一支有理想信念、有道德情操、有扎实学识、有仁爱之心的“四有”好老师队伍，是华侨学院实现思政育人的重要任务之一。为使成为“四有”好老师不仅仅是一句口号，更是一套学院层面可以落地的实施方案，华侨学院构建了“教育者先受教育——华侨学院‘四有’好老师培训与发展体系”，从“仁而爱人，做有爱之师；志向高远，做有信之师；上施下效，做有德之师；严谨笃学，做有识之师”四个方面开展“四有”好老师的内训和自训工作。

（三）以课程为体——构建课程思政推进的框架与规范

无论是传授知识还是传播理念，均要以课程为载体。华侨学院紧紧围绕学校、学院线上线下混合式“金课”建设，从教学大纲、教案、课程思政案例收集与设计等细微点入手，在教学过程的各个重要环节全方位体现（实现）以“国际化”为特色的课程思政建设要素，逐步构建课程思政教育的规范标准，将思想政治教育元素融入各类课程教学，促使学院全体教师、各项教学活动与教书育人同向同行，促进思想政治教育与知识体系教育的有机统一。

四、“国际化”本科教育的课程思政实施重点

华侨学院在推进“国际化”本科教育课程思政的过程中，主要有以下两个实施重点。

（一）抓住教师这一关键主体

华侨学院以“国际化、应用型”教学为特色，其中专业课师资百分之百拥有海外留学背景。在这种情况下，强化教师思政，教育引导专业课教师围绕落实立德树人这一根本任务，把教书和育人结合起来就显得尤为重要。华侨学院从建立完善全方位、多层次教师培训与发展体系这一点着手加强教师思政建设，主要表现在发挥教师党支部引领作用，开展教师师德专题培训，建立完善教师培训与发展体系，从学院层面完善教师基于课程思政建设导向的良性竞争等方面。

（二）搭好课程这一重要载体

针对人才培养特点和学生思想特征完善课程教学体系，是保证课程思政建设取得实效的重要方面。华侨学院秉承“课程承载思政”和“思政寓于课程”的理念，以现有的四个系（室）为课程思政建设单位，优选教师，优选课程，进行以英文为教学媒介（English as medium of instruction，EMI）开展教学的课程思政建设探索，充分发挥课堂教学的主渠道作用。

总结

华侨学院作为首都经济贸易大学的直属二级学院，在以“国际化”为特色的本科教育过程中，探索构建了课程思政建设的顶层设计和实施路径，并在此基础上构建了以学生、教师和课程为主体的“国际化”+“课程思政”建设的三驾马车，通过抓住教师与课程这两个课程思政实施的重点，形成了全英文教学环境下课程思政建设的一批初步成果。未来，学院将在已有建设成果的基础上，持续建立完善课程思政的教学管理制度，从课程设计、课堂教学、教材开发、教学研究、教学评价等方面进行系统规划与设计，进一步督促教师履行同向同行的育人使命与职责。

参考文献

[1] 本书编写组．习近平总书记教育重要论述讲义［M］．北京：高等教育出版社，2020.

[2] 王骞，邓志勇．论当前高校课程思政建设策略［J］．江苏高教，2021（5）.

[3] 高德毅，宗爱东．从思政课程到课程思政：从战略高度构建高校思想政治教育课程体系［J］．中国高等教育，2017（1）.

[4] 张艳云，张国威，董丽霞，等．新时代高校专业课程思政教育改革路径的实效性探究［J］．大学（教学与教育），2020（9）.

财政专业课程体系和人才培养目标匹配度的比较研究
——以世界一流财政学科为参照系*

杨全社　吴唯沁　王思蘅　李　硕
（首都经济贸易大学　财政税务学院）

【摘　要】如何适应国家建立现代财政制度需要，培养满足国家治理的财政专业人才，是高校财政专业发展面临的首要问题。本文通过构建财政专业课程体系和人才培养目标匹配度指标体系，对标世界一流财政学科，对比分析首都经济贸易大学财政学培养方案，提出了推进财政学科建设的相关意见和建议。

【关键词】财政专业　人才培养　匹配度　世界一流

一、研究背景及意义

（一）研究背景

2018年8月，教育部、财政部和国家发展改革委印发《关于高等学校加快“双一流”建设的指导意见》的通知（教研〔2018〕5号）指出，要“把一流本科教育建设作为‘双一流’建设的基础任务，建成一批一流本科专业”，并要求高等学校要“大力推进高水平实质性国际合作交流，成为世界高等教育改革的参与者、推动者和引领者。加强与国外高水平大学、顶尖科研机构的实质性学术交流与科研合作”。

---

* 本文是首都经济贸易大学2019年校级教改重点项目“我校财政专业课程体系和人才培养目标匹配度研究——以世界一流财政学科为参照系”的阶段性成果。感谢学校教务处和财政税务学院对本项目研究给予的支持。

2018 年 9 月，《教育部关于加快建设高水平本科教育全面提高人才培养能力的意见》（教高〔2018〕2 号）指出，要“健全培养目标协同机制……完善人才培养方案……培养真正适应经济社会发展需要的高素质专门人才”。文件还提出了实施的基本路径，即“大力推进一流专业建设”，“建设面向未来、适应需求、引领发展、理念先进、保障有力的一流专业”，强调“适应新时代对人才的多样化需求，推动高校及时调整专业人才培养方案，定期更新教学大纲，适时修订专业教材，科学构建课程体系”。

上述两份指导性文件，为我国高校的发展指明了前进道路。以财经类高校为例，即要通过借鉴世界一流财经学科和专业的建设经验，立足人才培养目标，优化专业课程体系，提高专业课程体系与人才培养目标的匹配度，从而培养更多服务国家经济社会发展的高质量人才。

（二）对学校财政教学改革的应用价值

自教育部 2019 年启动一流本科专业建设“双万计划”以来，首都经济贸易大学持续提升本科人才培养质量，财税学院财政学专业亦入选“2020 年度国家级一流本科专业建设点”。但是，对标世界一流财政学科专业，仍然存在不小的差距。因此，以人才培养目标为导向，借鉴世界一流财政学科和专业建设经验，优化首都经济贸易大学财政专业人才的培养计划和课程设置，提高专业课程体系和人才培养目标的匹配度，对学校财政学的教学改革和人才培养具有重要的现实意义，同时也有助于首都经济贸易大学以国家一流专业建设为契机，以“立足北京、面向全国、走向世界”为愿景，发挥一流专业示范领跑作用，持续提升人才培养能力，更好服务国家经济发展战略，为国家培养更多的优秀高层次财经人才。

二、构建财政专业课程体系和人才培养目标匹配度指标体系

世界一流财政学科和财政相关的专业，分别体现在公共管理学科中的“财政管理”和经济学科中的“公共经济学”两个方向上，二者有着不同的人才培养目标和课程内容体系。

（一）指标一（权重 50%）：专业教师最高学历为经济学/公共管理或公共政策专业的人数占全部专业教师人数的比重

师资水平决定着一个学校的教学质量。因此，在构建专业课程体系和

人才培养目标匹配度指标体系时，专业教师的最高学历应放在重要位置。专业教师最高学历为经济学/公共管理或公共政策专业的人数占全部专业教师人数的比重，可以在一定程度上反映财政专业的教育目标及人才培养方向。

（二）指标二（权重 50%）：经济学/管理学专业课程学分占专业课程总学分的比重

财政学主要研究财政理论和政策、税收理论、国债与社会保障等问题，为政府宏观经济决策部门、管理部门及各大公司培养高级管理人才。经济学和管理学课程在财政专业教育中是必不可少的科目，在构建财政专业课程体系和人才培养目标匹配度指标体系时，必须将这两类课程纳入考虑范围。

三、世界一流财政学科匹配度情况

（一）印第安纳大学伯明顿分校

印第安纳大学伯明顿分校（Indiana University，Bloomington）始建于 1820 年，是美国中西部地区一所著名的公立研究型大学。作为美国 30 所公立常春藤高校之一，印第安纳大学伯明顿分校拥有较为完善的财政学专业课程体系设置和人才培养目标，该校的财政课程开设于公共环境事务学院（SPEA），核心课程为公共财政管理。

1. 指标一

详见表 1。

表 1　印第安纳大学伯明顿分校公共财政教师团队

姓名	教育背景	讲授课程
Bradley T. Heim（布拉德利 · T. 海姆）	约翰霍普金斯大学文学学士（1997）	财务和成本效益分析； 公共政策的微观经济学； 融资公共事务
	美国西北大学经济学博士（2002）	
Craig Johnson（克雷格 · 约翰逊）	圣何塞州立大学文学学士（1984）	金融危机

续表

姓名	教育背景	讲授课程
Craig Johnson（克雷格·约翰逊）	纽约州立大学奥尔巴尼分校公共管理博士（1993）	公共资本与债务理论研讨会；财务管理与政策的主题
	纽约州立大学奥尔巴尼分校（公共管理）博士（1993）	
Joyce Y. Man（乔伊斯·Y. 曼）	北京外国语大学英语专业文学学士（1984）	政策分析案例研究；财务管理及预算；公共财政和预算编制；公共管理经济学；政策分析研讨会
	约翰霍普金斯大学经济学硕士（1989）	
	约翰霍普金斯大学经济学博士（1993）	
Deanna Malatesta（迪安娜·马拉泰斯塔）	罗格斯大学政治学文学学士（2003）	公共管理；公共项目管理与承包；研究方法和统计建模
	罗格斯大学公共管理硕士（2003）	
	佐治亚大学公共管理博士（2007）	
James L. Perry（詹姆斯·L. 佩里）	芝加哥大学公共事务文学学士（1970）	公共管理；公共人力资源管理
	雪城大学公共管理硕士（1972）	
	雪城大学公共管理博士（1974）	
Thomas M. Rabovsky（托马斯·M. 拉博夫斯基）	俄克拉荷马大学政治学文学学士（2005）	公共管理；问责制和绩效研讨会
	俄克拉荷马大学公共管理硕士（2008）	
	俄克拉荷马大学公共管理博士（2013）	
Sergio Fernandez（塞尔吉奥·费尔南德斯）	佛罗里达国际大学国际关系文学学士（1993）	公共管理；公共组织与管理Ⅱ；公共事务研究设计与方法
	佛罗里达国际大学公共管理硕士（1996）	
	佐治亚大学公共管理博士（2004）	
Beth Gazley（贝丝·加兹利）	佛蒙特州米德尔伯里学院政治学文学学士（1983）	非营利组织管理研究与理论博士研讨会；非营利组织的人力资源管理；非营利部门的管理；非营利组织管理和领导力
	佐治亚大学公共管理硕士（2001）	
	佐治亚大学公共管理博士（2004）	

续表

姓名	教育背景	讲授课程
Robert Kravchuk （罗伯特·克拉夫丘克）	康涅狄格大学经济学学士、工商管理学士（1977）	政府预算/计划分析研讨会； 政府会计与财务报告
	哈特福德大学公共管理学硕士（1980）	
	哥伦比亚大学金融与商业经济学硕士（1981）	
	雪城大学政治学硕士（1987）	
	雪城大学麦克斯韦尔公民与公共事务学院政治学博士（1989）	
Amanda Rutherford （阿曼达·卢瑟福）	俄克拉荷马大学文学学士和管理学学士（2009）	公共问题的管理和解决方案； 公共管理； 管理公共组织的员工多样性； 公共事务研究设计与方法
	俄克拉荷马大学公共管理硕士（2011）	
	得克萨斯农工大学政治学博士（2015）	

资料来源：https：//oneill. indiana. edu/faculty－research/directory/index. html，数据采集时间截至2021年1月30日。

由表1可知，该校专业教师最高学历为经济学专业的共2人，占全部专业教师人数的比重为20%。

专业教师最高学历为公共管理或公共政策专业的共8人，占全部专业教师人数的比重为80%。

2. 指标二

详见表2。

表2 印第安纳大学伯明顿分校公共环境事务学院本科培养方案

		课程名称	学分
学士学位	公共事务理学学士学位 （Bachelor of Science in Public Affairs，BSPA） 核心课程	美国政策与行政	3
		世界各地的政策制定：比较和国际方法	3
		环境和人	3
		法律与公共事务	3
		管理公共问题及解决办法	3
		公共预算与公共事务财务概论	3

续表

<table>
<tr><td></td><td colspan="2"></td><td>课程名称</td><td>学分</td></tr>
<tr><td rowspan="27">学士学位</td><td rowspan="15">其他要求的课程
（18 学分）</td><td rowspan="4">4 门课程</td><td>微观经济学导论</td><td>3</td></tr>
<tr><td>政治学（任何课程）</td><td>3</td></tr>
<tr><td>统计技术</td><td>3</td></tr>
<tr><td>地理、社会学、人类学（任何课程）</td><td>3</td></tr>
<tr><td rowspan="7">口语交际
（从中选择 1 门课程即可）</td><td>政府和非营利组织的沟通</td><td>3</td></tr>
<tr><td>人际沟通</td><td>3</td></tr>
<tr><td>说话的方式</td><td>3</td></tr>
<tr><td>业务介绍</td><td>3</td></tr>
<tr><td>公共口头交流</td><td>3</td></tr>
<tr><td>论证和公众宣传</td><td>3</td></tr>
<tr><td>表演Ⅰ：表演的基础</td><td>3</td></tr>
<tr><td rowspan="4">计算机课程
（从中选择 1 门课程即可）</td><td>公共事务中的计算机</td><td>3</td></tr>
<tr><td>商业中的计算机</td><td>3</td></tr>
<tr><td>计算机导论和计算学</td><td>3</td></tr>
<tr><td>编程入门Ⅰ</td><td>4</td></tr>
<tr><td colspan="2" rowspan="2">实践学习</td><td>职业发展与规划（或豁免）</td><td>2</td></tr>
<tr><td>专业经验（或豁免）</td><td>1</td></tr>
<tr><td rowspan="8">公共财务管理专业
（11 门课程，33 学分）</td><td rowspan="8">从中选择
7 门课程</td><td>公共事务中的当代经济问题</td><td>3</td></tr>
<tr><td>政府和非营利财务会计循环的要素</td><td>3</td></tr>
<tr><td>财务管理</td><td>3</td></tr>
<tr><td>中级公共预算与财政</td><td>3</td></tr>
<tr><td>政府会计和财务报告导论</td><td>3</td></tr>
<tr><td>融资公共事务</td><td>3</td></tr>
<tr><td>财务和成本效益分析</td><td>3</td></tr>
<tr><td>公共财政辩论</td><td>3</td></tr>
</table>

续表

			课程名称	学分
学士学位	公共财务管理专业 （11 门课程，33 学分）	附加 4 门课程 （从中选择）	环境经济与金融	3
			卫生政策	3
			医疗保健财务管理基础	3
			卫生经济学	3
			城市问题及解决方案	3
			恐怖主义与公共政策	3
			应急管理概论	3
			政府会计和财务报告导论	3
			管理科学	3
			介绍非营利会计和报告	3
			管理信息技术	3
			融资公共事务	3
			绩效测量和项目评估	3
			政策分析的个案研究	3
			财务和成本效益分析	3
			领导力和道德	3
			城市发展	3
			公共交通	3
			公共财政辩论	3
			财务管理和政策主题 （仅限批准的主题；可重复不同的主题）	3
			预算或成本效益的主题 （可在不同的话题中重复）	3
			公共事务中的当代问题 （仅限批准的主题；可重复使用不同的主题）	3
			计算机在公共事务中的应用	3

续表

			课程名称	学分
学士学位	公共财务管理专业（11 门课程，33 学分）	附加 4 门课程（从中选择）	社区发展	3
			数据库管理	3
			公共事务中的海外话题（仅限批准的主题；咨询学院顾问；可重复使用不同的主题）	0~15
			公共与环境事务荣誉研究	3
			荣誉论文	
	除了通识教育、核心课程和主修要求之外，还需要额外的课程来完成学位所需的至少 120 学分			120

资料来源：https：//oneill. indiana. edu/undergraduate/course-advising/courses/index. html，数据采集时间截至 2021 年 1 月 30 日。

由表 2 可知，该校总学分为：必修核心课程 18 学分+其他要求课程 46 学分+实践学习 3 学分+公共管理专业课程 102 学分=169 学分。其中：

经济学专业课程共 12 学分，占专业课程总学分的比重为 7.1%；

管理学专业课程共 105 学分，占专业课程总学分的比重为 62.1%；

数学类课程共 3 学分，占专业课程总学分的比重为 1.8%。

3. 结论

印第安纳大学伯明顿分校的财政学专业属于公共管理学科中的“财政管理”方向。大部分专业教师的最高学历为公共管理或公共政策专业，教授的课程也多偏重公共管理。在专业课程设置中，管理学专业课程比重超过 60%，显著高于经济学课程，课程深度和难度也较高。数学类课程设置较少，仅有一门统计技术。除了核心课程，印第安纳大学伯明顿分校公共环境事务学院还注重培养学生人际交流、计算机使用的能力和口语交际能力，口语交际类开设了多达 7 门注重实际口语对话的课程。

（二）加州大学伯克利分校

加州大学伯克利分校（University of California，Berkeley）是世界最顶尖的公立研究型大学之一，位列 2020 年《美国新闻与世界报道》（*U. S. News*）发布的世界大学排名榜第四名，在经济学学术领域常年位居世界前十。本文主要参照其公共经济学专业培养方案来撰写。

1. 指标一

参见表3。

表3　加州大学伯克利分校经济学专业教师团队

姓名	教育背景	讲授课程
艾伦. J. 奥尔巴赫(Alan J. Auerbach)	耶鲁大学学士（经济学和数学）优等生(1974)	公共政策；公共财政
	哈佛大学经济学博士（1978）	
阿伦·埃德灵(Aaron Edlin)	普林斯顿大学物理与经济学学士（1984）	产业组织；法律经济学；公共经济学
	斯坦福大学经济学、法学博士（1988）	
杰西·罗斯坦(Jesse Rothstein)	哈佛大学数学学士（1991—1995）	劳动经济学；公共经济学
	加州大学伯克利分校公共政策专业硕士(1998—2003)	
	加州大学伯克利分校经济学博士（1998—2003）	
伊曼纽尔·赛斯(Emmanuel Saez)	巴黎高等师范学院高等数学学士（1994）	公共经济学
	法国巴黎德尔塔商学院经济学硕士(1996)	
	麻省理工学院经济学博士（1999）	
德米特里·陶宾斯基(Dmitry Taubinsky)	哈佛大学应用数学学士	心理学与经济学（行为经济学）
	哈佛大学经济学博士（2009—2014）	公共经济学
丹尼·亚根(Danny Yagan)	哈佛大学经济学学士优等生（2002—2006）	公共部门经济学；本科公共部门经济学
	哈佛大学经济学博士（2007—2012）	
	加州大学伯克利分校博士后（就业前市场）（2012—2014）	

续表

姓名	教育背景	讲授课程
加百利·祖克曼 (Gabriel Zucman)	巴黎萨克利高等师范学院（2005—2010） 巴黎经济学院“经济政策分析”理学硕士（2008） 巴黎经济学院经济学博士（2009—2013）	公共经济学； 全球不平等与增长

资料来源：http：//guide. berkeley. edu/undergraduate/degree-programs/economics/#faculty，数据采集时间截至2021年1月30日。

如表3所示，该校专业教师最高学历为经济学专业的人数占全部专业教师人数的比重为100%。

2. 指标二

参见表4和表5。

表4　加州大学伯克利分校经济学专业本科学习计划

大一					
秋季	学分	春季	学分	夏季	学分
数学1A 或 数学16A (3学分)	4	数学1B 或数学16B (3学分)	4	数学53 (可选)	4
阅读和写作 A	4	阅读和写作 B	4		
文理学院广度课程	4	经济学1 或 经济学2 (4学分)	4		
低年级选修课	4	低年级选修课	4		
	16		16		4
大二					
秋季	学分	春季	学分	夏季	学分
经济学100A 或 经济学101A (4学分)	4	经济学100B 或 经济学101B (4学分)	4	实习 或 出国	

续表

大二					
秋季	学分	春季	学分	夏季	学分
统计学 206 或 统计学 216 （4 学分）	4	高年级选修课	4		
文理学院广度课程	4	文理学院广度课程	3		
高年级非经济学选修课	3	美国文化	4		
	15		15		0
大三					
秋季	学分	春季	学分	夏季	学分
经济学 149 或 经济学 141 （4 学分）	4	高年级经济学选修课	4	实习 或 出国	
文理学院广度课程	4	高年级经济学选修课	4		
文理学院广度课程	4	低年级或高年级经济学选修课	4		
高年级非经济学选修课	3	文理学院广度课程	3		
	15		15		0
大四					
秋季	学分	春季	学分		
高年级经济学选修课	4	高年级经济学选修课	4		
低年级或高年级经济学选修课	4	高年级经济学选修课 或经济学 H195B8 （1~3 学分）	4		
低年级或高年级经济学选修课	4	低年级或高年级选修课	4		
低年级或高年级经济学选修课	3	低年级或高年级选修课	4		
	15		16		
总学分：127					

资料来源：http：//guide. berkeley. edu/undergraduate/degreeprograms/economics/#sampeplanofstudytext，数据采集时间截至 2021 年 1 月 30 日。

表 5　加州大学伯克利分校批准的选修课

城市和地区规划 113A**	规划的经济分析（2018 年春季批准）
城市和地区规划 113B**	社区和经济发展
经济学 C102 （也被列为环境经济学 C102）	自然资源经济学
经济学 C103 （也被列为数学 C103）	数理经济学
经济学 104	高级微观经济学
经济学 105	经济思想史
经济学 C110 （也被列为政治学 C135，政治学 W135 或经济学 N110）	社会科学中的博弈论（在完成经济学 104 之后学生将不会同时获得经济学 C110/ C135 的学分）
经济学 111	应用机制设计
经济学 113	美国经济历史
经济学 115	二十世纪世界经济 （经济学 115 和历史 160 是相同的。学生将不会重复获得两门课程的学分）
经济学 119	心理学和经济学
经济学 121	产业组织和公共政策
经济学 122	产业组织研讨会
经济学 123	政府工业法规
经济学法规 124	产业组织学
经济学 C125 （也被列为环境经济学 C101）	环境经济学
经济学 131	公共经济学
经济学 132	公共部门经济学研讨会
经济学 133	全球不平等与增长
经济学 134	从大萧条到今天的宏观经济政策
经济学 135	历史观点中的经济增长
经济学 136	金融经济学 [打算攻读商业专业的学生不应修读经济学 136；修读工商管理金融导论 103（UGBA103）后，学生将不会同时获得经济学 136（Econ136）的学分] [从 2013 年夏季开始，修读经济学 136、UGBA103 和/或工程经济学 120（Engin120）的学生将在仅完成第一门课程时即可获得经济学课程的选修学分]

续表

经济学 137	综合经济学研讨会
经济学 138	金融与行为经济学
经济学 139	中级金融经济学
经济学 C142	应用计量经济学和公共政策
经济学 144	金融经济学
经济学 151	劳动经济学
经济学 152	工资理论和政策
经济学 153	劳动经济学研讨会
经济学 154	歧视经济学
经济学 155	城市经济学
经济学 155A	城市和公共政策
经济学 157	健康经济学
经济学 161	转型经济学：东欧
经济学 162	中国经济
经济学 C171 （也被列为环境经济学 C151）	发展经济学
经济学 172	经济学案例研究
经济学 173	经济发展研讨会
经济学 174	全球贫困与影响评估
经济学 C175 （也被列为人口统计学 C175）	经济人口统计学
经济学 C181 （也被列为环境经济学 C181）	国际贸易 （经济学 C181 和 UGBA118 是同等课程，学生将不会同时获得这两门课程的学分）
经济学 182	国际货币经济学
经济学 183	国际经济研讨会

续表

经济学 C184 （也被列为环境经济学 C132）	国际环境经济学（2020 年秋季批准）
经济学 190	经济学研讨会（主题各不相同）
经济学 191	经济学研究
经济学 196	经济学专题
工程主题 120 * *	工程经济学原理（2013 年夏季批准） （修读经济学 136、UGBA103 和/或 Engin120 的学生将在仅完成第一门课程时即可获得经济学课程的选修学分）
环境经济学 131 * *	全球化与自然环境
环境经济学 141 * *	农业与环境政策（2019 年秋季批准）
环境经济学 143 * *	创新与知识产权经济学
环境经济学 145 * *	健康与环境经济政策（2013 年秋季批准）
环境经济学 152 * *	发展与国际贸易高级主题（2015 年秋季批准）
环境经济学 162 * *	水资源经济学（2015 年秋季批准）
环境经济学 C176 * * ［也被列为国际及地区探究 C176（IASC176） 和环境变化经济学 C176（ENERES C176）］	气候变化经济学（2018 年春季批准）
历史 133A * *	美国资本主义历史（2019 年春季批准）
历史 159A * *	欧洲经济史
历史 159B * *	欧洲经济史
历史 160 * *	20 世纪的国际经济 （经济学 115 和历史 160 是同等课程，学生将不会同时获得这两门课程的学分）
法学研究 145 * *	法律和经济学 I
法律研究 147 * *	法律和经济学 II
哲学 141 * *	哲学和博弈

续表

UGBA118	国际贸易 （经济 C181、UGBA118 被认为是等效的课程，学生将不会同时获得这两门课的学分）
UGBA131 * *	公司财务和财务报表分析
UGBA132 * *	金融机构和市场
UGBA133 * *	投资
UGBA136F * *	行为金融学（2016 年春季批准）
UGBA180 * *	房地产与城市土地经济学

注：* * 指非本系开设课程。

资料来源：https：//www. econ. berkeley. edu/undergrad/current/major-requirements，数据采集时间截至 2021 年 1 月 30 日。

由表 5 可知，该校经济学专业本科学习计划包含总共 127 学分的课程。

其中，经济学专业课程（不含选修课）为 51 学分。

选修课程共 20 学分。加州大学伯克利分校批准的选修课共 69 门，其中经济学专业选修课 61 门，占选修课程总数的 88. 4%；公共管理或公共政策选修课 5 门，占选修课程总数的 7. 2%。

经济学专业课程学分（含选修课）占专业课程总学分的比重为（51+20×88. 4%）/127=54. 1%。

管理学专业课程学分占专业课程总学分的比重为（20×7. 2%）/127=1. 1%。

数学课程学分占总学分的比重为 16/127=12. 6%。

阅读与写作课程学分占总学分的比重为 8/127=6. 3%。

3. 结论

加州大学伯克利分校与财政相关的专业属于经济学科中的“公共经济学”方向。经济学专业的教师均拥有世界一流名校经济学专业的博士学历，在其教授课程中也多偏重公共经济学方向。在专业课程设置中，经济学专业课程比重超过 50%，而管理学专业课程的占比则很少。

四、首都经济贸易大学财政专业匹配度情况分析

（一）指标一

参见表6。

表6 首都经济贸易大学财税学院财政系教师团

姓名	教育背景（最高学历）	主讲课程
李红霞	经济学博士（首都经济贸易大学）	财政学、政府预算、财政与金融、财政收支理论与实践等
姚东旭	管理学博士（首都经济贸易大学）	宏观调控政策研究、国际经济学、财政学等
蔡秀云	经济学博士（财政部财政科研所）	财政学、公共经济学、西方财政学、财政专业英语、国际税收、政府经济学、公共财政理论与政策研究、国有资产管理研究等
杨全社	经济学博士（南开大学）	财政学、公共部门财政管理等
郎大鹏	经济学博士（首都经济贸易大学）	财政学、外国财政等
张立彦	经济学博士（财政部财政科学研究所）	财政学、外国财政、专业英语等
何晴	管理学博士（清华大学）	财政学、公共项目评估等
刘辉	经济学博士（南开大学）	财政学、政府预算、税务模型与计量分析、公共支出管理等
史兴旺	经济学博士（财政部财政科学研究所）	财政学、西方财政思想史等
黄芳娜	经济学博士（财政部财政科学研究所）	财政学、国有资产管理、中国财政史、公债与财政投融资等
王海南	经济学博士（中央财经大学）	财政学、公共支出管理、专业英语等
李林君	经济学博士（厦门大学）	财政学、国有资产管理等
刘翔	经济学博士（中国人民大学）	财政学、公共项目评估等

续表

姓名	教育背景（最高学历）	主讲课程
王子林	经济学博士（吉林大学）	公共财政与社会保障等
茹玉	经济学博士（中国农业大学）	财政学等
孙萌	经济学博士（北京大学）	财政学、西方财政学等
张晓颖	经济学博士（中国人民大学）	财政学、政府预算等

资料来源：https：//cz. cueb. edu. cn/szdw/czx/index. htm，数据采集时间截至 2021 年 1 月 30 日。

由表 6 可见，首都经济贸易大学专业教师最高学历为经济学或管理学专业博士的人数占全部专业教师人数的比重为 100%。

（二）指标二

首都经济贸易大学财政学专业（实验班）课程设置分为通识教育、专业教育和个性化教育三部分（表 7）。

1. 通识教育

通识教育包含必修课和选修课两部分。

通识教育必修课（共 51 学分），主要包含思想政治、英语、数学、计算机和写作等公共基础课程。

通识教育选修课（至少 14 学分），包括创业创新与就业类、语言与跨文化交流类、国学与历史类、健康与艺术类、哲学与伦理类、数学与科技类、法律与公民修养类、校际选修类八大种类课程。

2. 专业教育

专业教育包含学科基础课、专业必修课和专业选修课三部分。

学科基础课主要包括经济学和管理学主干课程，旨在培养学生扎实的基础知识。专业必修课和专业选修课则包含各种具体的财政学专业课程，重视培养学生财政税务及相关领域的理论基础和专业技能。

3. 个性化教育

个性化课程（≥6 学分）可在本专业培养方案以外的专业课程（含专业必修课和专业选修课）中选择，与本专业教学计划所列课程相似的课程不得选修，旨在拓宽学生的知识面，加强各学科知识的融会贯通，提高综合素质。

表 7 首都经济贸易大学财税学院财政学（实验班）本科教学计划

课程类型		课程名称	学分数
通识教育	通识教育必修课（51 学分）	思想道德修养与法律基础	2
		大学生心理健康	1
		毛泽东思想和中国特色社会主义理论体系概论	4
		马克思主义基本原理概论	2
		形势与政策	1
		中国近现代史纲要	2
		大学英语综合Ⅰ	6
		大学英语综合Ⅱ	6
		大学英语综合Ⅲ	2
		微积分Ⅰ	4
		微积分Ⅱ	4
		线性代数	3
		概率论与数理统计	4
		体育Ⅰ	2
		体育Ⅱ	2
		体育Ⅲ	2
		体育Ⅳ	2
		计算机应用	0+1
		数据库应用	2+1
		应用写作	2
	通识教育选修课（≥14 学分）	见学校公布的通选课名单	

续表

<table>
<tr><th colspan="2">课程类型</th><th>课程名称</th><th>学分数</th></tr>
<tr><td rowspan="31">专
业
教
育</td><td rowspan="8">学科基础课
（24 学分）</td><td>政治经济学</td><td>3</td></tr>
<tr><td>微观经济学</td><td>3</td></tr>
<tr><td>宏观经济学</td><td>3</td></tr>
<tr><td>计量经济学</td><td>3</td></tr>
<tr><td>统计学</td><td>3</td></tr>
<tr><td>会计学基础</td><td>3</td></tr>
<tr><td>金融学</td><td>3</td></tr>
<tr><td>财政学</td><td>3</td></tr>
<tr><td rowspan="8">专业必修课
（19 学分）</td><td>财务会计学</td><td>3</td></tr>
<tr><td>财务管理</td><td>2</td></tr>
<tr><td>政府预算</td><td>2</td></tr>
<tr><td>中国税制</td><td>4</td></tr>
<tr><td>税收经济学</td><td>2</td></tr>
<tr><td>西方财政学（双语）</td><td>3</td></tr>
<tr><td>国有资产管理学</td><td>2</td></tr>
<tr><td>财政学导论</td><td>1</td></tr>
<tr><td rowspan="15">专业选修课</td><td colspan="2">模块一：6 选 4，至少选够 8 学分</td></tr>
<tr><td>地方财政学</td><td>2</td></tr>
<tr><td>西方财政思想史</td><td>2</td></tr>
<tr><td>比较财政（双语）</td><td>2</td></tr>
<tr><td>中国财政史</td><td>2</td></tr>
<tr><td>国际经济学</td><td>2</td></tr>
<tr><td>财政经典文献选读</td><td>2</td></tr>
<tr><td>小计</td><td>12</td></tr>
<tr><td colspan="2">模块二：6 选 4，至少选修 8 学分</td></tr>
<tr><td>公共部门财政管理（双语）</td><td>2</td></tr>
<tr><td>公共项目评估</td><td>2</td></tr>
<tr><td>财政业务综合实验</td><td>2</td></tr>
<tr><td>西方税制（英语）</td><td>2</td></tr>
</table>

续表

课程类型		课程名称	学分数
专业教育	专业选修课	公债管理与投资	2
		公共财政与社会保障	2
		小计	12
		模块三：5 选 2，至少选修 4 学分	
		国际税收（双语）	2
		涉税服务实务	2
		资产评估	2
		纳税检查	2
		审计学	2
		小计	10
		模块四：4 选 2，至少选修 3 学分	
		政府财政统计	2
		经典财经论文解析	1
		财政理论前沿问题	1
		财税最新政策解读	1
		小计	5
		上述专业选修课合计至少要选修 23 学分	
个性化教育	个性化课程（≥6 学分）	可在本专业培养方案以外的专业课程（含专业必修课和专业选修课）中选择，与本专业教学计划所列课程相似的课程不得选修	

资料来源：https：//cz. cueb. edu. cn/rcpy/bksjy/96774. htm，数据采集时间截至 2021 年 1 月 30 日。

由表 7 可知，首都经济贸易大学财政学专业（实验班）本科教学计划共包含课程 153 学分。其中：

经济学专业课程学分占专业课程总学分比重（不含选修课）为 19/153 约为 12. 4%。

管理学专业课程学分占专业课程总学分比重为 60/153 约为 39. 2%。

数学课程学分占总学分比重为 18/153 约为 11.8%。

阅读与写作类课程占总学分比重为 2/153 约为 1.3%。

首都经济贸易大学财政学专业（实验班）本科教学计划要求学生学习的课程共计 153 学分。其中数学课程有微积分Ⅰ、微积分Ⅱ、线性代数、概率论与数理统计、统计学 5 门课共 18 学分，阅读与写作类课程只有应用写作 1 门课共 2 学分。

在专业教育板块的 68 学分中，学科基础课为 24 学分，专业必修课为 21 学分，专业选修课共四个模块、至少要修 23 学分（共 39 学分），专业课程学分占总课程学分比重约为 44.44%（68/153）。具体来看，学科基础课中的政治经济学、微观经济学、宏观经济学、计量经济学、金融学、财政学共6 门课、18 学分，属于经济学专业课程；会计学基础 1 门课、3 学分，属于管理学专业课程。专业必修课中的政府预算、中国税制、税收经济学、西方财政学、财政学导论共 5 门课、12 学分，属于经济学专业课程；财务会计学、财务管理、国有资产管理学共 3 门课、7 学分，属于管理学专业课程。

专业选修课一共分为四个模块。其中，模块一都属于经济学专业课程，至少要修 8 学分（共 12 学分）。模块二中，西方税制、公共财政与社会保障 2 门课、4 学分，属于经济学专业课程；公共部门财政管理、公共项目评估、公债管理与投资 3 门课、6 学分，属于管理学专业课程。由于模块二至少要修 8 学分（共 12 学分），因此按这一比例，学生可能会学习经济学专业课程 $4\times8/12\approx2.67$ 学分，管理学专业课程 $6\times8/12=4$ 学分。模块三中，国际税收、纳税检查 2 门课、4 学分，属于经济学专业课程；资产评估、审计学 2 门课、2 学分，属于管理学专业课程。由于模块三至少要修 4 学分（共 10 学分），因此按这一比例，学生可能会学习经济学专业课程 $4\times4/10=1.6$ 学分，管理学专业课程 $4\times4/10=1.6$ 学分。模块四则都属于经济学专业课程，至少要修3 学分（共 5 学分）。

综上所述，经济学专业课程学分占总课程学分为（18+12+8+2.67+1.6+3）/153≈29.59%；管理学专业课程学分占总课程学分为（3+7+4+1.6）/153≈10.20%；数学课程学分占总课程学分为 18/153≈11.76%；阅读与写作类课程学分占总课程学分为 2/153≈1.31%。

五、与世界一流财政学科的比较分析

同印第安纳大学伯明顿分校和加州大学伯克利分校的财政学专业相比，首都经济贸易大学财政学专业在教师团队上已经有优秀人才，但课程体系方面仍然需要进一步完善（表8）。

表8　三校教师和课程专业匹配度比较　　单位:%

		印第安纳大学伯明顿分校	加州大学伯克利分校	首都经济贸易大学
经济学专业教师和课程学分比重	经济学专业教师比重	20.0	100.0	100.0
	经济学课程学分比重	7.1	54.1	12.4
管理学专业教师和课程学分比重	管理学专业教师比重	80.0	0.0	0.0
	管理学课程学分比重	62.1	1.1	39.2
数学课程学分所占比重		1.8	12.6	11.8
阅读与写作类课程所占比重		0.0	6.3	1.3

在我国，财政学科属于经济学科，学生毕业时授予经济学学位，但是很多高校的课程体系却因注重服务财会实用性人才的培养目标，课程内容体系中经济学的内容偏少、偏弱，同时开设了大量的管理学课程，如会计学、资产评估等，且与财税学院其他专业课程设置的区分度不高。对标世界一流财政学科所在的学校，国内财经类院校财政学专业的课程体系与这些一流高校公共管理学科的“财政管理”专业课程内容体系更接近，也更符合公共管理类实用型人才的培养目标，而并没有很好体现经济学学科的特点和要求。

六、相关意见和建议

（一）突出专业特色，调整专业课程比重

将首都经济贸易大学的培养方案同印第安纳大学伯明顿分校和加州大学伯克利分校相比可以看出，首都经济贸易大学在经济类或管理类课程学分占比方面的特色不够突出，需要进一步调整专业课程设置。

（二）依据专业师资和学分的匹配度来调整培养方案

通过对世界一流财政学科师资和培养方案的研究可以看出，加州大学伯

克利分校和印第安纳大学伯明顿分校在师资和学分方面具有较高的匹配度，而首都经济贸易大学财政专业在师资和学分方面的配置匹配度则明显不高。因此，需要根据专业特色，进一步引进师资，调整课程设置，以培养特色鲜明的人才为目标。

（三）教学组织方式多样化

除了核心课程，印第安纳大学伯明顿分校的公共环境事务学院注重培养学生的人际交流和计算机使用能力，加州大学伯克利分校则更侧重发展学生的阅读和写作能力，这些对学生未来的工作或研究都很有帮助。包括首都经济贸易大学在内，国内财经类高校应该可以从中借鉴经验，以此提高学生的综合素养。

参考文献

[1] 冯晓英，路广欣．能力为本的专业培养方案暨课程体系开发模式分析[J]．现代远程教育研究，2013（4）．

[2] 谢布和．美国一流研究型大学工程人才培养方案比较研究：以麻省理工学院、斯坦福大学、伯克利分校为例［D］．天津：天津大学，2015．

[3] 宋健敏，温娇秀．专业学科建设与社会需求变化间关系的思考：以美国和日本财政学学科的发展轨迹为例［J］．中国大学教育，2014（7）．

[4] 江颖．高校人才培养模式优化研究：以就业为视角［D］．南昌：江西财经大学，2012．

[5] 何齐宗．我国高校教师胜任力研究：进展与思考［J］．高等教育研究，2014（10）．

基于校园文化资源的文创产品开发设计与商业模式研究

张　蕾　杨同庆　王　端　母晓文　李佳蔚
（首都经济贸易大学　文化与传播学院）

【摘　要】 通过两个学期的授课，在项目组几位教师的共同努力下，针对广告设计方向的专业课程所进行的教学改革项目“基于校园文化资源的文创产品开发设计与商业模式研究”已实施完毕。该项目的预定目标，一是对首都经济贸易大学校园文化资源和广告学学科参与的文创产学研模式进行探索研究，设计开发具有校园特色和情感的文创产品，并对其商业模式进行探索；二是分析和构建基于文化资源的文创产品开发策略，从文化资源的发掘与利用和文化资源的设计与转化等方面，建立教学层面和实践层面的文创开发产学研模式。校园文创产品项目将具有首都经济贸易大学校园文化特色的元素进行提炼，并充分运用于产品设计之中。该设计项目立足校园与教师、学生、校友间的情感联系，通过对校园的符号文化、美学特征、人文精神、文化元素等进行新的诠释和重构，将校园文化元素与产品本身的创意相结合，形成创意产品。

【关键词】 校园文化资源　文创产品　开发设计　商业模式

引言

在飞速发展的5G时代，“互联网+”和人工智能以及VR（虚拟现实）等从技术层面为文创产业及其表现形式和商业模式带来了深刻的变革。借助有效设计，文化创意产品可对区域文化资源和文化元素进行挖掘，并生产具有高附加值、高设计感的产品。

校园文创是区域文创设计研究的一个方向。校园文化生活日益增多，如每年的新生入学季、在校生开学季和毕业季，还有校友返校日、大学开放日、校庆等各种校内活动，以及国内外院校之间的各种交流活动等，使具有浓郁校园风情的各类文创产品逐渐兴盛起来。目前，国内众多高校已着手设计开发各类富有特色，能充分体现校园风貌和人文精神的校园文创产品。它作为校园文化的重要载体，不仅为促进和推广学校品牌形象提供了良好条件，而且成为校园文化消费的热点。校园文化产学研的探索，对展现高校的个性与特点，提高学校师生的凝聚力，以及传播高校价值观与教学理念有着重要的意义。

国外高校校园文创产品和品牌的创造已有多年的历史，且具备非常成熟的商业模式，对我们来说起着很好的借鉴作用。国外高校的校园文创产品，无论是从产品定位、设计研发还是产品生产与宣传销售而言，都已形成了完整的产业链。很多文创产品集美学价值与使用价值为一体，成为广大师生和校友的首选品牌。这些产品在研发初期，大都是由校内设计专业的师生组建团队并开发设计的，特别是在实践教学中，教师通常会选择校园文创产品设计作为学生毕业设计或创新创业的一个主要方向。

一、研究概述

（一）研究目的和意义

首都经济贸易大学建于1956年，是一所拥有经济学、管理学、法学、文学、理学和工学六大学科，以经济学、管理学为重要特色和突出优势的财经类大学。它既是北京市属重点院校也是国内知名、颇具历史文化特色的高等学府。近些年来，学校在全国范围内不断扩大全日制本科招生的范围，加强硕士生、博士生的扩招，发展覆盖全国的继续教育、远程教育、线上教学等多元化教学形式，就业前景广阔，影响力已辐射全国。

随着时代的进步，无论是教学方法还是科研模式，首都经济贸易大学都需要不断改革，开展更多样的尝试与研究，而校园文创产品正是一项不可或缺的具有创造性的研究与实践。一方面，它能很好地提取校园文化素材，激发师生的热情，展现学生积极向上的精神，用产品来诠释自己对学校的爱，并将学校的历史文化和办学理念向全国推广；另一方面，近年来国际国内诸多高校在校园文创的经营模式与学校办学特色和历史文化关系等方面的研究与探索已有比较成功的经验，博物馆等文化场所的成功商业经营模式，也能提供宝贵的经验，促使校园文化和校园文创融入一种新的文化风气与社会环境。此外，校园文创通过结合实践教学，借助设计研发成本优势，可以更好地体现产学研的教学成果。

因此，我们要以服务国家、社会和人民为己任，以首都经济贸易大学“崇德尚能，经世济民”的校训为文化基点，用多元化的设计满足多层次的需求，从而体现学校德育为首的办学原则，并彰显其办学特色。

（二）项目主要内容

对首都经济贸易大学校园文化资源进行调查和挖掘，对广告学学科参与的文创产学研模式进行探索研究，在此基础上设计开发具有校园特色和情感的文创产品，并对其商业模式进行探索。

也就是说，围绕学校的文化资源，分析和构建文创产品开发策略，从文化资源的挖掘与利用和文化资源的设计与转化等方面，建立教学层面和实践层面的文创开发产学研模式。将具有首都经济贸易大学校园文化特色的元素进行提炼，并充分运用于产品设计，从而打造文创产品。设计中，应立足校园与教师、学生、校友间的情感联系，通过对校园的符号文化、美学特征、人文精神、文化元素等进行新的诠释和重构，将校园文化元素与产品创意相结合，形成具有鲜明首都经济贸易大学校园文化特色的创意产品。

（三）项目创新点

1. 突出校园文化特色

对于文创产品来说，成功的设计应具备优秀的文化价值。结合校园文化特色进行创意设计与生产，此举能创建新的校园文化资源的设计转化方式，将地域文化、视觉符号、文化元素、人文精神、审美原则等价值与各类校园文创产品相结合。这样，文创产品将从形式到内涵尽显首都经济贸易大学的校园文化传承，这既是对学校价值观的认同与传播，也是与时代发展的契合。一般而言，文化资源转化为文创产品可以采用以下几种方式：一是视觉化，如用图形化和符号化的方式进行转化；二是产品化，如将文化元素与思想观念相结合进行产品创意设计与开发；三是突出独特性和创新性，如依托首都经济贸易大学校园文化特色，依托首都北京的城市发展建设来进行校园文创产品的设计开发。

2. 产、学、研的多样化和一体化实施

如前所述，这是一项基于校园特色文化资源的文创开发产学研模式的探索，将其融入教学与实践中，有利于产学研的多样化和一体化实施。首都经济贸易大学的文化资源非常丰富，包括悠久的建校历史与文化，比较齐全学科种类等，非常适合进行文创产品的产学研模式研究与实践。教学层面，从教学成果的转化与创新能力的培养来看，这是依托首都经济贸易大学校园文化资源的一种产学研模式研究。结合新媒体技术，引入工作室团队合作制与互动式教学方法，不仅可激发学生的创新能力，增强教学效果，而且可为人才培养目标的实现贡献很大的提升空间。实践层面，实践教学始终是高校人才培养的一个重要环节。依托文创产品开发，教学与实践相协同，这是一种科学有效的模式，能打破常规教学的局限。具体可采取走出校园，校企合作的方式。

二、成立校园文创产品产学研工作室，实现教学团队建设

（一）成立文创工作室的目的

“工作室”作为现代设计教育的重要概念之一，其发展在很大程度上是对20世纪初德国包豪斯学院设计教育理念的传承，体现了教学、科研、实践为一体的现代教育模式。100多年来，这种教育模式培养了许多具有较高艺术理论素养且具备较高实践技能水平的复合型人才，为社会所广泛需要和认可。以工作室为实践平台的人才培养模式，通常以具有现实意义的实践项目作为载体，在企业技术专家和学校指导教师的共同带领下，由学生通过调查、研究、实操、思考等方式参与设计和生产，从而获得专业技能，提升职业素养。理论研究可为实践提供支持，实践可使理论得到验证，这既是提高素质教育有效性的切实可行的方法和模式，学生也能从这种培养模式中终身受益，在各级各类竞赛与校外实习、工作中具备较强的竞争力。如果学校教育跟不上社会的进步与发展，不能满足市场的需求，那么面对层出不穷的高新技术、不断变革的市场环境，所培养的学生就很难适应社会发展的需求。

（二）实现教、学、研、产模式一体化

校园文创设计，是广告学专业设计方向相关课程实践教学成果转化的新方式。在教学中，我们不仅可以组建教学团队，而且还能进行开放式的校企合作，开启多学科协作的多维、动态的产学研模式。实践中，我们将依托文化与传播学院广告专业，创建以理论教学为核心，融合设计指导、产品研发、商业模式为一体的教、学、研、产模式。即，以教学为主构建教学内容，以文创产品设计为切入点，增强学生对文化资源的挖掘和设计能力，将理论知识应用于实践；引入小组负责制，培养团队合作精神，将被动接受知识的方式转变为学生的主动参与，从而实现“教中学，学中做”。

在项目的实施过程中，我们意识到仅仅把课堂实践作为主要实践环节存在诸多问题，如学生所学与社会实际脱节，学生对设计目的与预期目标不明确，对产品制作流程与销售缺乏认知，设计审美要求与受众喜好无法有效契合，等等。针对这些问题，我们做了一些努力和尝试，如以工作室的形式，指导学生运用设计方法和手段充分表达自己的设计想法。我们的教学实践目的是让学生的设计构想通过校园文创产品转变成现实。围绕这一目的，师生积极互动，不仅共同参与设计草图、定稿，而且共同参与从选材、生产加工到销售等实际生产活动的各个环节。

（三）工作室发展模式初探

通过对首都经济贸易大学文创产品设计发展的分析，我们认识到校园文创设计的教学与产品研发和销售还有很长的路要走，就目前情况来看，我们在工作室这一新事物方面还只是进行了一些初步的探索，有一些初步的体会。

首先，应顺应我国重视文创产业发展的大趋势。校园文创产业要想稳步发展，就要响应我国的文化产业政策，同时依靠学校和所在学院的大力扶持，既在政策层面又在管理层面逐步完善和积累宝贵经验，在此基础上不断将校园文创做好做强。

其次，文创工作室的成立和发展壮大，可以为学生提供必要的创新创业实践基地。工作室引入开放的、实践性强的教学模式，通过工作室文创设计项目的运行，除广告系全体师生外，还可以吸引学校其他专业的设计人才共同参与。这不仅能提高教学效果的有效性，而且能促进教师自身技能的不断提高，真正打造一个产学研一体的，既有现实价值又可持续发展的工作室。

不仅如此，未来我们还可以尝试进行校企联盟、校校联盟、师生联盟等合作发展模式，融合线上线下，开启工作室制教学模式的新形式。

1. 工作室现状分析

首都经济贸易大学校园文创设计工作室（以下简称“工作室”）才刚刚起步，在教学与产品研发及销售等实践领域还有很长的路要走。因此，对于工作室的发展模式，现在还只是一些初步的探索。目前，工作室以开展各类设计竞赛和教学改革项目为依托，同时承接校内宣传、活动的文创产品、策划方案等设计，着眼短期目标与长期战略规划相结合的发展模式，开展以满足个性需求为导向的校园特色文化服务。

工作室实行广告学系系主任负责制，指导工作室的发展方向和管理制度的制定；工作室的工作范围主要涉及工作室宣传、财务经费管理、业务项目管理与工作室人员管理等几个方面（图 1），参与管理的人员由广告学系教师与学生骨干组成；工作室的指导教师团队覆盖了校广告学专业的所有教师，各教师的专业研究方向则涵盖了产业链的各个环节。工作室的学生成员由有设计经验或天赋的广告学系在校生以及其他学院有设计才能的学生组成，当然，学生担纲产品的设计者时要经过比较严格的筛选。

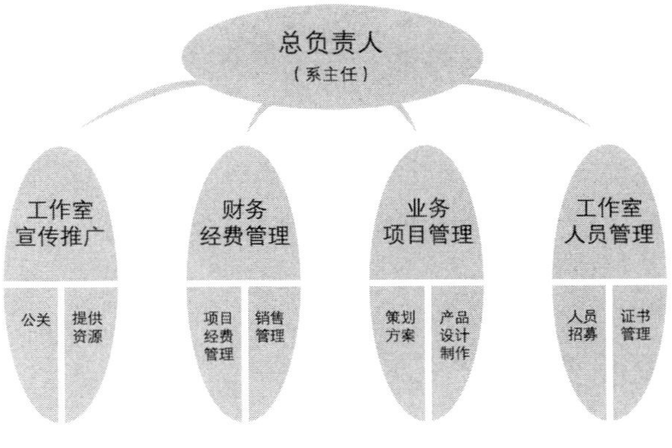

图 1

2. 工作室优势分析（图2）

工作室初创期的发展方向与理念、设计定位、市场定位等，都以传承与发展首都经济贸易大学校园文化精神为导向，以学校历史文化、办学理念为依托。虽然以教师为主导，但教师承担的主要是管理任务，大学生则是创业主体。工作室最大的优势是可以充分利用丰富的校内资源。比如，工作室有良好的商业环境，稳定的消费群体，服务对象定位为校内师生，不仅易于学校统一管理，而且只要设计主题契合师生的需求就会有很好的经济收益。此外，工作室推出的产品大部分都是师生的刚需，只要有个性化的系列作品就很容易受到青睐。并且，工作室的主要设计成员来自学生，与校外的设计公司相比，具有设计成本较低，产品性价比高的竞争优势。可见，只要用心经营，拥有价廉物美优势的校园文化品牌就很容易打开市场。

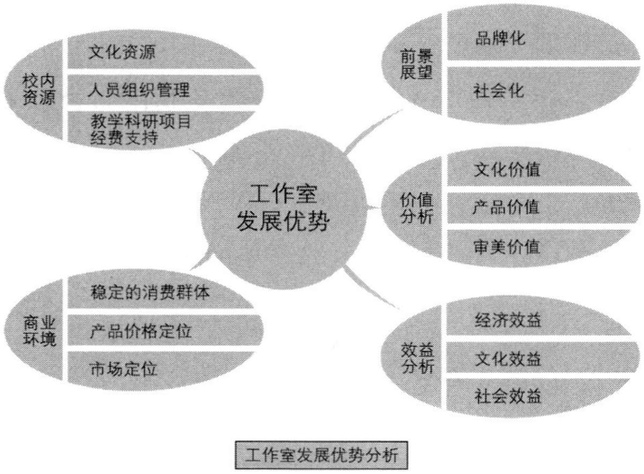

图2

三、基于校园文化资源的产品设计

（一）校园文化产品创意化设计

我们认为，文化创意产品的设计应本着以诉求为目的的基本原则，设计点要触及消费者最切实的需求，避免目前文创产品市场中缺少创意设计的弊病。在我们的校园文创产品设计实践中，教师指导学生在市场调研的基础上搜集诉求，进行校园文化素材提炼，进行创意设计和制作。我们设计的产品非常注重表现形式的多样性，即注重能否给消费者以崭新的视觉体验，设计者对校园文化与设计品位关系是否有到位的理解，以及如何增进师生认同感和促进校园文化建设等方面的思考。校园文创产品既是校园文化品牌传播的载体，也是学校间文化竞争的重要体现。为了更好地传播校园文化，我们先以校园景色、建筑、美食、logo（学校标识）、京味文化等作为视觉元素，再融入校园竞赛品牌、名师、优秀校友和学生形象等作为创意表现要素，采用平面设计的形式，结合电脑图文或手绘方式将这些元素延伸至多种衍生品之中，如书立、书签、笔记本、签字笔、尺子、书包等学习用具，以及咖啡杯、保温杯、运动水壶、文化衫、钥匙包和钥匙链、购物袋、首饰等生活用品。

具体来说，学生在进行文创设计时不仅要注重体现产品创意所产生的精神价值，而且要注重产品本身的实用价值与商业价值，这也是产品宣传推广中不可或缺的重要因素。在师生们的共同努力和见证下，这些蕴含着满满的中国精神与学校精神的文创产品受到了大家的青睐。实践证明，它们具备性价比高、需求量大、受众人群定位精准和以校园文化品位引导消费等诸多优势，最终成为首都经济贸易大学校内超市、文具店、打印店、礼品店的主流产品。

鉴于以上设计需求与设计定位，我们从以下几个方面提出实现校园文创产品开发设计的整体构想。

1. 产、学、研一体化理念下的设计思路

校园文创产品设计符合产学研相结合的教学理念，顺应实践与理论教育教学的发展趋势。我们不仅注重对学生专业知识与技能的考查，而且关注学生创造能力与可持续发展能力的提高，并结合学生未来就业的需求和发展方向等问题，进一步促进学生职业素养的提升以适应社会发展的需要。

校园文化创意产品是一所大学文化精神的外在表现，是传承和发展高校精神元素及校园文化的物质载体。从广义上来说，它可以融合体现中国文化精神的视觉元素，而这也是中国文化创意产业发展的内在要求。为此应在校园文创产品开发设计中深入研究民族文化精髓，通过梳理这些文化元素能更准确地把握高校文创产品的思想内涵。同时，设计者需要构建独特的设计理念，不断创新设计方法，这样才能满足师生不断增长的文化需求。

文创产品设计的核心，主要通过文化创意和产品的使用价值来体现。这是一个认知层面的问题，在设计中将考查学生的感知能力、记忆能力、思维能力、联想与想象能力以及表现力等。在这个过程中，学生对校园文化资源的理解经过头脑的分析处理和设计制作，把认知中的经验和记忆，转化成对校园文化所产生的情感共鸣，由此增强学生个体与学校的情感联系，从而构建他们的校园文化认同感。

以喻欣怡同学设计的书签作品为例，这是一个以首都经济贸易大学校徽与校训为基本元素的文创设计（图 3）。作品中融入并呈现了学校对学子的殷切希望，读到这几句校训，不禁使人深感来自学校的殷殷期盼，并由此感悟学校的文化精神。

图 3

校园文创设计是一项受思想支配的有创造性的活动，应该特别注重作品的创意表现。为了实现构建大学生校园文化认同的教学目标，我们带领学生在创意设计中以展现校园文化底蕴和专业特色为基础，发挥自身的文化资源优势，以坚定不移秉承学校的办学理念为准则，创造符合师生需求、有教育意义的特色产品。

2. 思维创意设计的表现

文化创意所涉及相关产品的设计，是依据某一种文化中的元素进行的设计，其设计的关键点在于如何将这些文化元素有效运用于产品中，更好地体现产品的创意思维。这种具有创造性的设计不是对文化元素的简单复制，而是要依靠设计者的想象与灵感对已有文化资源进行再创造，并将创意思维贯穿整个设计过程。校园精神为校园文创设计提供了生命力和文化底蕴，依托校园的创意设计收获了师生对学校的认同感，这种认同感是长期积淀的结果，代表着学校的人文精神和思想内涵。种类丰富的文创产品形成了一道独特的校园风景，不仅融入校园生活和学习的各个角落，而且给学校带来可观的经济效益，更能借此将学校精神发扬光大。

校园文创产品设计的历史由来已久，有其独特的文化烙印和时代感。一段时期以来很多校园文化产品虽然也在传达某种纪念意义和对校园生活的怀念，比如水晶摆件、校园风光明信片等，但却缺少实用性，也无法满足新一代的审美需求。随着社会的发展，校园文化产品也需要注入更多的新元素和时代精神。因此，在创意设计中要不断地进行思维创新，利用校园平台实现艺术、创意和商业的融合，打造具有创造性的校园特色商品，找到一条适合高校文创设计的发展之路。

在创意表现上，如对文创产品形态的构建，首都经济贸易大学的校园文创设计也有自己的方式。在设计产品时，我们先考虑的是产品诉求与校园文化元素的结合。比如，大多数的高校都有自己代表性的校园建筑，在首都经济贸易大学的校园建筑中，图书馆、三食堂、体育馆、教学楼、办公楼等都是可供校园文创产品设计的特色独具的标志性建筑，堪称经典素材。学生从中提取概括性设计元素，如将建筑轮廓和主要结构元素结合生机勃勃的植物元素来进行展现。

以黄冰尚同学的作品（图 4）为例，该作品以经贸红为主色，结合校园内的标志性建筑与雕塑如骆驼雕塑、纪念柱、琢玉讲堂等为主要元素，配以植物和祥云等中国风元素，风格简约，同时体现了首都经济贸易大学的校园特色。

图 4

此外，随着科学技术的进步，思维创意与新技术的结合也成为一种设计创新的趋势。近些年来，在首都经济贸易大学中采用计算机软件辅助设计的应用范围越来越广，这对拓宽校园文创产品设计的思路也会有很大帮助。

（二）文创产品个性化设计

随着时代的发展，人们的需求总在不断变化中，对传统与现代的审美需求也始终在交替进行，单一的形式已无法满足消费者的需求，因此个性化和私人订制将是文创产品的发展趋势，而校园文创追求的也正是个性和情感的体现。设计师在设计中，根据师生的需求，还可以打造一些专属产品，不仅使设计具有一定自主性和个性，而且使交易过程充满惊喜和趣味性。

比如，为了增加师生在教学、学习、生活等场景中的仪式感，可制作印章、便利贴、书签、丝巾、手机壳和带有规划功能的年历、手账本套装等产品，用具有亲近感的手绘形式与校园文化相结合，在实现视觉传达的同时触动师生的校园情结。

以李璐同学的作品（图 5）为例，该作品除了运用建筑等文化元素外，还使用了曦池等校内小型景观和各种植物元素，体现了首都经济贸易大学花乡校园内树木葱茏，鲜花争艳，风格各异的景观特色。设计中，把自然景观与人文景观加以有机结合，从而引发师生对学校的眷恋与热爱。在设计中，同学们可以围绕上述元素进行多样组合，目的是把设计的亮点充分展现出来。

（三）文创产品品牌化的意义

校园文创产品的创新设计开发是对高校品牌和校园特色文化的推广，它提升的是高校品牌形象的识别性及其文化魅力，打造的是独特的校园文化品牌，唤起的是师生的校园文化情怀、自豪感、归属感和凝聚力。作为物质载体的文创产品，对高校的传播价值与声誉提升具有重要的意义。由于校园品牌文化以高校精神文化作为依托，能充分展现学校的办学理念，彰显学校专业特色，因此校园文创产品的设计与制作越来越受到学校的重视。通过设计活动的研究与实践，我们力争把学校的历史文化积淀和品牌文化通过文创产品有效地呈现给受众。

1. 有效传播校园文化

校园文创产品的品牌化，可以有效传递校园的精神文化内涵，是高校价

图 5

值观的集中体现，并可实现从精神到物质的转化。校园文创产品主要在校园内与学校之间进行传播，将校园的精神文化内涵通过视觉方式进行加工和提炼，从而使校园文化特色走近师生，深入人心。校园文创产品的品牌化设计可以反映学校的精神气质、思想内涵、办学理念和师生学习生活的环境。在校园文创产品的品牌化设计过程中，其设计理念可以通过校训、校徽、校园主题语等进行体现，也可以通过校园文化中的各种视觉要素，如标识、专属色等视觉识别符号，结合图案设计、图形创意设计、构成设计、印刷制作、产品使用材料等来进行表现。

校园文创设计作品可以通过校园官网、微信、微博等社交平台和媒介面向校内乃至社会进行宣传和推广。高校具备独特的资源优势，因此也可以利用学校丰富的师生资源和社交平台，在品牌化的基础上不断研发、生产，形成创意产品的迭代。

2. 不断提升品牌价值

校园文创产品的品牌化可以为学校树立良好的社会形象。通过具有独特校园风貌的视觉元素、特色专业、特色产品等，来表达学校独特的价值观念、良好的学术氛围、生机勃勃的文化气息等，可以不断提升高校的品牌价值。

一个广受欢迎的文创产品，能够产生受众的情感共鸣。以首都经济贸易大学为例，通过文创产品的不断开发与创新，以及专业化设计，学校的历史文化、办学理念和人文情怀能得到生动、广泛的传承和延续。品牌化的文创产品不仅具有时代意义，而且兼具设计价值，因此为了更好地提升首都经济贸易大学校园文创产品的品牌价值，未来有必要投入更多资源对其进行持续开发，以不断提升学校的品牌形象乃至文化软实力。在文创产品的设计规划中，如何提升品牌价值尤其重要，除了实用价值、纪念价值之外，还要体现商业价值。因此，设计中应充分了解师生心理和校园市场潮流，为日后的校内、校际传播乃至品牌的社会化打下良好的基础。相信在不久的将来，首都经济贸易大学能借助文化创意的优势，打造专属的校园文创品牌，并使之逐步发展成为一个社会文创品牌，实现由校园文创到社会文创的延伸，走出校园，服务社会。

四、校园文创产品商业模式初探

进入21世纪，中国迎来了品质消费的时代，文创产品在文化消费中所占的比重呈现逐年增长的趋势。正因为我们处在这样一个消费转型期中，所以对校园内人群的消费心理与消费行为等因素进行分析和研究，将对选择适宜的文创产品商业模式有很大的作用。调研显示，首都经济贸易大学校园文创产品的主要受众人群首先是在校师生，其次是已毕业的校友。当前，在校生中大多为90后、00后，也正是文化消费的主流人群。他们的消费观念和消费模式与70后和80后有很大的不同，更注重产品的品质、品位与原创性。他们有独立的思想和个性，有着爱玩、爱秀、爱分享的生活态度。不仅如此，他们在对文化产品的品牌与文化审美等方面也有着与众不同的需求，消费热点的更新速度也极快，这些对校园文创产品的营销来说既是很大的挑战，也是很大的机遇。为了顺应这类人群的需要，我们必须设计、生产品位独特、造型精巧的产品。

总体而言，首都经济贸易大学校园文创产品的市场潜力是巨大的，同时校园文创产品的推广也需要适合的商业模式。可以通过开设实体店或网店，不定期举办线上线下宣传活动，以及选择合适的商业合作伙伴等形式，逐步打造首都经济贸易大学校园文创品牌的专属商业模式（图 6）。首先，要在产品设计上强调创意设计灵感与产品实用性相结合。其次，要根据消费人群与售卖地点制定不同的营销策略，进行市场定位，目的是吸引受众并激发其购买欲望。最后，校园文创产品的营销推广要借助校园内稳定的消费群体、产品价格定位等优势，进一步分析潜在客户，从而持续激活消费需求潜力。同时，在国家推动消费的政策影响下，首都经济贸易大学校园文创产品在营销推广中，应锚定校内需求，开展线上线下结合的市场宣传活动，以保持校内消费市场长期平稳向好的发展态势。

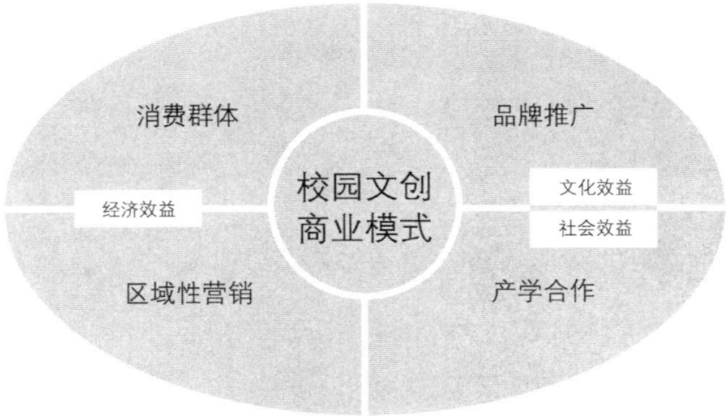

图 6

（一）实体店销售

高校文创产品的主要消费群体是在校师生。实体店销售是目前首都经济贸易大学校园文创产品主要的销售方式（图 7）。前期，本团队为打造品牌形象，于产品宣传中结合海报设计等形式，在校园经贸超市、文具店等几个实体销售点进行推广。此外，还在人流量比较大的食堂门前广场、学生活动中心等场所不定期组织投放宣传单或免费发放试用产品，以增加校内受众覆盖率。毕竟，对于高校来说，通过独具特色的校园文创产品可以在学生心中树立良好的学校形象，增进学生参与校园文化建设的意识，因此这一共创未来的发展前景非常值得期待。

图 7

以往文创产品主要被作为纪念品收藏。我们通过分析消费者购买倾向发现，而今文具类商品与服饰类商品的购买量已占 75%，富于美观性、创意性的产品购买量更是占了 80%，使用环保材料产品的购买量也占据主导。由此可见，在文创产品的设计和销售中，针对市场需求制定产品策略、定价策略、促销策略等，是十分必要的。

（二）尝试与知名服饰品牌建立合作关系

在首都经济贸易大学的各类校园文创产品中，可用于日常生活穿戴的服饰类文创产品是最吸引师生购买的主流商品之一。服饰类文创产品是展现高校形象的重要载体，我们也可以称之为“走动的校园文化”。服饰类文创产品通常包括帽子、文化衫、卫衣、手套、围巾、运动套装等，一般具备实用和文化的双重属性。目前，国内外许多高校已经或正在创办具有自身校园文化特色的服饰类文创产品店，有的已经从最初的宿舍内小店发展到品牌化经营。服饰类文创产品在设计上有很多优势，它能将视觉设计的完整性集中体现在消费者与校园文化的结合上。这类商品可以带动校园文化的趣味传播，可以成为维系院系、社团、学生会、校友会之间情感的纽带，成为引导师生形成凝聚力的有效手段。

未来，我们可以尝试与国内一些知名品牌建立合作关系，借助受众对知名品牌的青睐，进一步推动校园文创的发展，完善营销模式，从而给学校带来良好社会效益、文化效益和经济效益。

五、存在问题及对策建议

目前首都经济贸易大学校园文创产品在发展的过程中出现的主要问题，一是产品定位不够精准，缺乏品牌概念。大多数文创产品未能充分展现独有的品牌文化，产品种类单一，文化衫、U 盘、书签、明信片、文具等缺乏创意设计，大多仅仅停留在将校训、校徽等做一些表面印刷上。二是产品形式和内容趋同。许多产品缺乏设计创新，形态上大同小异，配色同质化，材质工艺也未能达到期望的品质。三是有效传播不够充分。由于没有形成品牌化，所以管理营销方面欠缺有效传播，此外校园文创产品的受众也有很大局限性，产品主要面向本校师生和本校内的交流活动，等等。

（一）校园文创产品缺少创意

创意是设计的灵魂，缺少创意的作品如同失去了生命活力的花朵。我们现有的校园文创产品中，主要存在的问题是纪念性强于创意性，使用价值与设计美感的价值没有充分结合。究其原因，主要是设计者没有紧密围绕消费者心理和偏好进行精准的产品定位。因此，我们接下来要紧紧把握设计的初心，从而使受众获得更好的产品体验。要在色彩元素、图形元素、包装设计等方面多下功夫，在设计中将美观性、实用性与创意有机结合，多设计性价比更高的文化产品。

在产品设计创意表现中，校徽与学校标识（Logo）元素的滥用也是缺乏美学意识的一种体现。比如在很多产品中，人们都会见到本校标识中的骆驼元素或学校英文首字母的缩写（CUEB），似乎有了这些元素以后，设计就完成了。实际上，标志性元素如果被千篇一律地使用，其带来的将是视觉的疲劳与无趣。形象要素与产品属性如果缺少结合，表现形式如果缺乏创新，则将最终导致经典素材失去艺术感染力。因此，在提取和运用校园文化元素时，要整体考虑其实用价值和审美价值，将对历史的、文化的、社会的、艺术的思考融入意识形态观念、学校文化资源与产品创意等之中。

（二）产品形式比较单一

由于目前尚未实现校园文创产品的产业化发展，所以现有文创产品的形式还比较单一，仅局限在基本学生用具和生活用品等有限的品种上。如前所述，即使印上了学校标识和校徽、校训等内容，但由于缺乏设计感而易造成消费者的视觉审美疲劳，最终也常常导致人们对购买校园文创产品失去兴趣。事实上，文创产品应该不断推陈出新，创造兼具仪式感和文化内涵的产品，吸引师生购买，使校园文化元素不仅活跃在校园的各个角落，而且成为能被带出校园，带向社会的有形文化产品，从而实现弘扬校园文化的初衷。

要改变这种现状，首先，在形式上要把借鉴国内外成功经验作为学习的主要方法，再融合学校特有的文化资源，建立一个有一定规模的校内文创店。以实践教学为中心，以文创工作室为平台开展校园文创设计竞赛，将师生的奇思妙想与优秀的设计方案应用于日后产品的更新换代。其次，在教学中要根据新的消费倾向，融合并提炼学校元素进行再设计，改造和创新产品形式。最后，还可以借助北京的丰富文化资源，将校园特色与北京文化元素相结合，以不断丰富产品类型。

结论

如前所述，我们通过对国内外高校校园文创产品进行比较研究，分析其共性特征和差异性，挖掘具有首都经济贸易大学校园文创产品特点的文化与视觉元素，目的是使学校的精神、文化和价值观得以生动呈现，将情感因素、收藏价值与文化创意产品设计相结合。这一研究与实践，包括所进行的校园文创商业模式的探索，为首都经济贸易大学校园文创的发展提供了新的思路与途径。在经济发展多元化的今天，产业跨界融合的趋势已经为文创产业的发展打开了新的空间。作为首都北京一所知名的经济类院校，首都经济贸易大学的校园文创产品已逐渐成为其校园文化传承的重要形式，不仅促进了校园商品与校园服务创新，而且使产学研有机融合为一体，丰富了教学科研成果。

在本文中，我们以首都经济贸易大学校园文创产品作为研究的对象，以探究学校文创产品设计的文化内涵为出发点，将理论教学、设计美学和商业模式相结合。运用跨学科交叉研究的思路和方法，挖掘文创产品设计的文化资源，通过具体的文创产品设计对首都经济贸易大学校园文化特色进行提炼和升华。在此基础上，立足新媒体、市场营销、品牌设计、平面设计等学科的综合视角，分析、探索与创新设计思路，并对未来的发展作了进一步的展望。具体体现在以下几个方面。

第一，校园文创产品推动了校园文化的发展。在传播首都经济贸易大学校园文化方面，文创产品以校园历史、景观、建筑、校训、名师、师生、校友等作为视觉元素，设计了不同种类的文创衍生品，如书签、书立、电子产品、生活用品、四季服装、小饰品等，它们融实用性、艺术性、商业性、创新性于一体，体现了师生对学校的认同感，提升了校园文化品位，加快了校园文化建设。

第二，校园文创产品满足了广大师生和校友对校园文化的情感需求。校园文创产品，反映了学校和包括在校师生在内广大受众群体共同的情感诉求。选择恰当的文化载体来强化学校的品牌形象，不仅具有可持续发展的市场潜力，而且能更好地满足消费者的个性化需求。因此，为了使传播形式更丰富，设计中应注重使产品不断符合时代的审美需要。

第三，在实践中，设计团队应不断丰富知识储备，拓宽视野，进一步挖掘消费者的潜在需求，并及时把握市场动向。

第四，应当对学校的精神内涵、价值观念、校园文化等各方面进行综合梳理，从中提炼学校的文化软实力和核心竞争力，并由此打造有独特价值的、可持续的高校校园文创品牌。

致谢

通过两个学期的努力，在项目组同仁的共同努力下，针对广告设计方向专业课程进行的教学改革项目“基于校园文化资源的文创产品开发设计与商业模式研究”已实施完毕。虽然在项目的进行过程中，因遭遇疫情而多少有一些遗憾和不足之处，但过程和结果总体是令人满意的，并顺利完成了预定的目标。

感谢在本次研究工作中提出建设性意见的各位同仁，感谢给予我们转载和引用权的资料、作品、创意的所有者们，感谢每一位参与设计和创作的同学，谢谢大家的支持和努力。

参考文献

[1] 朱旭．创意产品设计与文化消费［M］．北京：新华出版社，2010.

[2] 姚湘，胡鸿雁．文化创意产品设计［M］．北京：北京大学出版社，2020.

[3] 丁伟．文创设计新观 设计力量激活文化价值［M］．北京：北京理工大学出版社，2018.

[4] 何家辉．文创设计［M］．武汉：华中科技大学出版社，2020.

[5] 张凌浩，娄明．江南地区传统工艺与文创设计［M］．北京：中国建筑工业出版社，2019.

[6] 张颖娉．文化创意产品设计及案例［M］．北京：化学工业出版社，2020.

[7] 蔡冰心．抽象艺术纹样在织锦旗袍设计中的应用［D］．杭州：浙江理工大学，2016.

[8] 张译之．哲匠精神与创新应用［D］．北京：中央美术学院，2017.

[9] 张璐．新锐插画艺术在90后女性家居服设计中的应用研究［D］．郑州：中原工学院，2017.

[10] 贾碧莹．毛线装饰艺术在服装面料再造中的设计与研究［D］．大连：大

连工业大学，2015.
[11] 陈婷．泥咕咕艺术元素在大伾山景区旅游包袋设计中的应用研究［D］．郑州：中原工学院，2017.
[12] 段然．当代艺术中心本土化探索：安徽仙人冲画院设计［D］．北京：中央美术学院，2017.
[13] 崔瑶．以环保为主题的纺织材料装置艺术的设计与研究［D］．北京：清华大学，2015.
[14] 日本日经设计编辑部．日本文具文创设计［M］．邓召迪，译．北京：机械工业出版社，2021.
[15] 斯宾塞，朱利安尼．如何用设计思维创意教学：风靡全球的创造力培养方法［M］．王頔，董洪远，译．北京：中国青年出版社，2018.

附录

首都经济贸易大学部分校园文创产品

设计说明：校徽与校训元素书签

· 颜色：

C: 30 M: 100 Y: 100 K: 15 ——侧边框，镜头，主体

C: 18 M: 14 Y: 16 K: 0 ——背景

C: 0 M: 0 Y: 0 K: 0 ——logo留白处，数字

· 设计理念：

以经贸红为主色，以校园内的标志性建筑（骆驼雕塑、纪年柱、琢玉讲堂）为主体，配以祥云、植物等中国风元素，风格简约，同时也体现了首经贸的校园特色

· 材质：细磨砂硅胶软壳

· 制作工艺：UV浮雕工艺印制

尺寸：154mm 106mm　材质：铜版纸

名称：首经贸时间碑台历
材质：白卡纸
尺寸：19.8×7.9×3.8cm（单个）
设计简介：依照校园中的时间碑设计了翻页台历的外形，封面印有自学校成立至今的部分重要时间节点，共同组成CUEB四个字母。采用时间碑同款大理石纹路样式，校徽配合校训彰显学校特色。
台历由三个翻页组成整体，侧面有磁吸，上方拉环可拆卸，日期使用后可留作书签保存。
日历内页月份页为春夏秋冬校园美景，背面为日期表格。
日期页为1-31的阿拉伯数字，简洁醒目，每日一翻增添仪式感。
便签页易撕可作为便利贴使用，也可以记录备忘

·产品名称：金属风星空鼠标垫

·设计说明：此鼠标垫系列一共有两种图案样式，中间的CUEB为学校英文缩写，骆驼元素取自校徽，简洁大方并且充满炫酷科技感。同时寓意了广阔无垠星空下首经贸人面向未来脚踏实地的精神品质。

·配色方案：色标如左图。采用沉稳的黑色和荧光春日青相搭配，达到了科技感十足、配色亮眼的效果。

·产品信息：ϕ20cm，厚度3mm

·设计者：陈孟乔 文化与传播学院 广告卓越班 32018060050

尺寸：2.5cm × 10cm　　　**材质：铜版纸（覆膜）**

CUEB
CUEB

第二篇　课程建设

微视频案例教学在资产评估专业课程中的应用探索与实践*

陈 蕾 马慧洁 周艳秋 席 乐 范庆泉 肖绘羽
（首都经济贸易大学 财政税务学院）

【摘 要】微视频案例教学作为一种较为新颖的实践教学方法，成为提升高等院校资产评估专业课程教学质量的新兴手段。本文以文献研究为基础，归纳了资产评估微视频案例教学的意义、现状和瓶颈，并且以初步尝试开展的微视频案例教学的成效与反馈为核心，对首都经济贸易大学资产评估专业试点课程的微视频案例教学情况进行问卷调查和统计分析。在此基础上，探索将资产评估案例的视频化与微型化应用于专业课程实践教学的有效路径，并进一步提出资产评估专业课程微视频案例教学及案例库建设的操作方案与对策建议。

【关键词】资产评估专业 微视频案例教学 案例库 实践教学

引言

随着资产市场不断发展，社会迫切需要大量综合型评估人才。资产评估专业课程具有涉及范围广泛、综合性强、评估方法多样、应用性和实践性强等特点，同时在一定程度上面临教学模式单一、素材有限、考评困难等问题。高等教育中的实践教学有利于提高学生解决实际问题的水平和自身实践的能

* 本课题组现已初步完成对评估学原理（双语）、国际评估准则（双语）、无形资产评估三门课程微视频案例库的整理和组建工作，入库案例的数量分别达到60余项、80余项、80余项，合计数量超过220项。下一步，将继续对资产评估专业课程的微视频案例库进行精细化修改完善和动态化补充更新。

力，是一种较为新颖、有效的教学方法。与此同时，当前高速发展的数字视频技术不仅能够展现更为客观的问题情境，而且能够容纳更大的信息量，从而极大地降低教学案例开发的难度与成本，使教师甚至学生都有可能参与案例开发。这为资产评估专业课程实践教学的应用，提供了一种创新思路。特别是，微视频案例教学作为一种较为新颖的实践教学方法，已得到国内众多学校、课堂的推广与应用，在高校课堂建设中也逐步得到支持，逐渐成为提高高等院校资产评估专业课程教学质量的新兴手段。鉴于此，本文拟在前期研究的基础上，以目前开展课堂实践教学的成效与反馈为核心，通过开展有关资产评估课堂实践教学的调查和统计分析，探索将案例的视频化与微型化用于改进和完善实践教学的操作方案；在实际教学中开展基于微视频案例的研究训练活动，并以此作为“副产品”，形成可观的、来自师生自身教学实践的案例库，进而提出微视频案例库建设的对策与建议，希望以此对资产评估专业课程实践教学起到积极的推动作用。

一、微视频案例教学的意义、现状和瓶颈

（一）微视频案例库教学的意义与现状

随着信息技术的发展，海量的学习资源大量涌现，在为学生提供丰富学习资源的同时，也加大了学生对知识理解和运用的难度。网络技术的快速增长，使网络资源呈现碎片化发展，其本质是学习时间的不连续性和知识点的零散性。丹尼尔在研究个体与组织的学习机制时提出，当个人心智模式与共享心智模式出现断裂时，就会产生碎片化学习①。可以预见，碎片化时代将给学习方式带来巨大改变，微视频案例教学由于具有开放性、多元性、自主性等特点，能够为学习者减轻过多知识点冲击带来的学习压力，从而适应时代的发展。例如，慕课（MOOC）、可汗学院、哈佛公开课等都已经获得了广泛的用户且影响力巨大，微视频教学也因而被视为开放教育运用网络进行传播的产物。

① KIM D H. The link between individual and organizational learning [J]. The strategic management of intellectual capital, 1998 (41): 62.

美国教授麦克格鲁创办的“一分钟有机化学”微视频课，在鸡尾酒会和其他场合为人们讲解简短的化学知识，取得良好成效并开启了微视频课的先河[①]。美国远程学习协会会长约翰·克弗洛通过对大量实验的研究分析得出，相比50分钟的视频，时间短、知识点零散的微视频更有利于学习者接受和掌握[②]。微视频案例教学可以不受时间、空间、学习对象等的限制，可以通过某一特定的知识点或问题将教师与学生相联系，在版权允许的情况下，学习者可以实现随时随地的学习。随着国外微课的兴起，国内也逐渐引入微视频教学方法。我国学者王竹立提出，微课虽不能代替传统课程，但是可以被传统课程很好地利用，且在今后互联网教育与非正式学习领域，微课具有广泛的发展前景[③]。刘为军将微视频案例教学应用于经管类课程教学中，认为这有助于提升学生上课时的专注度和参与互动的比例[④]。吴红静等将微视频案例教学应用于生物化学课程教学中，认为该方式能明显提高学生对课堂知识的理解，使其笔试成绩、长时记忆和理解力都有所增强，对学生主观学习也有明显的促进作用[⑤]。相比传统的内容冗长、缺乏趣味性的经典课程而言，这种以教育理念为指导、以信息技术为载体的开放性、自组织式的微视频课程更容易被学习者所接受。

但也要看到，随着微视频案例教学的广泛应用和快速发展，其本身存在或潜在的弊端也逐渐被提出。汪琼认为，利用碎片时间学习不利于学生将零碎的知识点加以总结归纳；微视频案例教学的选题与指导需要具备高质量的师资条件，在具体应用方面也欠缺合理的实现路径[⑥]。谢永鹏、徐岩认为，微视频课程知识点的碎片化不利于学生对知识的整体把握，所制作的微视频往

---

① MCGREW L R A. A 60-second course in organic chemistry [J]. Journal of chemical education, 1993, 70 (7): 543.

② YOUNG J R. Short and sweet: technology shrinks the lecture [J]. Chronicle of higher education, 2008, 54 (41): A9.

③ 王竹立. 微课热是暂时的，微课是长期的 [J]. 中小学信息技术教育，2013 (9): 79.

④ 刘为军. 资讯微视频案例对经管类课程教学效果的影响研究 [J]. 科教文汇 (上旬刊), 2016 (12): 82-83.

⑤ 吴红静，王莉，赖劼修，等. 微视频案例教学在生物化学课程中的实践 [J]. 应用型高等教育研究，2018，3 (1): 90-95.

⑥ 梅瑞尔，顾凤佳，倪小鹏. 教育技术的创新应用：反思与展望 [J]. 开放教育研究，2016，22 (1): 4-17.

往是模仿为主，在创新性方面显得不足，且在制作过程中耗费大量精力与时间①。

（二）微视频案例教学的瓶颈

如前所述，微视频案例教学在学生的学习参与度、团队合作、主动学习、理解和知识掌握等方面都具有相应的成效，但与此同时，零碎知识点难以串联、制作过程时间成本较高、难以体现创新性等瓶颈也制约着微视频案例教学的推广应用和作用发挥。究其原因，这与微视频案例库的缺失或不完善不无关系，而这也进一步凸显了建设和完善专业课程微视频案例库的重要性。

其一，案例教学是将具有矛盾冲突的真实问题以案例形式，以语言和各种视听手段描述的特定情境带进课堂，以便学习者能够站在当事人的角度，对相关教育问题进行分析和讨论，并提出相应的解决方案。知识来源上，其主要产生于生生、师生间的分析与讨论，一般30%来源于教师、70%来源于同学；知识性质上，案例教学是一种无结论的课堂，训练的是思考与解决问题的方法；教学形式上，课前要求学生研读案例，课中分组讨论，教师负责组织与引导。

其二，案例教学的开展有赖于高质量案例库的支撑。首先，在案例选材上，要求事件真实，事件中存在不可避免的矛盾冲突，而冲突所反映的问题也要具有一定的普遍性。其次，在案例撰写上，这被认为是一个超出常规的难题，不仅在于对撰写人的专业水平与文字功底不好把控，而且在于案例的制作成本高、质量要求高、需求总量大，同时随着时间推移，还存在案例时效性丧失的问题，因此需要不断更新。

其三，案例库建设的困难阻碍了案例教学在教学实践中的应用，但数字视频技术的运用在一定程度上减少了对案例撰写人专业水准的依赖，因为视频以镜头而非撰写人的视角来表述问题，相对更客观，从而将分析问题的视角交还给使用者。因此，视频不仅能展现更为客观的问题情境，也能容纳更大的信息量。同时，视频极大地减小了案例开发的难度与成本，

① 谢永朋，徐岩．微课支持下的高职院校翻转课堂教学模式［J］．现代教育技术，2015，25（7）：63-67.

使教师甚至学生都有可能参与案例开发。此外，相比复杂的综合案例，微型化的案例通常只包含单个问题，内容短小但结构完整，精简的体量可供学生在有限的时间内完成学习，且因为强调集中思考一个问题，有利于案例分析的深入。

二、关于资产评估微视频案例教学情况的问卷调查分析

（一）调查方法和调查样本

在对相关文献进行梳理分析的基础上，笔者设计了关于资产评估微视频案例教学的调查问卷，包括11道选择题（单项或不定项选择）和1道主观表述题，拟通过问卷反馈信息来分析微视频案例教学模式在资产评估专业课程中的试点应用效果与未来改进方向。

本次问卷调查的对象是首都经济贸易大学资产评估专业四个班级的本科生和硕士研究生，其在学习期间均参与体验了微视频制作、微视频演示、微视频讨论等不同形式的资产评估微视频教学环节。

经筛选统计，本次问卷调查合计收集到235份有效问卷。下面对问卷的反馈信息进行分类汇总分析并加以整理说明。问卷答案可量化，故以数字和表格形式反映。

（二）问卷调查结果分析

1. 调查样本结构

经统计，有效问卷的调查对象涵盖了首都经济贸易大学125名本科生和110名硕士研究生，占学生总人数比分别为53.19%和46.81%，且他们均处于资产评估基础课程的学习后期或者学习完毕阶段。可见，本次调查样本既具有一定的全面性，又具有较好的代表性，能够较为真实地反映学生意愿和较为精准地定位学生诉求。

2. 所学习的资产评估专业课程名称

为调查学生所学的资产评估专业课程名称，问卷中设置了“评估学原理（双语）”、“国际评估准则（双语）”、“资产评估理论与方法”和“无形资产评估”四个选项供调查对象选择其一。统计结果见表1。

表 1　被调查对象所学资产评估专业课程的调查结果

选项内容（单项选择）	本科生		研究生		合计	
	人数	比例（%）	人数	比例（%）	人数	比例（%）
A. 评估学原理（双语）	68	54.40	0	0.00	68	28.94
B. 国际评估准则（双语）	57	45.60	0	0.00	57	24.26
C. 资产评估理论与方法	0	0.00	61	55.45	61	25.95
D. 无形资产评估	0	0.00	49	44.55	49	20.85

统计结果显示，参与调查的学生所学资产评估专业课程构成中，本科生学习“评估学原理（双语）”和“国际评估准则（双语）”的比例接近，分别为54.40%和45.60%；参与调查的研究生学习“无形资产评估”课程与“资产评估理论与方法”的比例接近，分别为55.45%和44.55%。由此可知，参与调查的学生学习资产评估专业课程的结构合理，这为后续调查结果的准确性与应用的广泛性提供了基础。

3. 是否参加过资产评估专业课程的微视频教学

本次问卷调查意在考量微视频教学模式的应用效果与改进方向，因此调查范围全部集中于资产评估专业课程学习期间曾参与体验微视频教学环节的学生。这一点也得到了统计结果的验证，详见表2。这从另一个侧面说明微视频教学手段已经得到了一定程度的推广，从应用广度上而言已经取得了初步成效。

表 2　是否参加过资产评估专业课程微视频教学的调查结果

选项内容（单项选择）	本科生		研究生		合计	
	人数	比例（%）	人数	比例（%）	人数	比例（%）
A. 是	125	100.00	110	100.00	235	100.00
B. 否	0	0.00	0	0.00	0	0.00

4. 参加资产评估专业课程微视频案例教学的形式

结合调查对象曾参与体验的微视频教学方式，问卷设置了“教师结合理论知识配套演示资产评估微视频案例”、“学生结合资产评估微视频案例进行问题讨论或辨析”、“学生自拟主题，模拟制作并演示资产评估微视频案例”、

“学生对资产评估微视频案例进行课后学习和问题分析”和“其他”五个选项，供调查对象不定项选择其最为青睐的微视频案例教学方式。统计结果见表3。

表3 关于资产评估微视频教学方式的调查结果

选项内容（不定项选择）	本科生		研究生		合计	
	人数	比例（%）	人数	比例（%）	人数	比例（%）
A. 教师结合理论知识配套演示资产评估微视频案例	108	86.40	90	81.82	198	84.26
B. 学生结合资产评估微视频案例进行问题讨论或辨析	81	64.80	58	52.73	139	59.15
C. 学生自拟主题，模拟制作并演示资产评估微视频案例	98	78.40	86	78.18	184	78.30
D. 学生对资产评估微视频案例进行课后学习和问题分析	76	60.80	52	47.27	128	54.47
E. 其他	1	0.80	0	0.00	1	0.43

显然，前四种具体的教学方式都得到了学生的普遍赞同，值得作为资产评估课堂实践教学的主流方式。其中，选择“教师结合理论知识配套演示资产评估微视频案例”这一选项的学生最多，达到84.26%。接下来是“学生自拟主题，模拟制作并演示资产评估微视频案例”，有78.30%的学生选择了这一形式。另外两种教学方式次之，但也分别达到了59.15%和54.47%的较高选择率。此外，有一名本科生提出希望教师能够讲解同学的微视频，即C与A相结合的方式。

5. 参加资产评估专业课程微视频案例教学对专业学习的提升效果

为考查调查对象参与资产评估课堂微视频教学后的学习效果，问卷中设置了“效果很好，微视频案例教学设计已经比较成熟”、“效果较好，微视频案例教学设计还可以进一步完善”、“效果一般，微视频案例教学设计还存有较大的完善空间”、“效果不好，微视频案例教学设计不利于资产评估专业学习”和“其他”五个选项供调查对象选择其一。统计结果见表4。

表 4　参与资产评估课堂微视频教学的学习收获

选项内容（单项选择）	本科生		研究生		合计	
	人数	比例（%）	人数	比例（%）	人数	比例（%）
A. 效果很好，微视频案例教学设计已经比较成熟	83	66.40	67	60.91	150	63.83
B. 效果较好，微视频案例教学设计还可以进一步完善	42	33.60	39	35.45	81	34.47
C. 效果一般，微视频案例教学设计还存有较大的完善空间	0	0.00	4	3.64	4	1.70
D. 效果不好，微视频案例教学设计不利于资产评估专业学习	0	0.00	0	0.00	0	0.00
E. 其他	0	0.00	0	0.00	0	0.00

由表 4 可知，占全部调查对象 63.83%的学生认为参与资产评估微视频教学的效果很好，微视频案例教学设计已经比较成熟；只有极少数学生认为效果一般，微视频案例教学设计还存有较大的完善空间；没有学生认为效果不好。这说明恰当运用微视频教学手段，的确能够对学生的资产评估专业课程学习起到良好促进作用，也从侧面凸显了资产评估微视频案例教学的必要性。

6. 微视频案例教学相比传统教学方式的优点

为进一步了解相比传统的资产评估实践教学方式，微视频案例教学所能体现的优点，问卷设置了“形式新颖活泼，具有较强的灵活性”、“聚焦学习内容，有利于提高学习兴趣”、“与理论知识联系紧密，有利于实现知行合一”、“对理论知识进行强化，更加直观、易懂且便于课后复习”、“与同学进行成果互评和分享交流，有利于取长补短、共同进步”和“其他”六个选项供问卷调查者进行多项选择。统计结果见表 5。

表 5　微视频案例教学相比传统教学方式的优点

选项内容（不定项选择）	本科生		研究生		合计	
	人数	比例（%）	人数	比例（%）	人数	比例（%）
A. 形式新颖活泼，具有较强的灵活性	109	87.20	103	93.64	212	90.21
B. 聚焦学习内容，有利于提高学习兴趣	93	74.40	75	68.18	168	71.49

续表

选项内容（不定项选择）	本科生		研究生		合计	
	人数	比例（%）	人数	比例（%）	人数	比例（%）
C. 与理论知识联系紧密，有利于实现知行合一	84	67.20	66	60.00	150	63.83
D. 对理论知识进行强化，更加直观、易懂且便于课后复习	81	64.80	57	51.82	138	58.72
E. 与同学进行成果互评和分享交流，有利于取长补短、共同进步	74	59.20	66	60.00	140	59.57
F. 其他	2	1.60	1	0.91	3	1.28

由表5可见，90.21%的学生认为与传统的教学方式相比，微视频案例教学“形式新颖活泼，具有较强的灵活性”；71.49%的学生表示微视频案例教学“聚焦学习内容，有利于提高学习兴趣”；过半数学生认为该方式“与理论知识联系紧密，有利于实现知行合一”、“对理论知识进行强化，更加直观、易懂且便于课后复习”以及“与同学进行成果互评和分享交流，有利于取长补短、共同进步”。可见，学生普遍对微视频案例教学的应用接受态度积极，这一做法得到了同学们的认可。

7. 在参加资产评估专业课程的微视频案例教学过程中所遇到的困难

资产评估专业课程具有综合性、应用性和实践性的特点，在评估对象的确定与评估方法的选择方面具有广泛性，因而对微视频教学方式的合理应用存在特殊要求。为调查学生对资产评估专业课程的掌握程度和微视频教学参与过程中遇到的困难，了解他们真实的学习看法和体会，问卷中设置了学生学习中可能出现的几种常见情形供调查对象进行不定项选择。统计结果见表6。

表6 学生参加微视频案例教学过程时所遇到的困难

选项内容（不定项选择）	本科生		研究生		合计	
	人数	比例（%）	人数	比例（%）	人数	比例（%）
A. 对资产评估理论知识的掌握程度有较高要求	66	52.80	54	49.09	120	51.06

续表

选项内容 （不定项选择）	本科生		研究生		合计	
	人数	比例（%）	人数	比例（%）	人数	比例（%）
B. 对资产评估知识的综合运用能力有较高要求	76	60.80	80	72.73	156	66.38
C. 微视频制作耗时较长，需要付出较高的时间成本	75	60.00	54	49.09	129	54.89
D. 微视频制作难度较大，需要具备较强的视频剪辑技能	59	47.20	40	36.36	99	42.13
E. 微视频形式过于新颖，暂时不愿意尝试或接触新鲜事物	5	4.00	3	2.73	8	3.40
F. 其他	1	0.80	0	0.00	1	0.43

从表6可以看出，51.06%的学生认为“微视频案例教学对资产评估理论知识的掌握程度有较高要求”；60%左右的学生认为“微视频案例教学对资产评估知识的综合运用能力有较高要求”，并且“制作微视频耗时较长，需要付出较高的时间成本”；42.13%的学生认为微视频制作难度较大，需要具备较强的视频剪辑技能。由此可以看出，微视频案例教学的应用前提，是学生在制作并完成相应的微视频之前能够做到对知识的熟练掌握和灵活应用，并且具备一定的视频剪辑技能。

8. 有关资产评估微视频案例的具体选题

资产评估课堂微视频案例教学手段的合理运用，需要恰当选取微视频案例具体选题，以实现二者的有机结合，为此问卷设置了“演示和辨析真实、公开的资产评估实务案例”、“教师结合理论知识，指定资产评估案例选题”、“学生结合兴趣爱好，自拟资产评估案例选题”和“其他”四个不定项选择。统计结果见表7。

表7　有关资产评估微视频案例具体选题的调查结果

选项内容 （不定项选择）	本科生		研究生		合计	
	人数	比例（%）	人数	比例（%）	人数	比例（%）
A. 演示和辨析真实、公开的资产评估实务案例	95	76.00	72	65.45	167	71.06

续表

选项内容（不定项选择）	本科生		研究生		合计	
	人数	比例（%）	人数	比例（%）	人数	比例（%）
B. 教师结合理论知识，指定资产评估案例选题	67	53.60	62	56.36	129	54.89
C. 学生结合兴趣爱好，自拟资产评估案例选题	79	63.20	69	62.73	148	62.98
D. 其他	0	0.00	0	0.00	0	0.00

表 8 的统计结果表明，在微视频案例具体选题方面，本科生与研究生所持观点具有一致性。首先，总体来看“演示和辨析真实、公开的资产评估实务案例”获得了高度的赞同，超过七成学生认为此选项为一个合理选题。其次，“学生结合兴趣爱好，自拟资产评估案例选题”在本科生与研究生中所获得的赞成度几乎趋同，分别为 63.20%和 62.98%。最后，超过半数学生认为“教师结合理论知识，指定资产评估案例选题”是一个好的选题方向。由此得出，学生在确定选题时对具体案例和个人兴趣的倾向较大，教师指定选题也受到学生的青睐。

9. 优秀的资产评估微视频案例应具备的特点

为了进一步了解学生认为优秀的资产评估微视频案例应具备的特点，问卷中设置了“严谨性”、“实用性”、“真实性”、“新颖性”、“学术性”、“趣味性”、“互动性”和“其他”八个不定项选择供被调查者选择。统计结果见表 8。

表 8　有关优秀的资产评估微视频案例应具备特点的调查结果

选项内容（不定项选择）	本科生		研究生		合计	
	人数	比例（%）	人数	比例（%）	人数	比例（%）
A. 严谨性	104	83.20	83	75.45	187	79.57
B. 实用性	96	76.80	84	76.36	180	76.60
C. 真实性	75	60.00	63	57.27	138	58.72

续表

选项内容（不定项选择）	本科生		研究生		合计	
	人数	比例（%）	人数	比例（%）	人数	比例（%）
D. 新颖性	41	32.80	70	63.64	111	47.23
E. 学术性	78	62.40	65	59.09	143	60.85
F. 趣味性	84	67.20	76	69.09	160	68.09
G. 互动性	58	46.40	51	46.36	109	46.38
H. 其他	0	0.00	1	0.90	1	0.43

由表8可知，过半数的学生认为，优秀的资产评估微视频案例应该具有“严谨性”、“实用性”、“真实性”、“新颖性”、“学术性”和“趣味性”等特点，不足半数的人认为优秀的资产评估微视频案例需要具有“互动性”。由此可见，学生对内容优秀、制作精良的资产评估微视频案例要求较高，调查结果清楚地体现了他们对优秀微视频案例教学的真实需求。

10. 对于资产评估专业课程（32学时）而言合理的微视频案例数量

在同学们曾参与32学时的资产评估专业课程的基础上，通过问卷调查了同学们所认为合理的微视频案例数量，分别设置“16”、“12”、“8”、“6”、“4”和“其他”六个选项。具体统计结果见表9。

表9 有关资产评估专业课程（32学时）合理的微视频案例数量的调查结果

选项内容（单项选择）	本科生		研究生		合计	
	人数	比例（%）	人数	比例（%）	人数	比例（%）
A. 16	13	10.40	7	6.36	20	8.51
B. 12	18	14.40	17	15.45	35	14.89
C. 8	54	43.20	36	32.73	90	38.30
D. 6	19	15.20	29	26.36	48	20.43
E. 4	19	15.20	19	17.27	38	16.17
F. 其他	2	1.60	2	1.82	4	1.70

从表 9 可知，大部分学生认为最合理的微视频案例数量为 8 个，其占比为 38. 30%，其中本科生和研究生对此案例数量持赞同看法的比例分别为 43. 20%和 32. 73%；选择其他微视频案例数量的人数远不及此选项。

11. 对于资产评估专业课程（48 学时）而言合理的微视频案例数量

在同学们曾参与 48 学时的资产评估专业课程的基础上，通过问卷调查了同学们所认为合理的微视频案例数量，分别设置“24”、“18”、“12”、“9”、“6” 和 “其他” 六个选项。具体统计结果见表 10。

表 10 有关资产评估专业课程（48 学时）合理的微视频案例数量的调查结果

选项内容（单项选择）	本科生		研究生		合计	
	人数	比例（%）	人数	比例（%）	人数	比例（%）
A. 24	16	12. 80	5	4. 55	21	8. 94
B. 18	21	16. 80	21	19. 09	42	17. 87
C. 12	52	41. 60	40	36. 36	92	39. 15
D. 9	19	15. 20	20	18. 18	39	16. 60
E. 6	15	12. 00	22	20. 00	37	15. 74
F. 其他	2	1. 60	2	1. 82	4	1. 70

由表 10 可知，大部分学生认为 12 个微视频案例为最合理的案例数量，其占比为 39. 15%，其中本科生和研究生对此案例数量持赞同看法的比例分别为 41. 60%和 36. 36%；其他微视频案例数量选择的人数不及此选项一半。对比 32 学时的资产评估专业课程来看，48 课时的资产评估专业课程微视频案例合理数量增多的原因可能是课时数的增加。

12. 关于资产评估专业课程微视频案例教学设计的改进建议

问卷最后设置了一道主观表述题，希望调查对象围绕上述调查内容或其他相关问题，结合其学习资产评估专业课程和体验微视频案例教学的真实感受，进一步提出完善资产评估课堂微视频案例教学的具体建议，以此作为完善和改进微视频案例教学模式的依据。经分类和归纳，按占比顺序，具有代表性的前五类建议的统计结果见表 11。

表 11　对资产评估微视频教学建议的调查结果统计

建议类别	建议内容	所占比例（%）
第一类建议	部分微视频案例由单一制作者完成后再与其他同学进行交流，希望教师能够以分组的形式鼓励学生合作设计微视频，同时增加讨论与互评环节的时间占比，以提高观看者对视频的理解	13.19
第二类建议	微视频作为资产评估案例教学的一种新方式，在案例选择方面，同学们希望更多地选择社会上真实存在且为时较近的案例，以增加课堂的趣味性和选择的多样性	11.91
第三类建议	在制作微视频之前，希望对专业知识有熟练掌握并学会如何运用；在观看视频前希望制作者进行简单讲解，带着问题观看视频，以增强对知识的掌握	10.21
第四类建议	微视频的质量与形式需要有一个评判标准，希望复杂的理论知识能够通过微视频的方式得到很好的讲解与传播，以方便同学们对疑难知识点的理解，增强微视频在教学方面的实用性	8.09
第五类建议	针对微视频制作方面的问题，希望增进与往届学生或制作过微视频的同学之间的沟通，在课堂中穿插一些制作微视频的技巧与方法	2.55

上述建议反映了学生在体验了微视频案例教学后的直接感受与所希望改进的方面。其中，第一类和第五类建议是同学们从微视频的制作与分享的角度提出的，希望能够增加微视频的互动性与制作的技巧性；第二类和第四类建议是同学们根据已经有所体会的微视频案例方式，从微视频的内容和案例来源的选择等方面提出的改进思路；第三类建议则是同学们从对资产评估专业知识的掌握与运用方面提出的，希望能通过微视频的方式使专业知识得到更直观的理解与应用。

三、推进和完善资产评估微视频案例教学的对策与建议

通过对曾参与资产评估微视频案例教学试点的学生所进行的问卷调查可知，63.83%的学生认为参与资产评估微视频教学的效果很好，34.47%的学生认为其效果较好。可见，微视频案例教学模式能够在很大程度上促进学生对

知识点的理解和掌握，并有助于提高资产评估专业课程的实践教学质量。同时，微视频案例教学设计也存在进一步完善的空间。对此，下文将尝试探索将资产评估案例的视频化与微型化应用于专业课程实践教学的有效路径，并进一步提出资产评估专业课程微视频案例教学及案例库建设的操作方案与对策建议。

（一）资产评估案例视频化与微型化的教学路径探索

借鉴已有研究，结合资产评估微视频案例教学试点工作及其反馈情况，笔者设计了资产评估案例视频化与微型化的教学路径，如图 1 所示。

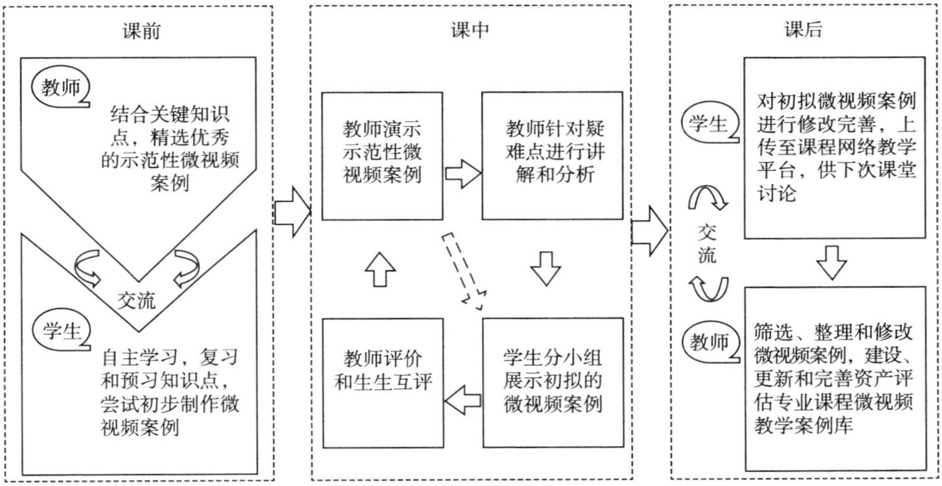

图 1　资产评估案例视频化与微型化的教学路径

由图 1 可见，为资产评估案例视频化与微型化的教学路径所设计的具体流程如下。

1. 课前准备

在进行资产评估微视频课之前，教师应根据资产评估教学内容与学习者基础，结合关键知识点，精选优秀的示范性微视频案例，通过蓝墨云班课或微信学习群等方式分享给学习者。学习者根据教师发放的学习资料进行课前预习，以小组形式自主学习，包括复习和预习知识点，尝试初步制作微视频案例等。在此过程中学生可以通过线上交流、线下讨论等多种方式与同学和教师交流，并进行微视频录制。

2. 课中实施

在资产评估微视频案例课上，首先，由教师演示示范性微视频案例，并针对疑难点进行讲解和分析，完成所设置的特定学习目标。其次，学生分小组展示初拟的微视频案例，微视频制作者可以利用课堂机会与其他同学交流在自主学习和制作微视频过程中遇到的问题，表达自己的想法和观点；对于疑难问题，可请求教师进行指导和解答。最后，在完成微视频的观看和讨论之后，进行教师评价和生生互评。

3. 课后总结

学生在资产评估微视频案例课后，对初拟微视频案例进行修改完善，上传至课程网络教学平台，供下次课堂讨论，并对视频知识点所对应内容进行课后练习与巩固，使课堂上所学知识得以掌握并运用。教师筛选、整理和修改微视频案例，建设、更新和完善资产评估专业课程微视频教学案例库，为后续教学或师生之间的交流积累素材。

微视频案例教学不仅能够提升课堂教学的效果，而且能够通过电子存档等方式供后续教学使用，提升案例教学的质量和效果。随着视频案例库的不断累积，高年级学生可分享自制视频案例供低年级学生进行交流学习，不断丰富视频案例库的建设，充分发挥视频案例教学的优势，使视频案例教学得以延续，从而全面提升教学质量。此外，当发生突发事件导致正常课堂教学无法如期实现时，视频案例教学也能够达到一定的教学效果，保障基本教学质量。

（二）资产评估专业课程微视频案例库建设方案探索

根据资产评估案例视频化与微型化的教学路径，笔者进一步提出资产评估专业课程的微视频案例库建设方案如下。

1. 着眼教学需要，精选合适的资产评估微视频案例

资产评估专业课程微视频案例库的建设，首先需要紧密贴合教学目标，其次需要基于教学实践过程不断收集和完善高质量的微视频案例。具体而言，既可以通过精选实践教学中已有的案例或公开市场中的真实案例并予以改造，以从中获取微视频案例用于教学；也可以通过创新实践教学过程，激励学生

通过自主创新制作新的微视频案例并贯穿教学始终，以此尝试编制资产评估专业课程微视频案例库。微视频案例库应随实践教学不断修删、调整和更新，剔除老旧、不适宜的案例，同时加入新近真实案例和示范性强的模拟案例，以保障案例库的时效性。

2. 加强平台建设，推进资产评估微视频案例的分享与交流

微视频案例库需要构建专业平台，进行数据的妥善保存和管理。加强网络案例库平台建设，不仅能够为资源存储与案例提取提供支持，而且能够保障实践环节的教学实施，提高课堂效率和教学质量，还可发挥平台效应，畅通师生交流，使之方便快捷地对相关专业问题进行研究和探讨。网络案例库平台的建设，既能够加强师生间、生生间的互助和交流，又能够保障案例素材的有效收集，与时俱进地满足资产评估日常教学的需要，以更好实现教学目标。

3. 以问题为中心，完善资产评估微视频案例教学模式

在传统教学模式中，学生仅为知识的倾听者，课堂参与度不高，对专业知识的思考深度不足，课堂交流易陷入同多异少的形式化、流程化境地。基于视频案例调整课程教学模式，能够变“课堂中心”为“问题中心”，学生可自主选取资产评估专业中的兴趣点或疑难问题，并以此为主题进行案例深入分析。学生预先编制的微视频案例以视频为主要媒介，长度通常为 15 分以内，“问题中心”的微型案例教学模式，可精准聚焦问题，缩短案例阅读时间，剩余时间则供师生、生生进行充分交流、思考与讨论。同时，案例编制过程本身更是一种“高级学习”，能有效促进自我反思，增进学生撰写和表达能力的提升，增强其分析问题、解决问题的能力。

由此，在专业课程教学中，形成了学生编制、教师筛选和审核的微型视频案例编写机制。这一做法在充分提高课堂教学质量的同时，也能最大限度地降低案例的制作成本，对微视频案例进行补充，促进微视频案例库建设的良性循环。

4. 注重教学反馈，加强微视频案例教学的考评与指导

在微视频案例教学课程中，教师是全过程的引导者与支撑主线，应适当加强监督与指导。课前学习时，教师应对关键知识点的选取、范围进行把控，

对微视频制作的内容进行约束，并通过线上社交软件对学生进行指导，以促进微视频制作者学习的积极性和主动性。在课中学习时，学生通过观看不同知识点对应的微视频，对相关知识点进行学习与掌握；视频展示后，微视频制作者分享制作和学习过程中遇到的难点与疑问，并就此展开讨论；随后通过小组互评和教师打分的方式对微视频质量进行考核，教师在这一过程中的有效引导可以使课堂学习过程有序高效。在课后总结过程中，学生对与微视频有关的知识点进行课后习题巩固，教师对教学中存在的问题进行解答，便于学生熟练掌握和运用所学知识点，以更好地完成学习目标。

参考文献

[1] 戴尔．视听教学法之理论［M］．杜维涛，译．北京：中华书局，1949.

[2] 陈蕾，王敬琦．资产评估课堂实践教学模式的应用研究：基于问卷调查的实证分析［J］．中国资产评估，2014（12）.

[3] 陈蕾，王敬琦，朱宁洁．资产评估课堂实践教学的差异化探索：资产评估基础课程的例证［J］．中国资产评估，2015（8）.

[4] 陈艳，朱冬元．资产评估专业硕士案例教学研究：基于人才培养供给侧的思考［J］．中国资产评估，2019（1）.

[5] 梅瑞尔，顾凤佳，倪小鹏．教育技术的创新应用：反思与展望［J］．开放教育研究，2016，22（1）.

[6] 刘为军．资讯微视频案例对经管类课程教学效果的影响研究［J］．科教文汇（上旬刊），2016（12）.

[7] 吕林根．资产评估案例教学方法研究［J］．财会通讯，2011（15）.

[8] 皮亚杰．发生认识论［M］．王宪钿，译．北京：商务印书馆，2009.

[9] 石春红，于翠芳．论项目化教学模式在资产评估课程中的应用研究［J］．经济师，2014（2）.

[10] 唐贞，封室伊，张莹．资产评估教学案例存在的疑点问题分析与探讨［J］．会计师，2020（23）.

[11] 王竹立．微课热是暂时的，微课是长期的［J］．中小学信息技术教育，2013（9）．
[12] 吴红静，王莉，赖劼修，等．微视频案例教学在生物化学课程中的实践［J］．应用型高等教育研究，2018（1）．
[13] 谢永朋，徐岩．微课支持下的高职院校翻转课堂教学模式［J］．现代教育技术，2015，25（7）．
[14] 徐爱农．资产评估专业本科实践教学的探索［J］．教育教学论坛，2014（9）．
[15] 杨振宁．杨振宁文集［M］．上海：华东师范大学出版社，1998.
[16] 赵剑锋．案例教学模式在资产评估课程中的实施与探索［J］．内蒙古财经大学学报，2013（4）．
[17] KIM D H. The link between individual and organizational learning［J］. The strategic management of intellectual capital，1998（41）．
[18] MCGREW L R A. A 60-second course in organic chemistry［J］. Journal of chemical education，1993，70（7）．
[19] YOUNG J R. Short and sweet：technology shrinks the lecture［J］. Chronicle of higher education，2008，54（41）．

附录

高等学校“资产评估专业课程微视频案例教学”调查问卷

本问卷旨在了解学生对“资产评估专业课程微视频案例教学”的看法与意愿，探索将资产评估案例的视频化与微型化应用于实践教学并完善其操作方案。请您结合自己在资产评估专业课程中的学习体会，作出客观真实的判断。您的信息仅用于统计分析之用，我们承诺保密，请您放心填写。感谢您的配合与支持！

您的基本信息：

姓名：

填写日期： 年 月 日

1. 您所学习的资产评估专业课程的性质是？（单选）

A. 本科生课程

B. 研究生课程

2. 您所学习的资产评估专业课程的名称是？（多选）

A. 评估学原理（双语）

B. 国际评估准则（双语）

C. 资产评估理论与方法

D. 无形资产评估

3. 您是否曾参加资产评估专业课程的微视频教学？（单选）

A. 是

B. 否

4. 您曾经以何种方式参与资产评估专业课程的微视频案例教学？（多选）

A. 教师结合理论知识配套演示资产评估微视频案例

B. 学生结合资产评估微视频案例进行问题讨论或辨析

C. 学生自拟主题，模拟制作并演示资产评估微视频案例

D. 学生对资产评估微视频案例进行课后学习和问题分析

E. 其他方式，请列举____________________

5. 您认为参加资产评估专业课程微视频案例教学，对专业学习的提升效果如何？（多选）

A. 效果很好，微视频案例教学设计已经比较成熟

B. 效果较好，微视频案例教学设计还可以进一步完善

C. 效果一般，微视频案例教学设计还存有较大的完善空间

D. 效果不好，微视频案例教学设计不利于资产评估专业学习

E. 其他效果，请列举____________________

6. 相比传统的资产评估实践教学方式，您认为微视频案例教学有何优点？（多选）

A. 形式新颖活泼，具有较强的灵活性

B. 聚焦学习内容，有利于提高学习兴趣

C. 与理论知识联系紧密，有利于实现知行合一

D. 对理论知识进行强化，更加直观、易懂且便于课后复习

E. 与同学进行成果互评和分享交流，有利于取长补短、共同进步

F. 其他优点，请列举____________________

7. 在参加资产评估专业课程的微视频案例教学过程中，您或您所在的小组曾经遇到过哪些困难？（多选）

A. 对资产评估理论知识的掌握程度有较高要求

B. 对资产评估知识的综合运用能力有较高要求

C. 微视频制作耗时较长，需要付出较高的时间成本

D. 微视频制作难度较大，需要具备较强的视频剪辑技能

E. 微视频形式过于新颖，暂时不愿意尝试或接触新鲜事物

F. 其他困难，请列举____________________

8. 对资产评估微视频案例的具体选题，您更青睐哪些类型？（多选）

A. 演示和辨析真实、公开的资产评估实务案例

B. 教师结合理论知识，指定资产评估案例选题

C. 学生结合兴趣爱好，自拟资产评估案例选题

D. 其他类型，请列举

9. 您认为一份优秀的资产评估微视频案例应具备哪些特点？（多选）

A. 严谨性

B. 实用性

C. 真实性

D. 新颖性

E. 学术性

F. 趣味性

G. 互动性

H. 其他特点，请列举____________________

10. 对于一门32学时的资产评估专业课程，您认为较为合理的微视频案例数量是（　　）个？（单选）

A. 16

B. 12

C. 8

D. 6

E. 4

F. 其他数量，请列举____________________

11. 对于一门48学时的资产评估专业课程，您认为较为合理的微视频案例数量是（　　）个？（单选）

A. 24

B. 18

C. 12

D. 9

E. 6

F. 其他数量，请列举____________________

12. 请提出您对资产评估专业课程微视频案例教学设计的改进建议。

____

____

____

问卷调查结束。非常感谢您的支持与配合！

本科国际私法课程思政元素提取与融入“主线论”

李璐玲
(首都经济贸易大学　法学院)

【摘　要】结合时代和国家发展的大背景，基于本科国际私法教学的重点与难点、我国国际私法学科发展和教育的现状，在本科国际私法教学中以下述三个问题为主线提取课程思政元素、开展思政教育，即国际私法存在的理由，我国国际私法作为西方舶来品的主要特征，我国国际私法学科、立法和司法的成绩与不足。引导学生正确认识国家主权观念与适用外国法之间的博弈；理性客观地对待西方，做虚心的学习者、独立的思考者，同时正确认识自己，不卑不亢，多管齐下，推动国际私法在我国的进步。

【关键词】国际私法　课程思政　主线论　国家主权

引言

2016 年，习近平总书记在全国高校思想政治工作会议上强调，所有课堂都有育人功能，要把做人做事的基本道理、把社会主义核心价值观的要求、把实现民族复兴的理想和责任融入各类课程教学之中，使各类课程与思想政治理论课同向同行，形成协同效应。2019 年，习近平总书记在学校思想政治理论课教师座谈会上再次强调，要坚持显性教育和隐性教育相统一，挖掘其他课程和教学方式中蕴含的思想政治教育资源，实现全员全程全方位育人。

法律天生地根植于自由、平等、公正、法治等理念之中，法学教育从本质上而言与意识形态领域休戚相关，也就是说法学专业的教学天然地离不开思想政治教育。因此，习近平总书记的上述讲话对高等院校法学专业的课程思政建设提出了更高的要求，即如何在以往的、既有的、似乎习以为常的专业教育中更好地融入育人要素，更充分地实现专业课的育人功能。

对此，2020 年 5 月教育部印发的《高等学校课程思政建设指导纲要》给出了原则性意见。该文件对不同类别课程的课程思政教学体系设计提出了方向性要求，分类提出了不同专业推进课程思政建设的重点方面。根据文件精神，法学类专业课程要在教学中坚持以马克思主义为指导，加快构建中国特色法学学科体系、学术体系、话语体系；引导学生深入社会实践、关注现实问题，培育学生德法兼修的职业素养。显然，具体到一门法学专业课，如何既“如盐在水”又不落窠臼地开展课程思政教育，需要任课教师认真花费脑力和心力去设计与实施。

一、“主线论”概述

高度全球化的今天，强大、自信、快速发展的中国日益走近世界舞台的中心，我们提出推动构建人类命运共同体，并将之写入宪法；我们倡议推进“一带一路”建设，并将之确立为国家战略。在这样的时代背景下，对以实现民商事“全球治理”为要旨的国际私法而言①，有效地开展其课程思政建设无疑是必要的、可行的，当然困难和问题也是难免的。从西方舶来的国际私法理论、历经发展而又亟待加强的国际私法立法、数量惊人且素材鲜活的涉外民商事案件，这三者相互交叠、彼此影响，既为国际私法的课程思政建设提供了丰富宝贵的资源，也随之带来了不容小觑的挑战。

千头万绪之中，唯有把握主线，方能更系统、集中而又精准、明确地在整个国际私法教学体系和内容中提取思政教育元素。主线的确定势必要围绕国际私法教学的基本目标、内容，并以此为基础提取思政教育元素，这样可以避免思政教育与专业教育“两张皮”的现象。同时，在不同的具体教学内容和环节中融入体现同一主线的思政教育元素，能够达到“聚是一团火，散是满天星”的教学效果，即主线得到充分强调，育人目标顺利实现；思政教育如春在花，如盐在水，恰到好处。

---

① 霍政欣．论全球治理体系中的国内法院［J］．中国法学，2018（3）．

结合时代和国家发展的大背景，基于本科国际私法教学的重点与难点，以及我国国际私法学科发展和教育的现状，在本科国际私法课程思政建设中应牢牢把握如下三条主线。第一条主线，围绕国际私法学科最基本也是被众多学者称为“冲突法之谜”的问题，即国际私法存在的理由，正确认识国家主权观念与适用外国法之间的博弈。第二条主线，针对我国国际私法最早作为西方舶来品的主要特征，强调理性客观地对待西方，既做虚心的学习者，又做独立的思考者。第三条主线，结合我国在国际私法学科以及立法和司法建设中的成绩和不足，强调应正确认识自己，不卑不亢，多管齐下，推动国际私法在我国的发展。下面分别详细论述之。

二、主线一：正确认识国家主权观念与适用外国法之间的博弈

涉外民商事案件缘何可以适用外国法，亦即国际私法存在的理由，这是自中世纪出现冲突法这一调节规范后，西方法学家们一直试图以各种学理予以阐释的国际私法的根本问题和一大“谜题”，如有学者所言，“凡是值得尝试者，都已经以某种名义尝试过了”①。巴托鲁斯的“法则区别说”、胡伯的“国际礼让说”、戴西的“既得权说”、萨维尼的“法律关系本座说”、孟西尼的“国籍国法说”等理论，从不同程度反映了不同时代和历史条件下不同国家的法律学者就国家主权和利益的思考并对这个“谜题”的回答。通过对上述国际私法理论发展史的讲解，目的是使学生体会国家的利益和发展的要求在很大程度上孕育并推动了国际私法的理论生成和演变，也由此出现了不同的学者观点和学派。

除了纯历史分析的视角，教学中还应通过对如下三个问题的反复提出和回答，从而进一步帮助学生站在当代的背景下充分理解国际私法之“谜题”，正确认识国家主权观念与维护公平、正义、安全的国际民商事交往秩序间的关系。这三个问题，一是一国司法机关适用外国法是否有损国家主权？二是如何看待国家主权原则在国际私法中的地位？三是何谓国际私法的根本目的？

① 荣格．法律选择与涉外司法：特别版［M］．霍政欣，徐妮娜，译．北京：北京大学出版社，2007：8.

在学习国际私法之前，学生已经学习了国际法，对当年威斯特伐利亚体系下主权林立的国际法状况已有比较清晰和深刻的认识。教师当承接此种认识，带领学生树立“国家主权原则亦是国际私法立法和司法发展的重要保障”之认识。一方面，由我国历史入手，以晚清西方列强通过不平等条约在我国攫取治外法权为例，说明不能维护国家主权便没有独立司法权，也就没有审理涉外案件的可能，更不用说适用国内法作为裁判依据了。另一方面，由我国现实入手，以《中华人民共和国涉外民事关系法律适用法》（以下简称《法律适用法》）立法为例，通过对该法立法过程特别是立法期间争议之介绍、该法与我国先前规则之对照、该法与境外立法不同之比较①，阐明这正是我们独立行使国家主权的体现，是我们出于维护公平、正义、稳定的国际民商事交往关系和实现国家间互惠之考量而自主立法的结果。在此基础上，进一步引领学生认识司法机关依法适用外国法并不涉及对主权原则和主权的违背或让渡。

此外，公共秩序保留制度也表明国家主权原则依然捍卫着适用外国法的底线，尽管这一制度并不仅仅捍卫国家主权，还包括捍卫法律的基本原则、道德的基本观念等。自冲突法思维出现以来，“公共秩序保留”先后出现于前述理论中，当然其在不同理论中的具体含义和地位也颇为不同。正因如此，也从排除外国法适用这一角度串起了国际私法理论的发展史，并以此历史经验进一步使学生认识制度的演变是服务于国家发展的。在讲授这一制度之时，教师会比较强制性规范直接适用、单边冲突规范、法院地法等与之有联系的制度和规则，强调在国际私法的研究学习中，不可放弃对国家特别利益和特别价值的关注。

对于有学者提出的“尊重国家主权是国际私法的基本原则”从而特别强调法律属地效力的观点②，则宜从国际私法的调整对象及国际民商事关系的本质入手，通过枚举一定数量的、与现实生活息息相关的涉外纠纷，强调公平、

① 此类介绍与比较可以贯穿几乎所有法律适用部分具体章节的教学，同时也可以作为思政教育的切入点，引导学生从比较法视野观察和评介我国的国际私法立法，建立理性“拿来”和创新的观念。后文详述。

② 赵秀文．国际私法学原理与案例教程［M］.3版，北京：中国人民大学出版社，2012：24.

正义、稳定的国际民商事法律关系和由无数此种关系构建的法律秩序，方才是国际私法所追求的根本目标。在此过程中，固然要坚决捍卫国家主权原则，但不宜将之列为国际私法的基本原则。正如有学者所言，国际私法是为解决法律的属地效力与人物跨国流动性之间不断增长的矛盾应运而生的[①]。在人、物、资本等跨国流动性达到前所未有之程度的今天，更不宜过于强调国家主权原则，过分强化法律的属地效力。相反，以内外国法律平等为基本前提，以维护国际民商事交往的公平、正义与稳定为基本目标来完善与实施我国国际私法的各项制度，更能彰显我国作为人类命运共同体理念倡导者的大国风范，同时也恰恰是对“四个自信”的坚定践行与维护。

三、主线二：理性对待西方，兼收并蓄，思考批判，为我所用

对我国而言，现代意义上的国际私法最初是从西方舶来的，学科发展历史相对较短，缺少传统意义上的本土资源。由于我国古代法制“重刑轻民”的基本特点，加之缺乏平等的政治法律观念等原因，国际私法在我国古代乃至近代都难以获得生存和发展的空间。因此，本科教学中要引导学生在客观对待西方舶来理论的同时，认识国际私法的发展史是人类从闭塞走向开放，从蒙昧迈进文明的波澜壮阔的伟大历程[②]。因此，加强对国际私法历史的教学，对激发和培养学生从历史理解当代，以历史预测未来的兴趣与能力具有重要意义。教学中不能偏废国际私法历史的学习，不能以制度和规则的学习取代历史学习。做国际私法的“技工”，知其然而不知其所以然，并不困难，但毕竟冲突法所牵动的“法理学肌肉”是其他任何一个法律学科所无法比拟的[③]，若要掌握其精髓并所有突破和创新，必然要深入理解历史上那些彪炳史册的法学家所提出的理论及其时代背景。这一过程是我们向历史学习的过程，也是向世界学习的过程。教学中可通过资料阅读、小组讨论、课堂提问等方式引导学生以“吸收—思考—批评”的态度对待不同历史时期、不同国家乃至代表不同阶层利益的学者提出的理论观点，培养学生从历史的维度和视角

① 霍政欣．国际私法学［M］.2 版．北京：中国政法大学出版社，2020：10.
② 霍政欣．国际私法学［M］.2 版．北京：中国政法大学出版社，2020：30-31.
③ 荣格．法律选择与涉外司法［M］. 霍政欣，徐妮娜，译．北京：北京大学出版社，2007：2.

分析问题的能力，为其日后进行理论创新提供方法指引。此即理性对待西方的一方面。

与此同时，应以科学研究的态度进行国际私法教学，要关注、思考中国的问题和需要，并结合中国实际引领学生认识、分析西方舶来理论和制度。正如习近平总书记在哲学社会科学工作座谈会上的讲话中明确指出的，不是要排斥其他国家的学术研究成果，而是要在比较、对照、批判、吸收、升华的基础上，使民族性更加符合当代中国和当今世界的发展要求，越是民族的越是世界的。解决好民族性问题，就有更强能力去解决世界性问题；把中国实践总结好，就有更强能力去为解决世界性问题提供思路和办法。

习近平总书记的上述讲话为我们指明了探索的方向。包括先决问题、识别、反致、法律规避、公共秩序保留等在内的冲突规范的一般问题，几乎每个都与一个乃至多个西方法学家的论述、西方经典的冲突法案例联系在一起。其中，对哪些制度和规范我们可以“从善如流”并纳入自己的法律中；对其中哪些假使我们在规则层面予以吸收了、在司法实践中又应当掌握何种适用尺度；对待国外学者的争鸣、不同境外立法的分歧，我们该采纳何种立场……要解决这些问题，只搞清西方怎么说是远远不够的，而是需要我们去证明“某些西方的标准可以适用于中国”，去证成“某些不同于西方的标准在中国可以成立”，去选择“对于中国而言，不同层面、不同国家的西方标准何者更优”，也就是说，对西方标准的吸收和借鉴应当完成中国证明①。

四、主线三：正确认识自己，不卑不亢，多管齐下，推动发展

理性看待西方，学习之、思考之、研究之的根本目的之一，在于更清醒地认识我们自己；既看到成绩，也看到问题，从而更有信心和勇气，更有目标和动力去建设中国国际私法从理论到实践的美好未来。

事实上，自 1979 年我国恢复国际私法的教学和研究至今，虽然只有短短的 40 余年时间，但我国学者已经为国际私法的发展贡献了不少学术智慧。就学科体系构建而言，以韩德培先生为代表的学者提出了大国际私法理论，建

① 宋晓．中国国际私法的制度生成［M］．北京：北京大学出版社，2018：243.

构了具有中国特色的国际私法理论体系。就解决重大现实问题而言，黄进教授等为“一国两制”基本方略下的区际冲突法构建进行了丰富和全面的论述。就理论创新而言，李双元教授先后提出国际私法趋同化的论断，以及国际私法功能应依国际民商新秩序构建而定位的观点①。尽管以上只举了很少几个例子，但亦可从中领略我国学者在国际私法领域的突出表现。这些内容，既是教学过程中应当讲授的专业知识，也是思政教育的重要元素，可以此启发学生思考：这些观点和理论缘何能够被提出？相关的学者具有怎样的理论品格和学术视野？等等。教学期间，可指定并要求学生阅读具有代表性的学术论文、著作的重点篇章等，同时辅之以对相关学者求学、研究背景和经历的介绍，引导学生感受“不唯书、不唯上、不唯洋”的研究精神，感受“把论文写在祖国大地上”的重要性，感受兼具家国情怀和国际视野的可贵性。笔者通过目前有限的教学实践，已经初步印证了这样的引导确实有助于激发学生的学习热情、主动性和自信心，使他们对原本显得枯燥的理论和相对宏观的问题抱有更强的学习兴趣和探索意识。

当然，作为国际私法理论和实践中的后来者，我们在认识前辈的成绩和贡献之余，也要更多更深入地梳理、总结和分析现存的问题与不足。具体教学中，这些问题不应由教师直接指出和陈述，而是应通过立法比较、案例分析和文献阅读等引导学生自己去思考和发现；教师的作用，是选择、发问和总结。

同时，在面对不同国别、千差万别的法律规则，浩如烟海、参差不齐的司法判决，各抒己见、百家争鸣的著述论文时，缺少理论和实践经验的本科生难免会出现选择困难，常常无从下手。此时，教师应“有心”地结合教学重难点进行选择和提问。现对笔者前一阶段在教学中关于此类问题的做法加以简单小结如下。

第一，针对“立意独特”且“影响重大”的做法选立法。在我国的涉外民事关系法律适用法中，选择将经常居所地作为自然人属人法的主要连结点，将意思自治上升为法律选择的基本原则。这些几乎都是国别立法中的罕见做

① 何其生．多元视野下的中国国际私法［M］．北京：高等教育出版社，2019：33-40.

法。其果然如有学者所言是值得肯定的中国式创新吗？国际公约的做法能直接植入国内立法吗？外国立法缘何限制意思自治的版图？等等这些问题，不一而足。实践证明，跟随这样的发问，大多数情况下学生都可以跟上课堂分析的思路和进度，且能够独立思考并得出结论。

第二，就“高级别、多审级”的案件选判决。所谓高级别，是指尽可能选择最高人民法院、高级人民法院涉及涉外法律选择的判决。我国法官在外国法适用中所表现出的无所适从甚至害怕回避是一个严峻的问题，虽然这种情况近年来已有好转，但仍不容忽视。一方面，此种情形下高级别法院的做法更有代表性，更值得评述（当然不排除中级和基层人民法院有此类值得学习的典型案件和审判佳作）。另一方面，此种情形也反映了目前我国在涉外审判中的不足。所谓多审级，是指就经历两审甚至再审的涉外案件，各级法院在法律适用方面有不同意见。这类案件数目极为有限，但确实是分析我国涉外民商事审判现状的好素材。

第三，从权威且持不同意见的学者论著中选文献。这一环节是与前述立法比较和案例分析联系在一起的，权威学者、专家型法官的论证本身就是教学生如何研究问题的好教材，而针锋相对的观点则更是培养学生批判性思维的好资源。加入更多一些关注中国问题的学者视角，能从很大程度上帮助初入国际私法之门的本科生把握学科、立法和司法的中国命脉。此外，也鼓励学有余力的学生直接阅读外文文献，在国际前沿的视野中思考中国问题。

结论

前述三条主线，是笔者在过去一轮教学实践的基础上提炼总结而成的。总体上来看，明确这三条主线并围绕它们进行课程思政的设计和实施，教学育人效果较好。一方面，这些主线均围绕国际私法之学科、立法和司法的国内外历史和发展，因此能够确保专业教学的主体地位。另一方面，这些主线中实实在在地融入了维护国家利益，维护平等公正稳定的国际民商秩序，理性吸收西方舶来制度，自信面对我国理论发展等思政教育元素，能起到如盐在水、润物无声的育人作用。

在未来的国际私法授课中，笔者将进一步围绕“主线论”进行课程思政建设。既要在现有主线之下继续深挖资源，丰富内涵、推动落实，也要努力归纳、整合新的主线，以充实完善国际私法课程思政建设的体系。同时，还要同其他法学课程教师深入交流探讨，研究将“主线论”推广到本科法学课程思政建设中的可能性和可行性。

课程思政在法学专业通识教育中的探索与实践
——以国际法课程为例

魏庆坡
（首都经济贸易大学　法学院）

【摘　要】在当前全球百年未有之大变局和中华民族伟大复兴的历史交汇期，培养德智体美劳全面发展的社会主义建设者和接班人是高等教育的历史使命。在发挥思政课主阵地作用的同时，要积极挖掘专业课的思政元素，实现各课程协同育人。基于国际法实质上作为一种利益的博弈与分配规则的属性，结合当代大学生的特点，需要分析国际法课程思政建设的重要性，提出秉承寓思政于国际法课程与国际法课程承载思政的教育理念。在路径建设上，要着力提升授课教师的育人理念和育人能力；要构建和完善国际法课程思政下的授课模式和流程，使之发挥课程思政的依托和载体的重要作用；要强调在科研中挖掘思政元素是国际法课程思政的方向，从而实现德智并举、术道合一的育人效果。

【关键词】国际法　课程思政　法学专业　通识教育　德智并育

引言

习近平总书记在2016年全国高校思想政治工作会议上明确指出“各类课程与思想政治理论课同向同行，形成协同效应”，这为高校破除思政教育“孤岛”困境，改变思政教育与专业教学“两张皮”现象提出了要求和思路。法学教育本身就是对意识形态的塑造和完善。当前国际法内容主要起源于西方，带有西方国家尤其是美国国内法的痕迹，如世界贸易组织（WTO）的争端解决程序更是被视为美国国内法的国际化或全球化。基于新时代大学生的成长需求，在“全课程、全员育人”理念下，本文拟以国际法课堂教学为核心，以环境创设为半径，探索如何在教书育人的主渠道和主阵地中积极推进思想政治教育。

一、国际法课程中融入思政教育是落实立德树人根本任务之需要

自近代西方法学思想传入中国以来，很长一段时期内中国的法学基本上受西方法学的宰制，包括法学概念、认识框架、学术规范和研究范式、方法论等，无一不是“舶来品”[①]。国际法也不例外，当前国际法课程仍主要沿袭西方主流的国际法理论，对于建设新时代中国特色法学及国际法学而言，这无疑是有很大问题的。

（一）国际法渊源渗透着价值基因

依据《国际法院规约》第38条，国际法的渊源主要包括国际条约（treaties）、国际习惯（custom）、一般法律原则（general principles of law）以及司法判例和各国权威公法学家学说[②]。历史地看，国际法造法的过程实质上是一个西方国家之间谈判、博弈的过程，其背后则是各方不同的习惯偏好、利益诉求和价值取向的博弈、妥协结果[③]。尽管国际法并非完全任由政治力量摆弄的玩偶，但上述这种规则制定模式肯定不会认真考虑后加入国家或地区的利益和关切。

就传统意义上而言，国际法的制定主体主要是国家，国家在参与国际法制定过程中必须考虑国际机制、国家和公民，因此国际法规则及其运行在很多时候体现了国家利益与人类利益之间的冲突，呈现了“人权”与“主权”之间的张力，表现为“机制”与“任意”之间的分歧。因此，当前的国际法更多体现了美国和欧洲等意志的“国家主义”，而非追求“国际主义”或“人类命运共同体”的法[④]。这就是所谓的“国际法二元结构”，要么以“全

① 舒国滢．中国法理学70年的回顾与展望［EB/OL］．［2020－10－19］．http：//www.dangjian.cn/djw2016sy/djw2016syyw/201908/t20190822_5229096.shtml.

② 宋杰．《国际法院规约》第38条：起草过程与启示［J］．国际法研究，2019（4）：33-49.

③ 宫倩．国际植物新品种保护法律间的利益与价值冲突：兼评我国的保护现状［J］．内蒙古农业大学学报（社会科学版），2004（1）：24-27.

④ 何志鹏．国家利益维护：国际法的力量［M］．北京：法律出版社，2018：26-60.

人类利益”为中心，以全球规则构建作为国际法范式的路径，要么以国家主权独立和领土完整为认知方式，构建以弱约束和劝导性为范式的国际法机制。这两种范式都渗透到了国际法治的理念和体系当中，在理论和实践中都有广泛而多样的映射，必然表现为对国际法性质、功能和价值存在等不同理解而造成的观点和主张的差异，甚至相悖。

（二）中国丰富的国际法声音需要被传播

但国际法毕竟具有一定的内在理性，代表着国际政治的公平与正义。同时，相比其他部门法课程，国际法是一门实践性很强的课程，且具有其自身的鲜明特色。新时代的中国正日益走近世界舞台中心，正积极运用国际法来推动构建新型国际关系，促进国际秩序朝着更加公平合理的方向发展①。中国对国际法的理解和贡献都重在与世界各国进行利益协调并探寻共同价值，这种胸怀天下的精神与担当体现在中国长期参与国际事务的实践中，也必将贯穿当下和未来的国际法实践中②。青年是国家的未来和民族的希望，大学是青年价值观和世界观形成的关键阶段，也是可塑性最强的时期，大学的教学内容具有多元价值交织、渗透的特点③，这些都对国际法教学提出了思政融入的要求。

因此，在法学专业通识教学中不仅要培育新时代大学生的国际法专业素养，而且应积极响应国家人文精神的号召，将“知识传授”与“价值引领”相融合，为“法治中国”培养“德法兼修”的建设者和接班人。

二、新时代大学生学情特点分析

国际法课程深度挖掘“思政基因”的意义在于，通过国际法规则发掘其背后的人性考量和价值关怀，使社会主义法治理念和坚定维护国家利益的信念内化于新时代大学生之中。为此，先要研究当代大学生的特点，遵循大学生的认知规律和成长规律，从而增强课程思政教育的针对性和实效性。

---

① 何志鹏．非常时期的国际法价值：困顿与突破［J］．中国法律评论，2020（4）：12-21.

② 何志鹏，都青．新时代中国国际法治思想［J］．国际关系与国际法学刊，2018（8）：4-10.

③ 何玉海．关于“课程思政”的本质内涵与实现路径的探索［J］．思想理论教育导刊，2019（10）：130-131.

（一）知识结构特点

本课程的授课对象为法学专业本科二年级学生。通过大一整个学年和大二一个学期的系统学习，他们已经学过了法理学、宪法、刑法、刑事诉讼法等课程，具有了一定的法学知识积累，一定的法学思维和法学理性思考能力，基本具备了本课程所需要的知识基础。

虽然大学生的知识结构也受其自主学习和家庭教育的影响，但学校的课程设置对大学生知识结构的影响毫无疑问是显著的。调研显示，当代大学生在基础知识和知识广度上拥有优势，但在专业知识前沿和精深上存在不足[①]，而课程设置的深度和特色能够显著拓展大学生的专业知识面，尤其是课程与实践结合的紧密程度，是教学中对知识结构各个维度影响最为显著的因素。因此，在国际法课程的教学中应构建科学合理的授课体系，注重专业知识中思政元素的融入，特别是课程中的价值引领，以及知识的精深度、前沿化和特色化，同时还要重视理论知识与实训案例的结合，建立健全课堂教学与比赛实训有效融合的教学体系。

（二）思维方式特点

随着知识的增长和眼界的开阔，当代大学生的思想更加独立，认识事物也比较全面。加之身处首都的国际化环境，大学生的思维更加丰富，同时追求多元化发展，形成了多元化的价值观。不过，大学生毕竟仍处于人格、知识和能力的成长阶段，社会转型期给大学生带来了思维的开放性和跳跃性，但其思维的发散性和成熟性还有所不足。

在新理念和新技术的冲击下，表面上看大学生可以随时从智能手机中获取信息，也具有一定的批判性思维。但是由于他们往往过于崇尚自我意识，过于强调个性，加之思维方式单一，系统性逻辑思维能力缺乏，导致评价事物时标准不确定、主观性强[②]。此外，由于对国情和民情了解不够，致使他们在分析社会问题时常常陷入困境，看法和行为常常流于表面化和简单化。

（三）学生群体特点

互联网的快速发展为大学生提供了便捷的信息和知识获取渠道，而他们

---

① 朱丽叶，阳林．大学生知识结构现状及影响因素研读［J］．黑龙江教育，2017（9）：50.

② 郝东超．基于大学生特点的第二课堂实践育人路径［J］．西部素质教育，2019（21）：175.

也是网络活动的重要参与者和传播者，换言之，作为“网络公民”的大学生的世界观和人生观直接受到网络信息的影响①。值得注意的是，网络信息获取的便捷性和快捷性虽然帮助大学生迅速开阔视野和发展心智，但这种快节奏的“浅阅读”也让大学生在获取信息的同时产生了心理空虚，缺失了系统阅读所带来的对内容的深刻理解与感受。

网络虚拟世界的沟通在一定程度上塑造了大学生的虚拟人格，并影响了学生在现实生活中与他人的沟通与交流。当代大学生的这种群体特点对国际法课程讲授者自身的学识修养水平和师生互适等提出了新的挑战和要求，成为当前大学法学课堂中不可回避的一个重要问题。

此外，国际法虽然在当前国际社会中扮演着重要的角色，是国与国之间交流的一门“通用语言”，但在大学生日常生活中却显得有些“遥不可及”。相比民商法、刑法等国内法的强大可执行性，国际公法“是不是法”这一点还经常被学生质疑。因此，如何让学生对国际公法产生兴趣本身就存在一定的挑战，而现在要将思政因素融入其中并让学生深刻感受其魅力和生命力，则更是本课程的一大挑战。

三、国际法教学中实施课程思政的可行性分析

中华人民共和国成立以来，我国的外交经历了一个不平凡的发展历程，从坚持独立自主的外交立场到以维护国家和人民利益作为外交出发点，从反对霸权主义、维护世界和平的外交目标和任务到“后冷战时代”构建“伙伴关系”的自主选择，再到打造人类命运共同体的新时代外交方向，中国没有盲从西方“普世价值”，而是秉承“人类命运共同体理念”②，坚持以更加主动和积极开放的姿态加强与世界合作③。中国参与国际事务的卓越实践为国际法教学提供了丰富教学素材，因此，在当前国际法教学中应坚持“以本为本”，结合当代大学生的特点，将课程思政建设作为落实立德树人根本任务的关键环节，深入挖掘中国在推动国际法演进和促进世界和平发展中的“大国

① 吕遊．当代大学生特点与理想信念教育创新［N］．河南日报，2020-01-15（11）．
② 刘建飞．人类命运共同体的形态、基本特征与核心要义［J］．国际问题研究，2020（1）：31-39．
③ 孔庆江．习近平法治思想中的全球治理观［J］．政法论坛，2021（1）：3-5．

智慧”“大国力量”，增强大学生的自豪感。

（一）针对当代大学生特点的应对举措

如前所述，结合对当代大学生知识结构、思维方式和群体特点的分析，国际法课程的授课教师要以适宜的方式激发学生的学习兴趣，引导学生成为学习主体，培养他们客观理性的法学思维和分析解决问题的能力。在授课过程中，教师要基于高等教育对育人的本质要求，牢固树立课程思政的核心理念，强调在国际法课堂教学中嵌入中国国际法治观作为引导，不断提升思政教育的有效性。育人思路上，通过科学的课程设计和有效的教学环节，既要在价值传播中凝聚知识底蕴，又要在知识传播中强调价值引领。具体包括以下几方面。

第一，结合学生特点做好备课工作。积极搜集学生感兴趣的爱国题材资源，并借助多媒体手段等方式适时穿插于教学之中，如通过图形、文字、视频、音频、动画等多种教学方式以提高教学表现力，借助“雨课堂”“学习通”等手段突出重点。同时，讲授中还要注意将抽象的道理具体化，突出重点，化难为易；要将国际法课程中抽象、生涩、陌生的知识直观化、形象化，激发学生学习兴趣，调动其主动学习的积极性。

此外，可以通过课堂上积极的启发式提问和小组讨论等，促使学生在其主体意识中构建知识体系；在复习回顾过程中，通过正确引导，提示学生关注本节课的重点和难点内容。同时，还应布置课后思考题和阅读材料，激发学生对下节课的学习兴趣。

第二，提升教学成效，详略得当，分清层次，重点突出。在国际法教学中，既应侧重基础理论的讲解，也要注重对具体法律规则和制度的分析，因此在课堂教学中要借助小组讨论，帮助学生掌握引渡规则及其在具体实践中的差异。此外，对于一些重点原则和规则内容要结合案例进行讲解，帮助学生提升对抽象概念和法律关系的理解与掌握。

授课教师要明确自身的引导地位，并以此来激发学生的主体作用。可以通过角色扮演、竞赛机制、小组讨论等形式提升课堂互动性；通过语言和肢体动作的引导，启发和引导学生参与课堂教学，调动学生的积极性、主动性、思考性，进而培养学生分析和解决国际法问题的能力。

第三，发挥互联网信息渠道作用，时刻关注国际社会形势动态，始终围绕教学内容，遵循针对性、时效性、适宜性、拓展性来收集时事案例。利用网络的便捷性帮助大学生及时关注国际法实践，跟进国际法法领域中的时事新闻和案例报道，帮助学生了解和追踪当前国际法领域的特点、问题，激发学生学习积极性和主动性。

此外，应理论与实践齐舞，注重渗透式教学。例如，在讲解领海制度中军舰通过时候，授课教师可基于当前各国对军舰平时通过权的两种主张，结合中国的立法和实践，讲述当前国际上的相应学说和我国的具体做法。通过理论联系实际，使学生了解学术前沿，加深对课堂理论学习的理解和掌握，并由理论再回到实践。

新时代大学生不仅需要专业知识，而且需要形成与国家发展、时代进步相一致的价值理念、个性品质，从家国情怀和法治中国的角度来审视和思考问题，树立社会主义法律信仰，自觉肩负使命担当。因此，国际法课程思政建设，旨在确保学生在获得专业知识的同时形成正确的价值观，实现个性解放和发展的全面化。

（二）国际法课程思政建设之理念

国际法课程具有专业性、理论性、实践性和课程思政等多重属性。理念上，基于高等教育对育人的本质要求，应牢固树立课程思政的核心理念，强调在国际法课堂教学中嵌入中国国际法治观引导，不断提升思政教育的有效性。同时，如前所述，要通过科学的课程设计和有效的教学环节安排，既在价值传播中凝聚知识底蕴，又在知识传播中强调价值引领。

在当今世界面临百年未有之大变局的背景下，面对美国等西方国家发起的单边主义、保护主义和逆全球化等举动，中国坚定捍卫多边主义和自由贸易，推动全球治理体系朝着更加公正、更加合理的方向发展，成为世界乱象中的中流砥柱①。中国在维护联合国宪章和原则的前提下，为国际治理提供了一系列具有开创性、引领性和机制性的成果，体现了负责任大国的世界担当，为正遭遇保护主义和单边主义逆流的国际乱局注入了正能量，也为受新冠肺

① 毛瑞鹏．多边主义与中国的联合国外交［J］．国际问题研究，2020（5）：119-120.

炎疫情影响而持续衰退的全球经济走向复苏注入了更多信心。在国际法课程的讲授中，教师要准确把握中国从站起来、富起来到强起来的时代脉搏，引导和培育学生的强国意识①。同时，在国家领土部分，讲授中日钓鱼岛争端中的中方立场与关切、中印领土争端中的中方立场与关切，以及南海问题等，培育大学生的危机意识，使之意识到我国当前所处外部环境整体向好，但也面临一些困难与挑战；同时引导学生理解中国发起“一带一路”倡议是为了推动地区互联发展，在国际上凝聚发展力量。

（三）国际法课程思政元素发掘

当前，中国国际法实践不断丰富，和平共处五项原则和“人类命运共同体”的提出彰显了中国智慧和中国方案，新时代背景下“两个构建”的提出体现了中国的法治观和价值取向。结合国际法课程特点和学生实际，本课程的思政元素主要包括以下几个方面。

元素1：坚持马克思主义观点和立场。

教学中应以马克思历史唯物主义和辩证唯物主义的观点看待国际法问题。辩证唯物主义构成了马克思主义的哲学理论基础，也构成了马克思主义的国际法观和研究方法。在教学中，应坚持用马克思历史唯物主义观点看待国际法发展的历史，用马克思辩证唯物主义观点看待国际法与国内法的关系。

依据马克思辩证唯物主义观点，作为主要调整国家间关系，建立和维持国际秩序的国际法，必须适应不同时期国际关系的需要。近代国际法反映的是欧洲列强间“实力均衡”的国际关系，体现的是欧洲统治阶级的意志。当前，国际关系处于深刻变革的关键期，中国要积极参与国际规则制定，做全球治理变革和新型国际关系构建的参与者、推动者、引领者。

元素2：和平发展，战略自信。

坚定中国文化自信，讲好中国的国际法故事。中国在1953年提出和平共处五项原则，高度概括了相互尊重、公平正义、合作共赢等新型国际关系的本质特征，集中体现了主权、正义、民主、法治、和平与共赢等核心价值观。和平共处五项原则中一共包含了四个“互”字，一个“共”字，体现了各国

① 杨守金，夏家春．“课程思政”建设的几个关键问题［J］．思想政治教育研究，2019（5）：99.

权利、义务和责任相统一的精神，这与《联合国宪章》的宗旨和基本原则具有高度契合性。

和平共处五项原则是中国对现代国际法的重大贡献，是“亚洲性国际法”的典型代表，丰富和发展了国际法的基本原则，体现了中华传统文化“和为贵”“和而不同”“协和万邦”“兼爱非攻”等思想。

元素 3：维护本国主权，尊重他国主权。

尊重国家主权，不干涉他国内政是国际法的基本原则。中国于 1984 年旗帜鲜明地提出国家主权是第一位的，是实现人权的前提和保障。国家主权所包括最显见的内容是领土主权和对自然资源的永久主权，领土主权也意味着领土完整，将领土完整与国家主权联系在一起是中国在国际法领域的一个创新。国家主权受到限制是国际法同意的结果，未经国家同意而强加的外部干预是无效的，根据中国宪法第 2 条，中国的主权是人民主权。

作为一项习惯国际法和强行法，不干涉内政原则是国家主权平等原则的引申，该原则强调每个国家都有权独立处理其内部和外部事务，不受外部力量干扰，其目的旨在确保各国和平共处。以香港问题为例，这显然是中国内政，即中国内部事务，外国势力无权干涉。授课中应指出美国等西方国家对香港的一些做法罔顾事实，是对中国内政的粗暴干涉。

元素 4：坚持祖国领土的统一与完整。

从国际法关于国家的基本要素来看，台湾自古以来就是中国的领土。

在国际法中，构成一个国家需要四个要素。其中，主权又是构成国家基本要素中最重要的因素，它强调一个国家在处理对内对外事务中的最高权力。授课中要引导学生理解台湾有如中国的一个省，是属于中国一部分，并不存在其自身的所谓主权。

从国际法上来说，中国以先占原则实现了对台湾属于中国领土的主张，因此“台独”势力的主张没有任何国际法的理论支持。在授课中要强调中国维护国家统一的决心，要强调中国在对外交往中坚持“一个中国”原则，对分裂国家行为持零容忍的态度和立场。

元素 5：坚持中华人民共和国所持的国际法立场。

国际法上的承认，是指国家或政府对新国家或新政府出现这一事实进行确认，并表示愿意与其建立正式外交关系的国家行为。授课中，应借助国际法上的承认理论引导学生理解台湾问题，阐述分析中国的立场和观点，同时引导学生理解对中华人民共和国的承认即是对新政府的承认。

从19世纪中叶起，帝国主义国家通过各种侵略手段同中国订立了一系列不平等条约，中华人民共和国的成立彻底改变了这一局面。对于国家的财产、档案、权益和国际组织的地位等，中华人民共和国有权加以全部继承；对于不平等条约和恶债（如“湖广铁路债券案”）等，则有权拒绝继承。

元素6：坚决捍卫主权，同时主张和平解决边界领土问题。

国际法上，领陆是指国家疆界以内的全部陆地，是领土的最基本部分。国家对领陆行使完全的主权。中国是世界上陆地邻国最多的国家之一，且已经与绝大多数陆地邻国和平解决了边界领土问题。

几十年来，中印边界问题一直是影响两国关系的主要问题。近年来，印度不断挑起边境之争，完全违背国际法的基本准则和《联合国宪章》。对此，中国不会主动采取使事态复杂化、扩大化的举动，但也有信心坚定维护自身的主权和领土完整。

《联合国海洋法公约》用以确定各海域的法律地位，是调整各国在海洋利用各个领域中关系的原则、规则和规章、制度的总体。中国是世界上海洋邻国最多的国家之一，共有八个海洋邻国。在东海，中国与日本存在钓鱼岛主权争端问题。授课中应强调中国对钓鱼岛是根据国际法先占原则的合法占有；日本则是非法占有，其主张时效原则是无效的，因为“非法行为不能创设权利”。

在南海，中国与越南、菲律宾等海洋邻国存在南海岛屿归属争端。授课中应强调南海诸岛自古以来就是中国领土的一部分，解释中国对“九段断续线”的历史权利，增强学生理解和支持我国政府维护国家主权和海域权益的意志和决心，自觉捍卫国家利益。

元素7：积极参与国际治理，展现负责任大国风范。

国家责任是指国家违反其国际义务而应承担的法律责任。国际法上的国家责任主要包括国际不法行为引发的责任和国际损害行为引发的责任。引起国家责任必须满足两个要素，即行为可归因于国家而成为国家行为，以及该行为违反该国承担的国际义务。

新冠肺炎疫情发生后，欧美一些国家的政客漠视生命，没有集中精力进行疫情防控，反而忙于“甩锅”他国。同时，一些美国政客以此次疫情为由在美国法院起诉中国政府。这样的行为不仅侵犯了中国主权，而且是没有法律依据的，更是严重违反了国际法，严重破坏了以联合国为核心的国际体系。

元素 8：强大的祖国是每个中华儿女的坚强后盾。

国籍对国家和个人来说都有重要意义。依照国际法，国籍是国家行使属人管辖权的依据，国籍对个人来说表明一个人属于某个特定国家，证明两者之间存在着法律联系。引渡指一国根据另一国的请求，把在其境内的被请求引渡人移交给请求国追诉或审判的一种国际刑事司法合作。

随着近年来我国公民出境增多，中国政府对境外中国公民和企业的保护不断增强。在历次撤侨行动中（如 2015 年的也门撤侨行动），中国政府坚持以人为本，保护我在海外公民的合法权益。此外，中国政府坚持以法治思维和法治方式开展海外追逃追赃，提高域外工作的专业化水平，如“天网 2020”行动，有效维护了国家的合法权益。

元素 9：坚持自身发展战略，倡导“人类命运共同体”。

当前，面对百年未有之大变局，中国坚持多边主义，维护联合国权威，自觉承担国际责任，完美诠释了中国特色社会主义制度的内在特质，展现了中国的战略自信与制度自信。

在抗击新冠肺炎疫情中，中国在做好自身工作的同时，不断援助其他国家抗击疫情，包括捐助疫苗和抗疫物资等，切实履行承诺，体现了中国所一直坚持的造福全人类，体现大国责任担当，推进人类命运共同体建设的理念。

元素 10：积极参与国际治理，发出“一带一路”倡议。

作为国际社会的重要成员，中国积极参与国际事务，为国际社会治理建言献策。如 2015 年《巴黎协定》的缔约成功离不开中国的积极斡旋和努力，正是由于中国的努力，国际社会才取得了在气候行动上的一次重要胜利。

除了维护既有国际治理机制和平台，中国还积极为国际社会提供国际治理的公共产品，服务国际社会的发展需要，如提出“一带一路”倡议，发起成立亚洲基础设施投资银行和丝路基金等，为广大发展中国家的发展提供机遇，为国际社会的发展贡献力量；使更多国家从中国的发展中获得鼓舞，从中国发展中分享红利。

四、国际法教学中实施课程思政的路径探究

中国在积极参与国际事务中所积累的重要经验，为国际社会治理贡献了中国智慧、中国思路和中国方案，为国际法课程思政建设提供了丰富的素材。国际法课程思政的教学改革，本质上是在马克思主义及其中国化成果的科学指导下，帮助学生从家国情怀和法治中国的角度来审视和思考国际问题，充分理解掌握国际法的知识和精髓；培养学生的爱国情操和德育品质，树立社会主义法律信仰，自觉肩负使命担当。关于在国际法教学中实施课程思政的路径，笔者认为应包括以下几点。

首先，教师的育人理念和育人能力是开展国际法课程思政的关键。授课教师应具有正确的马克思主义立场，认真学习贯彻习近平总书记的重要论述和讲话精神，切实增强责任感、使命感①。教师应始终坚持以立德树人为中心编排教学内容，准确把握当代大学生的思想、思维、认知和成长规律，着力解决教学的亲和力和针对性问题。教师应充分响应“学习强国”的号召，按照习近平总书记的要求，争做“有理想信念、有道德情操、有扎实学识、有仁爱之心”的“四有”好老师，成为学生锤炼品格、学习知识、创新思维和奉献祖国的引路人。教师要将社会主义核心价值观教育融入日常，融进教学，自觉践行“忠诚不倦、业务精湛、挚爱学生、率先垂范”师德标准。

同时，要加强培训研修，增强课程思政建设能力。授课教师既要不断更新教学理念，探索授课新模式和新方法，也要积极参与集体备课和红色培训，着力提升理论素养，进而把思想引领和价值塑造融入日常教学全过程。完善授课教师所在教研室的集体备课制度，教师应结合新思想深入挖掘、提炼各门课程中蕴含的思想政治元素，发挥课程思政的育人功能，将专业课教学与思想政治教育有机融合。与此同时，应将课程思政作为党建和思想政治工作

① 胡洪彬．课程思政：从理论基础到制度构建［J］．重庆高教研究，2019（1）：115.

课题研究的重要内容[①]，真正让党建课题研究助力提升国际法授课教师思政课程建设的能力和实效。

其次，授课模式和流程建设是开展国际法课程思政的依托和载体。应将专业课程思政改革与人才培养目标相结合，将德法兼修的育人理念融入教学全过程。教学看似简单，实则是一项高度复杂的活动，不仅要求授课教师具备良好的师德、渊博的专业知识、独特的教学风格和个人魅力，而且要能调动各方主体尤其是学生积极参与其中，这样才能取得良好的课堂教学效果。在国际法教学中，要坚持问题导向，以“问题”贯穿整个教学过程，从而提升整个课堂教学的逻辑性和连贯性。笔者在导入问题时多采用 1 分钟左右时事新闻的形式，以快速吸引学生的注意力，然后引导学生进行简短的课堂讨论；教师针对学生讨论进行快评后讲解理论知识和专业知识，并从知识和规则的背后提取不同派别或国家的立场与主张，从而帮助学生理解不同立场背后的价值取舍，由此引导学生坚定理想信念、筑牢家国情怀。

同时，授课教师要精选教学内容，深度挖掘核心环节的课程思政。在国际法教学中要逐渐挖掘重点和亮点的思政因子和思政元素，这要求思政点不仅要紧扣专业知识，而且要联系和回应当前重大时政热点问题，及时帮助学生纠偏，将他们带离思维误区和认识盲点。如笔者在讲解“外交保护”内容时提出，作为资本输入国，中国应当对“一带一路”大多数沿线国发展水平参差不齐和法律体系不够完善所可能带来的投资风险有所关注。双边投资协定（BIT）是当前推进投资保护的一种方式，但中国尚未与沿线所有国家签署 BIT，已经签署的 BIT 中有 20 个尚未生效，且已生效 BIT 的保护标准也普遍低下，因此，作为保护投资的传统方式，外交保护应成为中国推进“一带一路”建设，保护海外投资的重要方式。此外，笔者在授课中结合当前的“关系之治”，帮助学生理解我国与“一带一路”沿线国家一对一签署 BIT 的缘由及考虑，引导学生了解、发掘国际法规则背后的人性考量和价值关怀，使他们将社会主义法治理念和坚定维护国家利益的信念内化于心。

---

① 韩宪洲．深化“课程思政”建设需要着力把握的几个关键问题［J］．北京联合大学学报（人文社会科学版），2019（2）：5.

最后，在科研中挖掘思政元素是国际法课程思政的重要方向。授课教师要积极开展各项科研活动，以国际法科研反哺教学。我国正处于百年未有之大变局阶段，人类命运共同体的构建为国际法注入了新思想，推动了国际法理论的发展，“一带一路”的建设又为国际法的发展带来了新的思路和发展①。如前所述，“国际法二元结构”是当前国际法课程中无法回避的问题，而推动构建人类命运共同体的倡议立足中国及全球视野，旨在推动世界进步、增进人类福祉，在参与全球治理的同时推动各国共同发展。人类命运共同体思想从国家、国际和人类三个层面构建了立体化价值体系，为各国共识和利益提供了交汇点，对构建中国国际话语体系具有重要战略意义。

面对发展契机，首都经济贸易大学国际法教研室要围绕人类命运共同体的构建、中美贸易战、涉“一带一路”问题等积极申报课题，并撰写了相关论文。通过将国际法新思想、新理念、新做法作为研究对象，阐述和分析中国立场、中国观点、中国思路、中国智慧以及中国方案的解读和完善，进而构建中国自身的国际法话语体系与学术立场，实现中国话语权的法治化②。在此基础上，于助力我国正确运用国际法维护自身合法权益，推动国际法良性和正向发展的同时，也将这些研究内容作为教学内容的升级版，增强师生理论自信和道路自信。尤其是要让同学们感受到中国提出的人类命运共同体思想对世界和平的极大价值，这不仅能帮助当代大学生理解中国的立场和主张，引导其树立正确的价值导向，而且能赋予他们理性和平的心态和高尚的审美情操，从而实现科研反哺和对学生的“全人培养”。

结论

面对当前百年未有之变局，结合当代大学生特点，探讨国际法课程思政建设，以专业知识为载体加强学生思想政治教育，探索最大化发挥课堂教学的主渠道、主阵地功能，构建全方位全课程育人环境，实现在知识传授中价值观的同频共振，这些对学生树立对中国特色社会主义的“四个自信”，激发

① 李鸣．国际法与“一带一路”研究［J］．法学杂志，2016（1）：12-13.

② 杜焕芳，李贤森．人类命运共同体思想引领下的国际法解释：态度、立场与维度［J］．法制与社会发展，2019（2）：185.

学生对国家的认同感与自豪感具有重要意义。

同时，教师的理念、能力和水平等直接关乎国际法课程思政建设的成功与否，当前大学生的思维和群体特点要求教师在开展课程思政时不能生搬硬套，而要用教学艺术和智慧，实现“如盐在水”“润物无声”的教学效果。

将习近平新时代中国特色社会主义思想融入课程思政建设的理论基础

李厚羿
（首都经济贸易大学　马克思主义学院）

【摘　要】将习近平新时代中国特色社会主义思想融入课程思政建设是一项意义重大的工程。从学习贯彻习近平新时代中国特色社会主义思想入手，进而构建教学大纲和教材体系，同时将其融入专业课程之中，形成课程思政体系，这需要不断明确习近平新时代中国特色社会主义思想的理论地位，系统梳理习近平新时代中国特色社会主义思想的经典文本文献，准确把握习近平新时代中国特色社会主义思想的内在逻辑，以及认真领会课程思政体系的建构原则与逻辑结构。

【关键词】习近平新时代中国特色社会主义思想　课程思政建设　理论基础

引言

党的十九大将习近平新时代中国特色社会主义思想确立为党的指导思想，这意味着学习贯彻习近平新时代中国特色社会主义思想成为新时代高校思想政治工作的首要任务和重中之重，也成为高校思想政治理论课教师需要不断推进的时代课题。在这一重大历史背景下，教育部从学习贯彻习近平新时代中国特色社会主义思想课程体系建设入手，进而构建思想政治理论课教学大纲和教材体系，同时将其融入专业课程之中，形成课程思政体系，这是一项立体化的关乎新时代高校大学生思想政治教育改革的先导性、基础性、战略性工程。立德树人是教育的根本任务，从全国高校思想政治工作会议到全国教育大会，再到学校思想政治理论课教师座谈会，习近平总书记多次围绕立德树人作了相关论述，强调把立德树人的成效作为检验学校一切工作的根本标准，发挥专业教师课程育人的主体作用，使各类课程与思想政治理论课同向同行，形成协同效应。课程思政正是基于党中央对高校思想政治工作高度重视的前提，推动合力育人的创新模式。所以，要在专业课程中融入习近平新时代中国特色社会主义思想，一个基本的前提条件就是要搞清楚这一重要思想体系的理论地位、文献依据与内在逻辑，这也是习近平新时代中国特色社会主义思想下课程思政建设的前提和基础。

一、不断明确习近平新时代中国特色社会主义思想的理论地位

党的十九大报告明确指出，习近平新时代中国特色社会主义思想，是对马克思列宁主义、毛泽东思想、邓小平理论、“三个代表”重要思想、科学发展观的继承和发展，是马克思主义中国化最新成果，是党和人民实践经验和集体智慧的结晶，是中国特色社会主义理论体系的重要组成部分，是全党全国人民为实现中华民族伟大复兴而奋斗的行动指南，必须长期坚持并不断发展。这里讲到的五个“是”科学、准确地揭示了习近平新时代中国特色社会主义思想的理论地位和理论实质，正如党的十九大报告所明确指出的，它根本上是对新时代坚持和发展什么样的中国特色社会主义，以及怎样坚持和发展中国特色社会主义的科学回答。

在此基础上，为了更深入完整地理解和把握习近平新时代中国特色社会主义思想，笔者认为，还需要从以下两个方面来进一步把握其地位。

（一）要强调习近平新时代中国特色社会主义思想是当代中国马克思主义和21世纪的马克思主义

首先，习近平新时代中国特色社会主义思想既是马克思主义中国化的最新成果，也是当代中国的马克思主义。其中，马克思主义中国化的最新成果侧重在继承中创新，当代中国马克思主义则更侧重原创性，而原创性恰恰是习近平新时代中国特色社会主义思想的重要特色，故我们需要把这一特色明确加以突出。其次，学习贯彻习近平新时代中国特色社会主义思想一定要具有世界视野和全球眼光。习近平新时代中国特色社会主义思想体现了发展21世纪马克思主义的理论自觉和理论自信，为发展马克思主义作出了中国的原

创性贡献，对马克思主义、科学社会主义的意义，对世界社会主义的意义，都是十分重大的。这里强调习近平新时代中国特色社会主义思想是21世纪的马克思主义，就是意在强调这个理论对新时代世界马克思主义的贡献。

（二）需要高度重视习近平新时代中国特色社会主义思想对“建设一个什么样的世界、如何建设这个世界”的深入思考

习近平新时代中国特色社会主义思想的所指对象不仅仅是新时代的中国，还理应包括世界及其与中国关系等方面的内容。对此，习近平总书记思考很深，他站在人类历史发展进程的高度，直面当今世界最重要的问题，以大国领袖的责任担当，深入思考“建设一个什么样的世界、如何建设这个世界”等关乎人类前途命运的重大课题，提出构建人类命运共同体这一内涵丰富、意义深远的思想，为世界的发展和人类的未来指明了正确方向。这就告诉我们，习近平新时代中国特色社会主义思想不仅是对建设新时代中国特色社会主义的科学认识，而且体现着对当今世界发展趋势和人类发展方向的科学认识。

通过以上思考，笔者认为，在党的十九大报告提出习近平新时代中国特色社会主义思想五个“是”的基础上，或许有必要再明确三个“是”：其一，习近平新时代中国特色社会主义思想是对新时代坚持和发展什么样的中国特色社会主义、怎样坚持和发展中国特色社会主义的科学系统回答；其二，习近平新时代中国特色社会主义思想是当代中国的马克思主义；其三，习近平新时代中国特色社会主义思想是21世纪的马克思主义，为世界的发展和人类的未来指明了正确方向。

二、系统梳理习近平新时代中国特色社会主义思想的经典文本文献

党的十九大报告第三部分“新时代中国特色社会主义思想和基本方略”集中阐发了习近平新时代中国特色社会主义思想八个方面的精神要义与十四条基本方略，即“八个明确”和“十四个坚持”，这是精准把握习近平新时代中国特色社会主义思想的基本遵循。同时，我们还应当从党的十九大报告的整体来把握习近平新时代中国特色社会主义思想。实际上，党的十九大报告中的其他部分（如第三部分）所涉及的一些理论性、战略性基本判断的内容，

如关于中国特色社会主义进入新时代的思想，关于不忘初心、牢记使命的思想，关于“四个伟大”的思想，关于我国经济已由高速增长转向高质量增长的思想，关于中国特色社会主义政治道路的思想，关于文化是一个国家、一个民族的灵魂的思想，关于人与自然是生命共同体的思想，关于共商共建共享的全球治理观思想，关于把政治建设作为党的建设首要任务的思想，关于全面增强执政本领的思想，等等，它们或者是党的十九大报告第三部分的具体展开，或者是对这部分的补充完善，理应纳入习近平新时代中国特色社会主义思想的内容之中。

毫无疑问，党的十九大报告是迄今为止对习近平新时代中国特色社会主义思想阐述最经典、最核心的文献。当然，除这一文献外，要想把握习近平新时代中国特色社会主义思想，还应补充更多有价值的文献。这里特别需要作出以下几点补充。一是根据中央要求，应把《习近平谈治国理政》第一卷、第二卷、第三卷作为学习贯彻习近平新时代中国特色社会主义思想的权威文献，因为这两部重要文献是集中反映习近平新时代中国特色社会主义思想的发展脉络和主要内容的著作，同时还应包括由中宣部汇编的《习近平新时代中国特色社会主义思想三十讲》和《习近平中国特色社会主义思想学习纲要》这两本读物。二是要把习近平总书记关于某个重要问题论述的摘编作为重要文献。这方面的内容，迄今为止至少需要关注的有《习近平关于实现中华民族伟大复兴的中国梦论述摘编》《习近平关于全面深化改革论述摘编》《习近平关于党的群众路线教育实践活动论述摘编》《习近平关于全面依法治国论述摘编》《习近平关于党风廉政建设和反腐败斗争论述摘编》《习近平关于协调推进“四个全面”战略布局论述摘编》《习近平关于培养“四有”新一代革命军人重要论述摘编》《习近平关于全面建成小康社会论述摘编》《习近平关于全面从严治党论述摘编》《习近平关于科技创新论述摘编》《习近平关于严明党的纪律和规矩论述摘编》《习近平关于社会主义经济建设论述摘编》《习近平关于社会主义政治建设论述摘编》《习近平关于社会主义文化建设论述摘编》《习近平关于社会主义社会建设论述摘编》《习近平关于社会主义生态文明建设论述摘编》《习近平论强军兴军》《习近平关于青少年和共青团工作论述摘编》等。三是要把习近平总书记的系列重要讲话作为经典原始文献。党的十八大以来，习近平总书记围绕改革发展稳定、治党治国治军、内政外交国防等发表了1 000余篇系列重要讲话（含贺信、回信、署名文章、接受访谈等），这些重要讲话是深入学习研究习近平新时代中国特色社会主义思想的原始文献，需要系统梳理，认真领会。四是要把习近平同志在党的十八大之前的文献作为补充文献。笔者认为，习近平新时代中国特色社会主义思想起始于党的十八大，但习近平同志在此之前的思想也属于习近平新时代中国特色社会主义思想的重要基础。不了解这些重要基础，就不能够全面完整地了解习近平新时代中国特色社会主义思想。关于这些思想的文献资料也有很多。例如，习近平同志所著《知之深 爱之切》《摆脱贫困》《中国农村市场化建设研究》《关于社会主义市场经济的理论思考》《干在实处 走在前列》《之江新语》，以及系列采访实录《习近平的七年知青岁月》《习近平在正定》《习近平在浙江》《习近平在福建》等。这些文本文献对把握习近平新时代中国特色社会主义思想的形成和发展过程也有重要意义。

同时需要指出的是，习近平总书记多次强调，时代是思想之母，实践是理论之源；实践没有止境，理论创新也没有止境。对于习近平新时代中国特色社会主义思想，习近平总书记还在不断发展完善深化，所以我们必须紧紧跟随习近平总书记的创新步伐，在第一时间学习他的最新讲话精神，始终保持对习近平新时代中国特色社会主义思想学习贯彻的发展性、开放性。

三、准确把握习近平新时代中国特色社会主义思想的内在逻辑

习近平新时代中国特色社会主义思想是一个有着内在逻辑和实践指向的思想体系。它不是一般的学术理论体系，而是融科学性与实践性于一体的理论体系，有其自身的高级逻辑。

（一）理论地位和重大意义

习近平新时代中国特色社会主义思想紧紧围绕坚持和发展什么样的中国特色社会主义、怎样坚持和发展中国特色社会主义的主题主线，进一步深化了对中国共产党执政规律、社会主义建设规律、人类社会发展规律的认识，是马克思主义中国化的最新成果，是当代中国的马克思主义，是21世纪的马克思主义，是全党全国人民为实现中华民族伟大复兴而奋斗的行动指南。

（二）基本内涵和创新观点

习近平总书记立足社会主义初级阶段这个最大的实际，紧紧抓住新时代社会主要矛盾的历史性变化，坚持和发展了党的思想路线和基本路线，强调中国特色社会主义是既坚持科学社会主义基本原则，又具有鲜明实践特色、理论特色、民族特色、时代特色的社会主义，是中国特色社会主义道路、理论、制度、文化四位一体的社会主义，是统揽伟大斗争、伟大工程、伟大事业、伟大梦想的社会主义，是根植中国大地、反映中国人民意愿、适应中国和时代发展进步要求的社会主义，是体现大国责任担当，为构建人类命运共同体提供中国智慧和中国方案的社会主义。这个创新理论以新时代坚持和发展什么样的中国特色社会主义、怎样坚持和发展中国特色社会主义为主题，系统回答了新时代坚持发展中国特色社会主义的总目标、总任务、总体布局、战略布局和发展方向、发展方式、发展动力、战略步骤、外部条件、政治保证等基本问题。它深刻揭示了新时代中国特色社会主义的本质特征、发展规律和建设路径，为在新的时代条件下坚持和发展中国特色社会主义提供了科学的理论指引。党的十九大报告中的“八个明确”，集中体现了习近平总书记在这一方面的创新思想。

（三）基本方略和实践指向

习近平新时代中国特色社会主义思想既对什么是新时代中国特色社会主义的基本问题作了系统回答，又对怎样坚持和发展新时代中国特色社会主义的问题作了全面思考和部署，是理论与实践的统一。它根据新的实践对中国经济、政治、法治、科技、文化、教育、民生、民族、宗教、社会、生态文明、国家安全、国防和军队、“一国两制”和祖国统一、统一战线、外交、党的建设等各方面作出了科学的理论分析和政策指导，以更好引领党和人民事业发展。党的十九大报告用“十四个坚持”对这方面的重要内容进行了强调。这 14 条基本方略涵盖坚持党的领导和全面从严治党，涵盖“五位一体”“四个全面”，涵盖国防和军队建设、维护国家安全、“一国两制”和祖国统一、对外战略等方面，是习近平新时代中国特色社会主义思想在行动纲领层面的体现，是习近平新时代中国特色社会主义思想的重要组成部分。

四、认真领会课程思政体系的建构原则与逻辑结构

习近平新时代中国特色社会主义思想这一科学体系的客观逻辑为各类高校开展课程思政建设提供了根本依据，教育部则对高校学习贯彻习近平新时代中国特色社会主义思想作出了明确的指示。但这是问题的一方面，问题的另一方面是大学生的认知逻辑。应当说，大学生作为具有一定理论基础、求知欲强、充满朝气的群体，他们对习近平新时代中国特色社会主义思想的学习具有突出的认知特征。我们要从知到行，从理论到实践，进而实现知与行、理论与实践的统一。把这一逻辑结构展开，就表现为“理论概论—理论地位—理论内核—理论展开—实践指向—综合提升”的过程。据此，我们可以进一步思考基于习近平新时代中国特色社会主义思想的课程思政体系建构原则和逻辑结构问题，以真正落实三全育人的根本方针。

（一）课程思政体系的建构原则

基于习近平新时代中国特色社会主义思想的课程思政体系设置和分类，有必要遵循以下基本原则。

第一，理论与实践的统一。学习贯彻习近平新时代中国特色社会主义思想，一方面要在吃透核心要义，掌握精神实质上下功夫；另一方面要紧密结合我国改革发展实际，用习近平新时代中国特色社会主义思想指导实践工作。这就要求在授课内容上，强调理论与实践的结合；在课程模块设置上，应强化思政元素与专业内容的有机有效结合，而这也是课程思政体系的落脚点。

第二，宏观与中观的统一。教育部在对学习习近平新时代中国特色社会主义思想提出的具体要求中，既包含学习它的重大意义、理论精髓、丰富内涵等抽象层面的宏观理论，也包含学习这一思想中有关改革发展稳定、内政外交国防、治党治国治军等各个领域、各个方面的具体内容。这就要求在课程思政体系构建中，通过模块设计，区分抽象层面的宏观内容、总体内容，以及中观层面各个领域的具体内容。

第三，逻辑与历史的统一。要想使大学生弄通习近平新时代中国特色社会主义思想，既要从概念上、理论上、体系上使之体会思想的逻辑力量；也要在党情国情世情的变化、知识的更新、思想的完善中使之认识人类文明的历史发展进程。这就要求在课程思政体系构建中，通过习近平新时代中国特

色社会主义思想的内在逻辑衍生出课程体系的基本逻辑。

第四，稳定与发展的统一。习近平新时代中国特色社会主义思想体系已经形成，其中蕴含的一系列治国理政的新理念新思想新战略具有长期的指导意义，这为构建稳定的课程思政体系提供了前提条件。当然，由于时代的发展、条件的变化，习近平新时代中国特色社会主义思想也是不断与时俱进的，这就决定了课程思政体系必须具有一定的开放性，并根据形势的需要适时加以升级和完善。

（二）课程思政体系的逻辑结构

课程体系是思想体系在课程形式上的表达，是思想体系的反映。同时，课程体系又是根据对象的需求来安排的，反映了对象认知特点。鉴于我们的对象是大学生，为了确切界定本文的论题，这里要作两个限定。其一，这里所说的课程思政是在专业课程前提下的深度融入，是在原专业教材的基础上增加习近平新时代中国特色社会主义思想的内容，所以这里所指的课程思政体系要强调其全面覆盖性。其二，此处所设计的课程体系是阐述习近平新时代中国特色社会主义思想的基本观点和基本内容的课程思政体系，所涉及的课程可称为元素融入，内容嵌入，价值导入。从一级专业课程中，我们完全可以开发出一系列二级课程乃至三级、四级课程。

按照教育部关于学习习近平新时代中国特色社会主义思想的要求，基于习近平新时代中国特色社会主义思想的理论构架、内在逻辑和具体内容，结合大学生的认知规律，遵循课程体系的建构原则，拟从基础课程、融入课程、结合课程、本领课程和特色课程 5 个方面构建一级课程框架，具体如下。

1. 基础课程

基础课程的目的是使学生准确理解习近平新时代中国特色社会主义思想与马克思主义基本理论的内在联系，深刻把握习近平新时代中国特色社会主义思想与马克思列宁主义、毛泽东思想和中国特色社会主义理论体系既一脉相承又与时俱进的关系，学深悟透习近平新时代中国特色社会主义思想的政治意义、历史意义、理论意义、实践意义、世界意义。这个部分应开设专门的课时来进行，可以使用专题讲座，并配合专业课程一起进行。

2. 融入课程

融入课程旨在围绕系统回答新时代坚持和发展什么样的中国特色社会主义、怎样坚持和发展中国特色社会主义这一基本问题，教育引导学生从总体上把握习近平新时代中国特色社会主义思想的丰富内涵、基本观点和理论精髓，系统学习掌握党的十九大报告阐述的习近平新时代中国特色社会主义思想所包括的基本问题，重点领会习近平新时代中国特色社会主义思想中带有全局性、战略性、根本性的观点和论述。这个部分的课程不一定有整块的时间单独来讲，而是可融入专业课程之中进行，在讲授专业知识的同时讲授该内容。

3. 结合课程

结合课程旨在教育引导学生结合实际分领域，分专题深入学习领会习近平总书记关于经济、政治、法治、科技、文化、教育、民生、民族、宗教、社会、生态文明、国家安全、国防和军队、“一国两制”和祖国统一、统一战线、外交、党的建设等方面的重要论述，深刻理解把握讲话的精髓要义和实践要求，更好地把讲话精神贯彻落实到现代化建设各个领域。这个部分的课程也不一定有整块的时间，而更多是针对人文社科类专业的大学生，在讲授专业知识的同时讲授该内容；对于理工科专业类大学生来说，则可以在结合课程基础上再加开专题课程。

4. 本领课程

本领课程旨在教育引导大学生学习领会习近平新时代中国特色社会主义思想中贯穿的马克思主义立场观点方法，深刻把握习近平新时代中国特色社会主义思想的哲学基础、科学思想方法和工作方法，以全面增强专业能力和实践水平。这个部分的课程也不一定有整块的时间，而更多是针对理工类专业的大学生，在进行偏实践的教学时讲授该内容；对于人文社科专业类大学生来说，则可以在结合课程基础上再加开专题课程。

5. 特色课程

新思想要落地生根、开花结果并形成生动实践，就必须同各高校的具体情况结合起来。特色课程是根据国家不同高校和具体办学特色，有针对性地阐述以习近平新时代中国特色社会主义思想为指导，推动专业课和思政元素相结合的好办法。具体如何实践和操作可以参看笔者另文中的“实施方案”。

参考文献

[1] 姜雅净，程丽萍. 三全育人理念下高校课程思政改革实践［M］. 北京：立信会计出版社，2021.

[2] 王英龙，曹茂永，刘玉，等. 课程思政：我们这样设计［M］. 北京：清华大学出版社，2020.

[3] 习近平. 决胜全面建成小康社会夺取新时代中国特色社会主义伟大胜利：在中国共产党第十九次全国代表大会上的报告［M］. 北京：人民出版社，2017.

[4] 中共中央宣传部. 习近平新时代中国特色社会主义思想学习纲要［M］. 北京：学习出版社，2019.

[5] 中共中央宣传部. 习近平新时代中国特色社会主义思想三十讲［M］. 北京：学习出版社，2018.

[6] 李厚羿. 如何深入研究阐释习近平新时代中国特色社会主义思想［J］. 马克思主义学刊，2019（4）.

[7] 李厚羿. 全球化背景中的意识形态终结问题［J］. 科学社会主义，2017（3）.

课程思政理念融入大学体育教学过程的实践探讨

袁荣凯
（首都经济贸易大学　体育部）

【摘　要】大学体育在立德树人方面有其独特的价值，课程思政理念融入大学体育教学是大学体育教改的正确前进方向。当前的大学体育教学包括课程思政建设中存在着明显不足。课程思政理念的融入要从体育课程思政目标的建立、体育课程中思政元素的提取和课程思政融入体育教学效果的评价等几方面入手。

【关键词】课程思政　思政元素　大学体育教学　实践

引言

党的十八大把立德树人作为教育的根本任务写入大会报告。此后，习近平总书记先后在全国高校思想政治工作会、党的十九大、北京大学师生座谈会、全国教育大会、学校思想政治理论课教师座谈会等重要会议上，就立德树人发表了一系列重要论述。习近平总书记指出："要用好课堂教学这个主渠道，思想政治理论课要坚持在改进中加强，提升思想政治教育亲和力和针对性，满足学生成长发展需求和期待，其他各门课都要守好一段渠、种好责任田，使各类课程与思想政治理论课同向同行，形成协同效应。"

当前，深入贯彻学习习近平总书记关于教育的重要论述和全国教育大会精神，深化高校教育教学改革，践行课程思政的综合教育理念是广大高校教育工作者最为迫切和重要的任务。2020 年 5 月，教育部在《高等学校课程思政建设指导纲要》中指出："要重点建设一批提高大学生思想道德修养、人文素质、科学精神、宪法法治意识、国家安全意识和认知能力的课程，注重在潜移默化中坚定学生理想信念、厚植爱国主义情怀、加强品德修养、增长知识见识、培养奋斗精神，提升学生综合素质。打造一批有特色的体育、美育类课程，帮助学生在体育锻炼中享受乐趣，增强体质、健全人格、锤炼意志，在美育教学中提升审美素养、陶冶情操、温润心灵、激发创造创新活力。”这进一步明确了高校体育教改的方向。体育作为高校开设的众多课程中的一门，在立德树人方面有其独特的价值。在精神层面上，体育能够培养大学生顽强的意志、超越自我的品质以及公平竞争和团结协作等精神，观看和参与体育赛事能激发大学生的爱国主义和集体主义精神，增强民族自信。这与社会主义核心价值观的内容是一致的。

针对课程思政理念融入大学体育教学过程的具体实施，应先找出不足之处。笔者认为，当前体育教学中在贯彻课程思政理念方面存在的问题主要有以下几方面。

第一，教师的主动认识不够。大学体育教师普遍对基本运动常识的传授与运动技能的培养比较看重，而对体育的思想政治教育功能发挥不足。许多教师认为学校已经开设了多门思政课程，思想政治工作完全可以在思政课程课堂上完成。这种想法极大地限制了体育教师对课程思政理念的主动接受与贯彻发挥。

第二，在当前高校体育教学中采用的模式与方法，难以充分调动学生的内心健康需求。如教学内容仍然普遍存在竞技化倾向，在教学中采用的各种方法与规则，均倾向体育竞技原则，过度重视有关于学生身体素质、体育技术和竞技意识的培养，而在学生的健康心态及其对社会环境的适应等方面则比较轻视。这种做法将体育教学过程变成了一种简单的训练行为，忽视了体育在育人方面的人文内涵，这就使学生在课上的兴趣不高，课下又不愿走出宿舍，造成身体素质逐年下降，难以养成“终身体育”的意识。

第三，目前高校对大学生体育成绩的评定与考核，大多仍是基于学生在课堂上的学习效果而作出的定量化与终结性的评价。在考核过程中，不同教师给出的考核结果差别较大；在制定考试内容、方法、评分标准时，也往往缺少科学实验与论证。因此，一旦教师在考核过程中带有某种主观随意性，则将直接影响考试成绩的公正性，进而影响学生对体育课程的态度和积极性。

第四，过于依赖传统教学手段，对新媒体技术等现代教学手段和方法使用不足。此处所指的新媒体技术主要包括网页、博客、多媒体课件、短视频、公众号、微课和大学生慕课等。随着社会的飞速发展，新媒体技术水平不断提高，依托大数据、云端的新媒体和智能终端的普及应用给社会带来了空前的发展。其传播的形象性、生动性、直观性与体育教学呈现交融式的发展和变革，使体育教学具有了直观、新颖和时效性，从而有利于发挥学生的主体作用，激发学生兴趣，提高课堂教学效果。可见，充分利用新媒体和新技术是对传统教学方法与手段的有效补充。

总体而言，将课程思政理念融入大学体育教学中，应从以下几个方面进行。

一、设置体育课程的思政目标

教学目标是教学的出发点和归宿，是教师对学生应取得的学习成果的明确阐述。新时代体育教学应确立知识与技能，过程与方法，情感、态度与价值观三个层次、三位一体的课程教学目标，它与传统体育教学只关注知识的传授和技能的训练是截然不同的。体现在课堂教学中，就是要注重追求知识与技能，过程与方法，情感、态度与价值观三个方面的有机整合，突出过程与方法的地位。体育课程的思政目标则着重对应着教学目标的第三个层次，即教育成才。

体育课程思政目标的设定不应太宏观，不能把课程思政的原话直接套用到体育课程思政中。思政目标也不应等同于知识目标与技能目标，而应是情感态度与价值观的学习效果体现。思政目标还可以分为课程思政目标与课堂思政目标，只有达成每一次课的课堂思政目标，才能实现总的课程思政目标。

根据运动项目划分的各专项体育课程，都应在其课程目标中提出具体的思政目标。以排球专项课为例，它的课程思政目标可以归纳为：接受爱国主义教育；能正确处理个人与群体的关系；公平竞争，团结协作；顽强拼搏，有灵活应变及创新能力。武术课的课程思政目标可设定为培养爱国主义精神，弘扬中华民族精神，传承中国传统文化，提高个人“武德”修养。

课堂思政目标的设定必须要有鲜明的主题特点。要从小处、细处着手，把握每一个思政元素，不贪大求多求全，一个小的但精准到位的思政点足以支撑起一堂思政课。比如，在每次课开始部分的师生问好阶段行武术抱拳礼，以及课结束部分的鞠躬礼，就是对中华传统礼仪和尊师美德的传承。

按照不同项目划分的体育课程在思政目标上既有着共性，也有着因项目不同而存在的鲜明的个性，不能一概而论。因此，思政目标的设定要紧密结合课程的内容和特点，要对以往教学过程中存在的问题进行反思，对过去的教学经验进行总结，并在此基础上对思政目标的确定加以归纳和完善。

二、挖掘各门体育课程中的思政元素

充分挖掘体育课程蕴含的思政元素是实现体育教学立德树人功能的重要前提。对体育课程思政元素的挖掘切忌主观臆断，凭空想象，也不能生搬硬套。在提取体育课程的思政元素时，笔者认为可以从以下几个方面入手。

第一，从运动项目的起源与发展过程入手。例如，说到排球运动，我们自然会想到中国女排的历史性五连冠和2019年取得的女排世界杯冠军，会想到习近平总书记对女排姑娘的致电祝贺，会想到脍炙人口的“女排精神”，并从中提取“团结协作，顽强拼搏，永不言弃，自强不息”等思政元素。

第二，从体育运动项目本身蕴含的价值观与哲学思想入手。武术课在高校的开设非常普及，传统武术中蕴含了大量中国传统文化与传统思想，是中国文化传统的一个重要组成部分。如爱国、和谐、自强不息等，都是中国传统武术所提倡的内涵价值的当代体现。

第三，从运动项目的实践入手。比赛是诸多运动项目的教学环节中最受欢迎的部分，这个实践环节也蕴含了大量的思政元素。在团体对抗项目如篮球、足球等比赛中，集体主义精神、团结协作、公平竞争、诚信友善等就是典型的思政元素。

第四，从结合社会热点的课程内容入手。当今社会上许多的网络热点往往与我们的教学内容紧密相关。如多名传武大师在格斗中比赛被击倒，女大学生节食和滥用药物减重导致身体出状况，超过80%的男大学生体测引体向上不及格，等等。通过对这些热点的剖析，给学生以正确的价值导向。又如，

2021 年 8 月举行的东京奥运会上，我国运动健儿取得了一系列辉煌的成绩，出现了许多夺冠和创纪录的激动人心时刻，其中有许多闪光点都可作为爱国主义教育的思政元素。男运动员如苏炳添、吕小军等，他们健康的形体、健美的身形，对当代男大学生塑造正确的健康观和审美观有着良好的激励作用。

三、思政元素融入体育教学的实施途径

采取合适的、多元化的实施途径才能实现将思政元素融入体育教学的具体目标，重点在于做好以下几个方面。

第一，传统课堂教学的传授。在课堂教学上，教师要具备丰富的体育专业知识、较高的业务能力和政治觉悟，熟练运用多种教学方法和教学手段展现思政元素。仅靠普通的讲解与示范对思政元素的导入是不够的，微博、微课、微信等新媒体的灵活运用是对传统教学方法与手段的有效补充。同时，要不断学习更新专业前沿新知识、新理论，了解交叉学科的相关知识也是提升教师自身业务能力的有效途径。如在讲解体育常识的过程中，不可避免要涉及运动生理学、运动医学等有关知识。

第二，增加学生的实践体验。体育游戏和竞赛是大学生最为喜爱的教学内容，做好体育游戏与竞赛的组织安排有利于思政元素的引入。此外，组织好针对热点的课堂讨论也能调动大学生的参与积极性。相比被动地接触和接受，学生积极地参与实践活动能够收到更好的思政效果。

第三，丰富校园体育文化内容，加强体育课内外一体化建设，拓展教学的时间与空间。可以在特别的时间举办各种体育活动，如各种“五四杯”院系竞赛、纪念“一二·九”中长跑接力、“迎新杯”体育竞赛、“毕业生离校前五公里”长跑，以及运用跑步应用程序（App）对大学生课外跑步进行考核加分，等等。这些都能拓展教学的时间与空间，有利于大学生接受思政教育。

第四，采用分层教学，注重过程性考核。应根据学生的身体特点采用分层教学，注重过程性考核，避免期末考核一刀切，充分提升学生学习锻炼的自主性，培养学生“终身体育”的意识。

四、对课程思政融入体育教学效果的评价

建立全面有效的思政融入效果评价体系，依据评价结果对课程思政融入大学体育教学的情况进行逐渐调整和完善，才可以促进大学体育教学改革不断朝着立德树人的目标稳步前进。评价完成后，评价结果要及时反馈给任课教师，以便教师针对各环节作出有效调整。

参照课堂教学评价的原则，思政融入的效果评价主要应针对体育课程思政目标的评价。思政目标的评价主要是围绕思政目标的达成度来进行的，评价内容则主要针对以下几个方面。

第一，教师的自评。教师的自评就是教师针对自己的教学目标、教学内容和教学方法进行一种定性、定量的自评。教师自评在整个评价结果中所占的比重不能太高，在自评时一定要强调客观性。

第二，对学生学习效果完成度的评价。大学生作为学习的主体，是否在思政融入的教学中获得了预期的收获，是衡量思政目标完成度的一个相当重要的指标。该项考核的内容，主要是学生通过包含思政元素的教学内容要点的学习后，是否掌握了一定的技能，培养了相应的能力。这部分的评价应该在整个评价结果中占据核心地位。

第三，对大学体育教学中思政融入设计结合度的评价。该项评价的内容应包括：思政融入设计是否能让学生自然接受；能否引起学生的情感共鸣；能否促进学生对知识的理解掌握并加以应用拓展；能否有效地激励学生参与并实践“终身体育”的理念。这是一个相当重要的部分，其评价应由教学主管部门、教学专家和教师同行一起来实施完成。如何对待评价结果，也非常重要。学校不能仅重视近期的教学效果，而是更要看重教学的长期影响力和长期效果，如教学过程中所采取的手段和方法是否有利于大学生毕业后的正确发展。

五、课程思政融入体育教学应注意的问题

当代大学生是一个接受能力、个体意识和独立意识较强的群体。在课程思政融入体育教学的实施过程中，我们要采取显隐结合的方式，充分调动大学生的主动性与参与性，提高体验性，避免空洞说教，在潜移默化中实现

“德”的提升；善用微博、微课、微信等新媒体强化教学效果。在实施课内外一体化措施的过程中，不能盲目增加学生的负担，避免引发负面效果。思政元素融入课堂教学时，一定要主次有分，而非面面俱到。思政教育融入体育教学的实施空间要包含课内课外、校内校外和线上线下，真正做到全方位发力。

小结

综上所述，体育课程在立德树人方面有其独特的内涵价值。课程思政的理念融入大学体育教学应从这样几个方面来进行：设置体育课程的思政目标；挖掘各门体育课程中的思政元素；采用多元化的教学方法；建立课程思政融入体育教学效果的评价体系等。

参考文献

[1] 郑佳然. 新时代高校“课程思政”与“思政课程”同向同行探析 [J]. 思想教育研究，2019 (3).

[2] 薛新. 新时代“课程思政”理念下学校武术教育的回归与定位 [J]. 南京体育学院学报，2019，17 (5).

[3] 冯莉. “课程思政”理念融入体育课程的途径研究 [J]. 当代体育科技，2018，8 (29).

综合英语课程的“金课”建设实证研究

刘　丽　刘　欣　杨述伊　郝　莉　沙　芸
（首都经济贸易大学　外国语学院）

【摘　要】综合英语是英语相关专业的一门主要课程。在教育部倡导建设“金课”的背景下，本项研究重新建构了首都经济贸易大学综合英语课程的课程目标、课程内容、教学方法和模式、考核形式和内容等方面。通过具体的知识目标、技能目标和素质目标，把学生培养成具有社会主义核心价值观的应用型、复合型英语人才。课程内容的建设包括词汇、语法、阅读和翻译、口语和听力、写作几个方面。教学方法体现出多元性一体性和创新型；教学模式突出线上线下混合模式特色。考核形式采用形成性考核与终结性考核两种，达到了较高的信度和效度。总体而言，本项研究取得了较好的研究成果，极大地推动了综合英语课程达到“金课”的标准。

【关键词】综合英语　“金课”建设　英语人才　实证研究

引言

2018年6月，在教育部召开的新时代全国高等学校本科教育工作会议上，教育部提出“金课”概念。同年8月，教育部出台相关通知，要求全国各高校要淘汰“水课”，打造“金课”，切实提高课程教学质量。同年11月，教育部高教司提出了“两度一性”的“金课”标准，即“高级性、创新性和挑战度”；此外还提出了建设中国“金课”的五大目标，包括线下“金课”，线上“金课”，线下线上混合“金课”，虚拟仿真“金课”和社会实践“金课”。教育部高教司司长吴岩指出，课程是人才培养的核心要素，虽然它表面上看是教育的微观问题，解决的却是教育的战略大问题，这就明确了课程改革的重要性和必要性①。

在“金课”改革背景下，打造外语类课程的“金课”建设很快被提上了日程。作为英语专业的基础课程和重要课程，综合英语的“金课”建设迫在眉睫。按照“金课”的标准，目前综合英语课程主要存在以下需要解决的问题：一是为了提高课程内容的高级性和挑战度，实现多元化，如何选取和利用课程教材和其他素材？二是怎样改变教学过程中教师主导课堂，学生被动听的现象，实现教学方法的有效融合和创新？三是如何借助线上平台与资源，改变传统教学模式的单一性？四是如何设计形成性考核和终结性考核的内容，既体现延续性和循序渐进的特点，又能够准确、客观、公平地反映学生的真实能力？

一、相关研究

（一）高校英语“金课”的标准

关于“金课”的标准，各学科和专业依据自身特点和特色，进行了确切、规范的界定。就高校外语界而言，“金课”必须向“新工科、新医科、新农科、新文科”建设靠拢，为“一带一路”建设、“双一流”建设和科技创新而培养国家急需的国际化复合型人才；必须注重知识与能力素质的有机融合，致力于培养学生提出问题、解决问题的综合能力以及批判性思辨能力；必须适应新技术的发展，把专业或课程内容的未来性、前沿性和时代性凸显出来，淘汰那些教学内容陈旧、过时的课程；必须开发与当代大学生认知能力相适应的、具有一定挑战度的课程，即“需要跳一跳才能够得着”的课程②。

关于英语专业的“金课”标准，有学者认为其高阶性要体现在语言基本功上，创新性应该更多地体现在人文特征上，挑战度更多地体现在跨学科上。为此，需要转变思想观念，更新教学内容，改革教学方法③。王立非和任杰归

---

① 吴言．建设中国“金课”［J］．中国大学教学，2018（12）：4-9.

② 蔡基刚．高校外语界“金课”打造的标准和内容探索［J］．浙江外国语学院学报，2018（6）：1-5.

③ 郭剑英．论英语专业的“金课”及其标准［J］．浙江外国语学院学报，2019（3）：10-11.

纳了商务英语“金课”标准的“六性”和“六度”。商务英语专业要以“六性”为依据，即以课程思政性、能力导向性、思辨创新性、知识复合性、实践实务性和人文通识性为导向。商务英语“金课”教学则要突出以下六个维度，即语言强化度、技术混合度、模拟实战度、校企联合度、论文创新度和案例丰富度①。

（二）综合英语“金课”

目前针对英语专业课程的“金课”教改研究非常有限，且基本上提出的是一些可行方案，缺乏实证性研究。对于大学英语精读课，有学者提出以情动理论为基础，教师站在学生的思维和情感体验角度来设计每一节课，使学生能勇敢自如地表达情动体验，实现良好的师生互动，锻造完美的“金课”课堂②。

传统的综合英语课程存在着一些明显问题。其中，以“唯教材论”现象最为普遍。教师的课程教学内容通常局限于教材，课程内容缺少高阶性和挑战度。在教学方法上，多以教师教授为主，由教师主导整个课堂，进行灌输式教学，忽视学生的自主性和创新性，也缺乏与学生的互动，导致课堂经常枯燥乏味，学生失去学习的热情，教学效果也因此而不理想。此外，综合英语课程的考核形式和内容多以终结性考核为主，致使学生出现为了考试而考试的现象，偏离了本课程所设置的课程目标要求。在大数据迅猛发展的趋势下，综合英语课程虽然也利用了线上资源来辅助线下教学，但利用水平还远远不够，线上线下混合教学模式的有机结合也还需要深入探索。鉴于以上问题，笔者遵循“金课”的“两性一度”标准，通过实证教改研究，对英语专业综合英语课程进行了重新建构，按照“金课”标准全力打造综合英语线上线下混合课程。

二、研究计划和组织

（一）各阶段任务

第一阶段：2020 年 1 月至 2020 年 2 月。准备综合英语课程 2020 学年第

① 王立非，任杰．商务英语“金课”标准的“六性”与“六度”［J］．浙江外国语学院学报，2019（3）：13-18.

② 郭诚．情动理论下大学英语精读“金课”设计探究［J］．科教论坛，2019（6）：60.

一学期的相关教材和扩展资料，重新设计课堂教学方法、课程教案以及考核形式与内容等，并熟悉使用“一平三端”（即云平台和教室端、移动端、管理端）智慧教学系统。

第二阶段：2020 年 3 月至 2020 年 7 月。在英语专业二年级综合英语课程中，实施本项目的“金课”建设方案。在方案实施过程中，对教学过程进行监督和检测，对效果不理想的课程内容、教学方法以及考核形式等进行调整。同时，听取并结合学生反馈，继续优化该课程。此外，关注“一平三端”智慧教学系统的应用。对上述方面，均进行跟踪记录。

第三阶段：2020 年 8 月至 2020 年 9 月。针对 2020 年第一学期综合英语课程的“金课”建设过程和结果，形成中期“金课”建设研究报告。在此方案的基础上，梳理、综合 2020 学年第二学期英语课程的相关教材和扩展资料、课堂教学方法、课程内容以及考核形式与内容等，并同步“一平三端”智慧教学系统。

第四阶段：2020 年 9 月至 2021 年 1 月。在英语专业二年级继续实施 2020 学年第二学期综合英语课程的“金课”建设方案。在方案实施过程中，加强对线下线上课程内容、教学方法、考核形式与内容进一步优化，并对过程进行记录。

第五阶段：2021 年 2 月至 2021 年 7 月。基于两个学期综合英语课程的完整“金课”建设结果，形成综合英语课程“金课”建设研究的相关研究成果。

第六阶段 2021 年 9 月。办理结项事宜。

（二）人员分配

本项目小组成员由首都经济贸易大学外国语学院四名综合英语课程授课教师和北京石油化工学院信息工程学院一名计算机专业教师组成。本项目组中的综合英语课程教师成员具有多年丰富的教学经验，其中项目主持人主要负责以下工作：一是前期调研和规划；二是查阅相关资料；三是考察其他院校的综合英语课程；四是咨询相关领域的专家；五是按照课程教改设计，准备、实施和调整线下、线上课程；六是协调团队工作；七是撰写研究报告。其他三位综合英语课程授课教师主要负责课程内容、教学方法、考核形式及内容的参与设计，项目组中的计算机专业教师主要负责对网络教学平台进行技术支持。

三、研究方法

本项目以实证研究为主，主要运用了观察法、问卷法和个案法。在完成课程规划和设计后，以本项目负责人所教授的两个班级为实施对象（分别为2018级商务英语专业1班和2019级商务英语专业2班），开展综合英语课程的“金课”建设研究。在课程教授过程中，主要通过观察法，记录、反思和调整课堂活动及考核。通过调查问卷了解学生（2019级商务英语专业）对综合英语课程的课程内容、教学方法、教学模式和考核内容及形式的需求和意愿。据此，进一步对本课程的规划建设进行调整，以期达到更优的教改效果（参见附录1）。

四、研究结果

（一）课程培养目标的定位

英语专业人才培养目标，要随着新时代社会的需求而不断进行重新定位。综合英语的课程目标，则需要围绕英语专业的人才培养目标而设定并为之服务。首都经济贸易大学商务英语专业旨在培养适应社会经济发展需求，面向首都经济建设，具有扎实的英语语言功底和跨文化交际能力，具有从事经济贸易活动所需要的专业英语知识和基本技能，能在政府、企事业单位工作的德、智、体全面发展的应用型、复合型高级专门人才。基于此，综合英语课程的主要目标，定位为培养具有扎实英语语言功底的人才，注重学生跨文化能力的培养。综合英语课程是一门英语专业的综合性课程，结合社会的需求和该课程本身的特点，除了培养学生的英语语言基本功外，它所涉及的范围更为广泛，包括文史哲经等社会科学以及部分自然科学的内容。因此，综合英语课程目标应该以培养学生的英语语言基本功为主，同时培养学生的跨文化能力、文本鉴赏能力、思辨能力、创新能力和思政能力。思政能力是新时代背景下学生必须具备的一种能力。习近平总书记在2016年12月召开的全国高校思想政治工作会议上提出“各类课程与思想政治理论课同向同行，形成协同效应”。习近平总书记指出，高等学校思想政治工作要坚持以立德树人为中心，将思政教育贯穿教育教学的各个环节，实现全过程、全面育人。由此，课程思政这一新教学模式在高校教育者中引起了极大的反响，成为全国各高校关注的焦点①。据此，综合英语课程的培养目标，也应当包括把学生培养成为具有必备思政能力的当代大学生和具有社会主义核心价值观的应用型、复合型人才。具体培养目标见图 1。

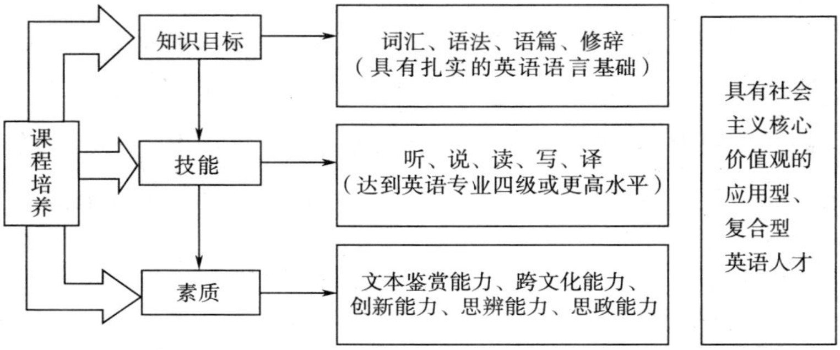

图 1　综合英语课程的培养目标

（二）课程内容的重置

综合英语课程“金课”内容建设以课程目标为总领，以主题为中心，实现了课程内容覆盖的全面性，内容难度的高阶性、创新性和挑战度。主要内容建设包括如下方面：以教材内容为核心，以 CBI（内容依托式教学模式）教学理念为指导，科学合理地组织使用教材涵盖的各类主题内容，即以综合英语课程所使用的教材内容为主线，以每单元的主题为挈领，以每单元的文本为素材，以语法和词汇为基础，全方位培养和训练学生的阅读理解、口语表达、文本赏析、翻译和写作等能力。不局限于教材每单元所呈现的内容，除教材之外还补充了相关主题的课外材料，特别是时政热点材料，以弥补教材时效性欠缺的问题，特别是结合本校和本专业的特色，补充了商务题材的英文资料，全面完善本课程的内容体系，同时注重提升课程内容的高阶性和

① 高德毅，宗爱冬．从思政课程到课程思政：从战略高度构建高校思想政治教育课程体系［J］．中国高等教育，2017（1）：43-46.

挑战度。为了贯彻课程思政方针，本课程结合了各类思政元素，有机地融入课程内容之中，以提高学生的思政意识，加强学生的文化自信和国家民族情怀以及正确的人生观、价值观和世界观。

具体而言，本课程的主要内容构建如下。

1. 词汇内容

词汇是英语学习的基石。没有一定数量的词汇积累，相当于一座大厦没有打下牢固的地基。因此，在综合英语课程中做好词汇学习十分重要。第一学年，本课程对词汇的要求是，基本词汇量扩大2 000词左右，其中1 500词左右来自精读；开始全面介绍构词法，介绍搭配、习惯用语、短语动词、动词用法模式、同义词、一词多义等概念，并进行相应操练。第二学年，本课程对词汇的要求是，能够借助构词法进一步扩充词汇量，使总词汇量再增加2 000词左右，包括各类派生词，达到大纲要求的6 000词左右的指标。大学英语专业四级考试（2016 年最新版）要求学生第二学年后应掌握认知词汇5 500至6 000词，并且能正确、熟练地运用其中的3 000至4 000词及其最基本的搭配。

长期以来，综合英语课程中词汇内容存在的问题是，教师和学生注重课本每一单元的词汇部分，以及课文中出现的短语，但很少会对词汇进行补充或扩展。这一做法虽然大体上符合本课程和大学英语专业四级对词汇量的要求，但实际上这些词汇量是不能满足听说读写译等方面的需要的。学生在英语输出过程中，比较难达到用词准确的程度。如 touch 一词，看似非常简单，但它却有着典型的一词多义的特征。多数学生会并没有掌握其“润色，修饰”之意，而这个意思在英语国家中实际使用的频率是比较高的。此外，世界在不断地发生着变化，新的词汇也在随之不断地生成，综合英语课程的词汇也要做到与时俱进。因此，一些教材之外的词汇也需要被引入本课程之中。

首先，本项目增加了对《专四词汇（词根+联想）记忆法》一书的学习。要求二年级学生在第一学期完成对本书的学习。为了督促学生有计划、高质量地完成本书的词汇学习，教师要求学生每个月完成本书五个单元的学习，共计二十个单元，正好一个学期学完。此外，教师针对每五个单元都会安排一个测试，以检测学生的学习效果（参见附录2）。对成绩不理想的学生，则要求其重新学习后再进行检测。增加这项学习任务的目的是提升学生对大学英语专业四级词汇的掌握度和灵活运用能力。在以往英语专业四级（TEM4）考试中，学生在词汇部分的失分率通常较高。经过这样的强化学习，学生不但增加了词汇量，而且对词汇的运用能力也得到了加强。相关研究表明，TEM4的备考可以依托综合英语课程来进行，TEM4的考试能影响被试今后的英语学习①。

其次，本项目充分运用网络平台，筛选了一些实用性和趣味性较高的英语词汇应用程序，推荐学生使用。以大学英语专业四级词汇为初阶词汇学习内容，以托福或雅思词汇为中阶词汇学习内容，以GRE词汇为高阶词汇内容，进行分层学习。大二第二学期，要求学生使用“百词斩”、“墨墨背单词”或“扇贝单词”，继续夯实大学英语专业四级词汇，有余力的学生可以进一步学习托福或雅思词汇；更有余力地学生，则可以进一步学习GRE词汇。采用学生定时打卡、教师定期检测的方式（参见附录3）。通过一个学期的词汇学习，学生的词汇量基础得到了巩固和加强，且灵活运用词汇的能力也得到了强化。

此外，在词汇教授和学习方法上，教师也进行了相应的改革。在一定程度上保留原有词义讲解的同时，融入词根词缀和联想记忆法，使词汇更加容易被学生理解、吸收，并逐渐掌握记忆方法，使之成为自身的一项技能，从而习得更多的词汇，教师也真正做到“授人以渔”。与此同时，为了巩固学生对构词法的应用，教师还会采取各种形式帮助他们复习和运用，如把学生分成小组查阅相关词汇的词根词缀，以及对词汇的构成进行小测等。同时，教师还运用播放电影和多媒体等方法来辅助学生的词汇学习。

2. 语法内容

在综合英语课程“金课”的建设过程中，语法是本课程内容组成的一个重要的方面。当前，北京多数中学普遍在语法方面的教学有所弱化，而这一

① 苏建华，黄媛. TEM4对英语教学反拨效应的实证研究［J］. 闽南师范大学学报（哲学社会科学版），2016（4）：89-97.

弱化也体现在首都经济贸易大学外国语学院商务英语专业北京生源的英语语法能力上，即他们中的较多人语法基础偏弱。相反，注重传统语法教学的外地生源，则多数语法基础比较扎实。从学生的英语学习环境来看，我国学生在国内的英语学习不具备得天独厚的语言环境，即学生在日常学习和生活中缺乏语言刺激，难以实现自然化的语言学习，只有依靠主动学习来习得英语语言能力，通过学习语法规则来更快地掌握语言形式①。因此，掌握语法就显得尤为重要。毕竟，听说读写译等各方面都是以语法架构起来的。语法就如同英语的骨骼结构，一旦有所缺失，将会造成句不成句、文不成文的后果。综合英语课程第二学年的教学，在语法方面强调继续补上缺项，对第一学年已介绍但未曾操练的项目进行操练；继续狠抓中国学生的弱项，如从句、非谓语动词、介词短语的句法作用；人、数、性、格等的一致；句子的连接等。此外，要更加重视语法在交际中的实用功能。

在之前的综合英语课程中，教师通常按照教材中每一课所涉及的一两个语法点进行讲解，并辅以教材中的课后练习，并没有真正做到重视弱项，有所关联，强化练习，形成完整的体系。学生也不能够做到及时查漏补缺，加强巩固。由此，学生的语法基础往往得不到明显提高，在实际运用中还是漏洞百出，而大学英语专业四级考试中恰恰有一项专门考查学生语法能力的部分，以往学生这部分的答题成绩常常不尽如人意。鉴于此，在本项目的改革中，针对综合英语课程中的语法内容，进行了如下一系列的调整。

结合教材每一课涉及的语法点，进行全方位延伸。以一点触发整个相关的语法点，实现点面结合，令学生明了其中的关系，理解起来更加深刻。如《现代大学英语·精读》第三册第三课涉及一个语法点——感叹句。然而，课后练习只给出两个由 how 和 what 引导的最基本类型的感叹句例句，并配有十道练习题，而如果要真正掌握这两个类型的感叹句，这是远远不够的。一方面，由 how 和 what 引导的感叹句类型只有不多的几种；另一方面，英语的感叹句不是只由 how 和 what 引导，还存在其他类型的感叹句，而它们对英语专业的学生而言，也是非常有必要去了解和掌握的。面对这种情况，教师就对

① 吴光军. 英语语法的重要性研究：评《综合英语语法》[J]. 新闻战线，2017（2）：155.

其他类型的感叹句做了相应补充，形成感叹句的完整体系并呈现给学生（参见附录4）。同时，教师也鼓励学生自己查阅语法书，进行补充。

通过以往综合英语课程的教学，项目组成员发现，如果教师对每个语法只讲一次的话，通常多数学生当时觉得记住了，但后期却又很容易忘记。究其原因在于后续没有及时进行练习和复习巩固，不能学以致用。针对这样的问题，项目组实施了如下改革策略：讲练相结合；授课过程中，出现相应语法点，教师捎带提及；进行周期性复习；在听说读写译过程中巩固等。以虚拟语气为例，这是英语语法中非常重要的一部分，也是特别常用的一个语法点。由于虚拟语气的用法较为复杂且非常灵活，俨然成了学生语法学习中的一个“痛点”，经常是稍微转换一下形式，学生就会产生迷惑。《现代大学英语·精读》第三册第十二课涉及 but for 和条件句的虚拟语气，第四册第三课涉及特殊动词和形容词以及 whatever 引导的虚拟语气。对此，授课教师在讲解第三册第十二课的相关虚拟语气类型时，就连带总结并讲解了其他类型的虚拟语气。当二年级第二学期讲解第四册第三课的相关虚拟语气类型时，又再次复习了第三册所学的虚拟语气。同时，在教学过程中，教师还就课程内容中出现的虚拟语气带领学生进行了适当的复习。通过这样的反复巩固，大大提高了学生对虚拟语气的掌握程度。

3. 阅读和翻译内容

传统综合英语课程所用教材的第三册，课文长度在1 300词至1 600词，《现代大学英语·精读》第四册的课文长度在1 500词至1 800词。所选课文顾及了作者的国别代表性，风格技巧的多样性以及题材和体裁的比例搭配，其中非故事体的比例逐步增大。此外，课文中注重文化内涵和人文价值的文章较多，如包括新世纪人类所面临的挑战和一些社会问题等。总体而言，课文的阅读长度和难度比较符合大学英语专业二年级学生的阅读水平。在把握课文结构和大意的同时，教师通常会从词汇到句子再到段落对课文进行精细解读。同时，教师会针对重点语句进行翻译，或让学生进行翻译练习，以英译汉为主。汉译英的翻译内容则多以课后练习题中的句子翻译为主，而这也是综合英语课程多年以来的教学方法。

传统的综合英语阅读和翻译内容有其自身的优势，但也存在薄弱之处。

要进一步提高学生的阅读和翻译能力，特别是精读能力，单靠课本是不够的。因此，在本项目的实施过程中，教师额外甄选了与每一单元主题相关的文章进行必要补充。学生先在线上平台进行自主阅读或进行线下文本阅读，到规定时间后，教师再针对补充文章进行测试，检测学生的精读和英译汉的能力，并进行必要的讲解。本项目汉译英的补充材料多选自中国古代和现代小说、散文、诗歌中的经典内容，通常也是和每个单元的主题或课文相关联的内容。例如，综合英语教材第四册第二单元的主题为爱尔兰农业生产生活。教师根据这一主题，补充了一篇有关爱尔兰历史上土豆危机的文章，让学生精读并进行英译汉练习。汉译英则选择了和课文内容相关的典型人物——祥林嫂，作为对课文中男女主人公外貌描写的延伸翻译练习，同时教师也对人物描写的翻译技巧进行了相应讲解（参见附录 5）。阅读和翻译是相辅相成的关系，因此本项目的教改研究通常会把这两个部分的课程内容融合在一起。当然，根据课程内容和教学的实际需求，有时也会分开进行处理。

此外，在提高学生阅读能力和翻译能力的同时，在本项目教改实施过程中，教师还特别增强了学生对文本的鉴赏能力，帮助学生从字面进入文本的更深层次，使学生了解和体会其中的讽刺、幽默、夸张、比喻、象征等修辞手法及其所产生的文学效果，并与汉语表达中的修辞手法进行对比研究。此外，还有意识地培养学生更好地使用工具书，如英英高阶词典、电子词典等。总而言之，目的是在阅读和翻译过程中，启发学生的思维，开拓学生的视野，提升他们的分析能力和批判性思维水平。

4. 口语和听力内容

传统综合英语课程中口语和听力的教学内容通常以教材为主。口语多要求学生朗读单词和课文，并围绕课文主题或相关知识点进行问答或讨论。听力也多以听课文和单词为主。有时教师会播放英文电影或演讲节目，让学生练习听力。因此，学生能够接触到的英语口语和听力材料比较有限。

随着科技的发展，特别是网络资源的普及和技术提升，越来越多、越来越便捷的网络资源可以在课程中被利用。本次综合英语课程的教改中便充分利用了海量的网络资源，来充实本课程的内容，特别是用网络听说素材来辅助本课程的听说教学。以教材第四册第十一课为例，课文主题是“士兵的心”。其中涉及第二次世界大战（以下简称“二战”）的相关内容。教师除了在课间或课上为学生播放有关二战的英文电影外，还补充了丘吉尔在二战中的演说、对罗斯福的采访视频以及课文中谈及的海湾战争等视频材料，让学生观赏并进行评论。另外，在谈及通过电击疗法对“士兵的心”这种精神疾病进行治疗时，教师专门挑选了电影《哥谭镇》中使用电击疗法的片段，让学生在了解这一疗法的同时锻炼了听力，增加了课程的趣味性。课堂之外，教师会推荐一些优质的英文小说和英文节目听力应用程序给学生，如“喜马拉雅”中可免费听的英文小说资源，又如一些优秀的TED演讲，目的是让学生坚持每天“磨耳朵”。另外，教师还时常会在课程微信群中推送一些听力或口语材料给学生。

5. 写作内容

一直以来，写作在综合英语课程中被关注的程度不是特别高。一方面，是因为课程时间有限。写作既需要学生花费较多的时间来完成，又需要教师花费较多的精力来批改，而综合英语课程涉及听说读写译等各个方面，不可能把每个部分都当作专业课来进行教学，而是必须突出重点，取舍得当。另一方面，英语相关专业的学生有专门的写作课和专业的写作教师。传统综合英语课程的写作内容基本以课后写作练习涉及的内容为主，通常与每一单元的课文相关联。以基础写作为主，从简短的问题回答，到简单的总结描述和观点提炼，再到清楚阐述自己的立场或观点等。写作字数也是逐步增加的，如从第一学年的150字左右逐渐增长到第二学年的400字左右。通常教师会根据学生的课后作文练习，有针对性地指导学生进行写作练习并进行批阅和讲解。

综合英语课程所使用的教材内容从整体设计上看还是非常值得使用的，特别是写作部分的设计。因此，在本项目的改革中，教师在一定程度上延续了之前的写作模式。先根据教材的内容，按照循序渐进、从易到难的原则，细致挑选并规划了本课程的写作内容，供学生训练。如从教材第四册中，教师主要选择了第二课、第四课、第六课、第九课、第十一课的写作主题作为写作训练的题目，并对其中三个题目进行了适当改编，以适应当前的社会思潮、中国国情和学生的自身情况。如第四课的课文是中央公园游记。配套的写作题目有两个（“What kind of people did the writer meet during his night in the Central Park?”和“How did his mood change as he explored the park?”），可任选其一。为了激发学生的写作积极性和切实性，教师把本课的写作题目改为“Write an essay of about 400 words on an interesting place you’ve ever visited and love most”。这样学生的写作热情就变得十分高涨，迫不及待地开始动笔，并很快交给教师批阅。教师逐一批阅完成后，在课堂进行了讲解并把优秀的游记作文在班级中加以展示和评析（参见附录6）。

为了进一步加强学生的写作能力，在围绕教材训练学生写作能力的同时，本项目在第二学年的第二学期，还增加了英语专业四级写作的训练。根据英语专业四级的写作要求，教师让学生进行有针对性的练习。除了讲解学生的习作外，教师还会讲解范文并组织学生交流优秀作文。同时，教师还对学生作文中的用词搭配和句式表达等错误进行订正，这也是对学生英语基本功的再巩固（参加附录7）。

综上所述，综合英语的课程内容要根据实际情况，采取线上线下混合方式进行灵活设置和安排。综合英语课程既要保留所用教材的经典和精华内容，也不能完全拘泥于教材，唯教材中心论，而是要与时俱进、适量得当地增补网络版或纸质版的新鲜素材，补充新鲜血液。同时，也要鼓励学生推送优秀的相关素材，实现课程内容的共享和多元化。综合英语课程所选用的教材和素材，必须以提高学生的英语基础能力为前提，科学规划听说读写译等各项内容的课时，实现有机结合，切实达到强化英语语言基础的目的，必须以塑造学生对文本的鉴赏能力、思辨能力、创新能力为旨归；必须深入挖掘和自然融入思政元素，做到课课有思政。

（三）教学方法和模式的革新

1. 教学方法

教学方法是师生为实现教学目的和教学任务要求，在教学活动中所采取的行为方式。教学方法是课堂教育的重要组成部分，发挥着重要的作用。在实际教学中采用科学合理的教学方法，容易起到事半功倍的教学效果。为实现综合英语的课程培养目标，全方位呈现和优化该课程内容，提升教学效果，本项目的教改实施过程中对教学方法进行了深入研究和应用。按照因地制宜、因人制宜和因时制宜的原则，实现教学方法的多元一体性和创新性。从而调动学生学习的自主性和积极性，提高学生的学习兴趣和学习效率；全面调动学生的感官和情感，提升学习效果。

本综合英语课程教学方法改革的多元一体性，体现为多种教学方法的灵活运用和合理融合，其中，教学方法包括但不限于讲授法、小组讨论法、小组设计、同伴教学、任务驱动法、角色扮演和辩论等，也可称为“教学方法群”，并以启发式、讨论式和参与式为主。教师应该综合运用多种教学方法，构建综合英语课堂上多元化互补的“教学方法群”。这种教学方法群的综合运用能够培养学生的语言综合运用能力，有利于提高教学效果①。以教材第三册第三课为例。课文 *A Dill Pickle*（《莳萝泡菜》）选自新西兰意识流小说代表人物 Katherine Mansfield（凯瑟琳·曼斯菲尔德）的一部短篇小说集 *Bliss and Other Stories*（《幸福故事集》）。这是一篇有关爱情主题的故事。在此课的教学过程中，教师主要运用了小组讨论法、角色扮演法和讲授法。进入正文之前，教师把学生分成若干小组，对爱情观进行讨论，之后由每个小组发言人代表进行总结发言。接下来，由教师从中提炼积极正面的爱情观，达到了思政教育的目的。进入正文之后，教师通过启发的手段，引导学生正确认识男女主人公的个性并进行深入剖析。整篇文章讲解讨论结束后，教师鼓励学生挑选文中的几个场景，参与进行角色表演。在课间，教师还给学生播放了莎士比亚的著名爱情悲剧之一《罗密欧与朱丽叶》的经典片段。学生也可以选择表演这一戏剧的经典片段。尽管学生并非专业演员，但表演热情很高。这样，一方面锻炼了学生的口语表达能力；另一方面也增强了他们的参与主动性。

本综合英语课程教学方法改革的创新性体现在把中国传统优秀文化导入综合英语课程教学之中。从二语互动角度出发，当前大学英语教学视阈下的中国优秀文化困境可以用一句话来归纳，即跨文化交际背景下中国优秀传统文化的“失语症”②。在英语语言教学中，西方文化长期占据主导地位，无形

---

① 邓昊熙．论如何构建综合英语课堂中“以学生为中心”的教学方法群［J］．语文学刊（外语教育教学），2016（1）：173-176.

② 孙伶莉，刘丹丹．大学英语课堂融入中国传统文化教学研究［J］．青岛远洋船员职业学院学报，2020（4）：72，75-78.

之中学生的思维方式和思想内容都或多或少地受到了西方文化的影响。当然，学习西方文化的精华之处并为我所用，是非常必要的。但使用英语语言对中国传统优秀文化进行有力的表达和宣传，也是每一名中国学生需要做好并引以为豪的行为，而这也是当前思政教育所倡导的重要理念。在教学实践中，课文导入、课文中心思想与段落大意分析、写作训练与翻译练习等环节都是课程思政的良好切入点。授课教师应适时、恰当地引入思政元素，在讲授西方文化的同时讲好中国故事，把社会主义先进文化、中华民族的优良传统和实现中国梦的理想信念融入课程教学中，最终实现课程的隐性育人[①]。外语学习者只有不断探索、熟悉本民族文化，研讨本民族文化中的价值观、传统、习俗等，才有可能认真思考与本民族文化存在诸多差异的英美文化，进而做到理解和包容[②]。鉴于此，在本课程的教学方法改革过程中，教师创新性地尝试利用文化互动方法，润物无声地在教学过程中引入中国优秀文化，而非生搬硬套。这样，学生于无形间浸入其中，毫无违和感。再以前述《莳萝泡菜》一课为例。在角色表演环节中，教师还会多给学生一个表演剧目——中国传统经典爱情故事《梁祝》。教师给学生提供英语剧本。学生可以自备道具和服装，任选一幕进行表演，如“求学”、“同窗苦读”、“十八相送”、“逼婚”或“化蝶”等。采用文化互动的教学方法时也要关注对比中西文化的共性和差异性。例如，教材第四册第九课为马克·吐温的 *The Damned Human Race*（《该死的人类》）一文，涉及人性的讨论。教师要求学生分小组通过线下和线上查阅资料，对中国人的性格和外国人的性格（有代表性地选择几国人，如美国人、法国人、英国人、日本人等）进行剖析和对比，最终形成调查报告并进行汇报。这也是任务教学法和文化互动教学法的多元一体式应用。在这里，由任务主导的学习模式，更注重实践的重要性，摆脱了传统课堂的理论讲授模式，充分体现了学生在学习过程中的主人翁地位，为学生创造了更灵活、更主动的学习模式[③]。不仅提升了学生的调查研究能力，而且加深了他们对中国国民性格和中国文化以及外国国民性格和文化的了解。

---

① 张苏亚.《综合英语》课程思政教学与实践［J］. 陇东学院学报，2021（1）：133.

② 罗玲. 在大学外语教学中有机融入中华优秀传统文化［J］. 中国高等教育，2015（21）：52.

③ 杨晓君. 任务学习法在综合英语教学中的应用［J］. 长春教育学院学报. 2015（3）：92.

通过对综合英语课程教学方法的完善，教师能够做到精心设计每一堂课，实现教学方法的多元一体和大胆创新，高效组织课堂，呈现具有高阶性、挑战度的课程内容，从而培养和强化了学生的批判思维、跨文化交际能力、组织能力和思政能力。

2. 教学模式

以往综合英语课程的教学模式通常过于单一。一名教师，一支粉笔，一块黑板，就可以完成教学任务。这种方式，有时会因为课堂氛围比较枯燥而影响课堂教学效果。大数据时代促使外语教育教学发生了较大的变化，拓展了英语教学的时间和空间，也对传统的英语课堂教学法提出了挑战。以云计算、云储存和虚拟技术为特征的大数据时代，“智慧学习”“深度学习”等信息化学习方式已成为当今大学生学习生活的重要部分①。大数据时代也促成了综合英语课程教学改革新的研究视角。

在大数据时代的背景下，综合英语的教学模式也应该随之改变。有学者提出要整合传统与现代教学资源，构建立体化教学手段，组建网络教学平台，为学生提供丰富的学习资源，构建一个自主学习、协作型学习环境②。笔者非常赞同这一改变。在本次综合英语课程“金课”建设中，笔者尝试挖掘和充分利用了大数据资源，并与传统教学资源进行对接，建立线上线下混合的教学模式。需要指出的是，传统教育资源在这种教学模式中依旧占据十分重要的位置，特别是在目前线上资源和网络教学平台的开发和使用还处在起步阶段的时候。

本项目初步构建了线上线下混合的教学模式。首先，继续延用线下教学模式，以线下教学模式为主，并对线下课程内容和教学方法进行改革和完善。具体可参见前文所及课程内容和教学方法部分。其次，本项目尝试利用各种应用程序平台和网络资源。针对英文单词，本项目主要借助“百词斩”、“墨墨背单词”、“扇贝”和“金山词霸”等应用程序来辅助单词教学。如在第二学年的第二学期，教师规定学生每天要完成单词打卡。学生整体坚持度都非

---

① 周福娟．大数据时代综合英语教学模式研究［J］．海外英语，2020（23）：26.

② 李建武．英语专业综合英语课程建设［J］．科技视界，2018（23）：190.

常好，在词汇量不断增加的同时，又对原有词汇进行了巩固，单词的灵活运用能力也明显得到了提高。这一点在前文已有阐述，此处不再赘述。针对阅读，本项目主要使用 CNN（美国有线电视新闻网）、BBC（英国广播公司）、ABC（美国广播公司）、FOX（美国福克斯广播公司）、China Daily（中国日报）、中英双语外刊阅读等平台，甄选精品内容补充到课程之中。其中，有的内容由教师进行分析讲解，有的是留给学生阅读任务，有的则推送给学生赏析。听力的线上资源颇为丰富，如 TED Talks（TED 演讲网）、Hourly News（整点新闻）、每日英语听力、听力课堂、哔哩哔哩、喜马拉雅、可可英语、西瓜视频、腾讯视频、爱奇艺等，都是本课程常用的平台。其中许多资源既可以听也可以看，增加可视感，像 TED Talks、哔哩哔哩以及视频平台等。由于综合英语课程的基础性特点，线上听力资源以泛听为主，同时辅以主题讨论、单词学习、句式表达、文化背景分析等内容。在综合英语课程的改革中，线上写作资源相比词汇和听读而言，所占比例偏少。教师一般会搜索有使用价值的写作素材、写作方法和技巧以及写作范围等，作为写作的补充材料应用到本课程之中。此外，本项目还充分利用了微信，向学生推送英语学习主题和时事。

此外，本项目应用超星泛雅网络平台，搭建了综合英语课程在线课程，以辅助综合英语线下课程。此次新冠肺炎疫情期间，超星泛雅网络平台起到了十分重要的作用。教师在该平台搭建了完整的课程内容。通过设置定时开放课程内容，包括课本、课件、练习、小测、讨论等，实现了学生线上自主学习，教师线上指导、监督和批阅（具体可参见项目负责人的超星泛雅平台课程）。超星泛雅网络平台主要用于学生自主学习、教师批阅作业和平时测试使用。为了弥补超星泛雅网络平台的某些局限性，在本项目实施过程中，教师还使用了腾讯会议进行线上授课，使用腾讯会议进行线上授课的实时性和互动性非常好。对超星和腾讯二者的使用，实现了相辅相成的效果。

对线上各类平台的应用，一方面丰富了线下资源，扩充了课程内容，增加了时效性，提高了课堂效率；另一方面，也提高了学生学习本课程的兴趣和热情，从而夯实并促进了学生的英语基础能力，扩大了他们的视野。当然，为了选择合适的线上资源，教师经常需要花费更多的时间和精力，使线上资源不能完全脱离线下资源，从而确保其与线下资源之间的逻辑关系，实现二者的有机内在统一。

3. 实践教学

在综合英语课程的“金课”建设中，教师也尝试开展了形式多样的实践教学活动，把课堂教学与实践教学进行有效结合，使二者相辅相成，相互促进。实践教学主要包括以下几个环节。

第一，指导学生参与申报大科创项目，提高学生的创新能力。教师在学生大科创项目实施过程中提出阶段性建议，并在最后对研究报告和论文撰写进行指导。实践中，一些学生获批大科创项目并取得了优秀的成果。

第二，动员和指导学生参加各类英语比赛，提高学生的英语语言技能，训练其思辨能力和跨文化能力。如鼓励学生参加全国大学生英语大赛、“高教社”杯全国商务英语实践大赛、北京高校学生跨文化能力大赛等。

第三，安排学生开展与本课程相关的实践调查活动，撰写英文调查报告并进行报告分享，从而加强对学生的社会主义核心价值观教育。此外，促进学生对不同社会文化差异性的认识（如多妻制的历史与现状，全球化的利弊与发展趋势等）。

第四，指导学生进行专业实习。如指导学生在中译语通公司进行实习，使之把本课程所学知识运用到实际工作中，并总结工作经验，反过来再检测和提高自身的英语语言基础和技能。

（四）考核形式和内容的调整

传统的高校英语评价模式，常常都是通过最后一份试卷来判定的。学生只要通过考试，不需要重考或者是重修就万事大吉，这就造成了很多学生不认真上课、听讲，考前临时抱佛脚甚至逃课的情况。可见，这种评价体系过于单一，不利于培养现代综合型人才，因而需要进一步将评价体系进行优化，融入平时成绩、笔试以及口试等，这样的综合性评价体系也更利于高校学生英语能力的提升①。在本项目实施过程中，采取了形成性考核和终结性考核相结合的方式，并保持平时性考核的客观性和多元性，及其在总成绩中所占的

① 杨婷．探讨高校英语专业综合英语课程的教学改革方法［J］．海外英语，2020（5）：22.

比例，同时注重终结性考核的信度和效度。

形成性考核通过平时作业、课堂表现和出勤率累计加分，形式多样，重点突出。平时作业主要包括单词小测、阅读小测、语法小测、翻译小测、单元小测、调查报告和汇报等，既涵盖教材所学内容，也涵盖补充内容。其中一些小测和作业采取线上模式，实现线上线下相结合（参见附录 8）。课堂表现主要是指课堂参与度，如主动参加讨论的程度，主动回答问题的程度，语言表达程度等。出勤率则按照学校相关规定执行，出勤成绩占平时成绩的百分之十。这种考核方式可以更加全面地评测学生的学习过程和学习效果，并督促学生及时进行调整，不间断地坚持本课程的学习行为，而这也符合英语语言学习的规律。

终结性考核是对学生一学期综合学习能力的考查，有利于教师和学生对本学期的教学过程进行反思，查漏补缺，及时进行调整。因此，也是必不可少的一种考核形式。本课程终结性考核试卷的题型主要包括阅读理解、词汇与语法、选词填空和翻译等几个部分。在出题过程中，教师会尽力把握难易程度，通过试题客观地测试学生对本课程的具体掌握情况和真实学习水平。

综合英语课程的形成性考核采用等级制和百分制相结合的方式，对于平时的一些小测试或者调查报告，由于每题分值较大，所以采用等级制比较合适。针对单元测试，采用百分制更为精确。形成性考核比重占这门课程的百分之四十。终结性考核采用百分制，比重占百分之六十。采用这样的比重划分，能够激励学生更加专注于学习过程，循序渐进地提升自身的学习能力，而不是为了考试而考试。根据调查问卷的结果，这样的比重也符合学生的期望。

结论

综上所述，以往综合英语课程的教改往往只注重教学方法的革新，对课程目标、课程内容、考核方式和内容以及网络平台的使用没有给予足够的重视，或是把上述这一有机整体割裂开来，缺乏统一性。在本项研究中，笔者根据社会和时代的需要，科学、客观地设置了综合英语课程的课程目标，并以课程目标为总领，对课程内容进行了修订、更新和增补，实现了课程内容覆盖的全面性和循序渐进的高阶性以及挑战度。在教学方法和教学模式方面，本项目合理整合并运用了能够促进学生学习自主性、提升学生学习兴趣的多元化教学方法与教学模式，促进学生对课程内容的高效消化与吸收。通过考核方式的灵活性、考核内容的渐进性和全面性，检测学生的学习效果，并及时对课程内容和教学方法与模式进行调整。本项目的研究和实施，在一定程度上实现了综合英语课程的课程目标、课程内容、教学方法和模式以及考核形式和内容的革新，实现了各部分之间有机统一。

当然，本项目关于综合英语课程的“金课”建设还存在不足之处，后续研究和教学过程中将会针对这些问题持续进行完善。首先，因人制宜的个性化课程内容设置和教学方法有待进一步挖掘。针对英语语言基础较好和较薄弱的学生需要采取有针对性的差异化教学，进一步提升教学效果。其次，线上线下混合教学模式需要进一步打磨，尤其是在开发和利用线上资源方面。最后，本课程的团队合作方式需要进一步优化，合作力度还有待加大。此外还有一个设想，就是可尝试与其他开设同类课程的高校建立合作关系，共同把这类课程打造成为“金课”中的精品课程，以更好地服务学生和社会。

参考文献

[1] 吴言．建设中国“金课”[J]. 中国大学教学，2018 (12).

[2] 蔡基刚．高校外语界“金课”打造的标准和内容探索 [J]. 浙江外国语学院学报，2018 (6).

[3] 郭剑英．论英语专业的“金课”及其标准 [J]. 浙江外国语学院学报，2019 (3).

[4] 王立非，任杰．商务英语“金课”标准的“六性”与“六度” [J]. 浙江外国语学院学报，2019 (3).

[5] 郭诚．情动理论下大学英语精读“金课”设计探究 [J]. 科教论坛，2019 (6).

[6] 高德毅，宗爱冬．从思政课程到课程思政：从战略高度构建高校思想政

治教育课程体系［J］. 中国高等教育，2017（1）.
［7］苏建华，黄媛 . TEM4 对英语教学反拨效应的实证研究［J］. 闽南师范大学学报（哲学社会科学版），2016（4）.
［8］吴光军 . 英语语法的重要性研究：评《综合英语语法》［J］. 新闻战线，2017（2）.
［9］邓昊熙 . 论如何构建综合英语课堂中“以学生为中心”的教学方法群［J］. 语文学刊（外语教育教学），2016（1）.
［10］孙伶莉，刘丹丹 . 大学英语课堂融入中国传统文化教学研究［J］. 青岛远洋船员职业学院学报，2020（4）.
［11］张苏亚 .《综合英语》课程思政教学与实践［J］. 陇东学院学报，2021（1）.
［12］罗玲 . 在大学外语教学中有机融入中华优秀传统文化［J］. 中国高等教育，2015（21）.
［13］杨晓君 . 任务学习法在综合英语教学中的应用［J］. 长春教育学院学报 . 2015（3）.
［14］周福娟 . 大数据时代综合英语教学模式研究［J］. 海外英语，2020（23）.
［15］李建武 . 英语专业综合英语课程建设［J］. 科技视界，2018（23）.
［16］杨婷 . 探讨高校英语专业综合英语课程的教学改革方法［J］. 海外英语，2020（5）.

附录 1

综合英语课程教学调查问卷结果

第 1 题　您认为综合英语课程的教学内容应当包括　［多选题］

选项	小计	比例（%）
词汇与短语	56	90.32
语法	60	96.77

续表

选项	小计	比例（%）
主题听力	22	35.48
主题口语	25	40.32
主题写作	31	50
基础翻译	53	85.48
其他	0	0
本题有效填写人次	62	

第 2 题　您所上过的综合英语课程中，词汇涉及的范围包括　[多选题]

选项	小计	比例（%）
课文词汇	61	98.39
专业四级词汇	46	74.19
托福或雅思词汇	14	22.58
GRE 词汇	6	9.68
其他	2	3.23
本题有效填写人次	62	

第 3 题　您认为综合英语课程中应当涉及的词汇范围是　[多选题]

选项	小计	比例（%）
课文词汇	53	85.48
专业四级词汇	51	82.26
托福或雅思词汇	24	38.71
GRE 词汇	12	19.35
其他	3	4.84
本题有效填写人次	62	

第 4 题　您所认同的综合英语课程中的词汇学习方式和方法是［多选题］

选项	小计	比例（%）
教师讲解	59	95.16
学生讲解	8	12.90
学生自学	17	27.42
通过词根词缀	37	59.68
通过词意解释	47	75.81
通过例句	40	64.52
其他	0	0.00
本题有效填写人次	62	

第 5 题　对于综合英语词汇学习，请提出您的建议［填空题］

序号	提交答卷时间	答案文本	查看答卷
1	1 月 1 日 14：33	小批量进行听写，不适宜太大量	查看答卷
2	1 月 1 日 14：34	添加名著与经典电影赏析相关内容	查看答卷
3	1 月 1 日 14：35	考试周期短一点	查看答卷
4	1 月 1 日 14：36	很喜欢刘丽老师的课，感觉很完美	查看答卷
5	1 月 1 日 14：36	无	查看答卷
6	1 月 1 日 14：37	词汇学习还是要通过自学	查看答卷
7	1 月 1 日 14：37	英语词汇的考查可以少量多次	查看答卷

第 6 题　在综合英语课程中教师是否全面系统地讲授了相关大学英语语法知识？［单选题］

选项	小计	比例（%）
是	60	96.77
否	2	3.23
本题有效填写人次	62	

第 7 题　您认为综合英语课程应当如何处理语法问题？　［多选题］

选项	小计	比例（%）
教师系统讲授	59	95.16
学生自学	21	33.87
教师布置和讲解相关语法练习	52	83.87
我已掌握牢固，没必要学习	0	0.00
本题有效填写人次	62	

第 8 题　针对综合英语课程的语法教学，请您提出一些建议　［填空题］

填空题数据请通过下载详细数据获取

序号	提交答卷时间	答案文本	查看答卷
1	1 月 1 日 14：33	语法这东西有点难	查看答卷
2	1 月 1 日 14：34	暂无	查看答卷
3	1 月 1 日 14：35	在知识点旁边展示例句	查看答卷
4	1 月 1 日 14：36	我觉得很棒	查看答卷
5	1 月 1 日 14：36	可以多涉及一些课文中的语法讲解	查看答卷
6	1 月 1 日 14：37	老师讲解	查看答卷
7	1 月 1 日 14：37	希望老师能在一些重难点处适当放慢速度	查看答卷

第 9 题　您是否认为综合英语课程应当包括与课文主题相关的听力内容？

［单选题］

选项	小计	比例（%）
是	43	69.35
否	19	30.65
本题有效填写人次	62	

第 10 题 综合英语课程的课文主题听力形式可以采取的教学方法为 [多选题]

选项	小计	比例（%）
精听	34	54.84
泛听	40	64.52
课下自主听	16	25.81
本题有效填写人次	62	

第 11 题 您认为综合英语课程的听力内容还应当包括 [多选题]

选项	小计	比例（%）
专业四级听力	46	74.19
托福或雅思听力	18	29.03
时事新闻	40	64.52
其他	5	8.06
本题有效填写人次	62	

第 12 题 您认为综合英语课程中提高口语能力较好的教学方式为 [多选题]

选项	小计	比例（%）
师生问答	43	69.35
诵读或跟读文章	35	56.45
小组讨论	26	41.94
辩论	13	20.97
角色扮演	26	41.94
主题分享或报告	18	29.03
其他	0	0.00
本题有效填写人次	62	

第 13 题　您认为综合英语课程中的阅读内容范围应当包括　　[多选题]

选项	小计	比例（%）
课文 Text A	59	95.16
课文 Text B	8	12.90
课文相关主题文章阅读	32	51.61
专业四级文章阅读	37	59.68
其他	1	1.61
本题有效填写人次	62	

第 14 题　您认为综合英语课程的阅读教学方式应当包括　　[多选题]

选项	小计	比例（%）
教师精讲	32	51.61
教师泛讲	3	4.84
教师精讲与泛讲相结合	44	70.97
教师布置内容，学生自主阅读	16	25.81
本题有效填写人次	62	

第 15 题　您认为综合英语课程中有利于提升英文写作能力的方式是
[多选题]

选项	小计	比例（%）
教师讲授写作基础和技巧	55	88.71
学生随堂和课下多练习作	31	50.00
教师批阅习作	27	43.55
习作和名篇赏析	34	54.84
英语写作竞赛	2	3.23
其他	1	1.61
本题有效填写人次	62	

第 16 题 您认为综合英语课程中能提高基础翻译能力的方式是 [多选题]

选项	小计	比例（%）
教师讲授翻译技巧	48	77.42
教师精讲课后翻译练习	38	61.29
教师补充课外翻译练习	27	43.55
学生自主进行课后和课外翻译练习	23	37.10
名家译作赏析	17	27.42
翻译竞赛	2	3.23
其他	0	0.00
本题有效填写人次	62	

第 17 题 请按照优先级别，分别对综合英语课程中的词汇、语法、听力、口语、阅读、写作和翻译这 7 项教学内容进行排序（请从优先级别最高的一项开始依次进行排序） [排序题]

选项	平均综合得分	
词汇	5. 73	
语法	5. 34	
阅读	4. 66	
翻译	3. 48	
听力	3. 03	
写作	2. 98	
口语	2. 44	

第 18 题 请您挑选出适合综合英语课程的教学方法 [多选题]

选项	小计	比例（%）
教师讲授为主	57	91.94
学生自主学习为主	14	22.58
师生讨论式	26	41.94

续表

选项	小计	比例（%）
小组或团队活动	23	37.10
学习成果交流与分享	20	32.26
强化基础练习	31	50.00
其他	0	0.00
本题有效填写人次	62	

第 19 题　您认为综合英语课程的考查内容应当包括　［多选题］

选项	小计	比例（%）
对课文的理解	52	83.87
课后练习	43	69.35
课外补充内容	18	29.03
综合运用能力	41	66.13
其他	0	0.00
本题有效填写人次	62	

第 20 题　对于综合英语课程，您更倾向于哪一种考核方式　［单选题］

选项	小计	比例（%）
重平时测试，弱化期末考试	26	41.94
重期末考试，弱化平时测试	6	9.68
对平时测试和期末考试同等重视	30	48.39
本题有效填写人次	62	

第 21 题　您认为综合英语课程可以采用线上教学模式的有　［多选题］

选项	小计	比例（%）
教师授课	30	48.39
教师布置和批改作业，学生完成和提交作业	49	79.03

续表

选项	小计	比例（%）
教师讲解练习	22	35.48
平时测试	31	50.00
期末考试	12	19.35
其他	0	0.00
本题有效填写人次	62	

第 22 题　您认为综合英语课程的线上教学模式还需要完善哪些方面 ［多选题］

选项	小计	比例（%）
线上教学平台功能的多样化	46	74.19
线上教学平台速度的提升	14	22.58
线上教学平台互动性的增加	36	58.06
教师线上授课技术的提高	11	17.74
学生自主和自控能力的提高	34	54.84
考试信度的提高	9	14.52
其他	0	0.00
本题有效填写人次	62	

第 23 题　综合英语课程的三种教学模式：线上教学、线下教学、线上和线下混合教学，您更倾向于选择哪一种 ［单选题］

选项	小计	比例（%）
线上教学	7	11.29
线下教学	14	22.58
线上和线下混合教学	41	66.13
本题有效填写人次	62	

附录 2

TEM 4 Word Test One（List 1-5）

Part Ⅰ　Words Spelling（30%）

1. i __________ n. 进取心；主动性　adj. 起始的，初步的
2. o __________ n. 分支；补偿，抵消　v. 补偿，抵消
3. u __________ vt. 损毁……的地基；削弱；逐渐摧毁
4. s __________ n. 征候，症状；征兆
5. n __________ adj. 臭名昭著的，声名狼藉的
6. d __________ n. 信条，教条；学说，原理；教诲
7. a __________ adj. 可用的，可得的
8. c __________ vt. 庆祝；纪念
9. c __________ n. 懦弱者；胆怯者
10. u __________ adj. 一致同意的，一致通过的
11. h __________ v. 举起，拉，拖；投掷；（有节奏地）起伏
12. d __________ n. /adj. 持异议的（人），持不同政见的（人）
13. d __________ vt 违抗；蔑视；激（某人）做
14. w __________ n. 失事的船只，残骸；破灭，毁坏 v. 摧毁，破坏
15. b __________ vt. 围攻，包围
16. w __________ v. 称……的重量；重（若干）；斟酌，权衡
17. f __________ n. 天赋，才能；（大学的）系，科，学院；（院系的）全体教师
18. t __________ adj. 不重要的，琐屑的，无价值的
19. p __________ n. 观点，看法；前景，展望；正确判断，洞察力；透视画法
20. s __________ vi. 在浪涛中前进；急剧上升　n. 向前或向上的运动；突然发生，激增

21. e __________ vt. 消除，去除，淘汰
22. s __________ adj. 未醉的，清醒的；审慎的，镇定的；严肃的
23. e __________ adj. 外部的，外面的，外表的；外来的，外界的
24. n __________ n. 概念，观念；想法，见解；打算，意图
25. c __________ adj.（病症）长期未愈的，慢性的；极坏的，极差的
26. m __________ n. 机械师，技工
27. e __________ n./vi.（时间）过去，消逝
28. t __________ n.（一定时期的）营业额；（商店的）货物周转率；人事变动率
29. u __________ vt. 经历，经受
30. s __________ n. 安全；保证；抵押品；（pl）证券

Part Ⅱ Fill in the blanks with the appropriate words in the box. (30%)

exclude	accommodate	contract	foregoing	hammer
disadvantage	receptive	slack	fake	allowance
duration	rescue	disloyal	acute	profile

1. The city government is building more roads to __________ the increasing number of cars.

2. People who are cognitively healthy are those whose minds are alert and __________.

3. Catherine's parents can't make __________ for any fault of her.

4. Teddy came to my __________ with acheque of $200 to pay my room rate after I phoned him that my wallet had been stolen.

5. As may be supposed, the __________ article had an enormous echo among scientific people.

6. That was __________ of you to leave me out there

7. It would be to your __________ to buy that house now, because it might be

much cheaper one year later.

8. __________ hearing helps most animals sense the approach of thunderstorms long before people do.

9. Young children are __________ from this discussion.

10. The famous writer was invited to __________ the football star.

11. Family members of infected people and medical workers who care for them have been most likely to __________ the illness.

12. Winter is the __________ season at most hotels in this seaside town, because very few tourists come to stay.

13. On closer examination the painting was proved to be a __________.

14. After much discussion the negotiators __________ out a compromise settlement.

15. On mood control, the author seems to suggest that we can determine the __________ of mood.

Part Ⅲ Choose the right words in their proper forms. (40%)

1. hinder impede detain delay

The group of sixteen have been __________ since 1991 when they entered Hong Kong.

2. minority scarcity minimum

A good reader is able to comprehend the material with a __________ of effort and a maximum of interest.

3. disturb annoy bother

His remarks were such as to __________ everybody as the meeting.

4. medium middle intermediate mid

I think you can takea (n) __________ language course to improve your English.

5. rich fertile productive

Anyone with access to the Internet will be able to achieve the education needed to build a __________ life in an increasingly high-tech world.

6. rare scarce

With __________ exceptions, the former president does not appear in public now.

7. discover disclose

It was suggested that all government ministers should __________ information on their financial interests.

8. eject exclude exile

Black was __________ from the town thirty years ago.

9. specific concrete

What are you __________ aims?

10. obscure dim

We can see the __________ outline of the house in the distance.

11. delicate fragile

Glasses are __________ and must be handled with great care.

12. oppose object protest

Some economists __________ the new tax law put forward by the government.

13. convert transform

The deserted building has been __________ into a shopping mall.

14. retain maintain sustain

In today's increasingly competitive world it is important to __________ a positive attitude towards life.

15. respectable respective respectful

All men have their __________ duties in the company.

附录 3

每日词汇打卡

11:28
《综合英语Ⅳ》19级商英1班(24)
2021年5月14日 12:02
陈淑娜（19级商英1）
组队打卡
瓜分百万贝壳
扇贝单词英语版
2021年5月14日 14:31
金蕊
erect
百词斩-图背单词
2021年5月14日 14:46
徐奥然
组队打卡
瓜分百万贝壳

附录4

感叹句的用法

（一）How感叹句结构

1. how+形容词（副词）+主语和谓语

e. g. How cunning he is！他真狡猾！

e. g. How lovely！多可爱啊！

e. g. How beautifully she sings！她的歌声是多么动听！

2. how+形容词+a/an+单数名词+主语和谓语

e. g. How wonderful a time we ever have together！我们在一起的时光多么美好啊！

3. how+many/much/few/little+名词+主语和谓语

e. g. For how many years have I waited！我等了这么多年！

e. g. How little food they have！他们的食物少得可怜！

e. g. How few books she has！她的书如此之少！

4. how+主语和谓语

e. g. How he wished for a drink！他多么希望能有点喝的！

e. g. How he studied！他学习多么努力啊！

（二）What感叹句结构

1. what+a/an+形容词+单数名词+主语和谓语

e. g. What a frosty morning it is！真是一个寒冷的早晨！

2. what+a/an+单数名词+主语和谓语

e. g. What a liar he is！他是个大骗子！

3. what+（形容词）+不可数名词+主语和谓语

e. g. What（good）wine this is！真是好酒啊！

4. what+（形容词）+复数名词

e. g. What good guys they are！他们真是好人！

5. what+主语+谓语

e. g. What these ancient buildings could tell us！这些古建筑给我们讲述了太多的故事！

e. g. What he must have suffered！他一定遭了很多罪！

（三）以 if, if only 或 as if 起首的感叹句

e. g. If it had been anyone but you！若是别人，不是你就好了！

e. g. If only she had had more courage！她当时要是再勇敢一些就好了！

e. g. As if I cared！我才不会管它呢！

e. g. As if I would allow it！我才不会允许呢！

（四）以 to think that, to think of, to be, to do 等起首的感叹句

e. g. To think（that）he should abandon his wife and child for another woman！真没想到他居然抛妻弃子，另寻新欢！

e. g. To think of my leaving the umbrella in the train！真没想到我把伞给落在火车上了！

e. g. To be in New York now！要是现在在纽约该多好啊！

e. g. To sell the house at such a low price！竟然把房子以如此低的价格卖了！

（五）以 who 起首的感叹句

e. g. Who would have thought of it！谁能想得到啊！

（六）疑问句形式（肯定或否定）

e. g. Am I a fool！我真傻啊！

e. g. Is he pleased！他当然高兴啦！

e. g. Aren't you lucky！你真走运！

e. g. Has/hasn't she grown！她长这么大啦！

（七）陈述句形式

e. g. He was so angry！他愤怒极了！

e. g. It was such terrible writing！写得真糟糕！

（八）以 such, so 起首的感叹句

e. g. Such long queues！好长的队啊！

e. g. Such were his words! 他可就是这么说的啊!

e. g. So easy and swift is the passage from life to death in wild nature! 在自然界中，从生到死是多么简单而迅速的一个过程啊!

(九) 以 that 起首的感叹句

e. g. That she would be there! 真希望她在那里!

e. g. That he should act so rudely toward you! 他竟然对你如此无礼!

e. g. That it were so! 但愿是这样!

(十) would (that) 起首的感叹句，表示愿望或遗憾等

e. g. Would it were otherwise! 如果事情不是这样该多好啊!

e. g. Would that I was with her now! 但愿我现在和她在一起!

(十一) fancy 表示愿望或惊奇

e. g. Fancying having a villa on the beach! 要是在海边有一栋别墅该多好啊!

e. g. Fancying your knowing her! 没想到你居然认识她!

(十二) 短语感叹句

e. g. Well done! 干得好!

e. g. Some people! 还有这种人!

e. g. At last! At last! 终于盼到了! 终于盼到了!

(十三) 词语引导的感叹句

例如 "oh, well, ah, why, come, there, man, boy, hello, hi, hey, dear , dear me, or dear, (my) goodness, (good) gracious, gracious me, (good) Lord, (good) heavens"。

e. g. Why, what's the harm! 嗨，这有什么害处呢!

e. g. Come on now, don' t cry. 好了，别哭了。

e. g. There, there, don' t get so upset! 好啦，好啦，别这么难过了!

e. g. Oh, boy! Jean is sick again. 哎! 吉恩又生病了。

e. g. Good heavens, what a mess! 天哪，太乱了!

附录5

有关人物描写的翻译练习

有一年的冬初，四叔家里要换女工，做中人的卫老婆子带她进来了，头上扎着白头绳，乌裙，蓝夹袄，月白背心，年纪大约二十六七，脸色青黄，但两颊却还是红的……但看她模样还周正，手脚都壮大，又只是顺着眼，不开一句口，很像一个安分耐劳的人，便不管四叔的皱眉，将他留下了。	Early one winter, when my uncle's family wanted a new maid, old Mrs. Wei the go-between brought her along. She had a white mourning band around her hair and was wearing a black skirt, blue jacket, and pale green bodice. Her age was about twenty-six, and though her face was sallow her cheeks were red…. she looked just the person for them, though, with her big strong hands and feet; and, judging by her downcast eyes and silence, she was a good worker who would know her place. So my aunt ignored my uncle's frown and kept her. (Yang Xianyi and Gladys Yang)	Early one winter, when my uncle was looking for a new maidservant, old Mrs. Wei–a middle woman in these sorts of transactions–brought her along to the house. Around twenty-five or twenty-six at the time, she wore a black skirt, a blue jacket and a lighter blue waistcoat, her hair tied up into a bun with a white cord. Though her face had a sallow, greenish tinge to it, her cheeks were pink. (Mrs. Wei introduced her as Xianglin's wife, the neighbor of one of her mother's relatives. Her husband had died, so she'd left home to look for work. Uncle frowned; my aunt knew what was worrying him–the fact she was a widow.) But seeing as she had a good sturdy look, with big, strong hands and feet, and kept her eyes docilely on the ground and let others do the talking for her, she seemed the kind of person who would know her place and do what she was told. And so, my uncle's scowl notwithstanding, she was kept on. (Julia Lovell)

附录 6

游记作文范例（局部）

Title ?

I could not forget last summer when I lingered on the colorfully shined streets in Changsha.

I arrived in Changsha at about 13:00 p.m. When I got off, the rain untimely poured off. Mixed with July heat and vapor, the air was muggy enough to sweat me. Dragging my suitcase, I opened my umbrella and walked into the nearest subway station. On the way to the inn, I was exceedingly excited, with countless images of fantasy emerged in my mind. How would this travel be? Maybe it would be the most gorgeous memory in my youth.

When I stepped out the station, the day had cleared up. I was at the most prosperous part of the city—Pozi Street (坡子街). Myriad high buildings rising from the ground, the sky was split into pieces by the skyscrapers. I was kind of lost in the congested flows of tourists. Cheated by the navigation and wandering about the crossroads, I almost lost my bearings. When my friend came to pick me up, I had been worn out.

Quickly arranging the luggage in the inn, we sat by the window of our 16th floor hotel and observed the rain quietly outside. The summer rain in south was always like this, sudden

li liu
删除了: hardly

li liu
删除了: direction

li liu
删除了: ed

God's Secret Paradise

Zhangbei grassland has magic to cheer me up. Its endless and splendid scenery of grass can always make me relax my mind and full of passion again.

Sky over Zhangbei grassland is always pure and seems effortless to reach. It is all for the high altitude and zero environmental pollution. When it came to night, the main characters on stage of the infinite belonged to those shining stars. They are nature's lights to the people on Zhangbei grassland at night. I kept staring at them while lying down on the grasses and was totally enchanted because the stars there had uncertain ancient magic, leading me to a long history forgotten by the secular.

The grass was such a dazzling green that made people feel like they were not real. I went there in a mid-summer. They were all in the best period of their lives. The tallest could touch my knees, even if the shortest were able to pat my ankles. I would not notice there was a person if he lay down. Imagine that, this must be a scary story if a wolf crouched in the grass.

Haiming Zhang
I love the title

Haiming Zhang
删除了: es

Haiming Zhang
删除了: the

Haiming Zhang
删除了: was

Haiming Zhang
删除了: ed

Haiming Zhang
删除了: the

Haiming Zhang
Nice description of stars

Haiming Zhang
Grass

Haiming Zhang
删除了: ied

附录 7

英语专业四级作文范例（局部）

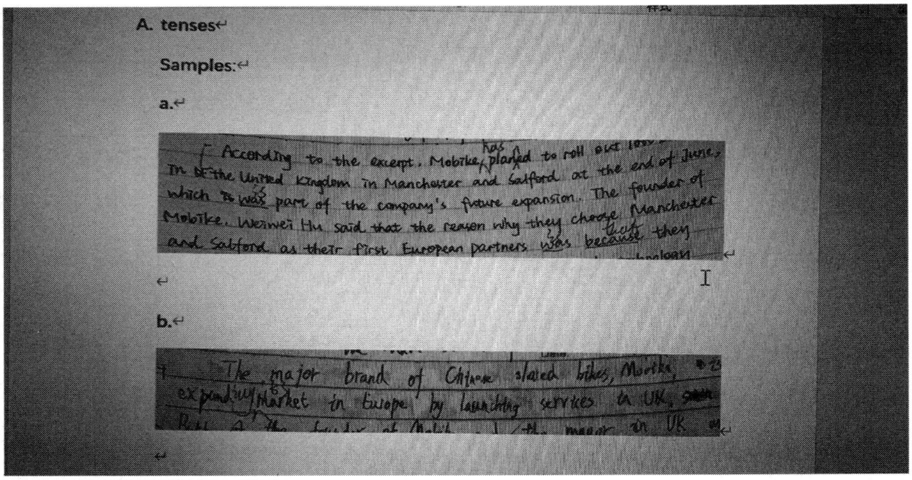

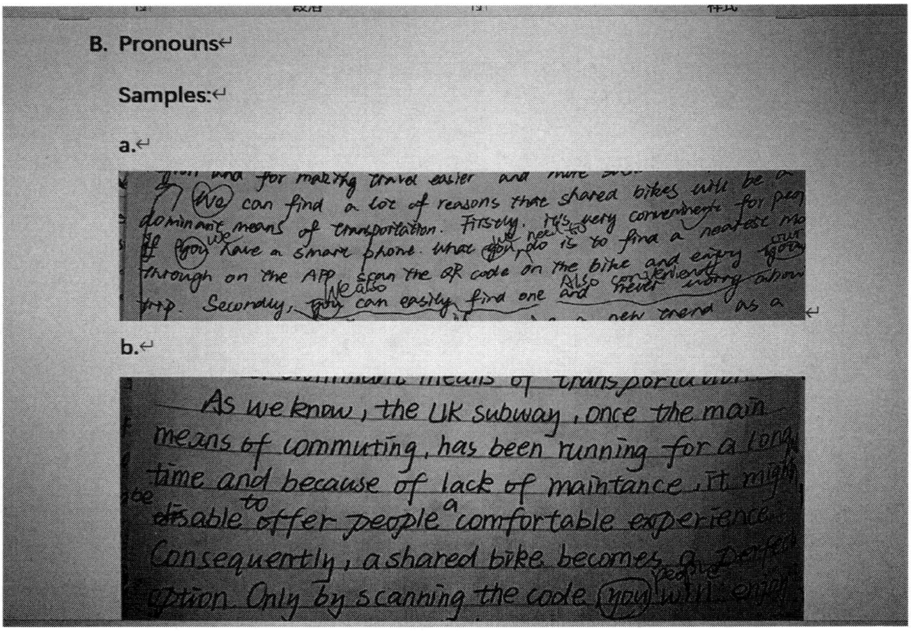

附录 8

线上线下混合模式的考核

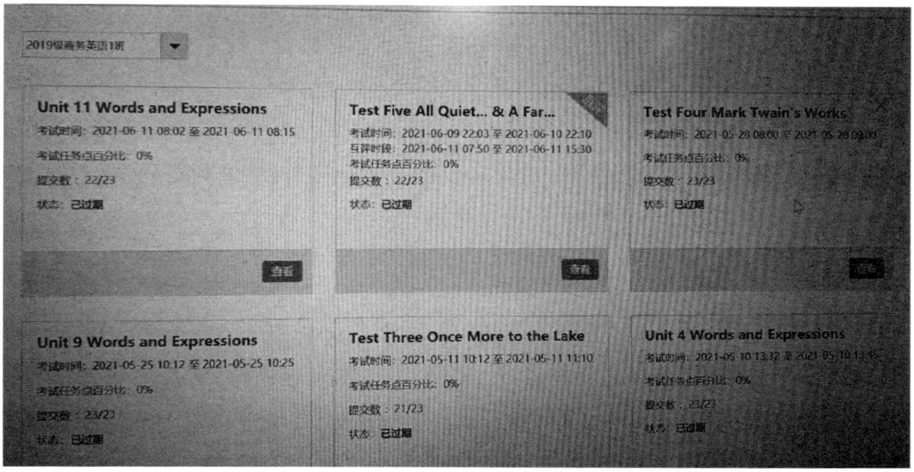

中西文化对比视角下大学英语课程思政教育的构建与创新

赵海燕

（首都经济贸易大学　外国语学院）

【摘　要】大学英语课程思政教育实质是以英语语言实现大学生对中华文化的认知与内化，并在与西方文化的比较中涵育中国价值观，其价值基点是确立文化自信。大学英语课程是中华文化与西方文化对比展示的平台，从思想性、学术性和问题意识出发，在对比互鉴中增强大学生的文化自信和人文素养是开展大学英语课程思政的基本方法论。大学英语教师要完善知识结构上的短板，确立主体意识，站稳中国立场，通过重视教案工作不断提高科研能力，引导大学生增强家国认同和文化自信。大学英语课程思政以“中国英语”为基石，将在政策上开启其在中国社会文化环境和体制下“逆生长”的进程，提高和完善“世界英语”理论的解释力，形成制度化变体。

【关键词】大学英语课程思政　文化自信　中西文化对比　中国英语

引言

2016年，习近平总书记在全国高校思想政治工作会议上强调，“高校思想政治工作关系高校培养什么样的人、如何培养人以及为谁培养人这个根本问题。要坚持把立德树人作为中心环节，把思想政治工作贯穿教育教学全过程，实现全程育人、全方位育人，努力开创我国高等教育事业发展的新局面”。“把思想政治工作贯穿教育教学全过程”的要求，使源自上海教育改革的课程思政概念走向全国，深入人心并迅速成为理论研究的热点和高校课程改革的前沿。从思政课程到课程思政的发展，是高校思想政治工作的创新和超越，也是对非思政课课程功能的拓展，赋予其以思想政治与意识形态的意义。陈平原认为，“在20世纪的思想文化潮流中，西化最为彻底的是教育，尤其是高等教育”①。随着中华民族伟大复兴新时代的到来，课程思政事业肩负树立中国价值，复兴中华文化，打破西方对中国在政治、文化、意识形态等方面的遏制与围剿，推进人类命运共同体建设的历史使命。

大学英语课程的教学对象主要为非英语专业的大一、大二学生，其覆盖面广，教学时间跨度长，课时多，直接关联英美文化，客观上成为践行课程思政的重要前沿阵地。笔者通过知网查询发现，目前关于大学英语课程思政的相关文章很少，且是一般性地探讨实施大学英语课程思政的必要性、可行性，以及存在的问题、实施策略和路径等，其研究多是从大学英语课程中蕴藏着丰富的思政元素和育人价值出发，主张知识与价值、显性教育与隐性教育的统一。另外，“‘课程思政’是在推进德育综合改革进程中，从区域实践层面产生的工作理念，目前还在探索阶段，既缺乏严谨的学术论证，也未形成完整的制度设计体系”②。显然，大学英语课程思政无论在理论上还是在实践中，均为起步状态，顶层设计尚不完善。也正因为如此，从大学英语的学科特点出发，探索大学英语课程思政的内在逻辑，具有现实的建设性意义。

一、文化自信是大学英语课程思政的价值基点

马克思认为，“语言是一种实践的、既为别人存在并仅仅因此也为我自己存在的、现实的意识”③。语言是实践的，承载着来自现实社会生活的信息和意义。英语反映着英美社会的风貌和价值，因此在教学传统上，主要通过大学英语课程向中国大学生较为全面地展示西方社会的地理历史、人文社会、哲学思想、政治制度与价值观念等。

“课程问题不仅是教育和技术问题，也不是一项中立的事业，它本质上是一个意识形态和政治的问题”，是一个“谁的知识最有价值”的问题④。也就

① 陈平原．中国大学百年［J］．中国大学教学，2005（10）：19.

② 高德毅，宗爱东．课程思政：有效发挥课堂育人主渠道作用的必然选择［J］．思想理论教育导刊，2017（1）：34.

③ 马克思恩格斯选集：第一卷［M］．北京：人民出版社，1995：81.

④ 阿普尔．意识形态与课程［M］．黄忠敬，译．上海：华东师范大学出版社，2001：11.

是说，课程本质上隐含着一个价值观和立场的问题。中国英语教育存在着“中国文化失语”的痼疾，至今未能有效解决，这在大学英语教学中也有突出体现。在《新视野大学英语》（第二版）全套四册教材中，“中国文化所占的比例不到1.3%”①。整体上看，“现有《大学英语》教材中涉及的内容主要为英美国家的人、事、物，有关中国文化的内容严重偏少，平均大约为2%”②。至于对学生的影响，有学者提到，“一次讨论中美文化差异时，竟有学生脱口而出perfect（完美）指美国社会”③。

笔者曾对“中国文化失语”的历史文化根源进行了系统研究。近代以来，英美新教自由主义文化对传统中国的影响，在开启并促进了中国工业化进程的同时，严重冲击了中华民族的价值伦理和政治文化，侵蚀和撼动了中华民族的文化自信。中国高校英语教育起源于在华基督教会教育，长期承载新教教义、西方科技、英美文学、英美文化，沿袭教会及英美学科模式，“殖民色彩”明显，形成英美文化本位，并通过师承延续其所谓“正统”。其实，“中国英语教育的‘中国文化失语’只是一个表象，真正的问题在于中华民族百余年来文化自信的缺失，英美新教文化的倾覆，中国高校英语教育以英美文化为本位、为正统的传统，以及相应的政策上的保守与僵化”④。

受课程思政理念的影响，新版《大学英语教学指南》明确指出，“大学英语课程可培养学生对中国文化的理解和阐释能力，服务中国文化对外传播；社会主义核心价值观应有机融入大学英语教学内容”，应“将课程思政理念和内容有机融入课程”，使学生“树立正确的世界观、人生观、价值观”⑤。传统认识上，思政教育的内涵是正统的思想政治学习与熏陶，与大学英语课程似乎互不关联、毫无交集，所以在现今课程思政的理念指引下，大学英语教学相关师资、教材、教法等的整理与整合将是一个不断探索、创新的进程。

---

① 刘晓阳．大学英语“课程思政”的实施路径研究［J］．吉林工商学院学报，2018（5）：127.

② 安秀梅．《大学英语》“课程思政”功能研究［J］．文化创新比较研究，2018（11）：84.

③ 王录，吴越．文化自信视域下英语专业语言文化类课程思政建设：以《跨文化交际》课程为例［J］．上海第二工业大学学报，2019（3）：220.

④ 赵海燕．中国近现代高校英语教育变迁与中华文化复兴［M］．北京：首都经济贸易大学出版社，2020：209.

⑤ 大学英语教学指导委员会．大学英语教学指南［M］．北京：高等教育出版社，2020：23.

从大学英语教学的实际情况出发，确定大学英语课程思政的价值基点，对这个进程的展开具有重要意义。

就传统教学上而言，思想政治教育自身的内容已经很丰富，且高校还有专门的思政课程，因此，在现今提出课程思政的情况下，界定大学英语课程思政的内容侧重是非常必要的。

从教育部2020年印发的《高等学校课程思政建设指导纲要》可知，从目前关于课程思政的顶层设计思想来看，“课程思政是落实‘立德树人’根本任务的战略举措，课程思政就是要将价值观引领寓于知识传授与能力培养之中”。可见，课程设置的关键即在于“价值观引领”，也就是说，要以社会主义核心价值观为指引，在文化认同、家国意识、政治思想、人格道德等方面展开课程思政教育。从这个意义上来说，课程思政应涵盖马克思主义及其中国化、中国政治、中共党史、中华人民共和国国史、社会主义核心价值观、中华文化等诸多领域。

界定大学英语课程思政所侧重的内容和方向，则应依据大学英语的课程性质而定。大学英语课程兼具工具性与人文性已是公论，作为高校文化通识必修课，其教学资源一向强调“原汁原味”的西方语言文化素材，可见从文化方向生成大学英语课程思政的内容是符合其课程性质的逻辑的。

同样所应考虑的因素是大学生客观的思政需求，也就是解决其在“价值观方面”所普遍存在的问题的需要。“师者，所以传道授业解惑也。”从课程思政教育的角度看，先要切实把握教育对象在价值观方面的“惑”，然后才能找到“传道授业”的价值基点。大学生视野开阔，思维活跃，很多现实中的问题成为其“惑”。比如，在很多大学生的认知中，传统文化仍几乎等同于封建专制，是导致近代以来国家落后的根源，如果要说它还有些价值的话，则一般都是被表述为“精华与糟粕”并存的扬弃对象，也就是要汲取中华优秀传统文化的要素并进行创造性转化，至于如何转化，转化成什么，则不甚了了；现今“革命文化正在成为一种口头上的‘热销品’、行动上的‘奢侈品’”[①]；相

① 邹广文，王纵横．人类命运共同体与文化自信的心理建构［J］．中国特色社会主义研究，2017（4）：32.

当一段时间以来，国际共产主义运动处于低潮，社会主义国家寥若晨星，而西式宪政则大行其道；面对西方的“普世价值”，中国在国际舆论场上处于被动状态，虽然国家快速发展的事实有目共睹，却仍被认为是不可持续的，甚至是走向崩溃的；在科技、人文等方面，中国仍然长期落后于西方以及同属儒家文化圈但走西化道路的日本和韩国。此外，在涉外场合，学生们往往不知道如何应对诸如“为什么不信上帝?”这类疑问，且很容易被认为是没有信仰的人。学生们还看到，一些高校教师甚至思政教师，“奉西方理论、西方话语为金科玉律，不知不觉成了西方资本主义意识形态的吹鼓手”①。

这些形形色色的思想问题，实质上是文化认识问题，也就是在“当代中华文化到底是什么文化”的根本问题上如何形成历史与逻辑相统一的“自洽”问题；从学理上搞明白了这个问题，才能解决现实思政中的“惑”，确立文化自信。在庆祝中国共产党成立 95 周年大会上，习近平总书记提出“四个自信”并指出，“文化自信，是更基础、更广泛、更深厚的自信”。可见，文化自信能够成为开展大学英语思政教育的价值基点。

作为文化自信的对象的中国特色社会主义文化，一般被表述为“中华优秀传统文化、革命文化和社会主义先进文化”。大学英语课程思政教育在以文化自信为价值基点，展开对“中国特色社会主义文化”的讲解时，如果只从中华优秀传统文化、革命文化和社会主义先进文化的概念和原理出发而不举出实例，则很容易给人以生硬、空洞的说教感，从而使本应鲜活的思政教育标签化。

作为一门人文通识课程，大学英语的课程思政应帮助学生真正透彻地了解中国的历史文化源流以及当代中华文化的状态，虽然不一定能完全与专业思政课程的系统性和规范性相匹配，但一定要体现其思想性和学术性，这样才能契合大学生的认识水平和思想特点，并以此来组织对思政元素的阐释，讲清楚文化自信的历史文化根源。

文化自信命题的提出，对内可凝心聚力实现民族复兴，对外可为全球治理提供中国方案。然而，“中国特色社会主义文化”作为我们的文化本体，现

---

① 习近平．在全国党校工作会议上的讲话［J］．求是，2016（9）：3.

在正面对国内“中国特色是个筐，什么东西都可以往里装”的思想混乱[①]以及在国际上“中国特色”如何体现普适性的问题，且目前看其穿透力和解释力还是不足的。

现有研究普遍认为，“文化自信，是一个国家、一个民族、一个政党对自身文化价值的充分肯定，对自身文化生命力的坚定信念”[②]。文化自信可以在学术、政治层面从国家、民族、政党的视角为社会先进分子所认知、论证和把握，但根本上，文化自信伟力之最深厚的根源，存在于民众之中，民众是文化自信的主体和群众基础。

正如“一带一路”倡议中提出的“民心相通”，文化软实力不但体现在一个国家的外交理念及其对国际秩序的主张上，还越来越多地体现在民众的对外交往中，往往表现为一种有吸引力的价值观或行为方式。民众对自身价值观和行为方式的坚定信仰和身体力行，才是一个国家文化软实力的源泉，也是“文化自信”的根基。在国际社会生活与交往中，民众直面异文化，在文化自信问题上，其主体身份更加凸显，其所代表的“文化本体”也更加地民族化。所以，文化自信，归根结底是一个社会的民众对自身民族文化的自信。

民众是民族文化的创造者、传承者和实践者，民众对民族文化的自信是文化自信的基本内涵。在人类文明史上，中华文化曾长期领先，文化自信源远流长。从中华文化的起源与发展出发，再对其近代以来与西方文化在碰撞中变迁的梳理表明，儒家文化在这场文化触变中虽备受冲击甚至遭到否定，但其文化精神和价值特质却始终没有消解，并因此维系了已延续数千年的中华文化体系，度尽劫波仍根植于中国社会，最终形成了融通马克思主义等的文化本体触变态势，从而生成了中华文化的现代性。《礼记·礼运》记载了古典的儒家社会主义思想，认为从“天下为公”走向“天下大同”，是人类前进的“大道”，此实为中华文化价值的精华。中国特色社会主义文化，是承续

---

① 邹广文，王纵横．人类命运共同体与文化自信的心理建构［J］．中国特色社会主义研究，2017（4）：32.

② 云杉．文化自觉文化自信文化自强：对繁荣发展中国特色社会主义文化的思考（中）［J］．红旗文稿，2010（16）：4.

中华民族数千年的文化体系和儒文化兼容并蓄的品质，通过文化触变吸收马克思主义等世界先进文化要素，集东西方文化之精华于一体而生成的中华文化新本体，其本质上是一种文化的创造，形成了以传统文化精神、民主集中制、社会主义市场经济为内涵的中国特色社会主义现代化道路，构成了当代中华文化的实质性内涵。中华文化走出去，是中华民族文化世界价值的自信彰显，“人类命运共同体”凝聚着中华民族数千年来未曾改变的大同情怀。

从大学英语课程思政的思想性和问题意识出发，基于大学英语课程的人文性质和通识性质，其课程思政中文化自信的指向应是当代民族文化；涵养大学生对中国特色社会主义的文化自信，是大学英语作为人文性通识必修课发挥思政教育功能的价值基点，应以此实现大学生对国家的文化认同、价值认同、政治认同和道路认同。

二、中西文化对比是开展大学英语课程思政的基本方法论

作为一门人文通识课程，在大学英语课程思政教育中应用中西文化比较的理念和方法是十分必要的。

传统上，大学英语本身就是一门面向非英语专业学生、受众面广的，直接介绍西方文化的课程。在课程思政的理念下，它又成为引导大学生形成正确价值观、涵养文化自信的前沿阵地。可见，客观上大学英语课程将成为中华文化与西方文化对话与比较的平台，而在文明互鉴中增强大学生的文化自信和人文素养则是有效实施大学英语课程思政的现实路径。

在现有大学英语课程中，涉及中西文化关系一般通行的做法是对跨文化交际内容的讲授和学习，其目的是对大学生今后可能在跨文化适应过程中遇到的困难、问题和冲突，从跨文化视角进行讨论、分析、判断或评价，增进学生对交际情景的真实体验和感知，从而提高学生跨文化交际能力。大学英语跨文化交际教学中含有中西文化比较的方法，但是这种比较在目的和内容上主要限于培养大学生对西方文化的适应技能，且一般是对中西文化风物的展示和对比，并未涉及以涵养文化自信为目的的中西文化间的文化性质和价值观的深层比较。同时，大学生已有一定的知识基础、思想水平和思维能力，与中小学生不一样，仅仅在跨文化交际层面重复一些历史典故、文化符号、

风俗人情、社会交往等，无法对其产生太多的思想与价值观影响力。

在中西文化比较的理念上，传统的以政治概念，即以“博大精深”“源远流长”“先进科学”等标签来展开思政教育的“政治分析范式”，恐怕已经无法适应当代大学生活跃的思想状态和开放多元的社会现实，也解不了他们的“惑”。因此，大学英语课程思政要超越传统思政教育的政治分析范式，坚持文化视角、学术叙事和政治规范相统一，从文化出发，用学术讲政治、讲思想，从而形成大学英语课程思政教育的“文化分析范式”。文化分析范式从民族文化的起源与发展出发，梳理其文化性质、哲学理念、思维方式、价值取向、社会制度、现代化路径以及与异文化的交流碰撞，少主观说教和简单灌输，避免脱离实际的“空话”“大话”；多学理阐释和学术论证，以逻辑与历史相统一的方法引导大学生形成正确的价值观，使学生在“上下五千年，纵横八万里”的历史纵深和多文明视野中确立其中国立场，实现文化认同、政治认同、价值认同，确立文化自信。

阐释中国立场、中国气派和中国价值，可以从学术上比较中华文化与英美文化的异质性入手，于以下三个方面进行系统梳理。

一是人文文化与宗教文化。从本源来看，中华文化与英美文化是两种互为异质的文明形态。儒学以现世的人为中心，发展出人文性质的中华文化，基督新教以神为中心发展出了神本的英美文化。新教把人获救的希望寄托于上帝对人的纵向恩赐，儒学则把人入圣的路径设定为自强不息。

二是二元融合与二元对立。二元融合是中华文化的思维特征，是重视事物功能转化关系的思维。从二元的依存、转化入手建构整体性的思维，将各种运动过程融合于一个整体。英美文化则继承了基督教文化的二元对立的思维。如黑格尔认为，矛盾对立的两方面是相互斗争和损伤的，发展的结果只能是强者益强，弱者益弱，必有胜负，赢者通吃，或共同灭亡。这种不存在调和思维的矛盾论对西方的思想文化、政治军事、社会经济发展产生了深刻影响，是西方“零和博弈”理论的哲学根源。

三是集体本位与个体本位。儒学主张个体间协调互让，强调个体对群体的责任，意在通过群体认同消融人际紧张和群己紧张。在儒学这种群体取向的影响下，中华民族形成了注重维护群体利益，保障群体团结，实现群体目标，“群而忘己”和“无我”的集体本位思维，这也成为中华文化的核心价值观之一。个体本位则是西方文化审视群己关系的标尺，作为个体的人的权利以及对彼此的尊重是人们结合起来形成社会的基石。英美文化植根于个体本位的思维方式，成为一种典型的个人中心、权利取向、自我实现的文化模式。

在上述分析的基础上，可以阐释当代中华文化的包容品质及其世界价值。中华文化的包容品质来源于儒家文化的世俗性质，其不是绝对的无神论，并不绝对地排斥宗教，而是“敬鬼神而远之”，实质上是对信仰的宽容和对人自身的肯定，而这正是现代文明的精髓。

儒家文化的包容性与“征服型”的基督教一神论宗教文化具有相当大的区别。一神论思维模式造就了西方文化的单边普世主义，否认其他文化的独立价值和发展进路，最终否认人类不同文化间的平等关系和文化的多样性。基督教的“异教徒”概念，本是助长其文化自闭，拒绝接纳其他文化的宗教基因，却又成为推行其强制性的“普世价值”，即意欲将全世界西方化并由此走向殖民扩张和霸权主义的思想根源。文化“真正的冲突来自一神论的思想模式，它不仅把自己的价值观看作是普遍的，同时要求成为唯一的，不允许各美其美就必然导致文明的冲突。假如承认每种文化的主体性，就无法以一神论方式去定义普遍价值”①。

正是每个国家、每种民族文化的主体性，阻碍着西方文化以一神论的普遍价值推动世界文化的同质化，所以，“替代并泯灭这些国家的文化自主意识，最终实现事实上的文化霸权”②，成为文化“十字军”的“天赋使命”。美国的“民主原教旨主义”情结支撑着美式个人主义文化自居人类道德高地，“文化帝国主义”是人类文化多样性的最大威胁。

儒家文化没有“异教徒”概念，在中国历史上很少出现因文化差异或族群差异而发生的对异族的战争，华夏和夷狄的分别主要地在于文化的高低，

① 赵汀阳．天下究竟是什么?：兼回应塞尔瓦托·巴博纳斯的“美式天下”[J]．社会科学文摘，2018（6）：26.

② 辜正坤．中国外语学术自主创新：学术研究理路和前途展望：从单向殖文主义到双向互动的比较文化转向[J]．中国外语，2007（1）：23.

“远人不服，则修文德以来之”，而不是武力征服。相比文化帝国主义，中华文化具有包容性的和合品质，尊重世界各民族文化的主体性，在全球化时代与人类各种文化的对话与互鉴，将促进人类文化的多样性。

中华文化的复兴本身即极大地促进了人类文化的多样性，中国特色社会主义道路更是具有世界意义，它打破了西方模式对人类现代化路径的思想和知识垄断，对世界后发国家寻求适合自身国情的现代化道路具有重大启发和指引价值。儒文化的天下观将世界作为一个内部多样性的和谐共生的整体看待，主张和而不同，生生与共而形成大同世界。从一定意义上而言，人类命运共同体也可被视为天下观的当代实践，它主张合作共赢的全球治理理念，发展各种价值观的兼容关系，超越了预设“文明的冲突”的西方零和对立思维，指引着人类文化多样化的发展方向。

三、大学英语课程思政展开的实践基点

在大学英语课程思政的实施问题上，一般认为，“教师、教材与教法是在大学英语中实施‘课程思政’的三大要素，三者互为补充，相互依赖”①。这种基于传统课程论的认识目前在学界为数不多的研究中成为共识。但值得注意的是，“‘课程思政’是当前我国高校各类课程面临的新课题、新使命，它不是某一门特定课程，而是一种教育理念和思维模式”②。以课程论的思维和惯性去研究和把握课程思政，或许容易形成一些“中规中矩”“易于接受”的结论，却可能会忽略其真正的特点、要点和需要创新之处，也可能会在推动课程思政落地生效的过程中形成延宕。

以课程思政的任务和使命而论，现在大学英语学科的教师、教材、教法确实存在问题和不足，需要进行研究以改进和提升，而目前关于大学英语课程思政有限研究中的很大一部分也致力于这几个方面。但是，课程思政实质上是一种创新性思维和理念，为有效促进其在大学英语学科发挥预期效果，按照教学一线实际工作的逻辑来探索其基点与进路，将是符合这个新事物的

---

① 杜刚跃，孙瑞娟．高校英语教学“课程思政”有效策略研究［J］．延安大学学报（社会科学版），2019（4）：124.

② 沈轶．课程思政融入高校《大学英语》课程有效途径探究［J］．教育文化，2019（4）：121.

成长规律的。

（一）教师是开展大学英语课程思政教育的关键环节

笔者认为，目前课程思政实际上还处于顶层设计阶段，如要将其落实到大学英语教学的具体实践中，则正如习近平总书记所言，“关键在教师，关键在发挥教师的积极性、主动性、创造性”。课程思政作为一种新的教育理念和思维模式，在大学英语课程中的实践，对大学英语教师的挑战是多方面的。

1. 思政意识的缺失与提高

传统上，大学英语教师在授课过程中多注重语言知识和西方文化的讲授，以及提升学生语言技能，而对学生的思想政治教育，特别是意识形态方面的教育和训练，在其主观意识上可能还是个新事物，几乎没有考虑或涉及。因为，他们一般认为思想政治教育是思想政治课教师和班级辅导员的工作，而作为专业课教师，其职责不在于此。

一方面，在一部分大学英语教师中，还存在实践课程思政的主动性缺失问题。大学英语教师大多具有在西方国家学习、工作的背景或经历，曾较为深入地置身西方文化和政治生活之中，又曾较多地接触西方媒体如 VOA（美国之音）、BBC（英国广播公司）等，成为高校各学科中受西方文化影响相对较大的群体，难免受到西式“自由”“民主”等思想或浅或深的影响。此外，因为专业原因，这个群体又常常对国内发展情况和中华文化复兴缺乏深入了解和研究，加上对党的理论、路线、方针、政策等接触较少等原因，容易形成文化、政治、价值等认同危机。

另一方面，“课程思政”理念提出时间尚短，相关研究、理论和实践起步不久，教师普遍缺少开展思政教育的专业素养和相关经验，即便有主动开展课程思政的意识，往往也会因为思政教育的融入过于牵强或肤浅，缺乏学术学理内涵等原因，而达不到对大学生进行价值观引导的效果。

当然，大学英语教师树立和提升思政意识的过程，无论有没有外在的要求、培训和推动，都是一个价值观的自我检讨、自我教育、自我提升的过程。这就要求大学英语教师涵育马克思主义素养、中华文化素养和家国情怀，认同社会主义道路和中国共产党的领导，解决在“真信”上存在的现实问题。

可见，要发挥大学英语课程思政对大学生价值观引领的作用，则先要对大学英语教师的价值观进行引领，有方法、有步骤地推动系统的教师培训教育工作。比如，可以从动员大学英语教师中的共产党员入手，通过党内政治生活和思想政治理论学习等形式，使党员教师不断提高自身思想政治理论水平，进而增强课程思政意识，主动深入研究课程思政方法论，勇于实践，从而带动其他教师在思想上、行动上践行课程思政。

大学英语教师在提高思想政治素养和课程思政意识的同时，应努力掌握深厚的东西方文化知识，在比较中深谙其异同，这样才能在授课过程中确立正确的政治观，实现“立德树人，价值引领”。鼓励和引导大学英语教师在课程思政教育实践中加强思考、研究和创新，培养大学生在家国情怀基础上的世界眼光，逐步解决在“真教”上存在的能力短板。

2. 大学英语教师知识结构的短板与完善

绝大多数大学英语教师的专业背景为英语，其主要学习和讲授的专业课程为基础英语、英语听说、英语泛读、英语语法、英语写作及英语国家文化概况、西方文化与社会、跨文化交际、英国文学、美国文学等。显而易见的是，英语语言、英美文学和文化类课程在英语专业的培养方案中占较大比例。由于专业背景制约，大学英语教师在马克思主义理论、政治理论素养和思政教学技巧等方面均存在短板。

由于知识结构存在问题，现阶段大部分大学英语教师对课程思政还往往做不到“真懂”，很难有效推进课程思政。许多大学英语教师忽视或掌控不了与大学生在课堂上的思想碰撞，所以他们即使开展课程思政，往往也只能起到所谓“活跃课堂气氛”的目的。限于能力，有些大学英语教师在课堂上将中国文化及其历史碎片化、简单化、标签化，只能介绍一些适用于中小学阶段的中国传统文化要素和政治常识等概念。

可见，大学英语教师所具有的西方文化与思想的专业背景虽然是开展大学英语课程思政所需要的知识结构中很重要的一部分，但这显然是远远不够的，还需要大学英语教师对马克思主义、中国特色社会主义、中华文化、中国历史、中国共产党党史，以及政治、经济、伦理等学科广为涉猎和研究，从而形成全面的知识结构和深厚的学术素养，具备扎实、开阔、缜密的理论思维，较强的教学实践能力和丰富的社会生活阅历。也就是说，大学英语教师要通过不断学习、培训与研究，补齐知识结构上的短板，形成适应大学英语课程思政的知识体系，确立主体意识，站稳中国立场，这样方能融通古今中外，引导大学生树立民族文化价值观，增强民族文化自信。

3. 大学英语教师学识学术能力与课程思政教学研究能力的提升

大学英语课程思政是思政教育融合于大学英语课程之中的创新。优秀传统文化、马克思主义精髓，以及中国精神、中国制度和中国道路既是思政教育的主要内容，也是中华文化的重要组成部分，成为丰富大学英语课程人文内容的主要资源。因此，大学英语课程思政教育，其实质是以英语语言实现大学生对中华文化的认知与内化，以及在与西方文化的比较中涵育中国价值观，确立文化自信。

对实施课程思政的大学英语教师来说，要立足大学生的身心发展特点、认知能力和现实问题，使思想观念、价值取向、精神风貌等道理既平易近人、接地气，又具有感染力，这需要大学英语教师具有举重若轻的学识和学术能力。正所谓“教师要能担当起立德树人的责任，必须精通‘五术’：道术、学术、技术、艺术、仁术”①。要在中西文化比较中做到润物无声、思政无痕，大学英语教师更要精通“五术”，特别是学术和仁术，不仅要把握大学英语专业知识体系的特点，还要把握大学生的身心特点，把思想性和亲和力结合起来。可见，大学英语教师只有具备了让大学生敬重的学识，才能言传身教，文以化人，做到大学英语思政的显性和隐性、政治性和学术性、价值性和学理性、批判性和包容性相统一，引导大学生实现文化认同、价值认同和政治认同。大学英语教师要在坚守政治立场和课堂教学纪律的前提下，坚持学术研究无禁区，广泛涉猎，融会贯通，以提升学识和学术水平为基础，达到“五术”要求，高水平、有实效地开展思政教育。

大学英语课程思政教育的目的，主要而且必须通过课堂教学才能实现。在课程思政教学组织的思路与创新，教学材料的深度开发与优化利用，以学习者为中心的主体学习型教学理念的确立与落实等问题的主要方面，教师是首要的负有革命性使命的研究者和组织者，要对课程思政教学活动进行有意

① 刘正光，岳曼曼．转变理念、重构内容，落实外语课程思政［J］．外国语，2020（5）：28.

识的、系统的自我管理，从而能动地提高课程思政教学水平。在大学英语课程思政教学过程中，教师不但是主导者和组织者，而且是课程思政教学规律的认识主体，是课程思政教学规律的研究者。如果大学英语教师在思想意识中确立了这种客观存在的认识关系，通过对课程思政教育理论与方法的研究和实践，就能开拓一条有效增强课程思政研究能力之路。

大学英语教师作为课程思政教学的组织者和主导者，决不能被束缚于长期以来在大学英语教学中形成的陈旧思想和行为惯性，而应该去敏锐地把握和理解大学英语课程思政教育的全新理念和思路，成为一个主动的研究者和组织者，大胆地进行大学英语课程思政教学创新和实践，从而实现大学英语课程思政教学过程中理论思想、方法手段、教材资料、学生状态等各要素在较高水平上的优化组合。

（二）大学英语教案应成为课程思政教学和科研相互促进的平台

价值基点、文化对比方法以及教师是有效实施大学英语课程思政的关键要素，但对于具体的教学实践而言，这些要素都要落实、体现于课堂教学之中。2017 年《高校思想政治工作质量提升工程实施纲要》指出，“大力推动以‘课程思政’为目标的课堂教学改革……梳理各门专业课程所蕴含的思想政治教育元素和所承载的思想政治教育功能，融入课堂教学各环节，实现思想政治教育与知识体系教育的有机统一”。然而在现实中，目前课堂教学中出现的一些思政元素，往往因缺乏内涵而显得肤浅。其原因之一在于目前还没有解决课程思政初、中、高等教育一体化衔接问题，以及知识重复和内容侧重问题，因而不可能系统地体现“步步深”的客观要求，更不用说事实上现在的大学英语教学内容中还少有融合思政教育的知识点或元素设计。

在实施大学英语课程思政的课堂教学各环节中，通常教材被认为是最为重要的。但目前在大学英语通用教材中，尚没有一套明确提出其编写宗旨包含了贯彻课程思政的价值观引领功能，也缺乏明确提出将表达中国文化、中国道路等作为教材编写的重要原则，而思政要素在现实教材的内容比例上则更是微不足道。同时，已有的思政元素内容零散，并没有有机地与语言知识相融合；语言学习素材、教学活动、练习等相互离散，缺乏内在逻辑性，谈不上形成价值观引领；所提出的思政元素主题与相应的教材内容脱节，没有落到实处，名不副实。“对于大学英语教学而言，‘立德树人’的基本内涵主要有三个方面的内容：中国优秀传统文化、世界优秀文化、时代精神与人类命运共同体思想。”①如何把这些内涵落实为具体的教学内容和要素，依靠目前通用的大学英语教材恐怕是行不通的。

此外，大学英语课程思政教育有其鲜活的灵魂，面对着不同的大学生及其思想状态，面对着不同时间点的焦点问题，也就是说面对着大学生对思政教育的不断变化的需求。反观现有教材的研制和编制，一般过于强调系统性和规范性，所以如果仅仅依靠教材去开展大学英语课程思政，实际上反而可能会制约课程思政的效果。更何况，由于大学英语课程思政尚处在起步阶段，即便有个别教材率先编入了课程思政内容，其适用性还有待在实践中考量，远未成熟。

更为重要的是，完全依靠教材，可能会削弱大学英语教师的科研意识和科研动力。现有大学英语教材一般不但配套成龙，而且非常鲜明地体现了课程内容结构的安排，从而形成了一个具有权威性的、潜在的知识讲授程式，使大学英语教师对这个程式普遍产生了潜在的、或强或弱的依赖性。这种依赖性往往使大学英语教师感觉没有进行科研的必要，自己的工作性质就是执行目标、内容和程序业已确定的教学任务。

大学英语课程作为非英语专业大学生的必修公共基础课，其传统上的功能定位是培养学生的英语语言能力、跨文化交流能力和国际视野。大学英语课程思政使大学英语课程的功能得到拓展，成为在中西文化对比中涵育大学生中国情怀，实现国家认同、文化认同、政治认同和价值认同，增强中华文化国际影响力的重要前沿阵地。大学英语课程思政既要考虑新时代大学生的共性特征，又要关照他们的个性特点和发展需求，针对不同学科专业、学力学段的大学生，进行价值观引领，打下中华文化和马克思主义素养基础，涵育家国情怀。这种从供给侧改革角度引领大学生价值观成长的，是一种举重若轻的学术影响力和精神塑造力，需要大学英语教师具有较强的人文研究能力，而大学英语学科和大学英语教师的学术含金量也将因此得到一个大的提

① 刘正光，岳曼曼．转变理念、重构内容，落实外语课程思政［J］．外国语，2020（5）：22.

升。在实现这个提升的进程中，教案工作是一个关键的环节。

现阶段，大学英语课程思政的开展可能会在相当程度上和相当长时期独立于现有教材，而主要基于大学英语教师的人文研究能力和学术能力，平衡创新性和可操作性，突出其思想性，以文化分析范式超越传统思政教育的政治分析范式，将各类思政资源具体编排并不断搜寻、整理所需要的资料。大学英语教师在结束一个阶段的授课后，应认真地对课程思政教育进行综合反思和提升，以改进教学方法，完善教学设计，其实这也是科研工作的重要组成部分。以上这些教学和科研活动，都是大学英语教师的独立性和创新性工作，其所依托的现实平台就是教案。

教案作为教师对课程讲授内容、教学活动安排以及“漫灌”与“滴灌”相结合进行统筹的书面方案，致力于实现学生、学科、学术的有机统一，是教学实践活动中一个很重要的环节。在开展课程思政的新形势下，教案应成为大学英语课程思政教学和科研相互促进的平台。但是，大多数大学英语教师仅仅把教案工作理解为是对知识点、知识讲授程序的罗列和提炼，只是一种单一的课前计划行为。基于这种认识，教案变成了依附于大学英语教材的可有可无的课堂教学备忘录，而没有成为不断提高课程思政教学和科研水平的制高点和关键环节。

可作为大学英语课程思政的材料来源于历史、文化、政治、经济以及社会等各个方面。在选择材料编写教案时，大学英语教师可结合社会热点和学生“惑”点，筛选和凝练可实现价值观引领的素材。总体来说，应在教案中增加中国文化内容，反映中国文化特色、中国政治思想以及中国发展面貌。

吕叔湘先生曾说，“一种事物的特点，要跟别的事物比较才能显出来”①。所以，在教案的编写工作中，要在与教材中西方文化要素的比较中融入中华文化要素，这样既能介绍清楚西方文化的思想、价值和制度，也能使大学生在比较中更深刻地认识中国的思想、价值和制度，并通过学术性的阐释使大学生认同之。

比如：在教案中编制英美传统节日的材料时，可同步编入中国传统节日

① 刘正光，岳曼曼．转变理念、重构内容，落实外语课程思政［J］．外国语，2020（5）：24.

及其历史背景的英文介绍；在编制西方哲学的材料时，可同步编入中国哲学的英文资料；在编制西方党政民主制度的材料时，可同步编入对我国人民民主和协商民主介绍的英文材料；等等。此外，还可在教案中编入相应的学理阐释，从学术的角度讲清楚中华文化的特质，中国制度和中国价值相比西方的超越之处，以此根除“中国文化失语”的现象，并使大学生能够在中西比较中增强辩证思维能力和学术穿透力，确立文化自信和价值观自信。

综上所述，从大学英语课程思政教学实践的角度看，教案工作是其中的关键环节，更是提高课程思政教学创新能力和研究水平的重要途径。教案工作是大学英语教师课程思政理论研究成果和教学组织理念最生动的体现，是所有主观能动性和创造力迸发的书面预演，是教师引领大学生价值观成长的个性化行动纲领。任何对教案工作的忽视或弱化都将导致大学英语课程思政教学工作系统化创新与进步机制的缺损，造成课程思政教学和科研脱节而不是有机结合，相互促进。因此，大学英语教师应转变观念，提高增强课程思政科研能力的意识和主动性，并将教案作为课程思政教学和科研相互促进的平台，以胜任开展课程思政教育的时代要求。

（三）“中国英语”：大学英语课程思政的基石

思想政治理论是中华文化的重要组成部分，凝聚着优秀传统文化、马克思主义精髓，以及中国历史、中国精神、中国制度和中国道路等人文资源要素。在大学英语课程思政教育中，以中西文化对比为基本路径导入这些人文资源要素具有深刻意义，这不但是实现“知识传授与价值引领相结合”的课程思政功能的需要，也在客观上成为破解英语教育“中国文化失语”的契机。

《大学英语教学指南》（2020）指出，大学英语教材的编写，“应体现新时代、新要求，体现党和国家对教育的基本要求……要自觉坚定文化自信，坚持中华文化的主体性，坚守中国文化的话语权，充分体现中国特色、中国风格……应自觉融入社会主义核心价值观和中华优秀传统文化，引导学生树立正确的世界观、人生观和价值观；教材内容的选择应立足中国，面向世界，拓宽视野，博采众家之长……吸收人类文明优秀成果，为培养具有前瞻思维、国际眼光的人才提供有力支撑”。显然，大学英语教育承载中国人文要素的要求，已明确地体现在其顶层设计之中。

有学者提出，在大学英语课程思政实践中，“从形式上，通过翻译弘扬中国文化，通过英文口语表达讲好中国故事，通过写作书写中国发展，都为大学英语教学注入了新的生机”①。其实，这些英语语言在中国教育、中国文化中的应用和创新，其意义绝不应仅仅被描述为语焉不详的“新的生机”，而应该是“中国英语”生成的实践基础和关键环节。在大学英语课程思政教育教学资源的开发与创新过程中，要立足现有的体制条件、资源条件，积极主动地把对“中国英语”（China English）的研究和实践作为开展大学英语课程思政的基石。

当前，作为世界通用语的英语已经成了包含多元平等的国别变体各成员的世界英语（World Englishes）大家庭，这就决定了英语所蕴含的文化内容不应该也不可能再局限于英美文化本位了。国内学界那些套用国外社科理论（如卡齐鲁的“世界英语”理论）的学者，没有看到现代中国及其文化的复兴对旧有英语变体理论所形成的冲击，在英语教育中仍然抱守英美文化本位的理论正统和政治正确，已滞后于社会发展和国家战略需求。应该看到的是，中华民族伟大复兴的进程势不可挡，“一带一路”倡议在全球推进，建设人类命运共同体的影响日益扩大，中国思想文化对人类前途命运的价值和意义逐渐得到世界肯定，以“国际通语”英语承载中国思想文化走向世界将是时代大势。因此，在以大学英语课程思政教育引领大学生价值观成长的时代潮流下，在中国文化资源世界需求增长的大势下，通过中国特色的教育体制，经由大学英语课程的开发和实践把承载中国思想文化的英语表达“制度化”，并向国际社会推广、传播和完善，这将形成大学英语学科的“中国英语”供给侧改革。以大学英语课程思政的推进为契机，“中国英语”的生成将同步推动中国英语教育价值取向由“英美文化本位”转向“中国文化本位”，从而逐渐形成“中国英语逆生长理论”得以实践的学术和政策环境，这也是笔者在专著《中国近现代高校英语教育变迁与中华文化复兴》中提出来的一个关于在中国国情下“中国英语”制度化变体生成规律的理论。

① 叶俊，盘华．“四个自信”视域下大学英语课程思政功能的实现路径［J］．学校党建与思想教育，2020（10）：46.

“中国英语”（China English）表面上看是一种语言现象，实质上是一种文化现象，是一种独立而影响力日趋强大的非英语文化对英语本身所形成的渗透和文化触变。英语之所以为全球通用，是因其“为全世界英语使用者共同享有……包括各种地域、文化特征的本土化的英语表达形式”①。卡奇鲁（Kachru）关于世界英语的“三个同心圆”理论，正是一种对英语随着大英帝国的移民和殖民运动，以及美国的崛起而向世界传播的历史进程的描绘。世界英语概念的提出源于现实的历史背景，其对颠覆英美在英语语言世界的霸权，形成多元平等的英语国别变体生态意义重大。

当前，学界一般认为存在中国英语变体，但只是使用型变体，而非制度化变体，卡奇鲁的划分标准作为权威观点得到认同和追随。目前学界普遍认为，“中国英语是以标准英语为核心，具有中国特点的并适合用来表达中国文化的语音、词汇、句式和语篇的使用型变体，一般通过音译和译借手段等来实现”②。在中国，因为英语从来不是官方语言或第二语言，因而只能是使用型的变体，其被认为不同于制度化的变体，如印度英语等。

在否定“中国英语”存在的观点中，最典型的是“中国不应该也不需要有一种英语的中国变体”③。其作者认为，不存在国别变体的“中国英语”。他根据卡奇鲁的理论，认为“作为外语而用于国际交流的英语变体是未被看作国别变体的，所以，从一定角度讲，在我国使用的英语还称不上是一种变体”④。中国有主要的共同语言汉语，所以不需要发展英语为共同语言从而形成“中国英语”这样的国别英语变体。此外，中华人民共和国成立后，殖民主义已在中国已被铲除，作为殖民主义产物的“英语海外变体”“皮钦语”“洋泾浜语”等自然不可能再形成和发展了。显然，该作者的观点全盘套用了卡奇鲁的理论模式，而忽视了考察英语在中国实践的历史与发展趋势。这涉及卡奇鲁理论的局限性，就是其虽然“提出不独英语本族人设定标准，二语

① CRYSTAL D. The future of Englishes [J]. English today, 1999, 15 (2): 11.

② 乔春华，周华媛，骆红亚．中国英语在中国文化输出中的作用及实现路径研究［J］．科学 经济 社会，2012 (3): 186.

③ 陈文存．简析“Chingglish”［J］．四川师范学院学报，1999 (4): 68.

④ 陈文存．简析“Chingglish”［J］．四川师范学院学报，1999 (4): 70.

英语使用者也正在形成并提供标准，但把所谓的外语使用者排除在外”①。

卡奇鲁关于英语属权理论的产生背景是20世纪六七十年代世界上风起云涌的反殖民主义的民族解放运动，该理论顺应了前殖民地国家民族独立、国际关系民主化等历史潮流，在英语语言领域对英语本族语者的霸权发起冲击，以世界英语的概念引导前殖民地国家英语变体争取独立地位，以成为平等的一员。正是基于非英语本族语者社会对英语的实际运用，英语的使用主体和功能的多样化得以发展，对这样的在实际运用中产生的英语变体，英语非本族语者也拥有属权，从而否定了英语本族语者对英语属权的预设。

按照卡奇鲁等人的经典理论，在外圈的使用英语的国家里，英语的作用是在“国内”的生活、教育、行政、经济等活动中充当语言媒介；而随着时间的推移，英语的变异会在这个国家的区域内固定下来，形成制度化的变体。也就是说，由于英语在外圈国家中第二语言或官方语言的社会地位，英语成为人们在日常生活中用于交际的一种语言，这样英语在当地文化中就会发生变异并自然累积、成长，经由教育体系成为国别变体，具有了本体论意义。反观中国，英语从来都是被作为一门外语课程在课堂上学习，所以，即便存在“中国英语”，也只是国际使用型变体，不存在产生本体论的基础。这种认识下所产生的关于发展“中国英语”的思路往往是重于研究交际技巧，且隐含着以英语母语者的交际对象为中心的心理定式，没有“中国英语”的本体意识。

当某些曾经经典的理论在快速全球化的时代遇到磅礴复兴的中华文明时，其解释力常常是不足的。这种承载中华文化的英语形成过程是具有本体论意义的制度化变迁，是在中华文明复兴的大势下，世界政治、经济、文化、科技全球化发展的必然结果。只是，由于“中国英语”发展的条件迥异于殖民时代以英语为第二语言或官方语言的国家，所以“中国英语”发展的机制也异于那种国内交际自然积累的模式，而是以教育系统的研发和教学为核心，自主推动包括中国在内的国际社会通过交际而使用传播的逆生长机制。认识并引导“中国英语”本体的逆生长，是从理论上和实践上确立中国高校英语

---

① 李文中．《理解国际通用英语》述评［J］．外语教学与研究，2014（6）：952.

教育“自文化本位”政策的关键环节。

现在，已有学者就“中国英语”的研发与教学进行了一些探索。例如，有学者认为，“中国英语”是中国文化的标记，是能够彰显中华民族文化特征的语言形式；“中国英语”在发展过程中，应与时俱进，不断吸收创新，注重吸收现实中国在政治、经济、军事、文化、科技等领域的发展的新成果，在词汇、句法和隐喻等方面不断产生、创新中国英语的新形式，如“三个代表”（Three Represents），走出去（Going Global），中国宇航员（Taikonaut）等。随着中国国家实力的提升，中国在国际社会中扮演着越来越重要的角色，中国的国际影响力也日益加强，全球媒体有关中国的报道逐渐增加，“中国英语”频繁出现在国内外各大媒体上，从而为世界所知。这些中国英语往往是一些汉化的英语词汇，通常采用拼音加注释，全音译汉语词汇，按中文字面意义直译或直译加注释等方式形成，具有强烈的汉语特色，折射了汉语中的文化意象[①]。

至于有学者质疑，“中国英语”“是否是稳定、独立的语言学变体，还不宜盖棺定论”[②]，原因就在于他们还没有发现或者根本不愿意发现“中国英语”如何发展成稳定、独立的语言学变体的规律，更没有为此付出行动，而是预设地、教条地否定了其可能性。大学英语课程思政的实施，在政策上开启了“中国英语”在中国社会文化环境和体制下“逆生长”的进程，将丰富和完善“世界英语”理论的解释力，形成英语语言的新的制度化变体。

---

① 乔春华，周华媛，骆红亚．中国英语在中国文化输出中的作用及实现路径研究［J］．科学·经济·社会，2012（3）：184-188.

② 高一虹，许宏晨．“世界英语”及“中国英语”研究：新世纪的挑战与展望［J］．新疆师范大学学报（哲学社会科学版），2015（5）：127.

第三篇 教学方法

法治影视案例在合同法课程思政中的自然融入与应用

王德山
（首都经济贸易大学　法学院）

【摘　要】 课程思政是提高法治人才培养质量的必然要求，也是提高法治人才培养质量的有效途径。法治影视案例教学的做法是由案件的当事人将案情讲述给学生，将抽象、枯燥的基本理论和基本知识通过影视案例活灵活现地展示给学生，将课程思政元素自然融入课堂教学中，使学生在不知不觉中得到教育，同时有效理解和掌握所学基本知识和基本理论。所选用的影视案例应当蕴含适宜的课程思政元素，同时案情应简单新颖，契合教学目标。在课堂教学中使用法治影视案例，主要是以案例形式进行价值观的引导和培育，以案例引导教学内容，以案例巩固深化讲授的知识和以案例进行综合应用训练。

【关键词】 法治影视案例　合同法　课程思政　融入与应用

引言

迄今为止，以习近平同志为核心的党中央已经提出了一系列全面依法治国的新理念新思想新战略。全面实现依法治国离不开卓越的法治人才队伍，而高等学校法学教育担负着法律人才培养的重任，必须“深入研究和解决好为谁教、教什么、教给谁、怎样教的问题”。因此，法学教育如何将思想政治教育融入法学人才培养的全过程，使学生既具备丰富的法学专业知识，又具备牢固的政治信念和高尚品德，是非常值得研究的课题。将具有鲜明思政元素的法治影视案例生动自然地融入合同法教学，可大大提高教学效果。

一、课程思政是培养法治人才的必然要求

（一）教书育人与课程思政

大学生不但应当具有深厚的专业知识，而且还必须牢固树立正确的世界观、人生观和价值观，政治立场坚定，树立勇于担当和科学创新的精神，唯有如此，才能肩负起实现中华民族伟大复兴的历史使命。因此，高校教师在教学过程中不仅仅是将课本知识传授给学生，更为重要的是必须做到教书育人，对学生进行正确的价值引领，培养学生具有坚定的政治信念和高尚的道德情操。

课程思政的目的是把立德树人作为根本任务，将价值理念以及精神追求等思想政治教育元素融入教学过程，使所有课程都充分发挥思想政治教育职责，实现全员全程全方位的“三全育人”①。培养什么人、怎样培养人以及为谁培养人是卓越人才培养的根本问题，而思想政治教育正是解决“培养什么样的人”、“如何培养人”以及“为谁培养人”的问题。高校教师应坚持把立德树人作为根本任务，根据课程内容和特点，深入挖掘思政元素，将思想政治教育融入专业课教学之中，注重和加强培养学生牢固树立正确的世界观、人生观和价值观，具备坚定的政治信念，勇于担当，为中华民族伟大复兴作出自己应有的贡献。

（二）政治素养是法治人才的必备要素

党中央提出全面推进依法治国，实现这一目标离不开强大的法治人才队伍，而坚持正确政治方向是法学教育的根本要求。习近平总书记关于“立德树人、德法兼修，抓好法治人才培养”的论述，指明了法学教育必须坚持德法并举。法治人才培养的质量标准，除了要具有厚实的法学理论知识和法律专业素养外，还应具有坚定的社会主义信念与坚实的思想政治素养，以及高尚的法治职业道德情操。

高等院校肩负着培养法治人才的重大使命，法学教育不仅应从法学基础知识方面进行培养，更应立德树人，德法兼修，重视培养法科学生的道德品质修养。法学专业的课程思政既是提高法治人才培养质量的有效途径，也是

---

① 王志泓．在法学教学中开展课程思政的探索与研究［J］．辽宁高职学报，2020（12）：58.

提高法治人才培养质量的必然要求。因此，对学生政治素养的培养和教育是每门课程每位教师的职责所在，应当自觉践行“三全育人”理念，在教学活动中根据课程内容，将思想政治教育融入专业课教学之中，把思想政治工作贯穿教育教学全过程，将社会主义核心价值观教育贯穿法治人才培养的各环节。

（三）课程思政是培养高素质法治人才的重要保障

如前所述，法律从业者不仅要掌握扎实的法律基础知识，更为重要的是还必须具有正确的世界观、价值观和高尚的道德情操。为此，课程思政是培养高素质法治人才的重要保障。

在法治人才培养过程中，学生政治意识、思想觉悟的不断提高需要通过思想政治教育来实现。教师在讲授法学专业知识的同时，应促进学生正确价值观、人生观、世界观的树立，养成良好的职业道德，德法兼修，为此必须结合法学课程的特点和所包含的思政元素，紧紧抓住课堂教学主渠道；所有法学课程和所有教师都应承担育人的职责，守好一段渠、种好责任田，在提升学生法律意识、法律精神和法学素养的基础上，用社会主义核心价值观引领法学教育教学，把对学生的思想政治教育自然融入法学教学之中，做到内化于心、外化于行①。

二、法治影视案例在合同法教学中的新突破

（一）自然融入课程思政

长期以来，教师在法学课堂教学中基本上是依靠一本教材、一份 ppt 和一张嘴，将法学课程的基本知识和基本理论讲授给学生；学生则始终是在虚拟、抽象的教学环境中被动接受，特别是在对学生的政治教育方面，枯燥的政治说教很难让学生接受，教学效果非常有限。

法治课程影视案例教学，是在合同法等应用性较强的法学课程教学过程中，将电视台法治栏目播放的与合同纠纷有关的真实案例，按照教学要求经过加工编辑，作为教学案例在课堂上进行播放，并结合该案例将法学基本知

---

① 雷裕春．法学本科专业课程思政教育体系构建研究［J］．广西财经学院学报，2021（3）：86；金玉．法学通论课程思政教育教学改革探究［J］．蚌埠学院学报，2019（5）：90.

识、基础理论直观而生动地传授给学生的实践教学方法。同时，通过生动的影视案例，将课程思政的要素自然融入课堂教学中，使学生得到“润物无声”的教育，政治素养得到提升，课程思政达到最佳效果。

（二）调动和激发学生学习的积极性和主动性

法学知识和法学理论大都是抽象的表述，而教师在授课中如果仍然抽象地讲述理论和解说法律条文，这种灌输式的教学难以激发学生的学习兴趣，教学质量必将受到影响。即便是采用传统的案例教学法，假如教师也只是口头叙述案情或者展示单一的文字材料，则对学生而言无论是听到的案情叙述或是看到的文字材料，也都只是某种抽象的表述，显然，这种单一地运用听觉或者视觉的方法并没有摆脱传统的讲授教学方法。

法治影视案例作为一种实践教学方法，是指教师在讲授合同法基础理论和基础知识时，利用多媒体播放影视案例，将生动形象的法学案例展现给学生。通过这种由案件当事人将案情讲述给学生的形式，使真实的人、真实的案情、真实的场景展现在学生面前，这样呈现的就不再是以往单一的文字或者声音，而是将案情通过影像、声音、文字等生动形象地讲述给学生，把抽象、枯燥的合同法基本理论和基本知识通过影视案例活灵活现地展示给学生，这样不但可以有效地吸引学生的课堂注意力，而且能够激发学生学习的积极性和主动性。

（三）有助于学生对法学知识的理解和应用

在传统的法学课堂教学中，教师通过课题讲述的方式将法学课程的基本知识和基本理论讲授给学生，比较抽象，学生往往难以理解和接受。虽然在教学中也采用一些文字案例帮助同学理解和掌握所学知识，但无论是由教师口头叙述案情还是学生观看文字案情，总体来说仍然是一种传统的教师讲学生听的灌输式教学，与学生面对真实的当事人和真实的案情相比仍有不小的差距，因而教学效果有限。

影视案例教学弥补了传统法学课堂教学的不足。它充分发挥了影像、声音、文字等多种信息于一体的优势，由案件当事人讲述原汁原味的案情，这样学生在课堂上就如同在现场面对当事人，从而接触了实实在在的案情和真实的法律问题，可在客观认知案情的前提下准确把握案情中存在的法律问题。

这样，学生不出课堂、不出校门就能切身体验和感知真实的法律场景，有助于学生深入理解并掌握所学合同法基本知识和基本理论。如果再组织学生对这些案例进行讨论、分析，引导学生如何运用法学理论去处理法律事务，则可以大大提升学生法学知识的应用能力①。

三、法治影视案例的选用与思政融入

（一）法学课程思政的目标

课程目标是教育价值观在课程领域的具体化。法学课程思政的目标是坚持以马克思主义法学思想和中国特色社会主义法治理论为指导，以社会主义核心价值观为引领，使学生不但拥有深厚的法学知识和法律实际应用能力，具有法律意识、法律精神和法学素养，而且立德树人，德法兼修，忠于党忠于祖国，具有坚强的政治信念，高尚的道德情操，勇于担当和创新精神，愿意为社会主义法治事业作出自己的贡献。

除了法学课程思政的总体目标外，每门课程也应当根据本课程的特点、课程思政融入元素等，确定各自专业课程的具体目标。就合同法课程而言，其课程思政的目标是结合合同法课程的基本特点，在合同法课程教学中深入挖掘课程中蕴含的诚实守信、公平、公正等思政元素和资源，并将其融入合同法专业课程；牢牢抓住学习贯彻习近平新时代中国特色社会主义思想这条主线，充分发挥合同法课堂教学的育人主渠道作用，强化价值引领，构建合同法专业知识学习、思政教育和专业技能训练三位一体的教育教学体系；将知识学习与思政教育相统一、知识传授与价值引领相融合，将学生培养成为既拥有合同法专业基本知识和基本技能，又具有社会主义核心价值观和正确的人生观，恪守职业道德的卓越法律人才。

（二）法治影视案例选用原则与要求

1. 具备课程思政元素

如前所述，课程思政是法学课程的首要任务，是培养高素质法治人才的

① 王德山，郝晓敏．法律案例视频在“合同法”课堂教学中的应用初探［G］// 首都法学教育研究（5）．北京：对外经济贸易大学出版社，2018：235.

必然要求，这就需要在教育教学的各个环节始终坚守这一理念。因此，在选用法治影视时也必须重点考虑所选用的影视案例是否具备课程思政的元素，并通过法治影视案例将其自然融入教学过程之中，使法治影视与思政教育相融合，潜移默化，润物无声地开展对学生的思政教育，从而取得优质的思政效果。事实上，在合同法中蕴含着大量的思政元素，如诚实守信、公平、公正等。

2. 明确教学目标，契合教学内容

播放影视案例必须服务于课堂教学目的。因此，在选用和播放影视案例之前必须具有明确的教学目标。应用法治影视案例，一是为了培养学生德法兼修的素养，二是帮助学生理解并掌握所学合同法等法学基本知识和基本理论，以达到更好的教学效果。因此，法治影视的选用应当注重知识性、典型性、问题导向性、应用能力培育性和新颖性等。

影视素材是否适当，直接关系授课的质量。法治影视分散于各电视台法治节目、网络媒体中，数量众多，题材广泛，教师应从浩瀚的影视作品中挑选高度契合法学课程教学大纲和课程教学的内容，使之适合课堂教学和思政教育。同时，教师必须根据教学大纲，紧紧围绕教学内容和教学目标，高度契合每节课的课程思政和教学内容，使所选用的影视案例中具有一个或若干个授课内容的知识点，且与授课内容的进度和难度相匹配，这样才能发挥影视案例教学的优势，实现影视案例教学目的①。

3. 案情应当简单新颖

现实中，由于课堂教学时间和学生所掌握的法学知识均有限，因而课堂所选用影视案例的案情必须简单明了，所涉及的法律问题和知识点要突出。如案情比较复杂，则将直接影响学生对案情的理解和把握，反而不利于学生对法学基本知识和基本理论的理解和掌握，也因此难以达到应用影视案例的目的和效果。此外，所选用的影视案例应当是新近出现的案例，特别是社会上新发生的群众关注度比较高的案例，这样易于调动学生的积极性和参与性，引起学生共鸣。较为陈旧的案例，或许已经与现行法律制度不相符，既影响

① 李巍，席小涛．视频案例教学及其应用策略分析［J］．兰州教育学院学报，2013（9）：63.

学生对新知识新理论的学习，也不利于激发学生的学习兴趣[①]。

（三）合同法课程思政融入的具体内容

合同法与我国改革开放和市场经济紧密相连，自身即蕴含着丰富的思政内容。根据合同法各个章节中的教学内容，可以相应融入以下这些必要的思政元素。

1. “四个自信”

在合同法概述的章节中，根据我国合同法立法的发展历程，即从无到有，从民法通则、经济合同法、合同法直到现行的民法典等事实，向同学展示随着改革开放的不断深化和经济发展的不断发展完善，我国已经形成了完备的合同法律制度体系，这充分体现了全面依法治国，体现了我国法律制度的科学性和中国特色社会主义法律制度的独特优势，以此增强学生的“四个自信”，即中国特色社会主义道路自信、理论自信、制度自信和文化自信。

2. 诚实守信

诚实守信是中国千百年传承下来的道德传统，在民法中被奉为帝王原则。此元素的融入，一是通过合同法中诚信原则的讲授和学习，引导学生培育和践行诚实守信的社会主义核心价值观，德法兼修；二是在合同订立部分，教师在讲授中应明确指出合同订立的法律要求和内容，即从订立时起就应当秉持诚实守信，不得欺诈、胁迫对方等；三是教师应指出在合同履行、终止、变更、解除等过程中必须诚实守信，严格按照合同约定履行义务，从而培养学生自觉践行诚实守信的社会主义核心价值观。

3. 公平、公正

公平、公正是法律追求的基本价值之一，既是衡量社会文明进步的重要尺度，也是社会主义核心价值观的重要内容。作为法律人，应当始终以公平、公正为价值导向。教师在合同订立、合同履行、违约责任等章节的内容讲授中，应培养学生坚持公平、公正的社会主义核心价值观，维护市场交易秩序，树立良好的职业道德。发生合同纠纷后，无论是当事人或法院都应当依法行

① 王德山，郝晓敏．法律案例视频在“合同法”课堂教学中的应用初探［G］// 首都法学教育研究（5）．北京：对外经济贸易大学出版社，2018：234.

事或裁判案件，坚持公平、公正，维护社会和谐与稳定。

4. 维护国家利益，坚持社会公德

教师在合同订立、合同效力、合同履行等章节的讲授中，应当注重培养学生维护国家利益和社会公共利益的社会主义核心价值观，即不得以任何方式和手段损害他人合法权益，不得损害国家利益和社会公共利益。根据民法典规定，违背公序良俗的合同无效。因此，教师在合同法授课过程中应教育和培养学生遵守社会公共秩序，坚守社会公德，树立正确的人生观和价值观，不得因一己私利而损害社会公共利益和他人合法权益。

5. 法治意识、守法意识和规则意识

教师在合同效力、合同履行和违约责任等章节的讲授中，应当注重培养和增强学生的法治意识、守法意识和规则意识。遵纪守法是每个公民的基本义务，根据民法典规定，违反法律行政法规强制性规定的合同无效。当事人对于所签订的合同应当积极履行，依法行使自己的权利；在符合法定条件时才能依法抵销、提存或解除合同，并应妥善处理合同终止后各项问题，保护他人隐私、合法权益和商业秘密。

6. 和谐、友善和协作

教师应在讲授中指出，在合同履行过程，当事人应根据具体情况就履行中的各种问题及时沟通，相互配合，积极协作；如果客观情况发生变化，可以及时变更合同，积极维护各方当事人的权益。同时，当事人发生合同争议时，应当本着和谐友好的原则协商处理，尊重和维护他人的合法权益。以此教育和培养学生和谐、友善的意识。

7. 绿色、低碳和节约社会资源理念

教师还应在讲授中指出，在合同履行过程中，当事人应采用最有利于绿色、低碳和节约社会资源的理念。例如，如果一方违约，则合同如果继续履行在经济上即为不公平不合理，此时应当依法解除合同。以此教育和培养学生绿色、低碳和避免浪费社会资源的理念。

四、法治影视案例在课堂教学中的应用

选用和播放的案例影视前，教师应当先明确该案例所要解决的法律问题，

使之具有问题导向性以及与教学内容的契合性。同时，为了达到影视案例教学的预期效果，教师应当根据本课程的教学内容和教学目标，深入挖掘影视案例中拟讲授的知识点。具体而言，对于法治影视案例的使用，根据教学目的可以分为以下三种类型和方式。

（一）通过案例对学生进行价值观的引导和培育

出现在法治影视中的，大都是自然人、法人或非法人组织在生活或生产经营过程中发生的真实案例。每个案情所反映的不单是当事人之间的法律纠纷，还包含着社会道德、价值观和人生观等因素，其中既有符合社会主义核心价值观的情形，也有有悖于社会主义核心价值观的情形。教师在合同法教学中，应通过每个典型案例的讲授，对积极向上的行为大力宣扬，鼓励同学们学习；对消极的因素进行批驳，并注意进行正面引导。由此，将课程思政元素自然融入课程教学中，使学生在不知不觉中得到教育，使学生的思政水平在潜移默化中得到提升。这样，可避免思想政治教育的硬性灌输和枯燥说教，使课程思政达到最佳效果。

（二）以案例引导教学内容

以案例引导教学内容，是指教师在讲授新的知识前通过案例提出一个或若干个合同法律问题，即通过案例形式展开拟讲授的知识点，从而使学生对教师的授课产生兴趣，带着问题学习新知识。对此，教师应先根据需要讲授的新知识播放影视案例，并提出与授课内容相关的法律问题，引发学生的思考。之后，再结合案例讲授法律知识，将知识学习与案情融为一体。通过影视案例引出法律知识点不但能够激发学生的学习兴趣，使学生带着问题学习，领会新知识，而且可把抽象的合同法理论和知识有形化、问题化、具体化，便于学生理解并掌握所教授的新知识。

（三）以案例巩固深化讲授的知识

巩固深化讲授的知识，是指教师在讲授法律知识之后，针对所讲授的内容播放影视案例，以使学生更加深刻地理解并掌握相关法律知识和理论，从而提升教学效果。在学生对所学知识有了一定的理解和掌握之后，教师将事先准备的影视案例播放给学生并有针对性地提出问题，再由学生运用学过的理论知识去分析案情，从而深刻理解、巩固和掌握本节课程所学知识。

（四）以案例进行综合应用训练

综合应用训练，是指教师根据学生之前所学的法律知识，结合本课程内容提供综合性案例，以综合训练学生所学全部法律知识和法律理论。综合训练案例的特点之一是不限于某节课所学的知识，而是将已学过的全部法律知识和将要学习的知识结合在一起进行综合性应用训练。在综合训练过程中，应进行充分分析和讨论，形成师生互动，全面分析影视案例中的法律问题，以此培养学生的法律思维，特别是培养学生的实际应用能力，即训练和培养学生分析问题和解决问题的能力。

在综合应用训练中，教师的归纳、点评和总结是影视案例课至关重要的环节。教师应和学生积极互动，通过点评使学生养成良好的法律思维，掌握应用法律的基本技能。

结语

法学课程的关键在于理论与实践的结合，即不仅仅是传播法律知识，更重要的是教育与培养学生的思维能力及法律实务技能，因此，案例影视教学法是实现卓越法律人才培养目标的有效方法①。总体而言，法律影视案例教学方法在课堂教学中具有很大优势，可以提高教学效果和教学质量，使学生更好地掌握所学的法学理论知识与实践技巧。特别是，教师可以通过这一方式将课程思政自然融入教学过程中，有利于开展正确的价值引导，培养学生正确的人生观和价值观。总之，随着科技、社会的不断发展以及对法律人才的新要求，教学方法应当不断进行改革和探索，以形成更多更优的教学方法。

参考文献

[1] 张文显．法理学［M］．北京：高等教育出版社，2011.
[2] 王志泓．在法学教学中开展课程思政的探索与研究［J］．辽宁高职学报，

① 尚国萍．案例视频教学在法学教育中的应用［J］．大学教育，2015（1）．

2020 (12).
[3] 王学俭，石岩．新时代课程思政的内涵、特点、难点及应对策略［J］．新疆师范大学学报，2020 (2).
[4] 雷裕春．法学本科专业课程思政教育体系构建研究［J］．广西财经学院学报，2021 (3).
[5] 金玉．法学通论课程思政教育教学改革探究［J］．蚌埠学院学报，2019 (5).
[6] 苗泳，刘燕玲，郭伟．“课程思政”视域下行政法课程教学模式的改革与创新［J］．河北大学成人教育学院学报，2021 (2).
[7] 俞丹，陈虎．法学专业课程思政“问题导向”教学探索［J］．宁波广播电视大学学报，2020 (4).
[8] 唐素林．高校法学“课程思政”教育教学改革发展探究［J］．高教学刊，2021 (1).
[9] 肖灵姗．加强法学专业课程的思政教育建设［N］．河南日报，2020-12-25 (理论版).
[10] 李瀚淡．应用型高校法学课程思政教育教学实现路径［J］．豫章师范学院学报，2021 (1).
[11] 杜麒麟．法律硕士“民法学”课程思政的探索［J］．绍兴文理学院学报，2020 (12).
[12] 林安民．影视案例在“思想道德修养与法律基础”课教学中的探索［J］．思想理论教育导刊，2015 (4).
[13] 王龙，王宫蛟．法理学课程思政建设的价值、路径与方法［J］．甘肃教育研究，2021 (2).
[14] 李巍，席小涛．影视案例教学及其应用策略分析［J］．兰州教育学院学报，2013 (9).
[15] 张晓慧．高职法学教育中影视案例教学法探究［J］．才智，2013 (17).
[16] 尚国萍．案例影视教学在法学教育中的应用［J］．大学教育，2015 (1).

情景模拟教学法在非营利组织管理课程教学中的应用现状及改进策略

王世强
（首都经济贸易大学　城市经济与公共管理学院）

【摘　要】非营利组织管理是高校公共事业管理、行政管理、社会工作等专业的重要课程。情景模拟教学法通过在人工创设的环境中模仿真实世界过程，以角色扮演的形式进行互动式教学。深入分析情景模拟教学法的作用与效果，对于促进非营利组织管理课程教学具有重要意义。笔者在分析情景模拟教学法的内涵与意义的基础上，通过对全国35所高校的实证调查，分析了情景模拟教学法在非营利组织管理课程中的应用现状、存在问题和原因，并从提高教师对情景模拟教学法的认知，完善情景模拟教学法的应用流程，培养学生对情景模拟教学的参与意识等方面提出了情景模拟教学法的改进建议。

【关键词】情景模拟教学法　非营利组织管理　课程教学　实证调查　改进策略

一、研究背景

加强非营利组织人才队伍建设，建设一支结构合理、素质优良的人才队伍，是推动我国非营利组织良性发展的必然要求。非营利组织管理是高校公共事业管理、行政管理、社会工作等专业的重要课程，它是关于非营利组织的领导、组织和治理的一门专业课程，可以划分为非营利组织的概念与理论、历史与现状、理念与原则、战略管理、内部治理、人力资源管理、筹款管理、项目管理等八个模块以及非营利组织自身运作管理、政府对其的管理两个层面①。

① 王世强．非营利组织管理［M］．北京：首都经济贸易大学出版社，2018：3-4.

非营利组织管理课程是随着全球非营利组织的迅速发展而设立的。美国约翰-霍普金斯大学早在20世纪70年代就开设了非营利组织管理课程，在我国则始于1998年清华大学非政府组织管理（NGO）研究所的成立，此后迎来迅速发展，目前我国已有100多所高校开设了非营利组织管理相关课程。非营利组织管理作为管理学的一个分支学科，旨在培养学生分析问题和解决问题的能力，特别注重公益意识、创新思维和实践能力的培养，这就要求其教学目标强调在复杂环境下的应变性和策略性，情景模拟教学法正是在这一背景下被引入非营利组织管理的课程教学之中的。

情景模拟教学法最早应用于第二次世界大战期间的美军培训，其核心是采用实地演练的方式，使学员领悟教学内容，将实践操作与理论学习相结合，进而提升学员能力①。在内涵界定上，情景模拟教学法的特征可以概括为师生平等、多向互动、环境仿真、优化情景、开放思维等。笔者认为，情景模拟教学法是在人工创设的环境中模仿真实世界的过程，是通过角色扮演的形式进行学习的一种互动式教学方法。情景模拟教学法在教学中具有突出优势。一方面，在模拟真实的环境中，由学生进行故事展现和策略应对，能有效提升学生的实践能力；另一方面，体现课堂教学过程的互动性、平等性，实现师生之间、生生之间的多向互动，促进课堂气氛的融洽、和谐。目前，情景模拟教学法已在非营利组织管理课程中逐步推广，但其应用情况与预期目标之间还有不小的差距，影响了人才培养目标的达成以及教学改革目标的实现，因而有必要完善情景模拟教学法的应用方式。

目前，学术界对情景模拟教学法在社会科学领域学科中的应用已开展了一些研究，如邵世刚在“多维情景模拟”理论的基础上构建了“多维情景模拟教学与管理体系”②，徐改、夏星分析了情景模拟教学中的教师角色③，刘雪明从作用与效果出发，对情景模拟法在公共政策课程教学中的应用进行了

---

① 刘俊．论经验学习理论与情景模拟教学法的完善［J］．广东行政学院学报，2013（3）：95-98.

② 邵世刚．中职酒店管理专业多维情景模拟教学与管理体系［J］．中国职业技术教育，2017（14）：92-96.

③ 徐改，夏星．干部教育情景模拟教学中教师角色刍议［J］．国家教育行政学院学报，2010（11）：39-42.

研究[①]，钟华、韩伯棠研究了博弈论课程中情景模拟教学法的应用[②]，李玮从操作过程和遵循原则出发，对情景模拟教学法应用于管理学教学的情况进行了分析[③]，薛静则分析了情景模拟教学法在商务沟通教学中的运用[④]。一些学者对非营利组织管理课程的教学改革进行了研究，如温艳萍分析了课程的教学改革对策[⑤]，刘志明提出了理论教学与课程实践相结合的思路[⑥]，谢敏对课程的教学改革途径和改革成效进行了分析[⑦]；还有一些学者研究了不同教学方法在非营利组织管理课程中的应用，如徐鹏军等分析了翻转课堂教学模式在课程中的应用[⑧]，李潇则对案例教学法在课程中的作用进行了研究[⑨]。笔者通过综合考察后认为，情景模拟教学法作为一种新型互动式教学模式，在课程教学改革中的作用毋庸置疑，但目前学术界对情景模拟教学法在非营利组织管理课程中的应用研究还远远不够，迫切需要对其进行深入研究。

笔者基于对全国35所高校的实证调查，综合运用文献法、问卷法和访谈法等研究方法，从情景模拟教学使用情况、教学内容情况和教学目标实现情况等方面对情景模拟教学法在非营利组织管理课程中的应用现状进行了调查，以定量分析和定性分析相结合的方法对情景模拟教学法在具体应用中存在的问题进行了分析，并结合教育教学实践经验提出了改进建议，以期提升情景模拟教学的应用效果。

---

① 刘雪明．情景模拟法在公共政策课程教学中的应用［J］．教育评论，2011（1）：94-96.

② 钟华，韩伯棠．博弈论课程情景模拟教学探索：以考试方案设计为例［J］．学位与研究生教育，2012（5）：60-62.

③ 李玮．情景模拟教学法对管理学教学的启示［J］．教育探索，2008（7）：63-64.

④ 薛静．浅谈情景模拟教学法在“商务沟通”教学中的运用［J］．教育与职业，2010（26）：155-156.

⑤ 温艳萍．论《非营利组织管理》课程的教学体会与反思［J］．才智，2017（21）：145.

⑥ 刘志明．非营利组织管理课程教学探索［J］．科技视界，2015（14）：49.

⑦ 谢敏．非营利组织管理课程教学改革研究：以广西G市X高校为例［J］．黑龙江教育，2015（7）：16-17.

⑧ 徐鹏军，户强强，万斌，等．翻转课堂教学模式研究：以《非营利组织管理》课程教学为例［J］．农村经济与科技，2020（3）：339-341.

⑨ 李潇．案例教学法在《非营利组织管理》课程教学中的作用及运用［J］．金融理论与教学，2015（1）：100-102.

二、研究方法和样本情况

情景模拟教学法有助于发挥教师对学生的引导作用，使授课过程更富有感染力和针对性，并以此调动学生的积极性和活力，提高学生分析问题和解决问题的能力，这符合非营利组织管理教学的培养目标。但从非营利组织管理的教学实践来看，由于师生对这一教学法不熟悉以及对传统讲授式教学法的路径依赖，使情景模拟教学法在非营利组织管理课程教学中的普及性和有效性存在不足。情景模拟教学是基于培养学生“核心素养”的教学活动，要衡量其教学活动的效果，需要从学生核心素养的塑造上进行综合考察。为此，笔者制作了针对非营利组织管理课程情景模拟教学的调查问卷，面向非营利组织管理授课教师和本（专）科学生发放，并辅以面对面的现场访谈，以期对情景模拟教学法的应用情况、效果和存在问题进行全面了解与分析。

为全面了解非营利组织管理课程情景模拟教学的现状，笔者对全国 35 所高校非营利组织管理课程的情景模拟教学情况进行了问卷调查，问卷分为授课教师问卷和学生问卷两类。下发教师调查问卷 85 份，回收 82 份，有效问卷78 份，问卷有效率约 95. 1%；下发学生调查问卷 600 份，回收 588 份，有效问卷 556 份，问卷有效率约 94. 6%。问卷为研究者自行设计，问卷由个人基本信息、对情景模拟教学法的认知度、应用情况、应用效果、应用评价以及应用影响因素等模块构成，其中教师问卷设置了 22 个问题，学生问卷设置了 20 个问题。

以下是对回收的 634 份有效师生问卷的统计情况。首先，在样本的高校地域方面（图 1），华东地区高校占 15. 7%，华南地区高校占 15. 2%，华北地区高校占 14. 9%，华中地区高校占 14. 3%，西南地区高校占 14. 0%，西北地区高校占 13. 2%，东北地区高校占 12. 7%。其次，在样本的高校类型方面（图 2），“985 工程”院校占 22. 2%，“211 工程”院校占 20. 8%，中央部属本科院校占 19. 7%，省属本科院校占 19. 1%，高职（高专）院校占 18. 2%。最后，在样本的专业类型方面（图 3），公共事业管理专业占 28. 7%，行政管理专业占 24. 4%，社会工作专业占 23. 9%，社会学专业占 23. 0%。从上述样本分布情况来看，此次问卷调查确保了样本在高校地域、高校类型和专业类型上的代表性和均衡性，可以较好地反映当前非营利组织管理课程情景模拟教学的总体情况。

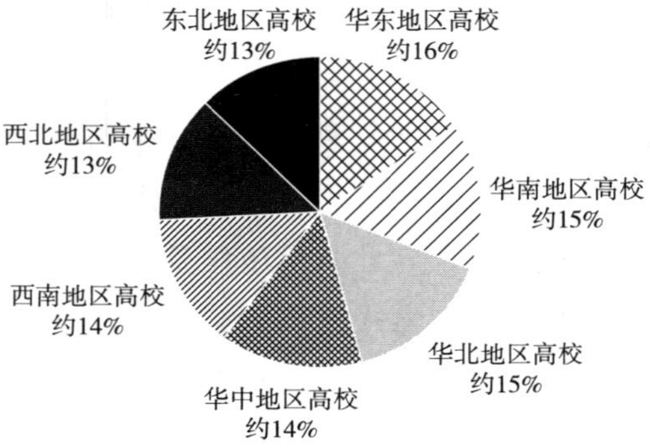

图 1　样本中高校地域的基本情况

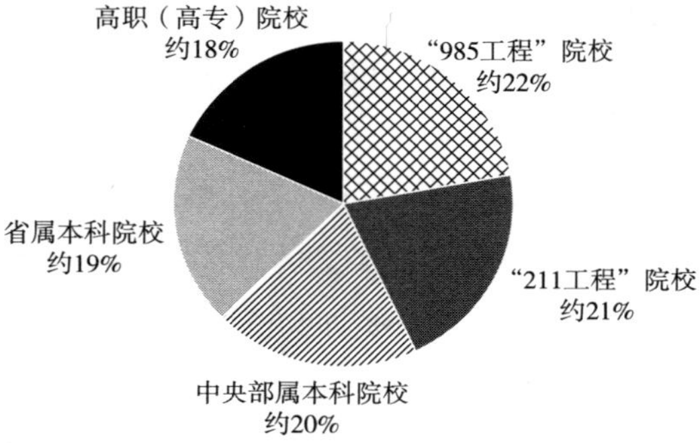

图 2　样本中高校类型的基本情况

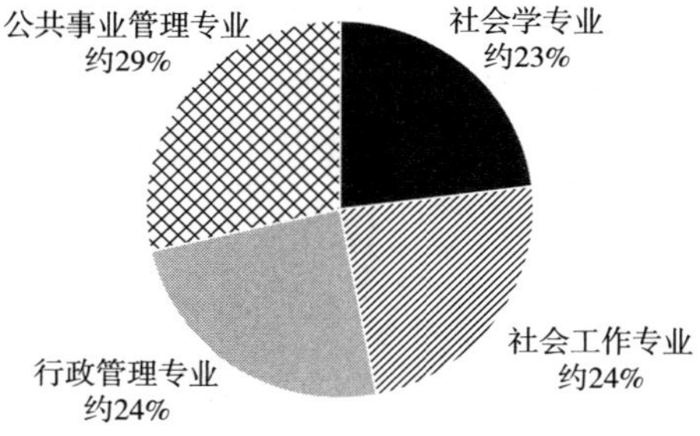

图 3　样本中专业类型的基本情况

三、调研结果与分析

本部分在问卷调查的基础上进行统计分析，从师生对情景模拟教学法的认知程度、与课程知识内容的适应性、对提升课堂教学效果的作用、对提升核心素养的作用四个方面对情景模拟教学法的应用情况进行分析。

（一）师生对情景模拟教学法的认知程度

对非营利组织管理课程情景模拟教学法的认知程度进行调查后统计得出，17.0%的教师明确表示在非营利组织管理课程中经常使用情景模拟教学法，55.9%的教师在教学中偶尔使用情景模拟教学法，同时也有27.1%的教师表示从未在课程教学中使用情景模拟教学法。在曾应用情景模拟教学法的教师中，73.5%的教师是近三年才开始使用这一方法的，这表明，情景模拟教学法在非营利组织管理课程中的使用还处于起步阶段。9.3%的教师表示对情景模拟教学法的使用还不够熟悉，说明教师还需要提高对情景模拟教学法的掌握程度。调查中也发现，在未使用过情景模拟教学法的教师中，79.1%的教师计划在1~3年内将这一方法应用于教学中，这表明情景模拟教学法很具有应用前景。

调查还发现，48.6%的学生明确表示自己对情景模拟教学法有一定了解，但还有26.2%的学生不了解情景模拟教学法。这表明，授课教师尚未大力推行这一新的教学方法，缺乏对学生关于情景模拟教学法的应用指导。在参与情况方面，78.8%的学生曾经参与非营利组织管理课程的情景模拟教学，但其中超过60%的学生表示只是偶尔参与，可见学生对情景模拟教学的认知度还不够高，目前参与的频率还比较低。在调查学生对情景模拟教学的参与意愿时，77.3%的学生表示自己喜欢参与情景模拟教学，89.2%的学生期望在今后的课程中参与情景模拟教学。这说明绝大多数学生有较高的参与意愿，这种教学方法受到了学生的欢迎。

（二）情景模拟教学法与课程知识内容的适应性

在教师使用情景模拟教学法涉及的知识内容方面，其中29.3%的情景模拟教学涉及非营利组织筹款管理模块，24.6%涉及非营利组织人力资源管理模块，19.7%涉及非营利组织项目管理模块，17.2%涉及非营利组织内部治理模块，9.2%涉及非营利组织战略管理模块。由此看来，情景模拟教学法使用中涉及的知识内容比较广泛，基本覆盖了非营利组织管理的主要知识点。在教师设计的情景主题数量方面，45.1%的教师设计了3~4个情景，31.8%的教师设计了1~2个场景，23.1%的教师设计了5个以上情景，这说明教师虽然已经设计了一些情景，但还需要不断提高设计情景的能力。在访谈中也有教师表示，一些场景是由学生自己设计或由学生与教师共同设计的，这有助于提高学生的参与积极性。在情景的国别方面，79.1%的情景是国内的情景，20.1%的情景是国外的情景，这说明教师比较注重情景设计的本土化。在情景的形式方面，大部分情景的形式是小品（25.1%）、话剧（22.3%）、辩论（19.3%）等，还有一些使用了讨论（14.8%）、模拟法庭（8.4%）等形式。

在学生对情景主题的适应性方面，78.3%的学生认为情景主题能够触及社会热点、难点，使自己比较容易理解和参与；但也有12.4%的学生认为这些情景过于陈旧或遥远，难以理解和接受。在访谈中有一些学生提出，情景模拟不仅需要对知识内容的理解，还需要一定的表演常识与技巧，而这正是他们所缺乏的，希望教师能加强这方面的指导。

（三）情景模拟教学法对提升课堂教学效果的作用

在情景模拟教学法的课堂效果方面，对于曾应用情景模拟教学法的教师来说，大部分教师（68.1%）认为“效果较好”，只有11.2%的教师认为“效果一般”，还有8.2%的教师认为“效果不好”。87.4%的教师认为情景模拟教学法与常规教学方法相比具有明显优势，其优势主要体现在提高教师对课堂的把控度（32.1%），增加与学生的互动水平（26.3%），提高课堂对学生的吸引力（22.2%），活跃课堂气氛（19.4%）等方面。这说明情景模拟教学法的课堂效果比较理想；考虑到非营利组织课程的实践性、应用性较强，该方法比较适于在教学中广泛推广使用。但也有教师认为，由于情景模拟教学的准备时间过长（13.1%），对教师的临场把控能力要求过高（8.4%），学生配合度不高（5.6%）等原因，情景模拟教学法的实际课堂效果与预想效果之间仍有差距。

对于情景模拟教学法对提高非营利组织管理课堂效果有无帮助这一问题，回答“有一定帮助”的学生占了绝大多数（73.4%），认为“帮助较大”的也达到了23.2%，认为“没有帮助”的仅有3.4%。调研发现，对于学生而言，情景模拟教学法对课堂效果的作用主要体现以下方面：加强与教师的互动（32.8%），提高课堂参与度（27.8%），加强与同学的互动（21.3%），活跃课堂气氛（18.1%）等。由此可见，情景模拟教学改变了以往教师“唱独角戏”、学生被动接受的灌输式教学方法，在轻松愉快的氛围中，使学生成为课堂的主角。因此，情景模拟教学法在强化学生的非营利组织管理课程学习，提升课堂趣味性以及激发学生的参与积极性等方面发挥了重要作用。

（四）情景模拟教学法对提升核心素养的作用

非营利组织管理课程的核心素养由概念理解、理论认知、实践技能、综合素质四部分组成。在情景模拟教学法对提升核心素养的作用方面，根据对教师调查问卷的统计，48.1%的教师认为情景模拟教学法对概念理解的“效果较好”，39.5%认为“效果一般”，只有少数教师认为没有帮助；超过50%的教师认为情景模拟教学法对理论认知的“效果较好”；认为情景模拟教学法对实践技能和综合素质有较好效果的教师较多，分别为73.2%和71.9%，而认为效果一般的分别仅有15.4%和14.3%。

根据学生调查问卷的统计，认为情景模拟教学法对概念理解有帮助的占87%以上，其中45.7%的学生认为帮助较大；认为情景模拟教学法对理论认知有帮助的占85%以上，其中47.4%的学生认为帮助较大。学生中认为情景模拟教学法对实践技能和综合素质有帮助的均达到或接近90%。但也有约10%的学生认为情景模拟教学法对提升核心素养的帮助不大，其主要原因包括：情景模拟的主题选择与课程内容关系不大（32.2%），教师对情景模拟过程缺乏引导（23.8%），对课程内容准备不充分（15.8%）等。调研表明，情景模拟教学有助于促进学生积极参加课堂互动，不仅加强了学生对非营利组织管理理论知识的学习，还拓展了很多课外知识，在情景模拟的过程中锻炼了学生的实践技能，增强了学生在复杂情况下的问题解决能力和随机应变能力。

四、情景模拟教学法在非营利组织管理教学应用中存在的问题及原因分析

通过问卷调查统计分析可知，情景模拟教学法对加强非营利组织管理的课堂教学具有重要作用，但由于情景模拟教学法在非营利组织管理课程中的应用尚处于初始阶段，难免存在一些问题或不足，需要我们予以充分重视并

剖析其原因。

（一）教师对情景模拟教学法的重视程度较低

教师对情景模拟教学法的重视程度是影响其应用效果的根本因素。笔者在调研中发现，超过25%的教师在非营利组织管理课程中还未应用情景模拟教学法，接近10%的教师承认对情景模拟教学法的应用不够重视，甚至还有不少教师并没有计划将其应用于教学。很多学生之所以对情景模拟教学法不了解或认可度不高，与教师对情景模拟教学的重视程度低是相关的。究其原因来，包括以下几点。

首先，在传统的重讲授这一教学理念影响下，部分非营利组织管理课程教师对理论的重视程度远高于实践，偏重知识的系统性传授而忽视启发式教育，过于看重书本知识而忽视现实世界，不重视情景模拟教学法对课程学习的促进作用。

其次，由于情景模拟教学法是从国外引入的，在国内的应用还不够普及，部分教师没有接受过专门的教学理念与教学方法培训，对情景模拟教学法的认识层次还比较低。

最后，由于情景模拟教学的前期准备耗时较长，现场发生意外情况的可能性高，对教师的概念转化能力、临场把控能力、归纳总结能力的要求较高，并且表演道具和现场布置可能需要一定经费。因此，从成本效益角度考虑，教师也缺乏在教学方法上进行创新的动力，更倾向于沿用自己擅长的传统教学方法，而不愿意花时间、精力去尝试情景模拟教学法。

（二）教师缺乏对情景模拟教学法的应用能力

从调查情况来看，近10%的教师对情景模拟教学法的应用不够熟练，超过14%的教师表示在应用情景模拟教学法的时候，主要困难是很难设计出兼具理论价值和实践意义的情景主题。部分学生也认为情景模拟教学所应用的情景离实际太远，且教师的准备不够充分，对提升核心素养的帮助不大。其原因在于以下方面。

首先，非营利组织管理课程的学科交叉性较强，涉及管理学、社会学、经济学、政治学、心理学等学科领域的理论知识，与战略管理、人力资源管理、资金管理、项目管理、财务管理等多个专业关系密切。部分非营利组织管理课程教师由于经验不足，对多学科理论知识的掌握有所欠缺，对非营利组织管理相关文献材料的获取不够充分，部分教师还不具备宽口径的学科基础以及扎实的多学科理论功底。

其次，从学生反馈情况来看，学生期望通过情景模式教学对非营利组织管理的各个模块都有深入了解，这就要求教师对管理流程、管理工具和管理技巧有比较透彻的把握，并对非营利组织的发展现状与最新实践有全面理解。从现实情况来看，部分教师在非营利组织管理方面的知识与技能还不够扎实，且大多是从高校毕业后直接进入教师行业，没有任何基层实践经验。

最后，有些教师平时进行课题调研和社会服务的机会不多，对非营利组织的实践情况不够了解，不能设计出具有实践内涵的情景内容，无法给学生有针对性的实践指导，也就难以担任学生“知识领航员”的角色。

（三）学生参与情景模拟教学的积极性不高

调查发现，17.4%的教师在非营利组织管理课程中使用情景模拟教学法后，认为学生对参与情景模拟教学的积极性不高，导致情景模拟教学达不到应有的效果。虽然大部分学生认为情景模拟教学对非营利组织管理课程学习有帮助，但是在教学实践中仅有23.9%的学生表示能积极参与情景模拟教学，超过36%的学生则对情景模拟教学的参与不够积极。在教师动员学生参与情景模拟教学的时候，能积极响应的学生不多，很多学生实际是被指派参与的。究其原因，可以归为以下三点。

首先，长期以来，学生已经习惯了传统灌输式的教学模式，把自己定位为旁观者角色，其课堂风格被动、内敛。在具体访谈中，部分教师反馈在采用了参与式教学方法后，很多学生不能迅速适应，甚至还产生了抵触情绪。

其次，由于部分学生对非营利组织管理课程的兴趣不足，对课程宗旨不了解、不认可，他们虽然人在课堂却无法把心思聚焦于课程学习上，只是以被动完成任务的心态去进行课程学习。同时，情景模拟的实践性较强，但学生大都不具备非营利组织管理的实践经验，知识背景比较单一，对管理过程缺乏感性认知，导致脚本撰写存在瓶颈，无法真正进入情景，难以带着解决问题的态度去思考问题和分析问题。

最后，由于情景模拟占用的时间较长，在学生人数较多的情况下，只有少部分学生能参与情景模拟活动，造成互动范围常常局限于少数人之中，从而难以形成学生全员参与的局面。

五、非营利组织管理教学中应用情景模拟教学法的改进建议

本次调查的目的，不仅是为在非营利组织管理教学中应用情景模拟教学法提供依据，而且是指导教师在课堂中更有质量地应用情景模拟教学法，切实提升应用效果。从调查结果来看，广大教师和学生倾向参与情景模拟教学，但是在实践中情景模拟教学的应用情况还不够理想。为此，笔者从情景模拟教学法的设计与应用角度出发，提出以下建议。

（一）提高教师对情景模拟教学法的认知

非营利组织管理是一门实践性、操作性较强的课程，情景模拟教学融合了情景教学、案例教学和实践教学的特征，为学生提供了一种虚拟现实世界的切身体验，已经成为非营利组织管理课程的重要教学方法之一。教师的教学理念是决定教学效果的关键因素，情景模拟教学法是否能付诸实践主要靠教师。在互联网时代，学生获取信息的渠道已经非常多样化，要想提高非营利组织管理课程的课堂效果，教师必须改变传统的教学理念，以平等的心态增加与学生的互动，尊重学生在课堂中的主体地位，充分认识教学方法与教学内容的相辅相成关系，用新颖的教学方式吸引学生的注意力。在情景模拟教学过程中，师生之间的互动也有助于促进教师的成长。因此，校方应鼓励教师使用情景模拟教学法，使教师了解情景模拟教学法的意义、特点以及使用方法，给予情景模拟教学法足够的重视，这是情景模拟教学法有效实践的必要条件。此外，还应加强对教师应用情景模拟教学法的培训，如邀请校内外非营利组织管理、表演专业的专家组成顾问团，对教师在情景模拟中的操作过程给予指导，等等。

（二）完善情景模拟教学法的应用流程

情景模拟教学的实施流程相对复杂，具有一定的操作难度，应当从准备、引导、总结等各个层面完善其操作。首先，做好前期准备工作。教师应根据非营利组织管理不同章节的教学进度安排，明确情景模拟要实现的教学目标和教学任务。根据前期调研情况，从非营利组织管理的某一理论或热点问题

入手设定场景，灵活安排情景模拟的主题，使场景设计符合非营利组织现实情况。将教学内容融入特定情景之中，可以“背景描述—问题展示—应对策略”为情景逻辑。向学生讲解情景模拟的基本原理、步骤和要求。确定情景模拟活动的人员组成和职责分工，要求学生根据教师设定的场景，提前收集资料，撰写脚本，开展排练，布置现场。其次，引导学生进行讨论互动。组织学生进行现场模拟，由学生扮演好自己的角色，在这之中教师应当注意把握表演与教学之间的平衡，并对情景模拟中出现的突发情况进行及时处理。表演结束后，教师应以问题启发的方式，引导学生根据对情景模拟的观察以及自身的经验积累，从各自角度进行思考和讨论。再次，进行总结提炼。教师要记录每个学生的表现，对准备情况、临场表现等方面进行点评，对表现较好的学生予以表扬，并指出学生在处理具体问题中存在的不足，以增强表演者的表演能力。此外，教师还要对情景进行提炼、梳理，分析具体场景与非营利组织管理的理论知识、方法技巧之间的关联性，总结情景所折射的知识点，进而提高学生的非营利组织管理实践经验和理论素养。最后，做好课后跟踪。课程结束并不意味着教学工作的结束，教师应了解教学成果的后续转化情况，了解学生对该知识点和实践技能的掌握情况，跟踪学生后续实习中的专业知识应用情况，查找情景模拟教学中存在的不足以及问题的根源，并提出相应的改进策略，以利于情景模拟教学的不断完善。

（三）培养学生对情景模拟教学的参与意识

学生是学习活动的主体，教学活动必须尊重学生的主体价值，充分激发学生的学习潜能。非营利组织管理课程的核心是实践能力的训练，学生只有具备了实践能力，才能更好地满足社会需求。情景模拟教学能够将学生的思想解放出来，在情景模拟中展示自我和表现自我，有助于增强学生的自信心和进取心，激发学生的学习主动性和创造性。从当前非营利组织管理课堂的实际情况来看，情景模拟教学法的应用情况还远不能满足学生期望，课程中应当留出固定时间开展情景模拟，利用情景模拟的契机提高学生的参与积极性。学生应认识到，情景模拟教学可以提高自身的表达能力、临场应变能力、团队合作能力、创新能力等。因此，学生在课堂上要勇于表达，积极参与角色扮演和互动交流。同时，应当鼓励学生到非营利组织中去实习，以提高对社会实践的感知，这反过来可以提高学生参与情景模拟的能力。此外，教师应当将学生参与情景模拟的表现情况纳入对学生的综合评价中，改变以考试为主的单一评价方式，以此提升学生的核心素养，实现非营利组织管理课程的教学目标。

六、结语

综上所述，通过对高校非营利组织管理课程应用情景模拟教学法的现状进行调查后可知，虽然情景模拟教学法已开始应用，但在教师的重视程度、应用能力以及学生的参与积极性等方面仍然存在一定不足，与社会对非营利组织人才的需求存在差距。在推进非营利组织管理课程教学改革的过程中，应当将情景模拟教学法与传统教学方法有机结合起来，做到互相配合、优势互补。笔者此次对情景模拟教学法在非营利组织管理课程中的应用所进行的研究，是对推动该课程教学改革和教学理念创新的一种探索，希望有助于促进非营利组织管理课程教学的不断完善。

参考文献

[1] 王世强. 非营利组织管理 [M]. 北京：首都经济贸易大学出版社，2018.
[2] 刘俊. 论经验学习理论与情景模拟教学法的完善 [J]. 广东行政学院学报，2013 (3).
[3] 邵世刚. 中职酒店管理专业多维情景模拟教学与管理体系 [J]. 中国职业技术教育，2017 (14).
[4] 徐改，夏星. 干部教育情景模拟教学中教师角色刍议 [J]. 国家教育行政学院学报，2010 (11).
[5] 刘雪明. 情景模拟法在公共政策课程教学中的应用 [J]. 教育评论，2011 (1).
[6] 钟华，韩伯棠. 博弈论课程情景模拟教学探索：以考试方案设计为例 [J]. 学位与研究生教育，2012 (5).

[7] 李玮．情景模拟教学法对管理学教学的启示 [J]．教育探索，2008 (7)．
[8] 薛静．浅谈情景模拟教学法在“商务沟通”教学中的运用 [J]．教育与职业，2010 (26)．
[9] 温艳萍．论《非营利组织管理》课程的教学体会与反思 [J]．才智，2017 (21)．
[10] 刘志明．非营利组织管理课程教学探索 [J]．科技视界，2015 (14)．
[11] 谢敏．非营利组织管理课程教学改革研究：以广西 G 市 X 高校为例 [J]．黑龙江教育，2015 (7)．
[12] 徐鹏军，户强强，万斌，等．翻转课堂教学模式研究：以《非营利组织管理》课程教学为例 [J]．农村经济与科技，2020 (3)．
[13] 李潇．案例教学法在《非营利组织管理》课程教学中的作用及运用 [J]．金融理论与教学，2015 (1)．

法学专业案例教学中课程思政建设的探索与实践

陶　盈
（首都经济贸易大学　教务处）

【摘　要】 运用法学专业课堂案例教学的主渠道，通过课程环节和教学内容的重新架构和精心设计，使专业课程与思政课程同向而行，有助于打破长期以来两种课程教育相互隔绝的“孤岛效应”。深挖法学知识背后的人性考量，发现法律制度建设中的价值关怀与利益平衡，将课程思政的理念落实于实践教学环节之中，有助于引导学生思考。由此，有利于在教授学生法律知识和专业技能的同时，弘扬社会主义法治理念和社会主义核心价值观，培养“德法兼修”的社会主义法律人才，实现立德树人、专业育人的教育目标。

【关键词】 法学专业　案例教学　课程思政　探索与实践

笔者主讲的线下专业选修课程——民商法经典案例评析，是为配合高等学校法学专业核心课程——民商法学的理解与适用而开设的，主要研究探讨我国民商事法律领域的最新课题、我国司法审判实践中的热点与难点、比较法上的经典判例等前沿问题。本课程教学的目的是培养学生的法学思维方式，令学生尽可能多地接触国内外民商事领域的司法实例，探索解决相关问题的规律，使学生灵活掌握民商法知识，理解民商法与现实生活的密切关系，提高学习法律的主动性。

该课程是一门技术性、实务性很强的课程。在教学过程中，应紧密联系实际，通过课堂讨论、案例分析、调查研究、阅读文献资料和实习实践等多种方式，旨在引导学生运用所学知识正确分析和解决民商事纠纷，进一步提高其学习民商事法律知识的兴趣，并由此培养具有法学素养和实践能力的高素质法学人才。课程的每一章中都融入了相关思政元素，教师通过运用体验式教学方法，增加理论课堂的情景体验和环境代入感，有效地激发学生学习法律的积极性，加深其对中国特色社会主义法治体系的切身感受。由此，使法科学生在面对法律规则时，知可为亦知不可为，知其然亦知其所以然，进而严守法律底线，铭记职业伦理，捍卫公平正义。在未来面对真实复杂案件时，能做到以事实为依据，以法律为准绳，保持理性冷静和独立思辨，有态度有观点，不偏颇不极端。

同时，为配合线下课程的顺利进行，自 2019 年起，笔者在中国大学慕课（MOOC）网等平台开设了在线慕课——“戏”说民商法，搭建了线上线下、课内课外、理论实践相结合的学习平台。该线上课程从屏幕走向生活，从法律走向人性，通过寓教于乐地讲述法律故事，深度挖掘法治文明的精神与内涵，涵盖了民商法学科前沿课题、司法审判的热点难点和比较法上的经典判例，以此引导学生从 60 余部影视作品中的民商事法律现象出发，学习 10 余部民商事法律规范的基础理论。

该课程先后登录中国大学 MOOC 网、学银在线、超星泛雅、智慧树等平台，其中，在中国大学 MOOC 网的两次开课选课人数已超过12 000人，并在新冠肺炎疫情期间作为超星“示范教学包”协助 70 余位教师克隆建课。除了在法学领域得到认可外，该课程还受到高校思政课教师的广泛欢迎，并进入中国人民大学、首都师范大学等高校教师的思政课堂，成为思想道德修养与法律基础公共课的有益素材。该课程作为首都经济贸易大学专业课思政建设的典型案例，被《光明日报》和《学习强国》等媒体平台报道，笔者也应邀赴中国人民大学马克思主义学院参加思政课集体备课研讨会，与人大师生分享了法学课程思政建设实践的有益经验。

作为一门法学专业的案例课，该课程致力于让法言法语通俗易懂，让法理法条能接地气，以学生熟知的影视剧情节或者社会影响力较大的经典案例引出专业知识讲解，连通理性、感性和趣味性，拉近师生距离，融入共情体验，带动共享共鸣。例如，从《亲爱的》一剧中的法律人形象和收养寄养制度，看法理同人情的激烈交锋以及法律制度的现实缺憾。从《蜗居》一剧中的第三者现象与配偶权的保护，谈社会主义核心价值观和伦理道德观。从《搜索》一剧中的人肉搜索事件与网络审判现象，思考保护个人信息以及防范群体极化和网络倾泻现象的法律对策。从《我的机器人女友》一剧中的爱情故事，谈民法典立法中的机器人法律人格之争，从中思考法律革新对技术创新的保障。从《心术》一剧中的医患矛盾和医闹事件，探讨公平保护医患双方利益，化解社会戾气的法律方法。从《我不是药神》一剧中的专利权保护与患者生命权的冲突，引导学生思索天理国法人情该如何兼顾的问题。从《人民的名义》一剧中权钱交易腐败案件背后的恶意串通的合同效力，开展廉政教育，劝勉学生守底线走正道。从《乔家大院》一剧中以义待人、信义为先、利取正途的晋商义利观，谈恪守传统文化中的美德与合同法上诚信原则的重要性。

课程中还选取了很多真实的民商法案例作为教学素材，例如冰上遛狗溺亡案、离婚家务劳动补偿案、名画请求权风波案、芬迪羽绒服欺诈案、邻地侵占案、新玛特购物广场坠亡案、荷花女和海灯法师案、北雁云依姓名权纠纷案、邹恒甫名誉侵权案、范冰冰名誉侵权案、微信读书侵犯隐私权案、人脸识别第一案、cookie（浏览网页后存储在计算机中的缓存文件）隐私第一案、自动驾驶交通事故致死案、医疗美容侵权案等，引导学生应用所学知识解决真实案例中的法律疑难问题。课程中还特别选取了最高人民法院发布的弘扬社会主义核心价值观十大典型民事案例，将专业教育与思政教育有机融合，取得了较好的效果。

法乃正义之学，法学专业教育本身就涵盖了对学生意识形态的塑造和引领。在法学课堂上引入妙趣横生的影视剧和鲜活生动的真实案例，能让专业课与思政课同频共振，相向而行。由此，既增添法学课程的趣味性，又提升思政教育的亲和力，使学生自觉地亲近法律，践行正义，乐于接纳法律知识传授与法律价值引领，实现“德法兼修”。课程紧紧围绕民生话题，回应现实关切，展望法治进展，引领学生思考如何解读婚姻家庭，如何维护夫妻财产，婚前协议有何益处，遗产遗嘱如何托付，子女老人如何监护，如何弥补精神损害，如何修复医患矛盾，如何惩处校园欺凌，消费维权如何申诉，合同章程如何签署，公司治理如何巩固，股东股权如何角逐等现实法律问题。

笔者在2021年春季开设的民商法经典案例评析线下课堂上，邀请到了参与审判“冰上遛狗溺亡案”（此案入选“2019年度人民法院十大民事行政及国家赔偿案件”）的法官——丰台法院庄永生法官，请他讲述了案件审理的心证过程和相关细节，以增强学生的学习兴趣。这个案例生动体现了新时代人民法官以公正裁判为社会树立规则，倡导社会公众莫任性、守规矩，使法理情更好地融合。通过这一案例，也教育学生作为成年人要对自己的行为承担责任，同时阐明司法裁判应厘清是非，弘扬社会正气，建立良好的社会秩序和公民行为边界，不为他人的无知无畏担责。

总而言之，观赏一部好的法律电影，其震撼力甚至要强于阅读一本真实的卷宗；深挖一个好的司法案例，其教育意义更甚于阅读一沓枯燥的法条。影视剧中的法律故事可以真实地再现生活中的案例情景，生动地反映法律的作用和时代的价值观。司法实践中的经典案例可以生动地记载法律实施的成果和法治进步的印记。通过这些生动素材，可以启发学生思索法与情的对立与统一、法律与道德的交融与冲突、公益与私益的衡平与保护、公民契约精神与权利意识的唤醒与养成、诚实信用与公序良俗的内涵与价值、医患矛盾与社会生态危机的防范与对策、婚姻关系与家庭责任的维系与调和，等等。

通过运用体验式教学方法，增加理论课堂的情景体验和环境代入感，可以有效地激发学生学习法律的积极性，加深其对中国特色社会主义法治体系的切身感受。课程注重培养学生的建设性批判思维，弘扬正能量，传递核心价值观，提振司法公正的信心和制度优势的自信。既传道授业解惑，又育人育心筑梦，既让学生增长见识、有获得感，又在学生心中播下向善律己的种子。

本课程旨在提高学生的学习热情，认识民商法的现实应用和重大意义，加深对民商法基本理论的理解，使学生的知识结构更为合理。在教学过程中，教师致力于引导学生经由影视案例分析民商法的基本理论、基本原则、基本制度以及具体内容，训练处理法律问题的思维方法，培养法律逻辑思考能力，提高解决法律争议问题的能力，使学生能够运用所学知识提出对民商事权利的保护对策。

教学内容层面，民商法影视案例评析课程采用课下观看影片或者研读案例，课上教授基本法律知识，并由学生分析影片中法律问题的方式开展。教师讲授的内容主要包括民法中的婚姻、继承、监护、收养等制度，商法中的公司、证券、保险等制度的概念、构成要件、抗辩事由、法律责任等；选讲的内容有国内外民商事法律的历史发展、经典案例、社会影响等。对于重点、难点内容，采取边讲边议，学生课堂发表等方式，通过深入浅出的讲述，使学生牢固掌握基础知识，培养自主学习法律的兴趣和能力。

教学方法和手段层面，本课程的讲授时间为一学期，其间将全面围绕经典的民商事影视案例展开。以影视案例研习作为课前预习或课下作业，课上系统分析影视案例中的法律问题，采取理论讲授与案例分析相结合的方式，以电影中的片段和现实中的案例阐释民商法的内容、原则、地位和作用等基本理论问题。本课程要求学生提前预习，上课携带相关法律法规，并完成教师指定的课后讨论任务。本课程在授课过程中不定期组织学生进行课堂发表，引导学生自主查阅相关法律知识解决现实中的法律问题，使学生对所学知识有更为深入的理解，并能够学以致用地解决实际问题。

考核方式层面，本课程采取平时成绩与期末考试结合的方式进行考核。平时成绩一方面来自出勤率和课上发言情况，另一方面则通过案例讨论、小作业的形式进行考察，占总成绩的40%；期末采取开卷考试方式，占总成绩的60%。

学习要求层面，每学完一次课程，要求学生在课后对案例或影视作品进行分析讨论，教师适时进行总结。每一章讲授之前，则要求学生对影视作品和案例进行预习，阅读相关影视及案例的法律相关评论，并在课上发表个人看法。

为实现课程思政目标，本课程设计了如下部分案例，作为课程思政素材，融入并运用于课堂教学之中。

第一，从《法律至上》（*LEGAL HIGH*）一剧谈家务劳动补偿所折射的公正、平等思想。

离婚时，女性如果提出家务劳动补偿请求是否受法律保护？对此，民法典作为婚姻家庭法律关系的基本准则，致力于实现夫妻间权利和义务的对等，规定了夫妻应当互相尊重，夫妻在家庭中地位平等等重要内容。平等原则是民法中最基础、最本原的原则，而社会主义核心价值观中的“平等”是社会主义的本质要求，在中国特色社会主义中具有特殊的价值和意义。

第二，从《留夏》《离婚律师》两剧看矜老恤幼的家庭与社会文明建设。

影片《留夏》从孩童的视角真实记录了当下中国农村普遍存在的留守儿童和空巢老人现象。法律可以强制其父母履行法定义务，却无法为孩子们找回缺失的爱与呵护。可见，保护未成年人合法权益，徒法不足以自行。

影片《离婚律师》中的潘小刚在与其伯父签订遗赠扶养协议后，背信弃义不承担扶养义务，那么被扶养人能不能行使任意解除权呢？法律的目的在于保护老年人的利益，因此应当给予老人任意解除权。百善孝为先，孝是人之为人的根本，也是中华民族的传统美德。规范遗赠扶养协议的履行和解除，保护老年人权益是老龄化社会的重要课题。

第三，从《流星花园》剧中的校园欺凌现象看创建和谐、友善的校园环境。

在今天看来，该片中四个少年——F4的行为绝对是赤裸裸的校园欺凌，从言语嘲笑、孤立冷落，到侮辱谩骂、人身攻击，再到施加暴力、勒索财物等，均在侵害其他学生的人格权利。对于施暴者而言，罚不当罪；对于帮助者而言，法不责众，弱者的无奈与法律的无力让人心寒。侵权法是解决校园欺凌问题的利剑，但如何让利剑出鞘，让法条激活，让每一个都能孩子沐浴公平正义的阳光，是法律人需要深思的问题。

第四，从《我不是药神》剧中的山寨文化看知识产权护航下的民族富强。

影片《我不是药神》中的印度仿制药被称为德国正版“格列宁”的山寨版，由于侵犯了德国正版药的专利权而被禁止。法律之所以要大力保护这种权利，目的就在于保护他人的智力成果，因为每一瓶药品高昂的价格背后是巨额的研发成本，只有尊重产权人的劳动付出，才能让他们有动力投身研发，促进科技进步、社会发展和民族富强。法律惩治制假售假的药贩子是没错的，保护付出心血的发明人也是正当的。同时，社会福祉的全面覆盖和精准救济才是此时此刻最该挺身而出的。

第五，从《乔家大院》一剧中的经商之道看诚信的价值。

乔致庸通过自曝其短、让利于客赢得了顾客的信任，也挽回了乔家老字号的声誉，体现了晋商秉持的以义待人、信义为先、利取正途的经商之道。“以义制利，义利并举”的义利思想为晋商所推崇，而“讲道义，重诚信，财自道生，利缘义取”也是中国优秀的传统商业价值观。

第六，从《永不妥协》一剧看人与自然“和谐”相处的可持续发展观。

从该剧中可知，对环境侵权的放纵是对子孙后代的辜负，是为人父母的失信和不作为。绿水青山就是金山银山，是用来传承的，是不能消逝在哪一代人手中的。环保法不是不长牙的老虎，侵权法不是吓唬人的儿戏，写满权利的民法典覆盖每一寸国土，拿起法律的武器守卫家园，是我们这代人义不容辞的责任。

第七，从《中国合伙人》一剧看规则意识、“民主”决策和程序正义的重要性。

中国合伙人不能合伙的原因是团队之间常常缺乏明确的合作规则和控制权归属，谁都想说了算而又谁都说了不算，一遇到分歧最终只能不欢而散。影视剧中的商战情节每天都在现实中发生着，无比生动地告诉我们公司运作的精髓在于分权制衡，而这也是公司法的基本原则。运用好公司法的知识，有助于我们规避公司运营中的法律风险，并在法律允许的范围内合理追求利益的最大化。

基于个性化项目驱动式教学的管理信息系统课程改革研究

杨艳妮
（首都经济贸易大学 管理工程学院）

【摘　要】本文分析了在新一代信息技术和高等教育改革背景下培养实践创新人才的必要性，并结合管理信息系统课程的特征及其在学校课程体系和专业发展中的定位，从教学内容、方法、主体和实践创新四个方面，深入剖析了当前该课程教学中存在的问题。同时，以课程教学目标为着眼点，提出了“个性化项目驱动式教学”的课程变革途径，即在“项目贯穿—任务驱动—阶段考核”的教学模式下，实施“谈论式学习—教师指导—学生分析解决问题—形成作品”的课程教学方案。教改成效证明该方法能够激发学生深层学习兴趣，提高学生的知识内化程度和实践创新能力。

【关键词】个性化项目驱动式教学　管理信息系统　课程改革　实践创新

引言

近年来，伴随大数据、云计算、智能网联等新一代信息技术及其产业的蓬勃发展，针对“新技术、新产业、新业态”的高等教育改革也如火如荼地进行着①。不难发现，无论是国家层面所提出的“互联网+”计划还是教育部提出的“新工科”建设理念，或是各高校力推的“双一流”建设，无疑都是

① 于倩，廖娅．“互联网+”背景下“管理信息系统”课程教学改革研究［J］．产业与科技论坛，2019，18（17）：206-207.

从战略上寻求适应乃至引领新时代发展方向的实践+创新型人才培育体系[①]。高等院校作为国家人才培养的主阵地，培养什么样的人才以及如何实现人才培养的目标，其落脚点在于专业建设和课程建设。

管理信息系统课程以信息技术应用与创新管理理念融合为主要特征，要求学生不仅掌握计算机科学知识与技术，还能够融入现代管理学的思想与理念，是典型的实践与创新兼具的课程[②]。此外，教育部高等学校教学指导委员会明确规定，管理信息系统课程是一级学科“管理科学与工程”专业和二级学科“信息管理与信息系统”专业的主干课程。因此，为打造支撑“双一流”建设的课程体系，有效提升课程教学质量，管理信息系统课程的改革和建设始终是管理科学与工程学科和信息管理与信息系统专业教学改革研究的热点。

一、当前课程教学中的问题剖析

在首都经济贸易大学的课程体系设置中，管理信息系统一直是信息管理与信息系统本科专业的核心必修主干课，工商管理、城市管理等其他专业也把此课程作为本科生必修或选修课，在全校课程体系中占据比较重要的位置。2019—2020 年，首都经济贸易大学信息管理与信息系统专业先后获批“北京市一流专业”和“国家级一流专业”，这些荣誉既是对学校这一专业以往建设工作的肯定，同时也对下一阶段该专业的建设工作提出了更高的要求，其中核心课程的建设是至关重要的环节。然而，当前管理信息系统课程存在着重课程教学、轻学习效用，重知识传授、轻实践与创新能力培养等问题，这显然无法适应日新月异的信息技术变革和不断变化的产业环境，更无法满足国家政策层面对高等院校重点培养学生实践和创新能力的要求[③]。具体来说，目前该课程在教学过程中存在如下一些问题。

---

① 吴俊．基于产出导向科教融合的“信息系统实训”课程教改研究［J］．海峡科技与产业，2021（2）：11-13.

② 席文．基于创新能力培养的“管理信息系统”课程教学改革研究［J］．河北能源职业技术学院学报，2020（4）：83-85.

③ 邱宏，徐美，于明鹏，等．依托科研实例课程开展科教融合创新人才培养［J］．高等理科教育，2020（6）：28-33.

（一）教学内容方面

课程内容庞杂。目前已有课程涉及信息技术基础、系统与组织的关系、系统开发方法与战略规划、系统分析与设计、系统实施和维护、系统典型应用等，过于庞杂，重点难点不够突出；与学生的专业方向相关度低，且抽象概念较多，理解难度大，学生学习比较困难，由此造成学习积极性不高，学习效果欠佳等问题。

（二）教学方法方面

由于各个专业学生的知识储备参差不齐，专业背景不尽相同，其在学习动机、学习能力和学习方法上存在较大差异。为了激发学生学习兴趣，教师在教学过程中大多采取案例教学的方法，案例选取尽量贴合学生专业，但由于学生专业和方向的差异性较大，且教师对各专业的认知程度有限，导致教学效果不太理想。此外，案例教学是课程思政的有效手段，其教学目的是强化学生工程伦理教育，培养学生精益求精的大国工匠精神，激发学生科技报国的家国情怀和使命担当①。但是在实践中，这一教学目的却没有很好达到，大多数学生仅仅是就案例浅尝辄止，而没有进行更深层次的思考，教学中很难做到真正激发学生创新思维，提高学生创新能力。

（三）教学主体方面

目前，教学方式还是以教师讲授为主，学生在教学过程中的参与度不够，师生之间的互动不充分、不及时。一方面，由于课程教学内容较多，教师需要在有限的课堂教学时间内尽可能把课程知识内容最大限度地传授给学生，对学生知识内化程度的判断和监控不够及时、深入，造成学生知识内化速度比较慢、效率不高②。另一方面，学生没有意识到自身在课堂教学中的重要地位，处于被动接受的状态，其兴趣点和主动性没有被调动起来，在学习过程中缺乏获得感。

（四）实践创新方面

目前，该课程的上机实践为 16 学时，学生实践时间短，实践内容不成体

---

① 史艳萍．基于学生自我效能感提升的《管理信息系统》课程教学改革［J］．科技风，2020（35）：53-55.

② 陈杰，洪玲，欧冬秀．新工科背景下“管理信息系统”课程实践教学设计［J］．教育教学论坛，2021（10）：13-16.

系。每次上机的内容都是针对某一个单独的模块或知识点，前后毫无关联，不利于学生系统观念和思维的养成。学生实践方式多为“照猫画虎”，根据教师的演示过程完成实践环节。由于题目相同，学生之间的抄袭现象严重，很难加以区分，教师无法掌握学生真正的学习状态和效果①。此外，实践内容安排不够饱满、系统，同学生自身专业和兴趣点结合度差，不利于调动学生积极性，最终造成学生实践和创新能力提升不明显。

二、变革途径：个性化项目驱动式教学

对于信息管理与信息系统专业的本科生而言，本课程教学目标包括：①使学生充分认识信息对组织和管理的重要意义，对信息系统在管理中应用的理论和实践有较深刻的了解，特别要理解信息技术对管理的影响和作用。②使学生理解并掌握建立管理信息系统的基础条件以及管理信息系统开发方法、管理信息系统开发过程各阶段的任务与技术、管理信息系统的开发环境与工具及其典型应用等内容，初步具备从总体上规划、分析和设计信息系统的基本能力，以及运用管理信息系统对组织管理进行决策支持的能力。要实现上述教学目标，就要重视学生实践创新能力的塑造，针对当前教学过程中所存在的问题，进行根本性地变革，改变传统的以教师授课为主，学生实践为辅的教学模式，使学生真正成为课堂的主体。

学生主体地位的转变是创新能力培养的起点。为此，笔者提出了基于学生专业和兴趣的个性化项目驱动式教学方法，以激发学生的深层次学习兴趣，培养他们的自主学习能力，真正做到学有所得，提升学生的获得感。具体而言，以学生小组为主体，结合其自身专业方向和兴趣所在，确定个性化项目实践的系统名称；结合小组项目内容翻转课堂，调动学生主动思考的积极性；在“项目贯穿—任务驱动—阶段考核”的教学模式主导下，以学生探索为主，教师指导为辅，实现学生对课程内容的深层次理解和融会贯通，提高学生的

① 张晓丰，田舢，陈继成，等．建立“项目贯穿、任务驱动、多元考核”的管理信息系统课程实践改革［J］．信息系统工程，2018（8）：164-165.

知识内化水平和综合应用能力，塑造学生主动探索与自主创新能力①。

具体实施过程中，个性化项目驱动式教学方法有以下几个要点。

（一）围绕个性化项目驱动式教学思想，重构管理信息系统课程教学设计

转变学生在课堂上被动接受枯燥理论，上机课机械式实践的常规模式，打破授课教师主导下的“理论基础—系统开发—上机实践”的教学设计。围绕个性化项目驱动式教学思想，采取基于小组项目的“谈论式学习—教师指导—学生分析解决问题—形成作品”为新思路的课程教学设计。为此，要重新计划教学安排，给予学生足够的时间进行小组讨论和自主思考。

（二）实践基于学生专业与兴趣的“项目贯穿—任务驱动”的教学方法

在管理信息系统课程教学环节中，实践基于学生专业与兴趣的“项目贯穿—任务驱动”的教学方法在系统规划、分析和设计阶段中的应用。合理确定各小组项目在各阶段的工作内容及考察要点，鼓励学生以小组为单位进行积极讨论和思考。学生给出初步成果后，教师予以点评并给出改进建议。将项目实践过程分解为一系列任务，实施任务驱动教学法。任务驱动教学法的设立，能够在激发学习动机的前提下要求学生完成任务，学生也在完成任务的过程中构建起自己的知识体系②。由于学生小组项目自主选题结合了学生的专业背景和研究兴趣，更能激发学生热情和自主性，变被动学习为主动学习。学生主动推进系统规划、分析、设计各阶段的项目任务，主动思考问题并积极寻求解决之道，从而真正实现综合能力的提高，达到预期的教学目标。

（三）翻转课堂式理论教学和项目驱动式实践教学相互融合，相互促进

理论教学内容应结合小组项目开展情况，引导学生主动思考在系统分析和设计中所遇到的问题，开展探索式学习。在项目驱动式实践过程中，教师要指导学生应用课程中的理论知识分析和解决实际问题。

---

①　张晓丰，田舢，陈继成，等．建立“项目贯穿、任务驱动、多元考核”的管理信息系统课程实践改革［J］．信息系统工程，2018（8）：164-165.

②　张晓丰，田舢，陈继成，等．建立“项目贯穿、任务驱动、多元考核”的管理信息系统课程实践改革［J］．信息系统工程，2018（8）：164-165.

（四）评估管理信息系统课程个性化项目驱动式教学效果

在课程结束阶段，通过问卷调研以及个别访谈等方式，搜集学生对课程改革与建设的反馈，分析项目驱动式教学设计的实施效果，找出关键环节中的不足与需要改进之处。此外，在期末考试环节，通过题目设计考查学生在小组项目实施中的学习效果，也可起到评估该课程教学改革的效果和作用。

三、改革成效与建议

通过连续两年运用个性化项目驱动式教学，证明此项改革实践取得了良好的成效。2020—2021 学年秋季学期所进行的课程教改效果问卷调查统计数据表明，89.48%的同学认为该教学方法形式新颖，并对此抱有浓厚的兴趣；90%的同学认为通过该教学，自身的知识和能力有显著提升，获得感明显；100%的同学认为该课程理论授课和小组实践任务相关性高，起到了互相促进的积极作用；94.74%的同学对课程的教学内容和方法以及实践环节的设置非常满意；86.84%的学生对所在小组的系统分析与设计工作非常满意，有较强的成就感；100%的同学认为小组作品展示环节对自身表达能力的提高非常有帮助。具体而言，所取得的改革成效包括以下方面。

（一）教学过程师生互动充分，活力增强

改革后的个性化项目驱动式教学更注重学生的参与，有利于调动学生学习热情，启发学生积极思考。因此，无论是课堂教学还是实践教学，教师与学生的互动更加充分，使学生真正成为课程学习的主体，教师则作为引导者和启发者帮助学生完成知识内化和能力塑造。学生强烈的学习愿望与教师的项目式驱动，使得课程教学全过程充满活力与激情。

（二）项目驱动式教学主题明确连贯，学生完成度高，区分度好，显著改善了教学效果

以项目为主线，以任务为载体，基于个性化的项目驱动式教学主题明确，内容上具有很好的连贯性；学生不再被动学习和亦步亦趋地进行操作模拟，在知识掌握和运用能力方面的区分度高。学生可以依靠小组的智慧完成个人无法完成的项目，并通过小组将学生的差异性转化为教学资源，从而能够带动基础较弱的学生共同完成项目。教师的指导考核与学生的积极参与保证了

学生小组的项目有很高的完成度，教学效果得到显著改善①。

（三）学生综合能力得到锻炼和提高，提升了学生知识与能力的“双重获得感”

学生在完成小组项目中有了更多的机会来进行表达、沟通、协作，更利于表达能力与合作精神的培养，而这也促进了教师由知识的传授者向学习引导者的角色转换。基于学生专业和兴趣的项目驱动式教学设计将学生从枯燥的机械式、被动式理论学习中解放出来，在项目贯穿、任务驱动的模式下，逐渐实现高效率的理论知识内化和实践能力提升。通过课程期末的小组作品展示交流环节，进一步锻炼了学生的表达能力，使之综合能力得到全面提高，由此学生自然而然地产生了知识与能力的“双重获得感”。

当然，本课程需要教师投入大量时间，针对不同小组的项目情况进行个性化指导和评价。因此，如何更有效地实现教师对学生小组项目的跟踪式指导和考核是教学过程中需要注意的问题，为此建议提高课程学分或调整理论教学和实践教学的比例。

结语

个性化项目驱动式教学更注重引导学生自主学习和培养学生的创新思维。在基础理论和信息（互联网）技术等内容的教学上，则仍然要以案例教学、视频教学为主要手段，并结合当代信息技术热点开展课程思政，培养学生精益求精的大国工匠精神，激发学生科技报国的家国情怀和使命担当。对系统开发方法和系统分析设计等内容的讲解，要结合学生小组的项目内容进行穿插式讲授点评，适当引导学生应用理论知识去解决实际项目中遇到的问题。实践环节中的自主选题结合了学生的专业背景和研究兴趣，更能激发学生热情和自主性，变被动学习为主动学习。学生主动推进各阶段的项目任务，主动思考问题并积极寻求解决之道，从而真正实现综合能力的提高，达到预期的教学目标。此外，将基于学生兴趣的个性化项目驱动式教学贯穿整个教学

① 张晓丰，田舢，陈继成，等．建立“项目贯穿、任务驱动、多元考核”的管理信息系统课程实践改革［J］．信息系统工程，2018（8）：164-165.

环节，能够帮助学生熟悉系统开发相关重点工作及报告的撰写，为学生学习后续课程和完成毕业设计奠定良好的基础。

参考文献

[1] 于倩，廖娅．“互联网+”背景下“管理信息系统”课程教学改革研究[J]．产业与科技论坛，2019，18（17）．

[2] 吴俊．基于产出导向科教融合的“信息系统实训”课程教改研究［J］．海峡科技与产业，2021（2）．

[3] 席文．基于创新能力培养的“管理信息系统”课程教学改革研究［J］．河北能源职业技术学院学报，2020（4）．

[4] 邱宏，徐美，于明鹏，等．依托科研实例课程开展科教融合创新人才培养［J］．高等理科教育，2020（6）．

[5] 史艳萍．基于学生自我效能感提升的《管理信息系统》课程教学改革[J]．科技风，2020（35）．

[6] 陈杰，洪玲，欧冬秀．新工科背景下“管理信息系统”课程实践教学设计［J］．教育教学论坛，2021（10）．

[7] 张晓丰，田舢，陈继成，等．建立“项目贯穿、任务驱动、多元考核”的管理信息系统课程实践改革［J］．信息系统工程，2018（8）．

通过教师效能训练构建高效课堂的理论与实践*

苏　志

（首都经济贸易大学　国际经济管理学院）

【摘　要】 在我国大学课堂中，学生缺乏学习主动性、教师消极怠课等问题比较突出。随着倚重教师权威管理课堂的教育方式的衰落，现代课堂亟待建立新的高效课堂管理模式。本文主要介绍教师效能训练（TET）的理论背景和实践经验。这是一套经过验证可行且实用的技能和方法，可以帮助教师和学生相互理解，尊重对方需求，从而提高教师效能的教学管理模式。TET 提倡使用辅助式沟通来解决师生冲突，提升学生自主性，促使其进行积极自我管理，为建立高效课堂提供了新的思路和方向。

【关键词】 教师效能训练　高效课堂　教学管理　理论与实践

引言

目前在我国传统课堂中，学生在上课期间玩手机或看电脑，闲聊或睡觉，沉默应付授课教师的提问等现象日益突出。在大学课堂里，一些专业中甚至有超过半数的学生存在不认真听课等问题行为，超过三分之一的教师上课时照本宣科或进行与课程内容无关的活动①。在这些“问题课堂”或“冷漠课堂”里，学生对学习内容不感兴趣，没有意愿主动学习，授课教师缺乏教学

---

* 本文获得首都经济贸易大学教改项目“教师效能训练的实践应用研究”的资金支持。

① 任金杰，王怡渊．高校课堂问题行为与管理的调查研究：以通化师范学院为例［J］．通化师范学院学报，2015，36（12）：98-102.

热情，消极怠课，敷衍授课，教师效能感低①。随着倚重教师权威管理课堂的教育方式日益衰落，现代课堂亟待建立新的高效课堂管理模式。

近年来，有不少文献从宏观理论的角度探讨了如何建立高效课堂。一些研究着眼课堂的硬件设施和技术水平的提升，强调利用信息技术构建高科技的学习环境，令教师能够采用多元化的教学方法，实现学生学习个性化，从而提高课堂教学效率②；还有的研究强调综合平台的建设，收集协同化教学活动和学评教数据，通过数据分析和评估改进课堂，形成动态智慧课堂③。另外一些学者则关注高效课堂的软性环境，提出学校进行教学管理制度设计的供给侧改革，协调教师激励和约束机制，重构教学组织体制，改进学评教体系④；从学校文化管理层面提倡整合人文、人本、文化三位一体的高效课堂⑤；改变课堂生态，从课堂文化、课堂评价观念、课堂教学组织形式等方面进行课堂整体性变革⑥。这些研究提出的理念对提高课堂效率有一定帮助，但是忽略了高效课堂的核心基础——和谐师生关系的构建。

课堂教学活动的主体是教师与学生，造成“问题课堂”的原因，从教师的方面来看，主要是教师采用死板的课堂管理方式，课堂气氛消极，从而导致课堂教学效果不佳；从学生的方面看，主要是学生生理层面的不适应和心理层面的缺失导致课堂上的问题行为⑦。国内以往的研究主要关注通过改变教师的教学方法或是规范学生行为等方面来改善教学效果，却很少探讨如何共同构建和谐师生关系，实现积极课堂教学。

---

① 苗峰．高校课堂教学管理现状及对策研究［J］．兰州教育学院学报，2015，31（8）：100-101.

② 祝智庭．智慧教育新发展：从翻转课堂到智慧课堂及智慧学习空间［J］．开放教育研究，2016（1）：18-26.

③ 张鹏君．信息技术时代智慧课堂的实践逻辑与建构［J］．苏州大学学报（教育科学版），2020，8（1）：18-24.

④ 任志安．高校高效课堂建构的供给侧制度创新研究［J］．高教学刊，2017（1）：15-18.

⑤ 李仲辉，陈翊民．论学校文化管理理念下的高效课堂［J］．当代教育理论与实践，2015（2）：11-13.

⑥ 岳伟，刘贵华．走向生态课堂：论课堂的整体性变革［J］．教育研究，2014（8）：101-108，136.

⑦ 李莹．论“课堂问题行为”［J］．教育学术月刊，2006（1）：66-67，70.

一、改善师生关系，提高教师效能的重要性

教师效能对教学质量至关重要。然而，教师拥有必要的教师资格和认证并不一定意味着“高效”的教育和教学。目前，对什么样的教师才是高效能教师并没有统一的定义，狭义的定义认为教师效能是指教师提高学生成绩的能力，而更全面的定义则主要从以下几个方面界定和评估教师效能①：①高效能的教师对学生有较高要求，并能帮助学生达到和实现高标准严要求的目标；②高效能的教师能提升学生成绩、价值观、社会能力；③高效能的教师能利用、整合各种资源组织教学工作，综合评估学生，不断改进提升教学质量；④高效能教师能够与家长、同事、专业人士、学校行政管理部门等进行有效沟通合作。

早期的教师效能研究认为教师效能是由教师自身个性特征决定的，从而忽视教师通过教育培训提高效能的可能性②。随着行为科学的发展，教师效能研究开始关注教师课堂教学行为对学生学业成就的影响。课堂教学过程不是教师对学生的单方面输出，也不是学生完全自主地进行信息加工，而是教师与学生对话交流的过程，师生关系是构建教学情景和生态的重要因素，是提升高校课堂教学效能的基石③。师生关系不仅会对教师教学效能产生重要影响，也会对学生身心发展产生重要影响。教师与学生的交流互动在传授知识与技能的同时也传递着情感态度与价值观，潜移默化地影响着学生的思想观念、价值取向和精神风貌。师生关系对学生身心发展起着至关重要的作用④。

在高校课堂教学实践中，师生关系的和谐程度直接影响学生在学习中的情感体验和教学结果。和谐的师生关系，是指教师和学生在人格平等的基础上相互尊重，相互信任，适时关爱，经常协商事务和协调关系。和谐的师生关系对课堂教学有积极的促进作用，由于双方的充分沟通合作，学生在课堂

---

① LITTLE O, GOE L, BELL C, et al. A practical guide to evaluating teacher effectiveness [R]. Washington, D. C: National Comprehensive Center for Teacher Quality, 2009: 36.

② 潘海林，朱文芳. 教师效能研究：从理论内涵到实践应用 [J]. 聊城大学学报（社会科学版），2019 (1): 123-128.

③ 盖立春，郑长龙. 课堂教学行为研究的三种范式及其基本问题 [J]. 课程·教材·教法，2010 (11): 35-40.

④ 濮岚澜，赵伟. 高校师生关系：一般理论及应用分析 [J]. 清华大学教育研究，2001, 22 (4): 69-79.

上积极配合教师教学，提升学习专注力，实现良好的课堂教学。从长期来看，和谐的师生关系可以提升学生的愉悦感、满意度、幸福感等积极的情感体验，从而缓解心理压力，促进身心健康发展①。

然而，目前大学课堂中常见的管理方式并不利于和谐师生关系的建立。如，当课堂教学秩序出现问题时，教师一般会采取以下两种方式解决问题。

一种是训导、说服、劝诫学生，使学生在教师权威和各种规章制度的约束之下，被迫接受管教，向教师妥协。在这种权威式教育方式中，当教师以惩罚或奖赏来使学生服从时，学生往往只是表面上听从教师，其实内心并不接受教师的教导。这种教育方式容易使师生关系陷入相互不信任的状态，学生感觉没有被理解和接纳，教师则觉得学生屡教不改，师生双方身心疲惫，影响学生对学习和教师对教学的投入。

另外一种是教师放弃管教，对学生的行为不管不问，放任学生自行其道，这实际上教师向学生妥协。这种情况下，学生可能根本认识不到自己的问题，在课堂上我行我素，课堂环境被破坏，教师更无教学热情。所以当师生之间有冲突时，无论是教师管教或是妥协，都不是一种共赢的方案，因其无法让教师和学生双方达成共识，而是导向不良的师生关系，进而影响整个教育教学质量的提升。

实际上，国外不少研究表明，教师效能是建立积极课堂氛围以及建立高效课堂的重要因素，并提供了切实可行提高教师效能的方案。教师效能训练（teacher effectiveness training，TET）帮助教师提高社会情感能力，实现教师与学生的有效沟通交流，构建和谐师生关系，促进学生自主学习②。在此笔者主要介绍 TET 的理论背景和实践经验，为建立高效课堂提供一种新的思路和方向。

---

① 张继平，张晗，赵欢．高校课堂教学中和谐师生关系构建的理念、难题与策略：建设一流本科的视角［J］．三峡大学学报（人文社会科学版），2021，43（2）：75-80.

② TALVIO M，LONKA K，KOMULAINEN E，et al. Revisiting Gordon's teacher effectiveness training：an intervention study on teachers' social and emotional learning［J］. Electronic journal of research in educational psychology，2013，11（3）：693-716.

二、TET 的理论背景

托马斯·戈登于 1962 年整理出一套从心理治疗模式中衍生出来的人际关系沟通技巧并将其开发成效能训练（ET）课程，教师效能训练（TET）则是其中的一个分支①。TET 基于以人为本的理论框架，通过培训教师有效沟通和解决冲突的技巧，指导教师与学生进行顺畅沟通，从而激发学生主观能动性，帮助教师与学生发展和维持一种相互支持的和谐关系，最终实现教师的高效能与学生的自主学习②。

TET 的核心是培训教师的社会情感能力，采用正确有效的沟通方式，尊重学生意愿，引导学生行为。TET 的理念认为，提高教师的社会情感能力和沟通技巧水平是促进学生进行积极的自我反思、负责、决策、控制和评价的有效途径。师生双方尊重彼此需求，真诚沟通并建立健康关系，在和谐的环境中激发学生的主观能动性。

TET 的理念体现了人本主义心理学和积极心理学的要义，强调人的优势和潜力，而不是人的弱点和问题，该学派认为教育的主要目的是培养学生的健全人格，教育活动是教师与学生之间的合作，通过建立双方情感交流促进学生个性化发展。这种“以人为本”的教育方式注重学生的自我内在探索，顺应学生的兴趣与和需求，通过教师对学生的真诚接纳与沟通，激发学生认知与情感的相互作用，达到智商与情商的全面发展③。同时，TET 的心理学理论基础也与近些年发展的自决理论（self-determination theory）高度相近。自决理论认为，个人在充分认识自我需求和环境信息的基础上，根据个人动机和预期来选择目标，开展自我决定的活动，从而满足个人需求，因此个人自主性和内在动机与行为高度相关。从这个角度来看，教师的主要任务之一就是培养学生的自主性，而教师提高社会情感能力，可以有效理解学生的内在

---

① GORDON T. Teacher effectiveness training: the program proven to help teachers bring out the best in students of all ages [M]. New York: Crown Archetype, 2010.

② 梁延玲．基于 TET 教师效能训练模式构建成人高校和谐师生关系的应用探究［J］．北京宣武红旗业余大学学报，2018，1（102）：45-49.

③ TALVIO M, LONKA K, KOMULAINEN E, et al. The development of teachers' responses to challenging situations during interaction training [J]. Teacher development, 2015, 19 (1): 97-115.

动机，从而推动学生进行正确的决策和行为①。

教师的社会情感能力主要从这样几个方面影响学生②：①教师是学生建立社会和情感技能方面的榜样。榜样理论表明，如果学生对教师持积极态度，会更倾向学习和模仿教师所呈现的行为。通过观察教师行为，学生在有意或无意间习得行为，并建立自身的人格与性情③。②教师在日常事务中通过运用社会情感的能力影响学生学习的自主能力。教师施以积极性表扬，关注学生的努力和进步，促进学生认同，激发学生学习参与度④。③教师良好的社会情感能力有助于搭建师生沟通的桥梁。当教师积极倾听学生心声，与学生真诚沟通时，学生会感到受重视，从而积极参与课堂活动⑤。④教师自身的教学效能感也有赖于社群关系（包括学生、学生家长、同事、亲友等）的互动，当教师拥有良好的社会情感能力以维系社会关系时，将有助于良好的学习和工作环境的形成⑥。

三、TET 的基本内容

TET 是一套训练教师的社会情感能力的课程，强调教师对学生的接纳而不是改变，注重向教师传授实用的心理学知识，帮助教师了解学生的心理需要，传授具体的沟通技巧⑦。TET 由戈登创立机构中的认证讲师使用规定的课程大纲和相关材料进行培训，包括讲座、小组讨论、技能实践、案例分析等多种教学方法，注重理论联系实际。

---

① DECI E L, RYAN R M. Handbook of self-determination research [M]. Rochester: University of Rochester Press, 2002: 183 - 203.

② TALVIO M, LONKA K, KOMULAINEN E, et al. The development of teachers' responses to challenging situations during interaction training [J]. Teacher development, 2015, 19 (1): 97-115.

③ NUMMELA R, AVILA D. Teacher effectiveness training and pupil attitude [R]. Florida: University of Florida, 1980: 11.

④ 吴晓义. 国外积极课堂气氛形成理论：和谐沟通理论 [J]. 教育情报参考，2008 (2): 50-50.

⑤ 梁延玲. 基于 TET 教师效能训练模式构建成人高校和谐师生关系的应用探究 [J]. 北京宣武红旗业余大学学报，2018, 1 (102): 45-49.

⑥ TALVIO M, LONKA K, KOMULAINEN E, et al. Revisiting Gordon's teacher effectiveness training: an intervention study on teachers' social and emotional learning [J]. Electronic journal of research in educational psychology, 2013, 11 (3): 693-716.

⑦ EMMER E T, AUSSIKER A. School and classroom discipline programs: how well do they work [C]. Washington, D. C: 1986 Conference on Student Discipline Strategies, 1990: 105-144.

TET的核心概念是行为窗口和问题归属原则，在处理教师和学生的矛盾时，应先界定事情的状况（教师与学生对某种行为的接纳程度）和问题归属（师生冲突中谁的需求需要被满足，谁就有责任解决问题），并在此基础上使用相关的技巧应对不同的场景。具体的技巧包括积极倾听，进行清楚的自我表达，解决冲突双赢法，等等。

TET根据问题的归属原则将教学课堂情境分为两种类型，一种是教师“拥有”问题（例如，学生的行为干扰了教学进程）；另一种是学生“拥有”问题（例如，学生因为成绩差而感到焦虑等个人问题）。针对具体的事件，教师在与学生沟通前，必须分析清楚由事件而衍生出问题的归属，并根据问题归属运用不同的对应技巧。

如果是学生自己的问题，教师会被训练使用各种倾听技巧，以帮助学生理解和解决所面临的问题。积极倾听技巧在这一情境里被大量采用。积极倾听是指教师在心理上真诚接纳学生的情绪，在语言表达上注重理解学生语言中所包含的情绪和信息，将其转化成自己的语言并反馈给学生进行求证的沟通过程。这时，教师需要放下批评、指正、教导学生的想法，对所沟通的事情不发表自己的评价、意见、分析、推论，只将自己听到和理解的信息反馈给学生，这样一步一步地深入，留出足够的空间让学生对自己的问题进行反思，并承担解决问题的责任。

在教师需要学生配合来解决问题时，训练的重点在于进行清楚的自我表达，这要求教师以“行为+感受+影响”的模式来直接指出由学生所造成的困扰。此时，教师需要清楚指出并告诉学生自己对其某个具体行为的感受，以及该行为所造成的具体影响，然后双方一起讨论解决问题的方法，实现教师和学生的需求都能得到满足的目标。教师在进行准确完整的自我表达时，不应带任何批评、指责、否定的信息，并要让学生看到教师的需要。一般情况下，学生很愿意改变自己的行为来满足教师的需要。可见，TET提出解决问题的方法既不是基于教师的专制权威，也不是来自学生的委曲求全，而是由双方充分交流彼此的想法，尊重彼此的需求，努力实现双赢。

四、TET 的意义

TET 理论认为，学生的发展是一个内部成长的过程，教师应向学生提供足够支持来激励学生的内部成长。具体来说，TET 核心理念和实践具有以下几个方面的意义。

第一，建立和谐合作的师生关系是有效教育的基础。TET 非常注重对教师进行沟通训练，倾听学生需求，充分体现教师对学生的尊重，建立相互支持和合作的师生关系，以增强积极的师生情感关系体验。TET 认为，教师对学生的尊重和接受，对学生行为的理解和积极引导，对学生错误行为的处理方式，都能影响学生的自尊水平、学生与教师的情感联系和合作关系、学生的责任感和成熟水平、对学业的积极态度、成就取向以及对挑战和压力事件的态度和应对方式，进而影响学生的社会适应性。

第二，教师良好的沟通能力有助于提高教师效能感。TET 模式通过提升教师有效沟通的能力，指导教师进行清晰的自我表达并积极倾听学生需求，从而帮助教师形成积极的教育理念，更多地关注学生的努力和成长，使教师减少使用权威式、讨好式、规避式等无效的教育方式。教师对学生行为进行更加积极的解读和归因，有利于提高教师对学生、对自己、对家庭、对生活的满意度和幸福感，其教育教学工作也会因此而更有热情，从而获得更高的教学效能感和自我效能感，这些都有利于提高教师的教学教育质量和身心健康水平。

第三，教师以协助和引导的方式帮助学生解决问题，能有效化解师生之间的冲突。TET 模式认为，学生都有内在的向上成长的动力，教师不是去教导学生正确的行为规范，而是引导学生向内审视自己的行为或观念，发现自我成长的内在动力，自行纠正行为偏差。学生的行为和心理问题，如厌学、逃课、沉迷游戏，以及情绪低落、逆反、易被激怒等，大都与自身对情境的认知偏差有关，问题行为是学生对所处情境的应对方式。所以，教师应该帮助学生发展积极的认知，强化内在的成长动力，培养成就感和价值感，从而纠正错误的行为。

五、TET 的实践效果

教师效能与高效课堂密切相关，高效能教师对教学工作具有较高热情，会投入较多时间和精力备课并进行课堂组织管理，从而营造积极的课堂氛围，进而提升学生的学习积极性和成绩①。教师的教学效能与教师的社会情感能力和沟通技巧高度相关。有研究表明，通过运用适当的交流技巧，教师能够建立良好的师生关系，增进师生互动，提升课堂管理质量②。

在美国，通过对比已参加 TET 培训的教师和未参加培训的教师，已有多篇文献表明 TET 对教师的行为、认知、态度有显著改变。这些改变主要是以更民主的态度审慎使用教师权威，更关注学生的想法和感受，对学生行为的接纳程度更高③。有研究跟踪调查了上百个学生对自我、其他学生、教师、学校管理者和整个学校的看法和态度，其中实验组学生的教师自愿参加 TET 工作坊并同意在整个学年使用 TET 模式，其余学生（其教师未接受 TET 培训）则作为对照组；对比分析结果表明，在课堂上使用 TET 技能的教师，其学生对学校整体尤其是教师的积极态度有所增加④。

可见，TET 可以从本质上转变教师的认知。例如，当教师面对学生违反规定（如上课玩手机）等挑战性情境时，其心态与处理方式会更民主。芬兰的研究者曾对教师进行跟踪调查，调查他们在接受 TET 培训后的变化，并将他们与未参加培训的教师进行比较。研究发现，接受 TET 培训的教师对 TET 都持有正面态度，教师对社会情感的知识以及运用社会情感的能力有显著提高，教师的整体幸福感也有小幅度提升⑤。受过 TET 培训的教师，对学生行

---

① 史少杰，周海涛．民办高校教师教学效能感及其影响因素分析［J］．山东高等教育，2016，4（10）：44-52.

② TALVIO M，LONKA K，KOMULAINEN E，et al. Revisiting Gordon's teacher effectiveness training：an intervention study on teachers' social and emotional learning［J］. Electronic journal of research in educational psychology，2013，11（3）：693-716.

③ EMMER E T，AUSSIKER A. School and classroom discipline programs：how well do they work［C］. 1986 Conference on Student Discipline Strategies，1990：105-144.

④ NUMMELA R，AVILA D. Teacher effectiveness training and pupil attitude［R］. Florida：University of Florida，1980：11.

⑤ TALVIO M，LONKA K，KOMULAINEN E，et al. Revisiting Gordon's teacher effectiveness training：an intervention study on teachers' social and emotional learning［J］. Electronic journal of research in educational psychology，2013，11（3）：693-716.

为进行主观性解读和标签化的情况减少了；学会描述其所感知的学生行为，并表达他们的感受等；他们也更有可能支持学生的自主性和能动性，通过倾听或要求学生积极参与解决问题来给学生留出空间①。

在中国，尽管已有机构在国内推动 TET 项目，但相关的学术研究仍然非常少，且主要是关于 TET 的简单介绍以及应用构想。例如，有学者提出采用 TET 模式开展师范类地理科学专业水文教学改革②；基于 TET 中的和谐沟通理论构建积极课堂气氛，进行课堂管理改革③；应用 TET 模式构建成人高校的和谐师生关系④等。但目前，国内还没有实证性研究报告 TET 项目的实践效果。

总结

TET 改变了传统的教育理念，它抛弃了过去重视奖惩的教育方法，而是以平等、尊重、信任、民主的理念来构建师生关系。同时，TET 具有很强的可操作性，将心理咨询中的沟通技巧应用于师生交流，用来取代传统教学中使用权力与权威管理学生的模式，为“以人为本”的教学模式提供了具体可行的操作方法。

不过 TET 在我国的推行还比较缓慢，这主要可能有以下几个原因。首先，TET 所提倡的民主式沟通方法与我国传统的权威式教育教学模式可能存在某种观念上的冲突，使得 TET 的实施难以落地。其次，TET 发挥作用离不开构成高效课堂的其他因素，如教师的专业和道德水平等。最后，教师培训是一项整体系统性工作，社会情感能力作为其中的一个重要部分需要嵌入教师的日常培训中，因此需要学校和社会各方从制度和资金上进行长期而持续的投

---

① TALVIO M, LONKA K, KOMULAINEN E, et al. The development of teachers' responses to challenging situations during interaction training [J]. Teacher development, 2015, 19 (1): 97-115.

② 曾春芬. 基于 T. E. T. 的师范类高校地理科学专业水文学教学设想 [J]. 地理教学, 2019 (16): 55-61.

③ 梁延玲. 基于 TET 教师效能训练模式构建成人高校和谐师生关系的应用探究 [J]. 北京宣武红旗业余大学学报, 2018, 1 (102): 45-49; 吴晓义. 国外积极课堂气氛形成理论: 和谐沟通理论 [J]. 教育情报参考, 2008 (2): 50-50.

④ 梁延玲. 基于 TET 教师效能训练模式构建成人高校和谐师生关系的应用探究 [J]. 北京宣武红旗业余大学学报, 2018, 1 (102): 45-49.

入。总之，在我国开展教师效能培训任重道远。

参考文献

[1] 任金杰，王怡渊．高校课堂问题行为与管理的调查研究：以通化师范学院为例［J］．通化师范学院学报，2015，36（12）．

[2] 苗峰．高校课堂教学管理现状及对策研究［J］．兰州教育学院学报，2015，31（8）．

[3] 祝智庭．智慧教育新发展：从翻转课堂到智慧课堂及智慧学习空间［J］．开放教育研究，2016（1）．

[4] 张鹏君．信息技术时代智慧课堂的实践逻辑与建构［J］．苏州大学学报（教育科学版），2020，8（1）．

[5] 任志安．高校高效课堂建构的供给侧制度创新研究［J］．高教学刊，2017（1）．

[6] 李仲辉，陈翊民．论学校文化管理理念下的高效课堂［J］．当代教育理论与实践，2015（2）．

[7] 岳伟，刘贵华．走向生态课堂：论课堂的整体性变革［J］．教育研究，2014（8）．

[8] 李莹．论“课堂问题行为”［J］．教育学术月刊，2006（1）．

[9] 潘海林，朱文芳．教师效能研究：从理论内涵到实践应用［J］．聊城大学学报（社会科学版），2019（1）．

[10] 盖立春，郑长龙．课堂教学行为研究的三种范式及其基本问题［J］．课程·教材·教法，2010（11）．

[11] 濮岚澜，赵伟．高校师生关系：一般理论及应用分析［J］．清华大学教育研究，2001，22（4）．

[12] 张继平，张晗，赵欢．高校课堂教学中和谐师生关系构建的理念、难题与策略：建设一流本科的视角［J］．三峡大学学报：人文社会科学版，2021，43（2）．

[13] 梁延玲．基于TET教师效能训练模式构建成人高校和谐师生关系的应用探究［J］．北京宣武红旗业余大学学报，2018，1（102）．

[14] 吴晓义．国外积极课堂气氛形成理论：和谐沟通理论［J］．教育情报参考，2008（2）．

[15] 史少杰，周海涛．民办高校教师教学效能感及其影响因素分析［J］．山东高等教育，2016，4（10）．

[16] 曾春芬．基于T．E．T．的师范类高校地理科学专业水文学教学设想［J］．地理教学，2019（16）．

[17] LITTLE O，GOE L，BELL C，et al. A practical guide to evaluating teacher effectiveness［R］. Washington，D. C：National Comprehensive Center for Teacher Quality，2009.

[18] TALVIO M，LONKA K，KOMULAINEN E，et al. Revisiting Gordon's teacher effectiveness training：an intervention study on teachers' social and emotional learning［J］. Electronic journal of research in educational psychology，2013，11（3）.

[19] GORDON T. Teacher effectiveness training：the program proven to help teachers bring out the best in students of all ages［M］. New York：Crown Archetype，2010.

[20] TALVIO M，LONKA K，KOMULAINEN E，et al. Thedevelopment of teachers' responses to challenging situations during interaction training［J］. Teacher development，2015，19（1）.

[21] DECI E L，RYAN R M. Handbook of self－determination research［M］. Rochester：University of Rochester Press，2002.

[22] NUMMELA R，AVILA D. Teacher effectiveness training and pupil attitude［R］. Florida：University of Florida，1980.

[23] EMMER E T，AUSSIKER A. School andclassroom discipline programs：how well do they work［C］. Washington，D. C：1986 Conference on Student Discipline Strategies，1990.

基于项目化教学的对分课堂模式在审计学教学中的应用探索

王茂林

（首都经济贸易大学　会计学院）

【摘　要】审计学是一门注重理论与实务相结合的学科。传统理解中，其课程语言晦涩难懂，理解难度较大。为了更好地推进审计学课程改革，提升审计学课堂教学效果，需要结合审计学课程特征进行全方位的课程教学方式方法革新。对分课堂模式是近年来兴起并得到广泛应用的一种教学模式，本文结合审计学课程特点，尝试以项目化教学方式将对分课堂模式引入审计学教学中，并基于一个学期试用和一个学期正式使用后得到的数据，分析该模式的教学效果。实践表明，将审计学课程进行项目化划分后，运用对分课堂模式提高了学生的参与度，能够在一定程度上提升审计学课堂的教学效果。

【关键词】项目化教学　对分课堂　审计学教学　应用探索

一、对分课堂的应用现状

对分课堂是中国原创的新型教学范式，由复旦大学心理学教授张学新于2013年10月率先提出，随后得到大量一线教师的实践检验。据统计，对分课堂自2014年在复旦大学本科课程中初试成功后，不到三年就风行全国，传播至国内各省、自治区和直辖市，甚至传到亚洲、非洲一些国家，已为数以万计的教师所成功运用，覆盖了数百所高等学校的数十万学生。该模式涵盖社会科学、自然科学、医学、法学、数学、工程、语言、文学、艺术和体育等众多学科领域，获得高度而广泛的认可，并被列入教育部和上海市教委教师培训项目，获批上海市本科教学改革重点课题。对分课堂也迅速进入基础教育领域，从小学一年级到高中三年级，其在语数外、数理化、政史地和体育课程中获得很多成功案例，显著提高了中、高考成绩，得到全国各地众多一线教师、特级教师和校长的高度认可，被誉为“魔力课堂”，被列入上海市教委“十三五”基础教育教师培训的网络课程。

对分课堂由三个部分组成，即用三个步骤来完成，分别是讲授（presentation）、内化吸收（assimilation）和讨论（discussion），因此“对分课堂”也被称为“PAD 课堂”。2016 年，由张学新编著的《对分课堂：中国教育的新智慧》一书，在简述了对分课堂的基本操作后指出，对分课堂整合了讲授法和讨论法，系统贯彻了四大学习理论和三大教学理论，通过重新定义课堂和师生关系，实现了对传统教学的实质性变革。基于对分教学实践中迅速涌现的大量成功案例，张学新组织来自国内 13 个省份 29 所学校的共 66 位教师，主编了第一批对分课堂教学手册丛书，包括总论和 16 个分册，覆盖了 11 类高校课程和 5 类中学课程，包括“高校思想政治理论课”、“大学英语”、“大学心理学”、“高等数学”、“医学护理学”、“高校艺术类课程”、“研究生公共英语”、“对外汉语”、“高校体育类课程”、“大学生物”“第二外语辅修与专业课程”和“高中数理化”、“高中语文”、“高中英语”、“初中英语”、“中学地理”等，自 2017 年 3 月起由科学出版社陆续出版。

二、对分课堂的研究现状

随着对分课堂模式的成功开发和应用，各地教师以对分课堂为题，申请并获批不同等级的教改立项 140 多项，发表与对分课堂相关的论文上千篇。在教改文献中，对分课堂迅速与慕课、翻转课堂等源自西方的主流教改模式相提并论。

迄今为止，我国对对分课堂进行研究的资料文献主要划分为以下四种类型：①对分课堂的理论分析研究；②对分课堂的实践探索研究；③对分课堂取得的成效及存在的问题；④对分课堂的开发设计研究。截至 2020 年底，国内共有 1 919 篇文章围绕对分课堂进行了相关研究，其中有 862 篇文章涉及对分课堂在不同学科、不同教学情境下的应用探索，占总数量的

44.92%（图1）。

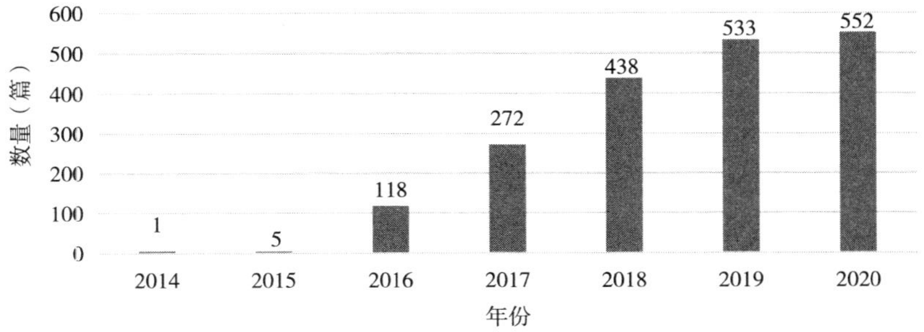

图1　对分课堂研究文献统计

理论研究方面，张学新首次提出“对分课堂”这个词，并第一次具体阐释了这一新型教学模式如何操作以及有什么作用。陈瑞丰认为，对分课堂有效中介了生成性课堂，对分课堂以讲授、内化吸收和讨论三分课堂为教学过程，师生在其中权责对等；“对分”课堂成为真正的双重“教—学”主体，使课堂教学过程发生了结构性巨变，这样，“预设—生成”就具有了可能性；强调隔堂对分、先教后学，“预设—生成”就具有了现实性。赵婉莉和张学新从深度学习的角度对对分课堂教学模式进行了探究，认为对分课堂的教授原则主要是精讲和留白。整个教学流程包括三个阶段：讲授（精讲留白）—独学（独立思考）—讨论（解决低层次问题，凝练高层次问题）。杨淑萍等则分析了对分课堂的教学模式及其师生角色，认为在这一教学模式中，教师和学生的角色随着课堂教学环节的变化而变化，即教师在不同的教学阶段分别充当“讲授者”、“评价者”和“引导者”的角色，相应的学生角色则分别为知识的“接受者”、“发现者”和“交流者”，同时通过高效的生生之间、师生之间的交互学习，改善大学课堂生活的质量。

实践探索方面，对分课堂涉及的范围比较广。对分课堂最开始应用于大学思政课堂之中，随后发展到大学里的外语、科学、工程、医学等不同专业课程中。目前，对分课堂从义务教育阶段到普通高等教育阶段都有涉及，有利于形成一个“高低搭配”的研究层次，其中高等教育教学运用对分课堂的研究在应用研究中占到了四成以上。刘明秋在生命科学专业基础课程——微生物学的教学实践中，初步应用了这种模式，力求将传统课堂教学的优点与讨论式课堂的优点有机结合，在激发学生学习积极性和自主性的基础上，增加师生互动、生生互动，培养学生的批判性思维，促进其个性发展，通过拓展教学时空，增强教学吸引力，更好地满足了以质量提升为核心的内涵式发展要求。刘金焕将对分课堂应用于会计学原理的讲授中，并发现会计学原理的对分课堂教学模式兼顾了课程知识的讲授和知识的应用，具有较强的实践性特点。知识内化吸收阶段的安排，对基础普遍偏弱的学生来说具有极大的现实意义，因其能为学生内化吸收完成项目所需的知识提供保证。胡洁人和李柳醒以讲授—吸收—讨论为基本模型，以本科法学通识课程——女性权利的法律保护这一深度教学案例为例，采用对分课堂教学模式，以构建课程思政立德树人为目标的教学机制。其间，对分课堂模式成功地将课程思政元素贯穿教学全过程，从而实现了对学生价值塑造、知识传授和能力培养。

关于对分课堂应用的讨论和分析，杜艳飞和张学新指出，对分课堂应该灵活安排时间，不必拘泥于形式，并应强化学生作业对整个教学效果产生重要的影响。郑玉华认为，原有的以期末笔试为考核主体的课程考核方式已不再适用于对分课堂，因此需要设计更综合的考评体系，建立多维度的考核标准。此外，对分课堂的讲授和讨论时间分配并不是严格平均的，在时间分配上要有所侧重，在内容上要灵活设置、机动调整。

三、审计学课堂的特点

审计学是大学财会专业的核心课程。长期以来，由于该课程实践性较强，教材语言晦涩难懂等原因，它成为财会专业学生学习兴趣较低的一门课程。究其原因，一是审计学课程内容多，术语、理论晦涩，容易出现理解偏差。二是审计学内容多是说理性的，难以引起学生兴趣。三是审计学教材的主要内容紧扣审计准则（我国的审计准则在借鉴国际审计准则的基础上，基于我国的实务特征进行了具体的完善和调整），而这些准则的更新速度较快，对教师的教和学生的学都带来了较大挑战。此外，审计学本身具有较强的实务性和操作性。虽然审计理论的学习为实务操作提供了指导，但在实际运用中，很多地方都需要审计人员发挥主观能动性进行专业、合理、准确的判断，现实中很难寻找这方面与学生专业水平相符的综合性案例。

四、对分课堂在审计学课堂中的应用探索

（一）调查分析

结合课题主题，笔者选取所在学院注册会计师专门化班级的48名同学进行了问卷调查分析，并选取部分问题的解答进行进一步分析。图2是在审计学开课前对有关专业选择原因的统计。从中可知，学生对会计学专业的的选择大部分是出于家长和教师的建议以及个人对专业的了解。接下来，笔者分析了学生对审计学课程的了解以及对对分课堂模式的了解。从图3的统计可以看出，学生对对分课堂名称的认知较少，甚至对对分课堂内容和形式的了解也不足。统计中发现，学生对模块化教学的内容和形式并不清楚。另外，随着课堂参与的增加，学生之中的观点差异也较大。笔者经过一个学期的对分课堂教学后发现，学生对审计课堂中的模块化教学给予了较高肯定（图4）。同时在学习过程中，学生能较好地参与课堂教学，提升个人学习的能动性，并收到良好效果。

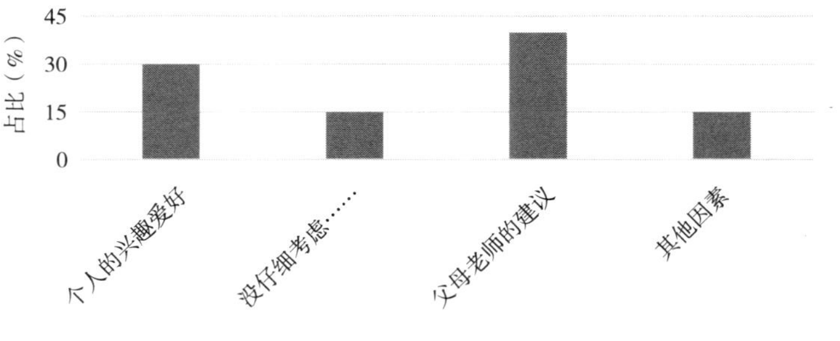

图2　学生的专业选择原因

（二）应用总结

1. 划分学习小组

划分学习小组时主要关注的是小组人数、划分依据、组内合作、组间协调等。分组依据可以考虑由学生自愿组合或由教师分配，其各有利弊，取决于学生和教师的沟通结果。角色分配和小组分工要求设置组长、发言人等角色，并对这些角色进行加分；也可以考虑不设置角色而对小组整体表现进行

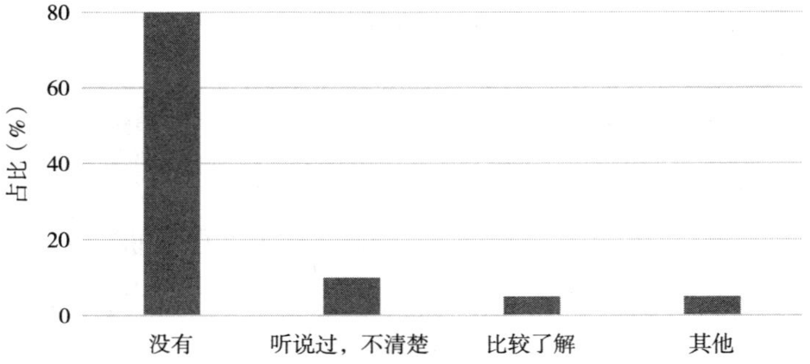

图 3　学生对对分课堂的了解情况

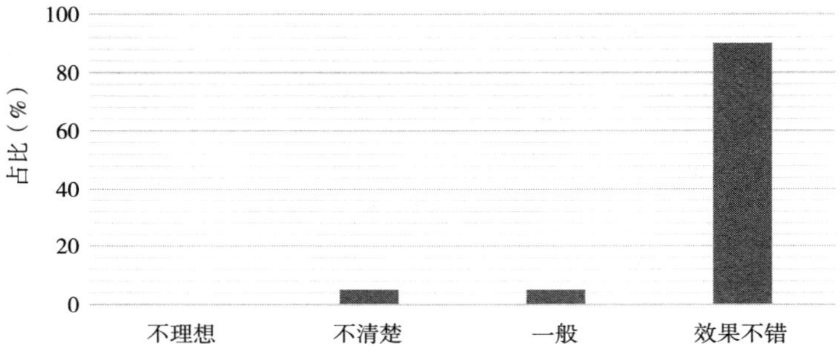

图 4　学生对模块化教学效果的评价

评价，但应尽量保证每位同学都努力参与。

2. 学习资料的选择

案例选择是审计课程的重要内容，要关注案例精炼化，案例的挑选应该与讲授内容相符。同时，应安排与学习内容匹配的案例，使学生按照所学方法，熟练掌握审计项目的承接、审计人员配备和角色的分配、审计总目标和具体目标的制定、审计程序的实施等。并且，应考虑对学生的案例展示、分析进行组间互评和教师评价等。

3. 形成模块化、框架化学习

结合审计学课程特征，学生端的内容按照审计循环的类型划分为不同的项目（图 5），包括销售与收款循环、采购与付款循环、筹资与投资循环、生产与存货循环、人力资源与薪酬循环以及货币资金审计，除了上述业务循环外，还可以包含注册会计师审计报告部分、注册会计师应遵守的职业道德守则与质量控制部分，并将这些专题性质的内容进行项目化管理，这样能够较好地提升学生对审计实务的代入感，并在事务所实习前形成整体的知识认知。

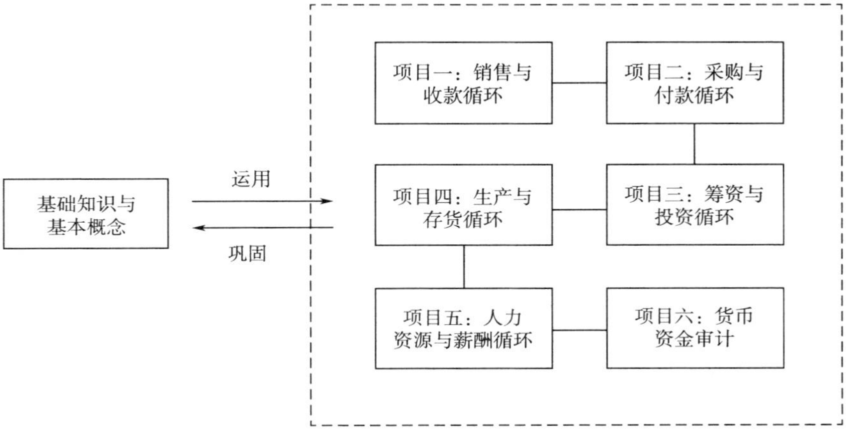

图 5　模块化授课安排

4. 教师的教与学生的学有机融合

对分课堂模式下，教师应重新制作课件，简化内容结构以使之清晰，突出重点、难点，既要在较少时间内帮助学生熟悉章节内容，又要让学生有效地理解课程重点和难点。学生应在课后对教学资料进行学习，同时结合相关资料的搜集和整理，勇于发现问题解决问题，提高学习效率，提升学习效果。详见图 6。

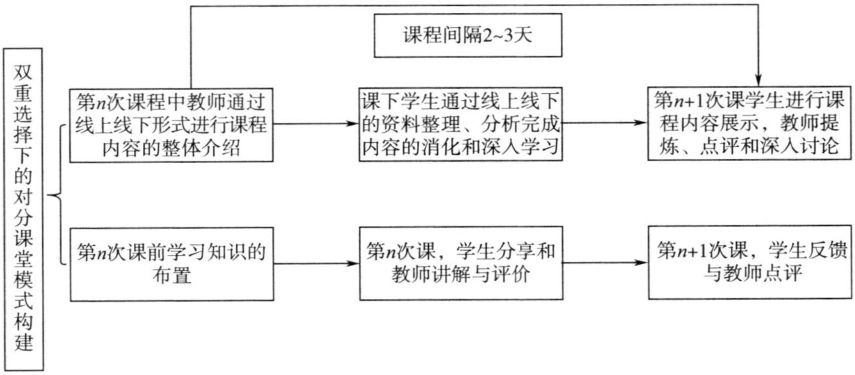

图 6　对分课堂模式的构建思路

5. 增加讨论课并加强过程评价

通过讨论课，令学生回顾重要概念，表述个人理解，互相交流，互相讨论，互相挑战，互相启发，深入理解，共同掌握重点，突破难点，分享体验，分享智慧，开阔视野，展示个性，锻炼合作。以上各方面，可以从学生的资料搜集，分析深度，团队合作，与教师授课内容的衔接，结论的恰当、合理和创新性等方面进行评价。图 7 展示了整体上的项目化对分课堂模式下审计学课程的流程和应用思路。

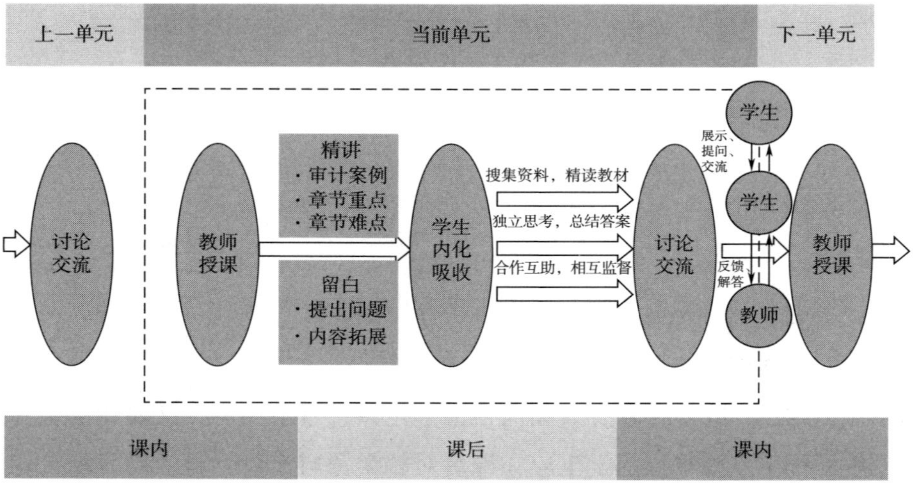

图 7 “对分课堂”流程

五、效果评价

第一，学生主动参与程度提高。随着任务布置、分小组作业、组间互评、教师点评等环节的设定，学生积极讨论，课堂主动参与意识增强，变被动学习为主动学习。学生能够依据教师安排的主题进行小组讨论，并按照项目进行分析，达到了较好的效果，提升了讨论和研究能力。

第二，学生敢于质疑，求知欲增强。项目化教学激发了学生了解业务循环的兴趣和求知欲，同时也增强了学生对理论化程度较高的知识的整体把握。通过讨论，学生能更加清晰地理解理论逻辑和知识架构，同学们的大脑在课堂上始终保持高速运转。

第三，学生完成讨论和作业的态度端正，认真负责，且对深层次、延伸性问题的讨论也取得较好效果，从而有助于培养其研究型思维。

第四，有助于促进教学相长。对分课堂模式有效地提升了学生对知识的了解和掌握水平，学生在主动学习能力的提高过程中，加强了对知识的运用和把握水平，同时能够主动质疑可能存在的问题，从而有助于促进教学相长。

六、问题分析

经过一个学期的试运行和一个学期的正式应用，笔者认为，对分课堂模式在审计学课堂中的应用效果良好，同时也存在一定的问题需要在后续课程中加以改进。

第一，部分学生往往只关心与自己话题有关的小组分享，而在听其他话题时的专注度下降，因此其整体的知识学习和掌握效果可能存在不足，还需要进一步提升和完善。另外，尽管学生在思考的深度方面普遍有所加强，但部分学生仍存在“天马行空”“跑题”等现象。

第二，小组作业的评价。完成小组作业，在很大程度上提高了学生的集体作业水平和能力，但对小组中学生的参与程度、学习效果等评价等还有待进一步细化。

第三，对主动学习形式的运用不足。有的同学还不习惯讨论的形式，仍比较依赖教师之前的灌输式授课模式，如出现不能充分发言、讨论效率低等情况，使讨论不能达到预期目的。

七、结论与创新

（一）结论

本课题基于项目化教学分析了对分课堂模式在审计学教学中的运用特征，通过实践并进行问卷调查及分析发现，对分课堂的引入有效解决了学生在课程学习中主动性不足的问题。对分课堂的模式有效地提高了学生的参与度，并加强了学生对知识的主观认识和积极讨论，能够有效地降低教师“满堂灌”之下学生主动学习不足的问题。另外，通过对分课堂模式，给学生以较多的机会进行课下的实务了解，并进行课堂情境化展示或讨论，能够有效地将基础知识融入实务学习中，并为学生日后的事务所实习打下坚实基础，从而有效地促进知识学习的体系化。通过项目化审计学课程体系安排，使学生对审计业务流程有了更加清晰的认识，并结合教师线上线下的知识介绍与点评，以及学生对资料的搜集、整理与分析，形成学生对知识的系统分析与学习。

（二）创新

本课题将对分课堂模式引入审计学课程，对课堂教学模式进行了有益的探索和尝试。同时以审计学课程项目化的形式，对教学设计进行了重新规划。结合审计学课程特征，将审计学的整体知识进行重构，突出审计实务在审计学中的重要地位，并按照项目规划方式进行了知识的重新整合，从而有利于学生在进入事务所实习前对整体知识有较为系统的认识和把握。此外，对分课堂教学模式增加了学生的参与感，使学生成为课堂的主人。教师与学生在课堂中的关系和角色历来是影响课程质量的重要因素，通过对分课堂模式，能够有效激活学生的角色发挥，从而实现学生对课程的认同感，收到更好的教学效果，提升教学质量。

参考文献

[1] 胡洁人，李柳醒．“对分课堂”推动高校课程思政建设的实现路径：以《女性权利的法律保护》课程为例［J］．广西师范大学学报（哲学社会科学版），2021，57（5）．

[2] 邵运文．基于对分课堂模式的课程思政实践与思考［J］．高教学刊，2019（6）．

[3] 赵婉莉，张学新．对分课堂：促进深度学习的本土新型教学模式［J］．教育理论与实践，2018，38（20）．

[4] 张春琴，周彩丽．慕课背景下的大学数学课程“对分课堂”教学模式研究与实践［J］．教育教学论坛，2018（25）．

[5] 刘晓芳，王博瑶，刘怡筠，等．“对分课堂”教学法在各家学说教学中

的应用体会［J］. 教育教学论坛，2017（44）.
［6］郭树荣. 基于“互联网+对分课堂”混合式教学模式研究与实践［J］. 黑龙江教育（理论与实践），2017（3）.
［7］杜艳飞，张学新. “对分课堂”：高校课堂教学模式改革实践与思考［J］. 继续教育研究，2016（3）.
［8］陈瑞丰. 对分课堂：生成性课堂教学模式探索［J］. 上海教育科研，2016（3）.
［9］刘明秋. “对分课堂”教学模式在微生物学教学中的应用［J］. 微生物学通报，2016，43（4）.
［10］杨淑萍，王德伟，张丽杰. 对分课堂教学模式及其师生角色分析［J］. 辽宁师范大学学报（社会科学版），2015，38（5）.
［11］张学新. 对分课堂：大学课堂教学改革的新探索［J］. 复旦教育论坛，2014，12（5）.
［12］刘金焕. 对分课堂教学模式在会计学原理课程中的应用［J］. 教育观察（上半月），2016，5（11）.
［13］郑玉华. 项目管理教学的新探索：对分课堂的实施与思考［J］. 项目管理技术，2019，17（11）.
［14］梅晓文. 对分课堂模式在“审计学”课程中的应用研究［J］. 南昌航空大学学报（社会科学版），2019，21（1）.
［15］何利，杨利，马树平，等. 对分课堂在审计课程教学中的应用探索研究［J］. 商业会计，2019（2）.
［16］罗雪晴. “对分课堂”在高中文言文阅读教学中的应用研究［D］. 长沙：湖南大学，2019.
［17］李晓慧. 审计学教学案例设计及其运用研究［J］. 会计之友（下旬刊），2010（4）.
［18］郑英莲. 审计课程教学的若干建议［J］. 财会月刊，2014（14）.

附录　调查问卷

（一）学期前调查问卷

1. 您的性别是？

A. 男

B. 女

2. 您的入学专业是什么？

填空____________________

3. 您目前的专业是什么？

填空____________________

4. 您过去一年半的学分绩点是多少？

A. 大于4.5

B. 4.0~4.5

C. 3.8~4.0

D. 3.5~3.8

E. 3.0~3.5

F. 小于3.0

5. 您选择注册会计师专业时考虑的因素是什么？（注册会计师专业同学填写）

A. 个人的兴趣爱好

B. 没仔细考虑，临时决定

C. 父母老师的建议

D. 其他因素

6. 您选审计学作为个性化选修课的原因是什么？（不定项）

A. 想了解该学科

B. 听说容易过

C. 没别的选择，选课时间合适

D. 其他____________________

7. 就目前而言，您对注册会计师专业的满意程度如何？（注册会计师专

业同学填写）

A. 满意

B. 一般

C. 不满意

8. 目前您对自己本科毕业后的打算是什么？

A. 工作，去事务所

B. 工作，去企事业单位

C. 工作，但没想好去哪

D. 出国深造

E. 国内读研

F. 其他

9. 您对审计学课程的了解程度如何？

A. 寒假预习过

B. 寒假预习比较充分

C. 没有预习

10. 据您所知，审计学课程的难度如何？

A. 难

B. 中等，类似于中级会计

C. 一般

D. 很简单

11. 您对企业业务循环了解吗，比如销售与收款循环？

A. 不了解

B. 了解

C. 很清楚

12. 下列教学模式中，您认为比较适合自己的是？

A. 一半课堂时间分配给学生，一半时间由教师讲授

B. 学生占 3/4，教师占 1/4

C. 教师占 3/4，学生占 1/4

D. 全部由教师讲授

E. 无所谓，都可以

F. 不清楚

13. 下列教学模式中，您认为教学效果更好的是？

A. 一半课堂时间分配给学生，一半时间由教师讲授

B. 学生占3/4，教师占1/4

C. 教师占3/4，学生占1/4

D. 全部由教师讲授

E. 不清楚

14. 您认为如下哪些活动有助于提高课堂学习兴趣？（多选）

A. quiz比赛

B. 辩论赛

C. 演讲比赛

D. 课堂展示

E. 案例研讨

15. 您认为线上线下教学方式与完全的线下教学方式相比，哪个效果更好？

A. 线上线下教学效果好

B. 线下教学效果好

C. 差不多

D. 不清楚

16. 您对模块化教学有了解吗？

A. 比较了解

B. 一般

C. 不清楚

17. 经过一个学期的学习，您期待审计学的期末考试成绩能够达到多少分？

A. 90分以上

B. 85~90分

C. 75~85分

D. 不好说

18. 您听说过对分课堂吗？

A. 没有

B. 学习的引导者、组织者

C. 说不清

D. 其他____________________

19. 您认为教师在课堂教学中更侧重扮演的角色是什么？

A. 知识的讲授者、灌输者

B. 学习的引导者、组织者

C. 说不清

D. 其他____________________

20. 您认为下列各项中，可能在目前课堂教学中影响教学效果的有（多选）

A. 学生课程学习的积极性和主动性不足

B. 校外的国际注册会计师（ACCA）等社会考证吸引力更大

C. 社会实践的内容不足

D. 课堂传统教学模式的不足

E. 其他____________________

（二）学期末调查问卷

1. 您认为本学期的对分课堂授课效果如何？

A. 差强人意

B. 还可以

C. 不错

D. 很好

2. 您认为模块化教学对提升学生的学习兴趣是否有帮助？

A. 不清楚

B. 一般

C. 效果不错

3. 您对销售与收款循环的认识是否充分？

A. 一般

B. 比较好

C. 了解深刻

4. 您认为本学期的飞花令对知识学习的帮助如何?

A. 没感觉

B. 一般

C. 很好

5. 您认为，本学期同学们参与课堂近40%的安排对提升学习效果而言有帮助吗?

A. 一般

B. 很好

C. 因人而异

6. 您认为对分课堂中小组学习的模式有何帮助?

填空题____________________

7. 您认为学习资料的搜集和分享对同学们的课业要求和课业效果有何影响?

填空题____________________

8. 您认为对分课堂中的互评环节有何效果?

填空题____________________

9. 您认为对分课堂的待改进之处有哪些?

填空题____________________

10. 您认为对分课堂模式还能在哪些课程中得到应用?

填空题____________________

三位一体教学法促进通识课程教学相长的路径研究

——以企业税收常识课程为例

陈远燕　宋振瑜　靳　迈

（首都经济贸易大学　财政税务学院）

【摘　要】企业税收常识是一门为激发学生学习税收知识的兴趣，提高学生的纳税遵从意识和树立正确纳税观而开设的通识选修课，研究案例教学、启发式教学和实物教学“三位一体”的教学方法在这门课程中的运用具有重要意义。本课题以提升学生税收基本理论和实践综合素质为主要目的，以企业税收常识课程教学效果提升问题为研究对象，旨在尝试厘清以提升学生税收基本理论和实践综合素质为主要目的的企业税收常识课程建设目标，使学生善于发现并主动去探索和解决生活中的税收问题，树立相应理念，形成相应习惯。通过调查学生对通识通选课和企业税收常识课程的看法和需求情况，持续优化教学内容，丰富课堂互动多样性，改进教学形式，提供习题库和课外读物等，以满足学生的需求，提高教学质量。此外，为了更有效地发挥企业税收常识课程的作用，提升课堂效果，还应对其进行进一步改革，根据实际情况及时提出有效的改进措施，并为相似的通识通选类课程的建设提供参考。

【关键词】三位一体　通识课程　企业税收常识　路径研究

引言

企业税收常识是为激发学生学习税收知识的兴趣，提高学生的纳税遵从意识和树立正确纳税观而开设的一门通识选修课，研究案例教学、启发式教学和实物教学“三位一体”的教学方法在这门课程中的运用具有重要意义。

迄今为止，已有众多学者和教师针对上述三种教学法提出了自己的见解。李小珍认为案例教学法在中国税制课堂教学中的有效实施，不仅能充分调动学生学习的能动性，而且有助于增强教师的教学科研能力。王乔等学者强调以学生为中心，突出案例教学和实践教学，并逐步形成了“两基四段案例牵引”教学模式。但是，已有研究中多数学者仅就这三种教学方法进行了比较和笼统介绍，却鲜有学者思考如何将案例教学、启发式教学和实物教学三者结合起来提升该课程的教学质量。

目前，首都经济贸易大学企业税收常识课程的既有研究实践基础体现在以下三个方面：一是该通选课已经开设了三个学年共六个学期，每学期选课人数在 30 人至 200 人之间，根据每学期期末学生的评教得分情况来看，学生评价较高，反馈效果较好，这门课程较受学生欢迎；二是围绕这门课程，教师已经连续三年为学生整理当年的税收热点问题，并阶段性地给学生讲解税收政策变革的内容、影响和未来改革方向；三是目前正在建立案例集，并已经在课堂上尝试使用案例教学、启发式教学和实物教学三者相结合的方法。

一、项目建设

（一）项目建设目标和内容

本课题以提升学生税收基本理论和实践综合素质为主要目的，以企业税收常识课程的教学效果提升问题为研究对象，围绕这一研究对象设立以下三个研究目标。

第一，尝试厘清以提升学生税收基本理论和实践综合素质为主要目的的企业税收常识课程建设目标。课程建设目标的设定和厘清直接关系课程内容的设计，也直接影响课程的教学效果。企业税收常识作为一门通识选修课，以激发学生对税收的兴趣，培养学生的依法纳税意识，掌握基本税收常识为建设目标。首先，企业税收常识课程要满足进一步深化教育教学改革，提高教育教学质量，创新人才培养机制的需要，通过企业税收常识课程的学习，使学生掌握与企业相关的主要税种的内涵、基本计算方法和与纳税申报流程相关的知识。其次，实行案例教学、启发式教学等教学方法，活跃课堂氛围，形成以课堂讨论、课堂辩论、师生互动为主的教学方式，教师以“主持人”的身份组织学生开展课堂的讨论或辩论。最后，运用实物教学法，使学生切身体验企业财税人员如何处理税会差异并进行实际的纳税申报，从而使学生加深对知识的理解，真正做到活学活用。

第二，教师要从问题引导出发，使学生善于发现生活中的税收问题并形成自己的思考，在教师的启发和引导下主动去探索和解决税收实际问题，并形成相应的理念和习惯。由于这门课的定位是通识选修课，选课学生对税收知识掌握的基础程度不同，教师通过每节课前预留出10分钟让学生提问题并进行解答的方式，可以通过学生提出问题的难易程度和质量有效地了解学生对税收的敏感度及其基础知识的扎实程度，以便在教学内容设计上更有针对性，真正使每个学生不管有无税收基础知识，学习结束后都可以成为一个懂税的人。

第三，教师应不遗余力地在企业税收常识课程案例教学、启发式教学和实物教学水平提升方面，寻找最佳结合点、切实可行的实施方案和对策建议，以教促研，教研结合，在教学中不断反思总结以确保研究成果落地。首先，不断更新典型案例，使案例能够紧跟税收热点问题。其次，在准备教学案例之前，可以通过上课提问或课下交流的方式提前了解学生感兴趣的税收问题及其基础知识的薄弱环节，以便在教学过程中提高案例的针对性和趣味性。实物教学环节可以采用多种形式，如通过调查问卷的形式了解学生对各个税种征求意见稿的意见和建议，使学生也参与国家的税制设计，提高其学习积极性。最后，企业税收常识课程的案例不应仅限于选择题等客观题，也应该涉及一些主观分析题，使学生去更多地体会专业知识的运用。

本课题的研究思路如图1所示。

（二）拟解决的问题

第一，教师应根据课程建设目标和知识体系设计合理的课程内容，不定期地与学生进行线上和线下的交流，了解学生的学习近况和知识掌握的层次结构。

第二，改进传统的教师讲、学生听的教学方法。一是增加师生互动。鼓励学生在生活中发现问题、思考问题进而提出问题的学习主动性；二是采用部分内容由学生课堂展示并讲解，以及师生共同探讨的方法；三是教师在科研过程中将一些经典案例进行更新改编，并引导学生选取相关案例对理论内

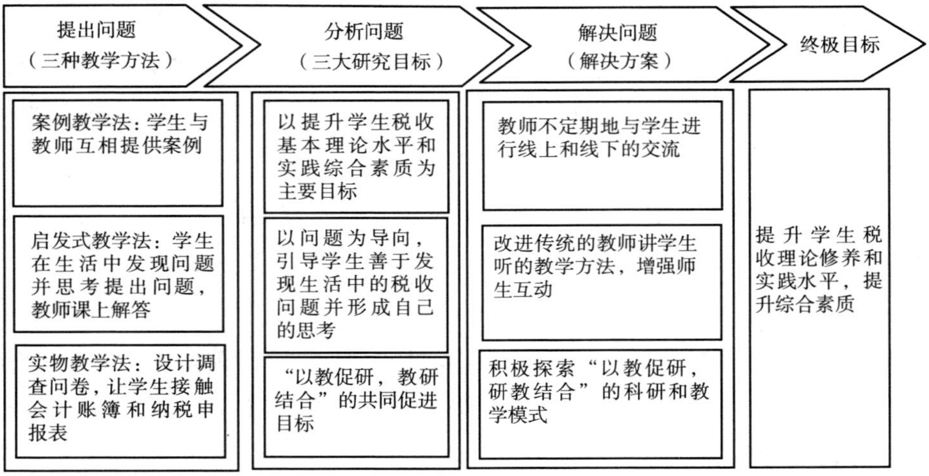

图 1　课题研究思路框架

容进行运用。

第三，教师通过备课过程不断提高科研能力。教师在备课过程中可能会对案例所反映的问题有更加深刻甚至全新的认识，从而向学术论文或课题的方向落地。此外，如果教师的备课内容经典且不失趣味性，也能很好地激发学生的学习主动性和自觉性。

二、企业税收常识调查

（一）基本情况

1. 调查目的

为切实提高高校学生的综合素质水平，有效促进通识通选课程的教学水平提高，深化教育教学改革，提高教育教学质量，对企业税收常识课程课堂效果进行问卷调查。该调查的目的在于调查学生对当前学校开设的通识通选课程的教学方式、教学内容等的看法，了解目前通识通选课程教学中的不足之处，以及学生对企业税收常识课程教学方式的看法，从而分析并得出企业税收常识课程教学的改进措施和改进方向。

2. 调查对象

本调查报告选取首都经济贸易大学的学生作为问卷调查的对象，因本课程属于通识通选类课程，选修学生不设专业限制，因而将调查对象确定为选修该课程的本校学生，共 122 人。本次问卷调查共发放问卷 122 份，收回有效问卷 114 份，有效问卷占比 93.4%。

3. 调查方法

首先，根据调查目的和调查内容的可行性设计调查问卷。其次，选取合适的调查对象发放问卷，为保证发放和回收问卷的效率，保障问卷有效性，对学生发放电子调查问卷。最后，将问卷回收并进行筛选统计，得到最终的问卷调查数据结果。

4. 问卷内容

本次调查问卷共 20 道题目，其中包括 13 道单选题、6 道多选题、1 道开放性问题。内容共包括以下三部分（具体见附录）。

（1）考察调查对象自身情况。目的在于了解学生的年级、专业、学生自身对税收知识的了解情况等，以了解学生的自身情况是否会影响课堂效果。

（2）考察调查对象对以往通识通选课程课堂情况的看法。目的在于了解学生对课程教材的使用情况、教师的授课方式、小组合作、案例教学等问题的看法。

（3）考察调查对象对企业税收常识课程的意见及建议，以通过学生了解目前企业税收常识课程存在的不足之处和改进措施。

（二）调查结果

1. 调查对象自身情况

（1）年级及专业。在本次调查对象中，大一学生共 82 人，占比 71.9%；大二学生共 26 人，占比 22.8%；大三学生共 6 人，占比 5.3%。其中，选修企业税收常识课程的学生主要为大一学生，其次为大二学生，大三学生最少。因为本课程属于通识通选类课程，所以选课学生中没有大四学生。

通过对学生所在专业的调查发现，选修本课程的学生以管理类专业为最多，共有 77 人，占比约 67.5%；接下来是经济类专业，共 25 人，占比约 22.0%；法学、英语等其他专业学生共 12 人，占比约 10.5%（图 2）。管理类专业的学生中，仅会计类专业就有 37 人，约占总人数的 32.5%。由于会计主体通常是一个企业或者是由若干个企业组织而成的集团公司，企业税收知识对会计专业的学生来说也就尤为重要。

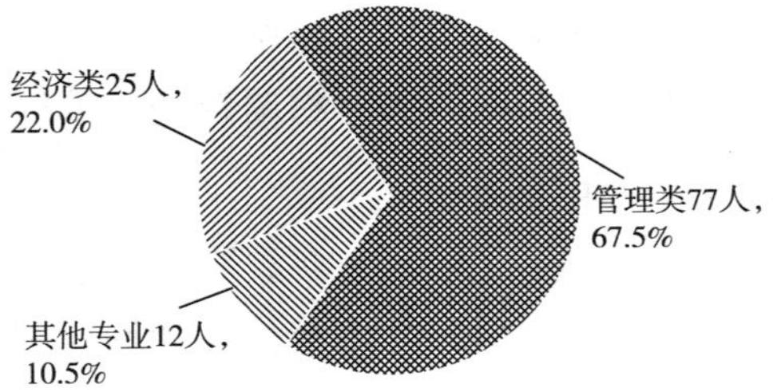

图 2　选课学生的专业分布

此外，根据对学生选修企业税收常识课程原因的调查发现，其中有 88 人是出于对税收知识感兴趣，71 人认为该课程有助于本专业的学习，有 49 人对以上两种原因都认同；同时，学生选择本课程的渠道有一半以上是由教师或同学推荐，可见此课程的师生认可度高，需求量较为可观。

（2）对税收知识的了解情况。通过对学生是否曾学过税收相关课程的调查得知，除大一学生中有 9 人，大二学生中有 5 人，大三学生中有 5 人曾学习过税收相关课程外，其余学生均未曾学过税收相关课程。从图 3 可以看出，学生在学习本课程前对税收知识的了解普遍偏少，其中有 20 名学生对税收知识不了解，占比 17. 5%；有 85 名学生对税收知识了解较少，占比 74. 6%；有 8 名学生对税收知识比较熟悉，仅占比 7%；仅有 1 名学生对税收知识非常熟悉，占比不到 1%。由此可见选修此课程的学生年级偏低，相关知识基础薄弱。并且，除其他小税种外，学生对税收知识的了解大部分集中在个人所得税这方面，此外是消费税和增值税，而对企业所得税的了解最少。

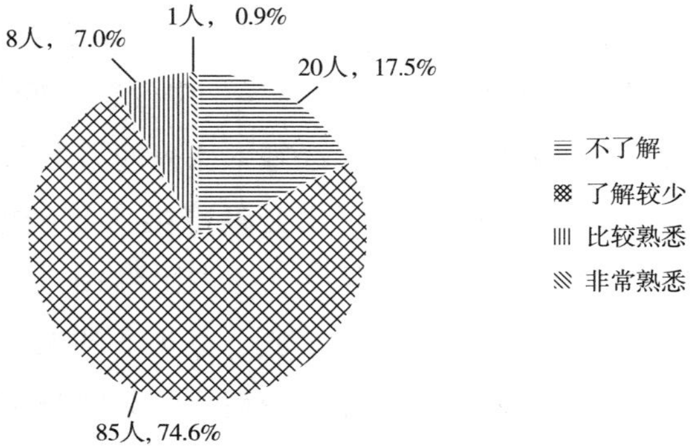

图 3　学生在学习本课程前对税收知识的了解程度

由图 4 可以看出，大部分学生对税收知识的学习有兴趣，但兴趣程度有所不同。其中，16. 3%的学生对此非常感兴趣，69. 6%的学生比较感兴趣，14. 1%的学生不能确定是否对税收知识有兴趣。结合上一个问题的调研结果可知，这些不能确定兴趣的学生大都是对税收知识不了解或了解较少的。通过进一步调查发现，学生对增值税、消费税、个人所得税、企业所得税的兴趣程度大致相当，其中有 49 名同学对企业税收中的这四大税种都感兴趣，占总人数的 43%。

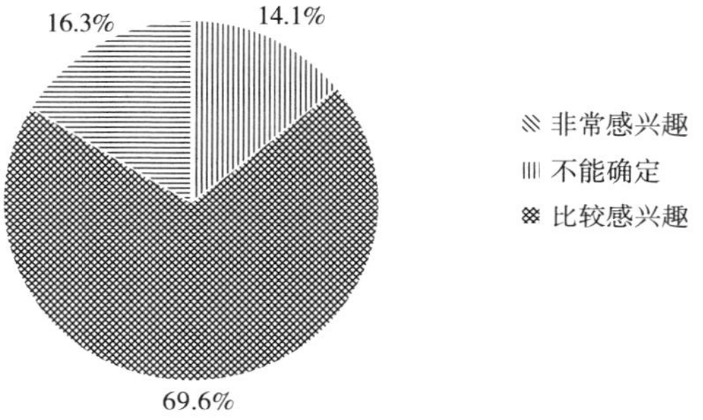

图 4　选课学生对税收知识的兴趣程度

此外，调研显示学生希望从企业税收常识课程中学习课税对象、税率、税收优惠、纳税管理等税收知识，具体统计结果见图 5。显然，这四个知识点的被选择频次都非常高，其中“税收优惠”和“纳税管理”更高一点。由此可见，学生对税收知识的需求还是很大的，不仅对课税对象、税率等基本税收知识感兴趣，而且希望了解税收优惠、纳税管理等税收知识。

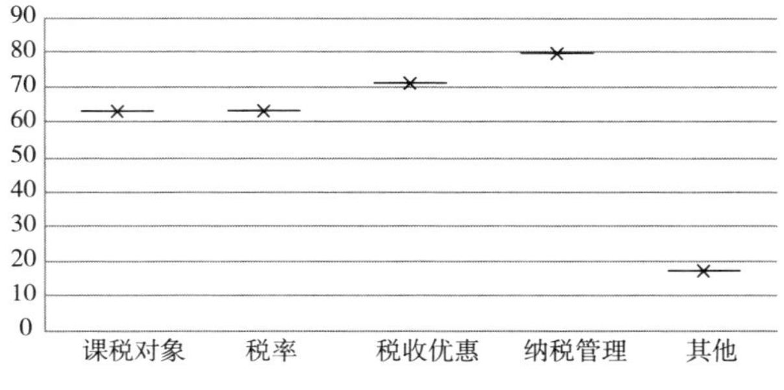

图 5　被调研学生对“希望从本课程中学到哪些税收知识”问题的回答

注：“其他”中包括纳税人、税目、纳税期限、纳税环境等税制要素。

针对“您认为哪个税种更贴近生活”这一问题，调研显示按照出现频次从高到低依次是消费税、个人所得税、增值税、企业所得税。由图 6 可知，多数学生认为消费税和个人所得税更贴近生活，而这也是目前为止学生接触较多的两个税种。

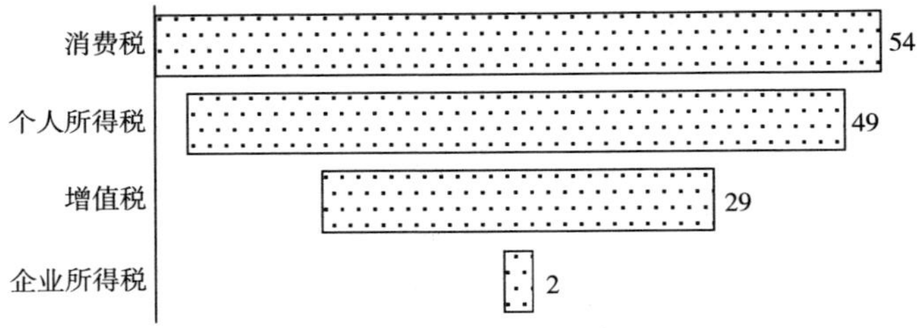

图 6　被调研学生对“哪个税种更贴近生活”问题的回答

消费税与生活中多数物品密切相关，如烟、酒、鞭炮、高档化妆品、珠宝首饰等，这些都是学生比较熟悉的，个人所得税也是学生即将或已经与之打交道的一个税种。相比之下，增值税和企业所得税对学生而言则稍显陌生，而这两个也是与企业关系比较密切的税种。

因此，课程的设置应根据学生的诉求，并结合学生对税收知识已有的了解，选择适当的侧重点，通过企业税收常识课程的学习，使学生掌握与企业相关的主要税种的内涵、基本计算方法与纳税申报流程等相关知识。

2. 调查对象对通识通选课程的看法

（1）通识通选课程难度情况。调查结果显示，大部分学生认为通识通选课程的难度是较为合理的。由图 7 可以看出，36. 8%的学生认为在以往通识通选课程的学习中没有困难，48. 2%的学生认为有点困难，14. 1%的学生认为比较困难，仅有 1 名学生认为非常困难，占比不足 1%，这基本符合通识通选课程设置的课程目标。作为一门通识选修课，应以激发学生对知识的兴趣，培养学生的学习意识，掌握课程相关基本常识为目标，即起到知识启蒙和普及的作用，因此不宜将此类课程设置得太难。

学生觉得课程学习困难的原因可能有以下几种：学生的学科背景不同，相关知识的基础水平参差不齐，有的人不易理解教师对专业内容的讲授；学

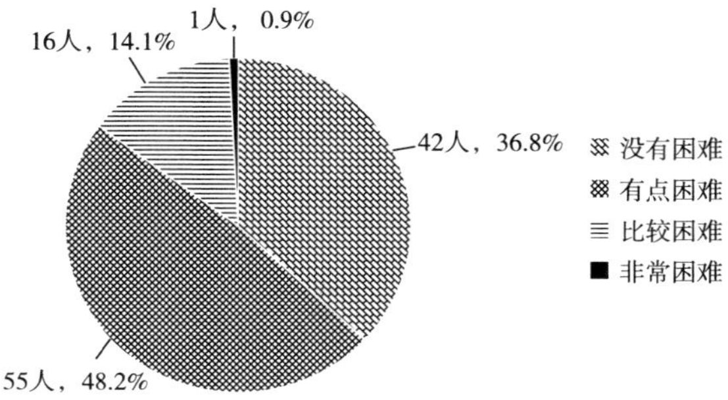

图 7 被调研学生对“在以往的通识通选课程的学习中是否感到困难”问题的回答

生自身学习能力不足，跟不上教师的节奏。因此，本课程也应注意在课程的设置上兼顾学生不同的学科背景和不同的学习水平，注意课程难度的调整，避免造成学生在学习过程中因过于吃力而影响教学效果等情况。

（2）以往通识通选课程中存在的问题。从表 1 呈现的调查结果来看，学生普遍认为以往通识通选课程在课程时长、教学内容的选择、讲授知识难度水平的定位等方面都存在不足。其中，将近一半的学生认为自己的基础知识薄弱，而授课教师的讲授起点较高，因此在学习中容易感到吃力。此外，是课时设置短，学生学习时间不够，尤其是学习能力较弱的学生不能很好地掌握教师所教授的知识。同时，有少部分学生认为教师不了解学生需求，所教非所需，从而影响课堂质量。对以上问题分析后可知，由于学校通常将通识类课程的课时设置较短，教师很难详尽全面地进行知识讲解；学生通常会将主要精力放在本专业的主干课程上，很少会在课下学习通识课程，因此课时设置过短会造成学生学习时间不够。还有，学生大都来自不同专业、不同年级，学科背景不同，知识储备不同，每位学生可以接受的课程难度也有所不同，因此基础薄弱的学生可能会觉得听讲吃力，难以理解。

表 1 对学生就“以往通识通选课程中存在问题”的调研

选项	小计	比例（%）
课时设置短，学习时间不够	54	37.2
教师不了解学生需求，教非所需	22	15.2
学生相关基础薄弱，教师讲授起点较高	69	47.6

3. 调查对象对企业税收常识课程课堂情况的看法

（1）教材的使用情况。在对本课程教材使用情况看法的调研中，55.3%的学生认为课本或ppt仅为辅助，主要还是靠教师讲授更适合本课程的学习；39.5%的学生偏好按照课本或ppt来学习，同时认为除此内容外可有部分拓展；此外3.5%的学生认为可以没有课本或者ppt，而1.7%的学生则认为应该完全按照ppt来学习（图8）。从中可以看出，学生在本课程的学习中还是较为依赖教材的。由于本课程属于经管类课程，课程内容所涉及的概念、特征、条例规定较多，并且需要规范的专业表达，课堂上知识需要以文字的载体呈现，因此课本或者ppt是必不可少的，这有助于教师向学生传递信息以及学生对知识的接收。

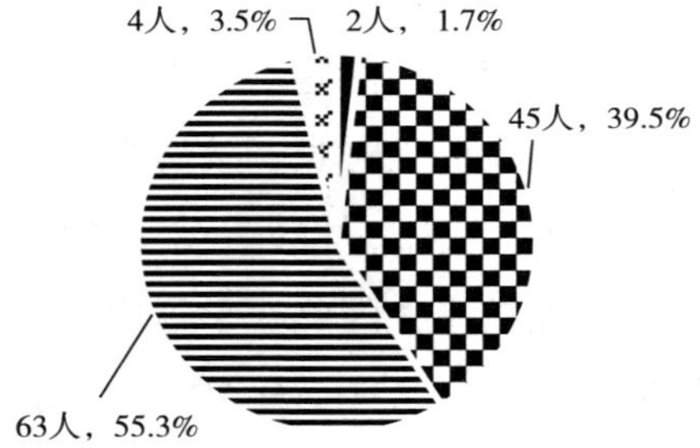

图8 被调研学生对“哪种授课方式更适合本课程学习”问题的回答

（2）对教学形式的看法。表2呈现的调查结果显示，在有助于学习税收知识的问题上，学生对案例教学的认可度最高，调查对象中有93%的学生认为案例教学有助于税收知识的学习；相比之下学生对小组合作的认可度偏低，选择频次的比例仅为9.5%。由于选择本课程的学生来自不同专业或不同年级，对待本课程的看法和态度不同，不重视本课程的学生可能会在小组任务中敷衍了事，从而令认真的学生承担更多的学习任务，造成小组的合作性和协调性较差。此外，大部分学生认为理论讲授和实物教学有助于税收知识的学习，其中理论讲授的被选择频次比例为26.6%，实物教学的被选择频次稍低，为19.9%。这可能是由于本课程的学科属性，适用于课堂教学的实物教学少，且多以文字载体形式出现，因此实物教学在课堂上偏弱。

表2　被调研学生对“哪种教学方法有助于学习税收知识”问题的回答

选项	小计	比例（%）	占比（%）
理论讲授	64	26.6	56.1
案例教学	106	44.0	93.0
小组合作	23	9.5	20.2
实物教学	48	19.9	42.1

由图9可以看出，在案例教学中，对于案例来源，大部分学生希望由教师提供案例，小部分学生觉得由自己搜集案例更好。其中，48.2%的学生希望由教师提供经典案例，然后学生讲授，教师来点评；39.5%的学生希望完全由教师提供案例并讲解；只有12.3%的学生认为先由小组合作完成案例的搜集和讲解，再由教师点评更好，而这也对应了表2所示学生对小组合作认可度低的调查结果。

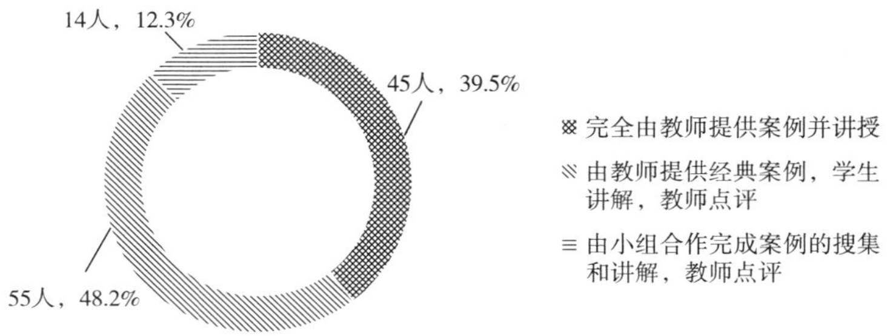

图9　被调研学生对“案例教学如何开展更好”问题的回答

出现这种情况的原因，一方面，可能是学生目前的税收知识基础较为薄弱，仅凭自己暂时无法甄别哪个案例更有助于对某一知识点的学习，而教师则可以把握各个案例相比不同知识点的突出性或综合性；并且由于教师实时关注该专业领域，更有条件提供真实、新颖的案例。另一方面，由教师讲解案例，更能抓住案例中的关键点或者题眼，通过循序渐进地引导、剖析、总结，能够帮助学生更好地理解税收知识；而由学生讲解案例，则能给学生留下更深刻的印象，有助于其对知识的吸收。

针对“小组合作能否提高学习效率”这一问题，调查结果显示，47.4%

的学生认为小组合作对学习效率的效果一般，并没有提高其学习的主动性；34.2%的学生认为小组合作使其变得更积极，提高了学习效率；9.6%的学生认为小组合作不仅不能提高学习效率，反而使其承受了更大的学习压力；8.8%的学生认为在小组合作中更容易依赖他人，不能提高学习效率（图10）。综上可知，有近七成学生对小组合作是不认可的，反映了目前这种教学形式或许并不适合在本课程的教学课堂中开展。

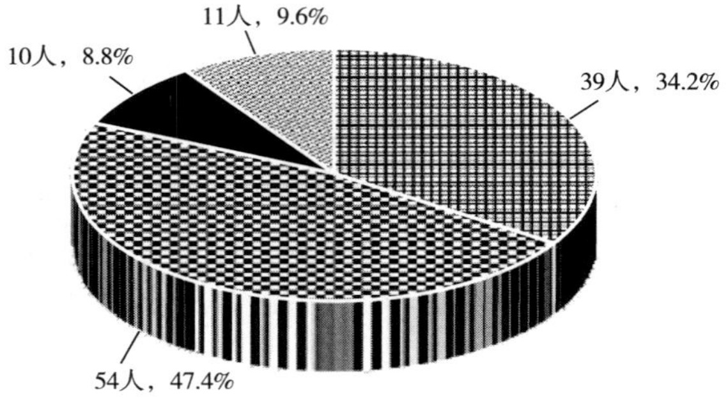

图10 被调研学生对“小组合作能否提高学习效率”问题的回答

出现这种情况有以下几种可能，一是选择本课程的同学来自不同专业，甚至是不同年级，知识储备不同，组织性与协调性差强人意，合组学习效果可能不如个人学习的效果好；二是不同学生的学习能力不同，性格也不同，有的学生在小组合作中容易产生依赖性，不仅主观能动性没有提高，反而形成了“等、靠、要”的心态，而这又加重了其他同学的学习压力，给原本积极主动的学生增添了额外的学习任务。

此外调查结果显示，学生更希望由教师在课堂中首先承担讲授知识和引导学习的职责，其次是提供学习情境，最后是参与考核。具体来看，41.2%的学生更希望教师讲授知识，37.7%的学生更希望教师引导学习，16.7%的学生更希望教师提供学习情境，而更希望教师参与考核的学生仅占4.4%（图11）。由此可见，大多数学生希望教师在课堂上更注重对知识的传递和学习的引导。

（3）对企业税收常识课程的意见或建议。该部分调查目的是获得学生对

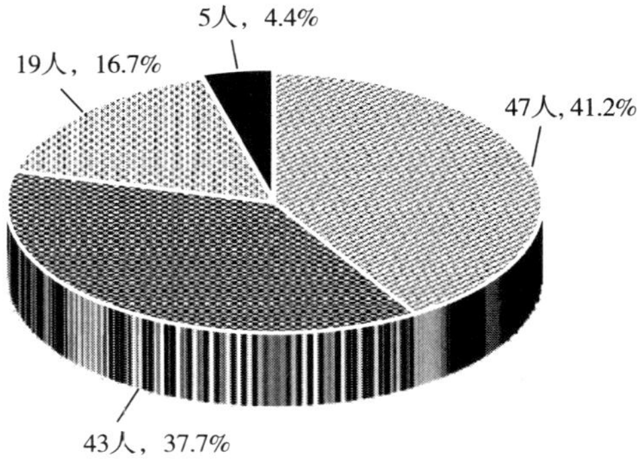

图 11　被调研学生对“在本课程中更愿意教师扮演什么角色”问题的回答

企业税收常识课程的改革意见与建议，现将有效的调查结果整理如下：①由于课时有限，不能全面详细地讲解税收知识，应增加课时并合理安排授课内容；②讲授起点过高，对低年级和零基础或基础薄弱的学生来说，税法知识点比较深奥。建议从最基础的内容讲起，以便吸收与学习，并希望较难的专业知识可以重复讲授，加以巩固；③税法知识文字条例多，希望教师的授课内容更贴近生活，增加一些生活中的实例，引导启发式教学；④建议讲学过程中增加案例教学的比例，多讲解真实案例，以贴近生活便于理解，并希望减少对理论知识的介绍，尽快进入案例学习，以帮助理解税收知识是如何运用在现实生活中的；⑤建议课上主要还是以教师讲、学生学为主，小组学习形式的效率和积极性不会太高。毕竟，选择本课程的同学来自不同专业、不同年级，知识储备不同；⑥小组学习是一种自发性的学习方式，应该是学生自己寻找小组而不是教师分小组；⑦希望教师可以分享一些有关税收的最新政策、文章、实事等拓展性知识，并可以加入一些视频和课外读物；⑧建议增加课堂互动形式，可以再适当多加一些讨论环节，使课堂更生动有效；⑨建议增加题目练习，提供习题库。

受疫情影响，第一个学期实行“停课不停教，停课不停学”，本课程也通过线上课堂进行网络教学，因此，无论是教师授课还是学生的学习，效率都多少都受到了影响，但学生还是克服困难，坚持完成了线上学习。针对线上教学，学生也提出以下几点建议：①希望教师能够采取 ppt 辅助，采用 QQ 直播或者腾讯会议上课，增加课堂互动；②建议一节网课的时间不要过长，否则容易受到设备或网络影响造成视频中断，影响学习状态；③由于录制的视频课程可以调整倍速播放，希望教师在讲课的过程中多引用案例，即使对案例的描述比较多，也不会导致实际上课时间过长。

（三）学生对企业税收常识课程的需求情况

通过整理调查问卷结果，了解学生对企业税收常识课程的诉求和意见建议，笔者发现，学生对本课程主要有以下几个方面的需求。

1. 增加课程时长

首先，有很多同学在调查问卷的客观题部分反映，以往的通识通选课程存在课时设置短、学习时间不够的问题。其次，从问卷主观题的统计结果可以看出，针对企业税收常识课程，一些学生也认为课时过短，教师很难将税收知识讲细致、讲全面，并且学生在短时间内学习、理解、掌握这些知识也存在困难。对此，学生希望增加课时，一方面教师可以更加细致地讲解企业税收知识，另一方面学生也可有充足的时间去理解掌握所学知识。

2. 加强课堂互动

调查结果显示，学生认为采用多种教学方式有助于企业税收知识的学习，如很多学生希望加强课堂互动，适当多加一些讨论环节，这样既可以丰富课堂内容，使课堂更生动高效，又可以提高学生的综合素质。可见，在企业税收常识课程的教学中，不应局限于传统的教学方式，仅是单纯的教师讲授和问答，这样不利于学生对税收知识的学习，而是应该丰富课堂互动的形式，改进教学方式，给学生提供更多展示和锻炼的机会。

3. 加强案例教学

调查中有很多学生反映，税法精细严谨，税收知识本身深奥、枯燥，难以理解，若一味向学生灌输知识，很有可能会影响学生的听课质量和学习积极性。如前所述，很多同学表示希望教师的授课内容更贴近生活，在讲授过程中减少理论知识的介绍，并增加案例教学的比例。可见，若课堂中教学案例较少，既不能满足学生的需求，也无法使之达到理想的学习效果。

4. 强化拓展练习

从学生对主观题部分的回答发现，有些学生认为需要增加企业税收相关题目的练习。一方面，例题讲解可以更加清晰、明确地体现某个知识的关键点，引导学生发现题眼；另一方面，通过做课后习题可以夯实基础，巩固所学知识。此外，还有学生并不满足于课上理论知识的学习。如前所述，他们在建议中提出，希望教师可以分享有关企业税收的最新政策、文章、实事等，并加入一些视频或课外读物进行相关拓展。

三、为提升课堂效果而实施的改进措施

为提升企业税收常识课程的课堂效果，根据学生对本课程的需求，笔者采取了以下改进措施，以期提高教学质量，向学生普及企业税收常识，进而提高学生的知识、能力、素质，使之实现共同和全面发展，以此助力综合素质人才的培养。

（一）优化教学内容

1. 精心细化备课工作

企业税收常识作为一门通识通选类课程，要服从学校的教学安排，难以人为增加课时。因此，教师在为本课程备课时，特将其区别于必修课程的授课安排，厘清课程目标，防止无效讲解，以给予学生充足的学习时间，避免课堂时间的浪费和计划教学内容讲不完等情况的发生。在备课前，教师通过线上调查和线下交流等方式，提前了解学生感兴趣的税收问题和基础知识薄弱的章节，以便在教学过程中更有针对性地讲解。此外，教师还在授课前仔细考量每个章节的知识孰轻孰重，并结合教学经验分析每个知识点的难易程度，从而配合课时长度，合理安排授课内容。

2. 提供完善的教学资料

疫情期间，教师依托线上教学平台，为每一章节录制了线上教学视频并上传到班级群。得益于现代科技，这些教学视频能够永久保留，并且可以倍速播放，反复观看。同时，教师编辑了每个章节关键知识点的电子讲义，包括企业税收概述、增值税、消费税、企业所得税、个人所得税等主要章节，最终形成了一整套成熟完善的教学资料。此外，教师还制作了教学日历、教学大纲和考试相关安排的资料，也上传到班级群中，提前向学生公布课程的进度安排，真正做到师生齐头并进。这样，在有限的时间内，教师力争出色

完成教学任务，学生也能达到理想的学习效果。

（二）丰富课堂互动

1. 课堂提问

讲学过程中坚持问题导向，使学生能够在教师的启发和引导下形成主动探索和解决税收实际问题的习惯和观念。在本课程的每堂课上都有提问环节，并且区别于传统的课堂提问，除了由教师向学生提问，学生向教师提问外，还增设了学生提出问题，由其他同学回答，最后由教师点评总结的环节。这种提问方式，一方面不仅有助于教师了解学生的困惑点，而且能根据学生的回答判断其知识盲点和误区，以便查漏补缺、纠正错误，并在接下来的课堂中及时改进教学内容。另一方面，教师通过学生提出问题的难易程度和质量，可以有效地了解学生对税法的敏感度及其基础知识的扎实程度，以便接下来在教学内容的设计上更有针对性。

2. 课堂讨论

在本课程的每个章节后都设有开放式问答环节，根据课堂上讲解的税收知识，教师可以提出相关问题，例如，“结合个人所得税的学习谈谈个税改革的意义”“你认为我国消费税征收范围的改革方向是什么？”“如何理解税收取之于民，用之于民？”等，教师以“主持人”的身份组织学生进行课堂交流、讨论或辩论，形成以课堂讨论、课堂辩论、师生共同探讨、师生互动为主的课堂互动形式。通过这种互动方式可激发学生的学习兴趣，引导学生关注税收热点，发现生活中的税收问题，自主学习税收知识。

（三）改进教学形式

企业税收的理论知识较为抽象，税法设计精细，条文规定严谨，其教学方式应与其他课程有所不同。结合企业税收常识作为通识选修课的定位和学生知识水平的掌握程度来看，局限于教师讲授和问答的教学方式不利于学生对税收知识的理解和掌握，为此本课程将案例教学法、启发式教学和实物教学法结合，以提高课堂效果。

1. 案例教学

在本课程中，教师针对四大主体税种——增值税、消费税、企业所得税、个人所得税分别设计了相应的教学案例，案例设计力求形象具体。首先，在准备教学案例之前，通过课上提问或课下交流的方式提前了解学生感兴趣的税收问题及其知识点的薄弱方面，以更有针对性地选择案例，提高案例的趣味性。其次，不断更新典型案例，使之能够紧跟税收热点问题。教师在备课的过程中，选取了科研实践中的部分素材编写案例以用于教学，有效地把理论学习与教学实践紧密结合起来，以开拓学生的思维，活跃课堂，提高教学质量。同时，教师在不断进行案例分析和写作的过程中，对案例所反映的问题有了更深的认识，最终也可以通过课题或论文的形式将其提到新的理论高度。

通过改进案例教学，本课程建立了企业税收常识的案例集并完善了案例设计，将案例教学法细化、深化、优化，将相关知识具体化、形象化，加强了学生对税收知识的印象，使之能够更加系统地学习原本较为零散的税收知识点，提升整体学习效果。

2. 启发式教学

本课程教师在课堂上经常采用启发式教学的方式。教师会在授课前向学生提出引导性问题（如“你交过税吗?”目前都交过哪些税呢?”），将课堂知识与日常生活相结合，使课堂学习更贴近日常生活，并引导学生发现生活中的税收。又如，在学习了增值税这一章节后，教师请学生结合疫情防控优惠政策谈谈对国家支持疫情防控和经济社会发展而制定增值税相关优惠政策的理解，通过将时事热点引入课堂，引导学生关注税收热点事件，发现并了解生活中的税收知识，从而激发学生的学习兴趣。

此外，教师鼓励学生在生活中发现问题，提出问题，进而思考问题。例如，教师在讲授消费税知识前，向学生提出“日常生活中哪些物品属于应税消费品?”“你认为我国现行的消费税征税范围是否合理?”等问题，并选取部分内容先由学生进行课堂展示，再由师生共同探讨，最后由教师点评总结。

3. 实物教学

利用实物教学法，可使理论与实际相结合，培养学生在实践中发现问题、分析问题和解决问题的能力。通过企业税收这门课程的学习，目的之一是使学生了解纳税申报的流程，明确纳税申报表的填报说明，从而提高学生的依法纳税意识和参与度。为此在本课程中，教师将纳税申报表、纳税申报软件引入课堂，手把手教学生使用个人所得税 App，将知识应用到实践中，进一步把抽象的理论形象化、具体化，使课堂学习更加贴近学生日后的工作和生活需求，从而提高学生的纳税意识和纳税遵从度。在此基础上，教师将《增值税纳税申报表》《企业所得税纳税申报表》《个人所得税纳税申报表》等资料进行系统整理，并将网上纳税申报流程和个人所得税纳税 App 操作方法直观详细地呈现为书面形式，形成了一套完整的实物教学模板。

（四）提供题库和读物

为加强学生对企业税收知识的理解与掌握，教师特别甄选了例题和习题，并给学生提供了一个完整的题库。首先，针对每个知识点选取了典型例题。在讲义中，这些例题体现在知识点精讲的下方，学生每学一个知识点都能通过相应的例题帮助理解；通过教师讲解和对题眼的捕捉，学生也能捕捉到某个知识的易错易混点。其次，在每一章节结束后都有相应的习题，有“基础巩固”“强化提升”“进阶拓展”等不同难度的题目供学生选择，不同基础的学生可以选取不同难度的题目。习题的题型设置不仅限于选择题、判断题等客观题，还涉及一些主观分析题，这些题也可以结合案例教学来设计、展开，使学生能够更好地去体会专业知识的运用。

除课堂教材和讲义外，教师还为学生提供了一些课外拓展读物，包括文字、视频等，这样既便于有兴趣的学生进一步学习，又丰富了教学资料。此外，教师会在班级群分享微信学习链接，实时整理最新的税收政策及热点事件。其中，税收政策方面包括最新发布的税收政策和税收政策改革等文件，热点事件方面包括与税收相关的时事，如《支持疫情防控和经济社会发展税费优惠政策指引》等文件和相关视频资料，使学生明白税收存在于生活中的方方面面。教师会将这些电子资料按时间或分税种进行文件归类，以便课堂调用。

四、进一步展望

（一）兼顾学生专业背景，调整课程难度

为发挥企业税收常识课程的科普教育作用，建议任课教师兼顾不同基础水平的学生，有区别地调整课程难度。从最基础的内容讲起，便于基础薄弱

的学生学习吸收；对重点知识详细讲解，并帮助学生重复巩固；对较难的专业知识则点到为止，避免给学生造成心理负担。此外，要在下一轮的教学中做好课前调查，并尝试进行小组合作的实施。

（二）提供更贴近生活的案例教学

税法的知识点很多，通过提供贴近生活的典型案例，把知识放到案例里去讲解，更有助于学生对知识的理解。建议教师提供的案例尽可能贴近生活，而不拘泥于税收专业用语，搜集或改编日常案例，有助于学生更好地融入现实情境，并激发学生对企业税收知识的学习兴趣。在今后的教学过程中，应尽可能及时更新、添加实务案例，切实提高案例集的质量。

（三）改进小组合作的教学形式

鉴于传统的小组合作教学可能不适用于本课程的学习，为此应改善小组合作的教学方式。建议将小组合作作为一种自发性的学习方式，由学生自愿成组，而不是由教师分组。小组内事先分工，学生可以根据自己的兴趣领取学习任务，在接下来的学习过程中也可以再自由调整，以避免所学知识过于片面。建议教师对不同小组分配的任务有所侧重，以便照顾不同专业和不同年级的学生。

结论

综上所述，学生对企业税收常识课程有很大的需求，尤其是在课程时长的设置、授课内容的安排、课堂互动形式、教学方式改进、习题与课外知识等方面。为此教师应采取相应的改进措施，通过优化教学内容，增进课堂互动性、多样性，改进教学形式，提供习题库和课外读物等方式满足学生的需求，以提高教学质量。此外，为了更有效地发挥企业税收常识课程的作用，提升课堂效果，还应不断对其进行改革，根据实际情况及时提出有效的改进措施，为相似的通识通选类课程提供参考。

参考文献

[1] 李小珍. 中国税制课程案例教学法的实施及建议 [J]. 边疆经济与文化, 2009 (10).

[2] 王乔. 全面提升高校创新能力 [N]. 江西日报, 2015-11-30 (B03).

[3] 逄云凤. 税制改革背景下高职税法课程教学改革探析 [J]. 中国管理信息化, 2021, 24 (4).

[4] 张海琴. 中国税制理论课程与实习课程教学改革浅析 [C]// 四川省科教创客研究会、四川科幻世界杂志社有限公司. 2020 科教创新学术研讨会论文集 (第三辑). 成都: 四川省科教创客研究会, 2020.

[5] 郭彦. 深化税制改革背景下税法课程教学模式改革探析 [J]. 金融经济, 2019 (14).

[6] 韩育晟, 王玉峰. 税制改革背景下《税法》课程"四阶段案例教学法"的应用研究 [J]. 北京财贸职业学院学报, 2019, 35 (6).

[7] 周心洁. 税制改革背景下高职院校会计专业《税务会计》课程教学模式探究 [J]. 纳税, 2019, 13 (25).

[8] 王乔, 徐建斌, 王雯. 一流本科课程建设的探索: 以"中国税制"课程为例 [J]. 中国大学教学, 2020 (12).

[9] 刘玉龙, 徐佳韵, 陈海峰. 企业对税收筹划人才素质需求及其教学模式的问卷调查研究 [J]. 会计师, 2021 (9).

[10] 王怡文, 王继楠. "对分课堂"教学模式在《企业税收筹划》课程中的应用初探 [J]. 质量与市场, 2021 (13).

[11] 刘华. 现代服务业中小企业在新税收政策实施后困惑引发高职《税务会计》课程教学改革探讨 [J]. 产业与科技论坛, 2020, 19 (2).

[12] 纳慧. 税收实务课程实践教学改革的探析: 以《企业涉税实务》课程改革为例 [J]. 当代教育实践与教学研究, 2016 (11).

[13] 苗艳芳. 浅谈行动导向教学模式在高职企业纳税实务课程中的应用 [J]. 新校园 (上旬), 2016 (7).

［14］苏颖宏，高绯．COVID－19疫情背景下高职院校在线教学探索与实践：以外贸企业税收实务课程为例［J］．黎明职业大学学报，2021（1）．
［15］刘莉．基于混合式教学模式的企业纳税实务互动立体教材设计［J］．商业会计，2020（9）．
［16］武建红．税制改革背景下高职财税课程教学改革［J］．纳税，2020，14（7）．
［17］周青浮．新一轮税制改革背景下财经类专业税法课程应用项目教学法探讨［J］．学周刊，2019（30）．

附录

企业税收常识课程调查问卷（一）

1．您的年级是？

A．大一

B．大二

C．大三

D．大四

2．您的专业是？

填空____________________

3．您是否上过税收专业相关课程？

A．是

B．否

4．您从什么渠道了解到这门课程？

A．教师推荐

B．同学推荐

C．自己浏览

D．其他

5. 为什么选这门课程？

A. 对税收知识感兴趣

B. 有助于本专业的学习

C. 完成培养方案的要求

D. 其他课程有时间冲突

6. 您对税收知识了解多少？

A. 不了解（转第 8 题）

B. 了解较少

C. 比较熟悉

D. 非常熟悉

7. 您之前了解哪些税收知识？（可多选）

A. 增值税

B. 消费税

C. 个人所得税

D. 企业所得税

E. 其他

8. 您对税收知识感兴趣吗？

A. 不太感兴趣（转第 10 题）

B. 不能确定（转第 10 题）

C. 比较感兴趣

D. 非常感兴趣

9. 您对哪些税收知识感兴趣？（可多选）

A. 增值税

B. 消费税

C. 个人所得税

D. 企业所得税

E. 其他

10. 以下哪个税种更贴近您的生活？（可多选）

A. 增值税

B. 消费税

C. 个人所得税

D. 企业所得税

E. 其他

11. 您觉得企业税收包括哪些税种？(可多选)

A. 增值税

B. 消费税

C. 个人所得税

D. 企业所得税

E. 其他

12. 您希望从这门课程中学到哪些税收知识？(可多选)

A. 课税对象

B. 税率

C. 税收优惠

D. 纳税管理

E. 其他

13. 您认为哪种授课方式更适合本课程学习？

A. 完全按照课本或 ppt 内容

B. 主要按照课本或 ppt 内容，有部分拓展

C. 课本或 ppt 仅为辅助，主要靠教师讲授更多内容

D. 可以没有课本或 ppt

14. 您在以往的通识通选课程的学习中感到困难吗？

A. 没有困难

B. 有点困难

C. 比较困难

D. 非常困难

15. 您认为以往通识通选课程中存在什么问题？(可多选)

A. 课时设置短，学习时间不够

B. 教师不了解学生需求，教非所需

C. 相关基础薄弱，讲授起点较高

16. 您认为哪种教学方法有助于学习税收知识？（可多选）

A. 理论讲授

B. 案例教学

C. 小组合作

D. 实物教学

17. 您认为小组合作能提高学习效率吗？

A. 能，使我变得积极

B. 一般，主动性没有提高

C. 不能，使我依赖他人

D. 不能，使我承受更大学习压力

18. 您认为案例教学如何开展更好？

A. 完全由教师提供案例并讲授

B. 由教师提供经典案例，学生讲解，教师点评

C. 由小组合作完成案例的搜集和讲解，教师点评

19. 在企业税收常识课程中，您更愿意教师扮演什么角色？

A. 讲授知识

B. 提供场景

C. 引导学习

D. 参与考核

20. 您对现在的企业税收常识课程有何意见或建议？

企业税收常识课程调查问卷（二）

1. 您的年级是？

A. 大一

B. 大二

C. 大三

D. 大四

2. 您的专业是？

填空____________________

3. 您是否上过税收专业相关课程？

A. 是

B. 否

4. 您从什么渠道了解到这门课程？

A. 教师推荐

B. 同学推荐

C. 自己浏览

D. 其他

5. 您为什么选这门课程？

A. 对税收知识感兴趣

B. 有助于本专业的学习

C. 完成培养方案的要求

D. 其他课程有时间冲突

6. 您在以往的通识通选课程的学习中感到困难吗？

A. 没有困难

B. 有点困难

C. 一般

D. 比较困难

E. 非常困难

7. 您认为以往通识通选课程中存在什么问题？（可多选）

A. 课时设置短，学习时间不够

B. 教师不了解学生需求，教非所需

C. 相关基础薄弱，讲授起点较高

D. 教学资源匮乏，学习资料不够充分

8. 在学习本课程前您对税收知识了解多少？

A. 不了解

B. 了解较少

C. 一般

D. 比较熟悉

E. 非常熟悉

9. 您觉得以下哪个税种更贴近自己的生活？（可多选）

A. 增值税

B. 消费税

C. 个人所得税

D. 企业所得税

E. 其他

10. 您对本课程的难度看法如何？

A. 非常难，听不懂

B. 难，理解比较吃力

C. 难度适中

D. 简单，学习比较轻松

E. 过于简单，难度不够

11. 您认为哪种授课方式更适合本课程学习？

A. 完全按照课本或 ppt 内容

B. 主要按照课本或 ppt 内容，有部分拓展

C. 课本或 ppt 仅为辅助，主要靠教师讲授更多内容

D. 可以没有课本或 ppt

12. 您认为哪种教学方法有助于学习税收知识？（可多选）

A. 理论讲授

B. 小组合作

C. 案例教学

D. 实物教学

13. 您认为小组合作能提高学习效率吗？

A. 能，使我变得积极

B. 一般，主动性没有提高

C. 不能，使我依赖他人

D. 负面影响更大，使我承受更大学习压力

14. 您认为案例教学如何开展更好？

A. 完全由教师提供案例并讲授

B. 由教师提供经典案例，学生讲解，教师点评

C. 由小组合作完成案例的搜集和讲解，教师点评

15. 在企业税收常识课程中，您更愿意教师扮演什么角色？

A. 讲授知识

B. 提供情境

C. 引导学习

D. 参与考核

16. 您自我感觉听课状态和学习状态如何？

A. 状态很好，学习轻松

B. 状态良好，学得还可以

C. 状态一般，能跟上进度

D. 状态不太好，学得不好

E. 状态非常差，学不进去

17. 通过这门课程学习，您是否受到启发并产生了对该学科的学习兴趣？

A. 启发很大，非常感兴趣

B. 启发较大，比较感兴趣

C. 有所启发，兴趣一般

D. 启发较小，不太感兴趣

E. 没有启发，不感兴趣

18. 您觉得通过本课程的学习，以下哪些能力得到了提升？（可多选）

A. 专业知识能力

B. 实践实操能力

C. 自主学习能力

19. 通过本课程的学习，您对自己的不足和努力方向了解清楚吗？

A. 非常清楚

B. 比较清楚

C. 有所了解

D. 不太清楚

E. 完全不清楚

20. 您认为下列哪一项是影响课程教学效果的最重要因素?

A. 个人兴趣

B. 个人能力

C. 教学内容

D. 教学方式

E. 其他（必填）______________________

21. 您认为本课程的下一轮教学应着重加强哪一部分的工作?

A. 教学内容设计

B. 丰富教学资源

C. 培养学习兴趣

D. 加强课程考核

22. 您对企业税收常识课程的实施有何意见或建议?

____

沙盘模拟用于财务管理教学的实践探讨
——以酒店模拟沙盘为例

张　悦
（首都经济贸易大学学院　会计学院）

【摘　要】 在“大智移云物区”时代，新技术的不断涌现给财务管理人才培养模式带来了极大挑战和机遇。本文以酒店业财融合沙盘模拟教学实践为例，探讨了将沙盘教学引入财务管理教学的创新教学模式，丰富了财务管理教学模式的相关研究。研究发现，沙盘模拟教学有助于培养学生发散与创新思维，提升学生知识运用能力以及解决问题的能力；培养学生的大视野、大格局，提高学生的知识迁移能力和财务综合应用能力；培养学生主动思考及探索能力，提高学生的学习兴趣；培养学生沟通能力，提高学生的团队协作能力，有利于培养具有差异化竞争优势的高素质财会人才。

【关键词】 沙盘模拟酒店　财务管理　教学实践

引言

财务转型给财会专业人才的培养带来了挑战和机遇，实验教学转型势在必行，研发综合型、以竞争对抗为主导、以模拟现实企业业财融合决策为主体、各决策主体协同配合的团体式实验势在必行。在“大智移云物区”（大数据、人工智能、移动互联、云计算、物联网、区块链）时代背景下，财务协同业务将为企业创造更大价值已成共识，而传统财会人才培养模式，无论在内容、方式、手段还是培养质量等方面都已经落后于行业发展需求，造成了学校人才培养目标与社会需求的严重脱节。财务教学必须适时从观念、知识、能力等方面不断改革，才能培养适应新时代发展要求的高素质人才。

具体来讲，首先，当代财会人才需要转变职业观念，要从价值守护者角色向价值创造者角色转变，不再局限于对经营活动的控制，而应助力业务活动创造价值，做业务经理的合作伙伴，应当围绕价值创造勇于创新、善于创新。其次，应当具备完整的知识体系，既具备财务会计、管理会计、财务管理、税务管理等方面的知识，又具备公司战略与风险管理、公司治理、大数据分析、企业资源规划、价值链管理、项目管理、质量管理、行业规则惯例等知识。最后，还应具备较强的能力，包括业财融合决策能力、风险管控能力、团队协作能力、沟通协调能力、管理组织能力，能对财务状况进行分析与预测，具备熟练运用管理会计工具方法的能力。此外，作为高级财务管理人才，还应当在此基础上纵观企业全局，拥有战略视野，科学规划财务资源，为实现战略目标提出建设性意见。

上述财会人才培养的观念、知识以及能力的转变，必然要求我们转变实验教学的内容以及方式方法。传统的单一实验、验证式的实验、小型以自我实验为核心的综合实验以及内容上侧重财务核算的实验，已经远远不能满足人才培养变化的需求。为此，研发综合型、以竞争对抗为主导、以模拟现实企业业财决策为主体、各决策主体协同配合的团体式实验已势在必行。这种大型综合动态博弈的团体式实验训练项目显然无法通过现实中的企业实习实训方式或者传统的实验教学系统来完成，只能寄希望于设计开发新型的虚拟仿真实验系统来支撑，而这也正是我们研发本实验及其配套支持系统的初衷。培养知行合一人才，立足财会行业人才需求的新高地，提高学生竞争性业财融合决策能力，既是财务转型后培养高素质财会专业人才的必经之路，也是企业经营决策沙盘模拟课程的初心和使命。

就专业理论知识而言，可以通过相关理论课程来讲授和学习掌握，但专业理论知识如果脱离实践，容易变得抽象、费解，如果要将这些知识转换为学生感同身受的具象化知识，则必须通过实践或者仿真实践环节来实现，而这也正是知行合一的本质要求。由于“大智移云物区”等新技术在财会领域的渗透应用，培养知企业、懂管理、熟业务、善决策（指财会决策与分析）的高素质财会人才已成为财会行业人才需求的新高地，这也是首都经济贸易大学财会专业人才培养的新指针。对这类高素质财会人才的能力训练，需要聚焦竞争性业财融合决策[①]的能力培养，如果仅仅停留在书本教学以及依靠传统实验实训，是不可能达到理想效果的，因而亟待构建一个融市场预测决策、销售决策、营运决策、投融资决策、股利分配决策以及财务报告解读分析于一体的大型综合模拟训练系统，而这正是我们自主研发本实验所依赖的虚拟仿真系统以及开设本实验课程的初心和使命。笔者认为，这不仅是首都经济贸易大学财会专业人才培养在财务转型大背景下应对挑战的重要对策，也是兄弟院校财会专业人才可以共享（实现将优质的实验资源在同类型同层次高校专业间分享）、共商（开放的虚拟仿真实验系统，可以充分吸纳兄弟院校在应用过程中和应用之后所提的建设性建议，从而持续完善系统），共同提升人才培养质量的重要举措。新时代的财会人员不再是简单的记账、算账、报账和监督的从业者，而是能够助力企业实现价值创造的主力军和财务智囊。财会专业学生通过这种大型综合仿真企业实战训练，深入了解、体验企业经营活动，洞悉竞争市场的机会和风险，运用专业化工具、方法和技术进行有效的决策方案设计与实施，这是财会专业人才实践教学的重要环节，也是我们设立企业经营决策沙盘模拟课程的初衷。

应对重大突发事件，进行业财融合决策的实战能力训练培养，既是现实中企业对高素质财会人才需求的驱动使然，也是本实验沙盘优于其他沙盘的品质所在，自然也是开设本实验课程的必要性之一。常态经营环境下，进行模拟角色动态博弈经营决策是大型综合训练系统的常备功能。目前，市场中的商业化综合实训软件系统如约创（由新道股份公司研发）、EVC（由网中网公司研发）等都属于虚拟仿真大型综合实训软件，也都具有这种常备功能。但是，目前这些系统并没有设计重大突发事件的决策应对场景，比如目前仍在肆虐全球的新冠肺炎疫情（危机），以及不久前在首都北京召开的冬奥会（商机），等等。为此，本实验沙盘专门增设了非常态经营环境下如何进行竞争性业财融合决策的仿真决策应用场景，即让学生通过此类仿真实战训练，思考在企业面临重大突发事件时如何进行危机决策管理，以及如何抓住商机

① 所谓业财融合决策，是指结合业务具体应用场景问题，财会人员利用自身的专业特长和管理决策工具帮助业务人员更好地完成策略方案的制定、执行和评价所开展的一系列工作，财会人员成为业务人员的合作伙伴，协同实现企业价值创造。

进行市场战略前瞻性部署，进行财务战略协同配套支持；能够充分运用相关理论课程所教过的管理会计工具（比如本量利分析、预算管理等）、投融资策略等进行非常规动态博弈经营决策。可以想见，在现实世界中让学生提前接触此类非常规动态博弈经营决策场景，既不现实（企业不可能让学生入场实习进行此类决策），也不可能（即无法通过实体实验设计让学生来体验、训练此类决策，也无法通过诸如注册实体企业，成立真实公司，让学生独立运营实体公司参与真实市场中的常态与非常态动态博弈经营决策。那样成本会非常高，消耗也会非常大，受益学生规模也非常有限，且实际效果不一定理想）。因此，本实验项目通过构建虚拟仿真实训系统，将重大突发事件引入沙盘系统，可以让学生仿真体验重大突发事件下的业财融合动态博弈决策过程，以利于培养高质量、高素质财会人才。

本实验沙盘以服务业中的典型企业——酒店宾馆为虚拟仿真对象，是对以往经营决策虚拟仿真沙盘（注重制造型企业，忽视服务业企业）的必要补充。目前市场上已有的商品化经营决策虚拟仿真沙盘（比如之前提到的约创沙盘和 EVC 沙盘等），其仿真的对象大都为制造型企业，鲜有关注服务业企业的沙盘。首都经济贸易大学是北京市属重点大学，学校的办学理念为秉承“崇德尚能，经世济民”的校训精神，将思想和行动凝聚为“博纳敏行，知行合一”的骆驼精神，坚持“立足北京、服务首都、面向全国、走向世界”培养人才，使之成为服务国家和北京市经济社会发展的重要力量。因此，围绕首都核心功能来凝练人才培养特色，是我们设计专业人才培养方案的出发点之一。首都四大核心功能主要包括全国政治中心、文化中心、国际交往中心和科技创新中心，做大做强服务业是首都核心功能的内在要求，而酒店宾馆则是传统服务业的典型代表。因此，选择服务业企业作为本实验沙盘虚拟仿真对象，兼顾了学校人才培养的特色要求，体现了立足北京、服务首都的理念要求，同时也是对既有企业经营决策虚拟仿真沙盘的必要、有益补充。

总之，伴随“大智移云物区”等新技术在企业的创造性运用，财务转型势在必行，财务协同业务为企业创造更大价值已成共识，具备竞争博弈意识、业财融合决策能力、战略视野、团队合作精神等的高素质财会人才成为财会行业人才需求的新高地。对此类人才的培养和训练，仅仅通过课堂讲授、社会实习等传统途径是远远不够的，唯有通过打造专业化的虚拟仿真实验系统平台，组织大型综合仿真企业经营实战训练，让学生模拟角色进行仿真动态博弈决策，这样才有可能达成培养目标。可见，本实验项目在培养新时代高素质财会人才方面具有很强的实用性。

一、实验原理与实验设计

（一）实验原理

本实验融合了公司战略与风险管理、财务管理学、成本管理会计、业绩管理等多门课程的原理和方法，以培养学生融会贯通专业课程，应用相关知识并通过自主设计解决实际问题的能力。本实验对动态博弈场景下的酒店经营决策进行了全面仿真，并对关键步骤所涉及的主要实验原理及知识点进行了交互设计，实验中所涉及的知识点可归纳为以下五个方面。

1. 战略分析与执行

学生以小组为单位，运用以往课程中所学习的 PEST（企业所处宏观环境分析）、波特五力、SWOT（态势分析）等战略分析模型，选择适合自身发展的酒店经营战略，制定战略目标、战略规划和战略指标，并进一步将战略目标细化为企业经营目标和部门工作目标，从而落实到具体工作岗位目标上。

2. 本量利分析

本量利分析是对成本、业务量、利润之间相互关系进行的一种系统分析方法。它运用数学模型以及图表等形式，对成本、业务量、利润与单价等因素之间的依存关系进行具体分析，从而为企业经营决策和目标控制提供有用信息。本量利分析法是学生在本实验中将普遍运用的方法之一，具体分析模型包括基本损益方程式、边际贡献方程式、保本保利分析、利润敏感分析等，主要为学生进行酒店经营预测、决策、计划和控制活动提供帮助。

3. 资本结构决策分析

企业资本结构决策的主要目的是权衡债务的收益和风险，实现合理的目标资本结构，从而实现企业价值最大化。学生在实验中可基于到期收益率法、资本资产定价模型、股利增长模型、债券收益风险调整模型等评估酒店的资本成本，从而对模拟经营酒店的资本结构进行合理选择。

4. 投资项目评价

企业为实现增长往往需要进行项目投资，如开发新产品、建造生产线等。由于企业资金有限，通常需要在不同投资项目之间进行评价与选择。对投资项目的评价可采用现金流量折现法，主要包括净现值法和内含报酬率法，此外还涉及一些辅助评价方法如回收期法、会计报酬率法等。实验中，学生将运用这些方法对酒店投资项目进行评价，从而选择最有利的投资项目。

5. 经营业绩评价

经营业绩评价是对企业在一定时期内的经营效益作出的判断与评价，可采用单一指标或综合指标、定量分析或定性分析等多种形式和方法。经营业绩评价指标体系中常用的财务指标包括净利润、资产报酬率、经济增加值等，非财务评价指标主要包括与客户维度、营运维度、员工维度等相关的指标。关键绩效指标法、经济增加值以及杜邦分析体系也是业绩评价中广泛采用的方法。学生在实验中，待每阶段完成后可以选择合理的指标或方法对酒店经营业绩作出评价。

（二）核心要素仿真设计

第一，公司仿真。首先，模型以锦江股份为原型，模拟实验的各类财务指标与现实行业数据可比性极高。其次，模拟市场的股价采用 Ohlson（奥尔森）模型，参数均来自现实资本市场，股价变动高度还原实际。最后，利用锦江集团旗下不同星级酒店实际数据测算的价格敏感度系数（图 1），同学在制定价格策略时，实验结果与现实相符度极高。

第二，市场仿真。模型参照了我国 2014—2018 年国家统计局旅游人口增长率以及东方证券旅游行业研究专题报告，确定了仿真市场的规模和增长规律。根据旅客收入水平和消费倾向将市场旅客进一步细分为四类顾客，并依照现实数据测算了价格敏感度、周期性变动规律及高消费倾向。这种方式使得模型消费者异质性增强，有利于丰富竞争策略。同时在市场中加入了北京冬奥会（商机）、新冠肺炎疫情（危机）等事件，在增强真实感的同时考验学生应对突发事件的能力。

第三，互动仿真。市场模型会受学生互动决策的影响。例如，当员工工资低于平均市场水平时，员工的离职率会增加；当顾客太多超过员工工作压

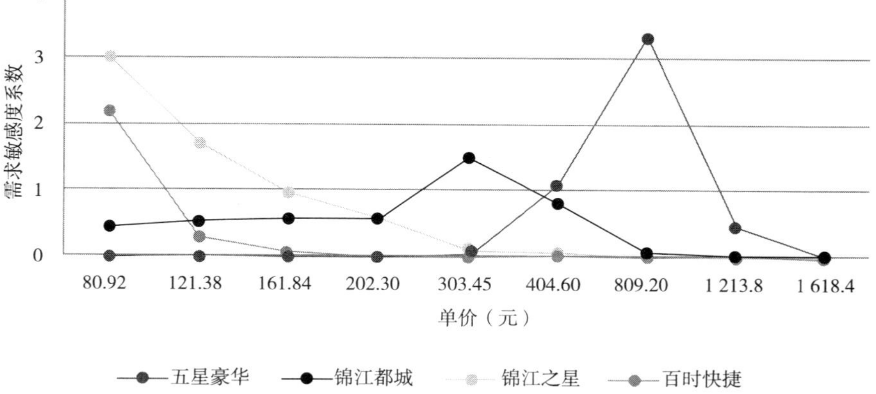

图 1　四类商品需求价格敏感度系数

力极限时，员工会罢工；当房间定价过高时，即使市场有需求，顾客也会拒绝入住；当企业财务风险低时，银行贷款利率会打折，反之则会上浮；当市场建房量多时，建房成本会增加，反之会回落；当雇佣的临时员工多时，市场工资也会增加，诸如此类。

（三）实验教学过程与实验方法

本实验是为了通过酒店这一管理服务型企业的代表给学生以真实的实践体验，通过将财务管理决策、计划、控制过程和企业商战模拟（即业财融合决策应用场景）很好地结合在一起，使学生体会财务管理、管理会计等专业知识在企业经营决策中的应用；通过学生组建团队协作模拟企业的经营，培养团队精神，全面提高管理决策能力。具体而言，本虚拟仿真实验由学生经营模拟酒店，在动态博弈场景下实现多回合经营决策并获得相应结果。学生可以在每一回合制定决策的过程中，利用实验平台提供的各类分析工具，帮助所在公司在市场竞争中调整策略，从而达到学习—实践—反思—再学习的良性循环，寓教于乐，从而有助于打破传统教育理论与实务的脱节。

在实验中，本虚拟仿真课程始终处于整体教学设计的核心位置，并围绕其进行了相关实验教学理念和设计的布置。实验教学遵循以下理念，即一个中心、两种互动、三个阶段，虚实结合。其中，“实”体现在参与者（学生）组成的团队及其决策与互动是真实的，以及学生通过训练得到的体验是真实的，通过 VR（虚拟现实）眼镜和平台运用的真实企业数据（经过脱敏处理）及外部市场需求数据，可以使学生真实体验企业经营的难度和市场竞争的残酷性。“虚”具体体现在三个阶段的教学场景设计上：首先，在线下创设了团队经营酒店场景；其次，在线上通过本虚拟仿真实验平台，以三维动态的形式呈现了酒店经营决策的全过程；最后，通过线下分享，目的是强化、拓展实验过程中所运用的理论知识，进而在下一阶段（回合）实验时进行决策改进与应用，将其落在“实”处。详述如下。

1. 一个中心：以学生为中心（实）

本酒店模拟经营虚拟仿真实验以学生为中心，通过对学生分组建立虚拟企业来进行仿真实验。参与者（学生）组成的团队及其决策与互动是真实的，这种做法能够充分发挥学生的积极主动性和团队合作精神，使学生主导实验过程，操作实验设置；既可以检验学生对已有知识的运用情况，又增强了学生对知识的获取兴趣和能力。

学生通过训练得到的体验和感受是真实的。通过 VR 眼镜增强学生的真实环境体验。由于本虚拟仿真平台运用的是真实的企业数据和由实际数据脱敏处理后的外部市场需求数据，因而对学生来说，他们可以从中真正体验经营一个较大规模企业的难度，体验激烈的外部市场竞争及其结果，如企业破产重组等。进一步来说，这一过程是不可逆的，即便经过多次重复实验，其过程依然具有不可预测性，因而十分接近现实，并会对学生形成一定的真实情感冲击。

2. 两种互动：组内互动与组间互动（实）

（1）组内互动。通过分组实施实验。实验过程中，每一组学生的任务是分别扮演首席执行官（CEO）、首席财务官（CFO）、首席运营官（COO）等多个角色，并完成各自角色设置的相应任务。由于实验考核的是整组同学的经营成果，这就要求组内担任不同角色的同学之间要有非常强的互动。实验过程中，学生可以通过 VR 眼镜查看各自角色所在办公室的环境和有关报表等，从而拥有真实的角色体验感。在实验平台上，允许学生在其各自角色需要决策的地方输入相关决策参数，确保每组学生产生的实验数据、实验结果具有多样性。通过这种反复的组内互动，最终完成相应任务，从而培养学生之间协同合作、分析问题与解决问题的能力。

（2）组间互动。本实验允许多个组别组成的虚拟企业形成一个竞争性市场，并进行多个回合的动态博弈，用相应指标进行结果排名，从而实现对真实商业环境的模拟。教学过程中，通过组间互动竞技或商业联盟，虚拟企业的破产重组以及人员再就业（小组成员的分流）等场景，培养学生良好的竞争意识和对宏观市场动态变化的把控能力，从而发掘学生的创造潜能，引导学生提高解决实际问题的综合能力。

3. 三个教学阶段：线下—线上—线下相结合（虚）

通过线下（场景情境创设）—线上（虚拟仿真）—线下（经验总结与分享），三个教学阶段的螺旋式上升，不断加深学生对企业经营及相关财务运营的认识与理解、记忆与掌握。

（1）线下场景情境创设（虚）。通过线下场景情境创设，为学生提供良好的企业经营认知环境。使学生在正式虚拟仿真实验开始之前对企业经营及组织有良好的现场感和仪式感，从而增加形象认知，为课堂教学及虚拟仿真实验平台训练提供良好的基础。

（2）线上虚拟仿真实验平台训练（虚）。为让学生体验企业经营的真实感，本实验平台基于实际酒店及相关市场参数，构建了贴合实际情况的酒店经营三维虚拟仿真场景，生动再现了酒店经营全季（旺季和淡季）的场景及全过程。通过沉浸式教学环节，使学生全面掌握酒店经营环境、经营决策流程、关键投融资决策等，并通过相关预算任务、日常经营决策任务、决算任务等的设置，帮助学生全面巩固企业经营中的相关财务理论基础知识，掌握投资融决策关键要点。

（3）线下经验总结与分享（虚）。通过线下经验总结与分享，可以强化学生将理论知识运用到实践操作技能之中去的认知。学生通过总结自身的不足和吸取他人的经验，会对未来的职业安排和进一步学习与成长有更加明确的方向。因此，这一教学过程进一步升华了整个虚拟仿真实验的训练意义，是必不可少的步骤。

由此可见，在实验室环境下进行酒店模拟经营虚拟仿真实验的教学过程中，系统的“教”，主要指通过线上虚拟仿真实验平台训练的各个具体环节，要求学生进行参数输入等控制，通过“任务式”和“阶段式”一步步教给学生酒店经营过程中所涉及的流程、事务、规则和团队协作要领，从而向其完整地呈现酒店经营的管理流程，由浅入深。同时，教师能够利用系统不同阶段的侧重点，有针对性地教给学生如何运用相关理论进行竞争性决策。学生的“学”，则是指学生在系统的逐步引导下，学习系统规则，多次实践，运用所学的理论知识进一步学习酒店经营全过程（包括可能承受的经营结果）。学生的“练”，是指学生经组内分工后按照分配的角色输入不同的决策参数参与练习。通过上述一系列博弈，最终由系统呈现出的结果，则是对学生的“考”。此外，学生完成每次实验后，系统会自动对所有组的实验结果按照设定的考核标准进行排名，即对学生的“评”。上述过程在设计系统时是一环扣一环的，系统可以跟踪学生的操作记录，学生可以记录每次实验的相关步骤和结果并进行对比，在此基础上讨论形成下一次实验的改进方案。

与此相对应，教师需要结合财务管理与本课程教学内容的要求，采用场景情境创设—实际操作—经验总结与分享相结合的三阶段教学模式，以及线下与线上结合的方式与方法进行教学。

（4）场景情境创设—实际操作—经验总结相结合的三阶段教学模式。在本课程教学开始前，学生已完成相关专业课程的理论学习。开展本实验教学时，采用课堂理论简单教学，在开始虚拟仿真实验平台训练之前对学生分组，由其组队建立公司，分配经营管理角色，为下一步创设合适的场景和情境；然后，学生在虚拟仿真实验平台开展训练；最后由学生对实验结果及其经验进行总结与分享，教师则根据具体情况予以适当点评。

（5）线上线下相结合的方式。线下主要由学生根据实验要求在教师指导下进行前期场景情境创设、平台练习以及最后的经验总结与分享，从而熟悉整套虚拟仿真实验平台的使用方法及步骤。线上则主要由任课教师进行集中教学管理、资源管理以及考核管理等。学生可通过网络平台进行相应的仿真操作练习，以及对所嵌入的pdf素材及Flash动画等资源的查看学习。教师可根据实验进程中出现的竞争态势（极端情况下有可能被迫终止）

在平台上进行有针对性的调整，以确保实验顺利进行。同时，教师还需要及时掌握学生的学习动态和学习效果，督促学生学习，提高学生学习的积极性。

在实验后的评定维度和评分标准方面，教师可以从以下两方面赋予其以不同的权重并进行评定。一方面，对于线上平台训练，可以选定系统设定的股东回报率等财务指标作为结果考核指标，系统会自动排名，对实验成绩优异的学生给予一定的成绩奖励；若实施多个回合重复试验，则可以根据多次结果的进步情况设定一定的成绩奖励。另一方面，对于线下教学，可以从学生参与态度、学生组内配合和讨论的积极程度、学生实验过程与结果的展示（presentation）、实验报告完成情况等多个维度进行评分。

（四）实验步骤

1. 学生交互性操作步骤

共 18 步，如表 1 所示。

表 1　学生端操作步骤

模块序号	步骤序号	步骤目标要求	步骤合理用时	目标达成度赋分模型	步骤满分	成绩类型
（一）市场预测	第 1 步	企业设立与战略制定	1 课时（4 回合合计）	企业筹备的完整性（30%）、合理性（20%）、丰富性（20%）、创新性（30%）	8	□操作成绩 □实验报告 ☑预习成绩 □教师评价报告
	第 2 步	熟悉决策页面与环境设定		以学习时间和完整度评价	2	
	第 3 步	市场前景与市场价格		以学习时间和完整度评价	2	
（二）销售决策	第 4 步	确定本期销售策略	1 课时（4 回合合计）	市场占有率（50%）； 销售毛利率（50%）	10	☑操作成绩 □实验报告 □预习成绩 □教师评价报告
	第 5 步	确定预售策略		预测准确度	3	
	第 6 步	确定营销策略		广告投入占比（50%） 广告投入增长率（50%）	3	

续表

模块序号	步骤序号	步骤目标要求	步骤合理用时	目标达成度赋分模型	步骤满分	成绩类型
（三）运营决策（固定资产）	第 7 步	酒店设施扩建	1 课时（4 回合合计）	固定资产周转率	3	☑操作成绩 □实验报告 □预习成绩 □教师评价报告
	第 8 步	酒店设施维护		酒店实际星级	3	
	第 9 步	成本控制		营业利润率	2	
（四）运营决策（人力资源）	第 10 步	制定员工数量与员工工资	1 课时（4 回合合计）	员工流通率（负向，50%）；员工工资收入占比（50%）	2	☑操作成绩 □实验报告 □预习成绩 □教师评价报告
	第 11 步	制定员工的培训预算		员工能力	2	
	第 12 步	预测员工能力等级与人员流通率		预测准确率	2	
（五）财务决策	第 13 步	融资决策	1 课时（4 回合合计）	资产负债率（负向，40%）；长期贷款利率（负向，30%）；短期贷款占比（负向，30%）	4	☑操作成绩 □实验报告 □预习成绩 □教师评价报告
	第 14 步	股利分配		股利支付率	4	
（六）综合分析	第 15 步	盈利分析	1 课时（4 回合合计）	销售净利率	10	☑操作成绩 ☑实验报告 □预习成绩 □教师评价报告
	第 16 步	营运分析		总资产周转率（60%）；酒店利用率（40%）	10	
	第 17 步	财务风险分析		利息保障倍数（50%）；负债现金比率（50%）	10	
	第 18 步	综合分析		股东累计投资回报率	20	

2. 交互性步骤详细说明

步骤 1：企业设立与战略制定。

实验目的：熟悉企业初步设立的相关内容。

操作步骤：各组先召开管理层的企业筹备会议。会议主要内容包括为酒店起名、酒店 LOGO（标识）设计、组内人员分工、企业战略与愿景制定等，筹备会议结束后，授课教师可组织学生对本组企业进行介绍。之后各组登录

“建立公司”界面，建立属于自己的公司。

在相应位置输入公司名称与小组成员名单，点击开始后即可进入决策平台。

步骤 2：决策页面与环境设定。

实验目的：熟悉决策页面与环境设定。

操作步骤：决策页面包括市场信息、业绩驾驶舱、财务报告、分析工具、销售、运营、财务分析、损益表、资产负债表、决策列表等，其中销售与运营部分又分为国内与国际市场。学生手动填入的信息分为决策类信息与预测类信息。决策类信息是实际发生的确定值，如房间价格的确定、员工招聘数量等；预测类信息是学生预期的数值，如“本期销售量”在学生决策环节仅能预测，而最终的实际销售量取决于市场博弈的结果；其他数据为系统数据，学生不可更改，既包括一些客观的市场环境信息，也包括依据学生决策信息自动更新的预测信息，以辅助学生进行决策，如当学生更改本期客房定价时，预计利润表、预计负债表、财务分析表等之中的相关信息也都会自动更新。

每一回合设定为半年，并只设定冬、夏两季，冬季为旅游淡季，夏季为旅游旺季。

步骤 3：市场前景与市场价格。

实验目的：熟悉市场前景与市场价格。

在“市场预测”模块中，系统会给出与市场预测相关的市场前景信息，以及本回合与费用相关的价格信息等。市场前景信息主要包括本季市场销售量（已确定）及下两季的预测销售量，单位为房价×天数。

价格信息包括：①酒店设施购置价格。每家酒店初始设定拥有 50 间客房，若需要扩张可选择自建与租赁两种方式。“价格/每间客房”为本期自建成本，“租赁/每间客房”与“土地租赁费”之和为本期租赁成本。②员工费用。包括本期的“临时员工工资/每月”、“固定员工聘用费用”与“固定员工解聘费用/每人”，每回合均随市场波动。固定员工工资由企业自己制定，但聘用与解聘固定员工均会发生费用。③财务费用。包括企业所得税率、贷款利率和短期贷款惩罚利率（随市场波动）。其中贷款利率为企业主动申请贷款的利率，且该利率仅为基础利率，在具体执行的环节系统会自动根据公司财务状况进行上浮或下浮。短期贷款惩罚利率，是指当经营者（学生）决策失误导致筹措资金不足时系统会自动借入贷款补足资金缺口，此时所产生的额外资金成本。

步骤4：确定本期销售策略。

实验目的：确定本期“房价”。

操作步骤：“总容量”代表酒店本期的销售上限，如按照每家酒店50间房的初始设定，本季总容量为50×180=9 000（间）；“本季已销售天数”需要手动输入，此为学生预测的本期销售量；在键入数据后，“剩余客房天数”“酒店利用率”等数据自动更新。同时结合上一季与上两季的预售信息，酒店的预计收入得以确定，其他模块的关联预计信息如预计利润表、负债表等也都自动更新，后续决策均同理，此处不再赘述。

步骤5：确定预售策略。

实验目的：确定下一季与下两季的“预售价格”和“预售量”。

操作步骤：该数据确定后系统自动给出“房价”（如，由合作的旅行社给出报价），二者成反向变动关系，预售房价一般情况下均低于当季确定的销售价格，因此学生应考虑预售量过高、预售价格过低带来的亏损可能。需要注意的是，预售天数最终未必会全部实现。若市场所有酒店的预售天数之和大于市场总需求量，则必然会发生部分预售天数难以实现的情况，未实现天数则取决于酒店的综合状况。

步骤6：确定营销策略。

实验目的：确定“本期营销费用”。

操作步骤：投入营销费用可提高酒店销售的成功率，同时具有累积效应，即本期的营销费用可影响之后多回合的销售成功率。

步骤7：酒店设施扩建。

实验目的：确定“扩建方式”与“容量”。

操作步骤：扩建方式包括自建与租赁两种，相关费用由前述“市场预测”模块中给定。二者决定后，“投资成本”自动生成。由于酒店建设施工周期较长，不论自建或租赁，新的客房均在下一期方可使用。

步骤8：酒店设施维护。

实验目的：制定“装修维护费用”。

操作步骤：由于市场损耗，酒店“设备状况”（以百分比列示）随时间下降。设备状况影响酒店评级，进而影响酒店销售。装修维护费用可改善酒店设施状况并进而影响酒店本期与后期的评级，装修投入满足边际效益递减。因此，如何决定该项费用应综合考虑酒店发展战略与财务状况。

步骤9：成本控制。

实验目的：确定“单位变动成本控制”和“管理成本控制”。

操作步骤：单位变动成本控制和管理成本控制分别影响单位直接服务成本与固定管理成本，如果不对成本控制项目进行投入，酒店的各项成本将因缺少控制而增加。

步骤10：确定员工数量与员工工资。

实验目的：确定员工人数及工资水平。

操作步骤：酒店招聘与解聘固定员工（即本期与上期固定员工人数差额）应承担相应的招聘与解聘费用，并因此会影响总体的员工压力、员工能力等级等。固定员工的工资由酒店决定，临时员工工资由市场决定。

步骤11：制定临时员工的培训预算。

实验目的：确定“每位员工的培训预算”。

操作步骤：培训可提高临时员工的能力等级，进而影响总体的员工能力、员工需求与员工压力等。如不考虑其他因素的影响，则固定员工的能力强于临时员工。但总体的“员工能力等级”（固定员工和临时员工分别列示，需要预测）还受到新老员工比例、培训预算（仅临时员工能力可通过培训提升）和新员工工资等的影响。

步骤12：预测员工能力等级与人员流通率。

实验目的：预测“员工能力等级”和“人员流通率”数值。

操作步骤：员工能力等级数值不仅与本期固定员工与临时员工数量相关，而且取决于新老员工比例、培训预算与新员工的工资等。人员流通率（仅包括固定员工）取决于市场整体的固定员工工资行情及员工压力。本酒店与其他酒店的固定员工工资对比将影响固定员工的流动状况。员工能力和员工数量以及相应的顾客需求决定员工压力，当员工压力过大（超过150%）时，会导致员工罢工，拒绝服务新的客户。员工工资与员工压力共同决定员工流通率（需要预测），即员工工资过低将导致员工离职，员工流通率上升；但如果员工承担压力过大，即使工资较高仍会造成员工离职。

步骤13：融资决策。

实验目的：确定长期贷款融资额。

操作步骤：学生需要利用所学财务管理知识判断本公司下一季需要的外部融资额，并通过长期贷款进行融资（本实验中不增发股票）。系统限定年底现金不得低于最低现金保有量（20万元），如果低于最低现金保有量，系统会自动用短期贷款来填补空缺。当不需要短期贷款时，系统会自动还款。短期贷款利率通常要比长期贷款利率高，短期贷款额外利率会显示在"市场预测"模块中。同时，由于长期贷款的多少会影响资产负债结构，而较好的资产负债结构则能赢得信贷机构，从而帮助公司降低贷款成本，因此如何在融资和优化结构上寻求平衡，也需要学生用所学知识进行判断。此外，由于付款日期会影响资产负债表中的往来账款的数目，学生还需要给旅行社和网上预订代理商的预售确定付款日期（以天计算）。

步骤14：股利分配。

实验目的：确定股利政策。

操作步骤：当上述决策模块都完成后，学生可以看到预计利润表和预计资产负债表。这些预计报表都是以学生的预测数据为基础产生的，同最后的实际结果很可能不一致，并且两个预计报表中的数据会随着学生的决策动态而更新。在支付股东股息时，需要注意财务知识中的"股利支出之谜"，到底需要支付多少股息需要学生进行判断。

步骤15：盈利分析。

实验目的：披露市场整体状况，分析本酒店盈利模式。

操作步骤：市场报告分为国内市场报告和国际市场报告。无论是国内还是国际市场，其报告的基本格式是一样的。市场报告中列出了房价、客房天数、销售量、收益率和预售量等有关项目。学生需要对不同回合的客房进行定价，包括本回合、下一回合预售和下两回合预售。所有销售的客房天数会在价格下面显示。随后所列的是本回合每间客房的销售额，每间客房的销售天数为180天。市场报告中包含了具体的区域利润计算列表。

在对企业盈利能力进行分析时，主要关注净利润、总资产回报率、净资产回报率、每股收益等盈利能力分析指标。学生从系统中自动提取企业的相关数据来计算上述指标，并可以同市场上的竞争对手进行对比。系统中设有预警条件，会对指标存在异常的情况进行风险提示，并会根据分析结果、行业对比情况和风险识别的情况等为学生提供下一步的经营建议。

步骤 16：营运分析。

实验目的：分析本回合的营运状况。

操作步骤：运营分析区分国内市场和国际市场。在运营报告最上面是本回合的酒店容量和销售数据。客房占有率以百分比显示，今后两个回合的预售量和预售量所占的百分比也在此显示，本回合对酒店容量的投资则以投资的房间数来表示。运营报告中还同时披露整个市场中的固定员工、临时员工、能力等级、员工费用和直接成本等信息。根据以上信息，可以计算出公司的直接成本，学生通过对比分析为下期决策提供支持。

步骤 17：财务风险分析。

实验目的：披露本回合的财务状况，并分析财务风险。

操作步骤：财务报表包括损益表（又称利润表，下同）、资产负债表和现金流量表：①损益表。损益表对酒店每个回合的财务状况进行总结，列出酒店的收支项目以及每回合的利润。②资产负债表。资产负债表记录了公司的资产和负债，为公司目前的财务状况提供了基本框架。资产负债表由两部分组成，第一部分是“资产”，列出了酒店投资资产；另一部分是“股东权益和负债”，列出了酒店资金的来源。因此在这两个部分中，每部分的总数应该是相等的。由于每个回合保底现金为 20 万元，当资产负债表中的现金及等价物低于保底现金时，系统会自动采用借短期贷款来弥补资金空缺的方式。③现金流量表。现金流量表列出了酒店最近收到和支付现金的情况。它反映了运营中的现金流动情况、投资的现金流动以及融资活动中的现金流动情况等。

步骤 18：综合分析。

实验目的：基于各项财务指标对酒店运营进行综合分析。

操作步骤：学生可对本公司本回合的财务指标进行综合分析。财务指标中设计了偿债能力分析、营运能力分析、盈利能力分析和发展能力分析四个板块。

第一，偿债能力分析。在对企业偿债能力进行分析时，主要关注企业本期的短期偿债能力指标、长期偿债能力指标和动态偿债能力指标等。首先，学生从系统中自动提取企业的相关数据，并计算上述指标；其次，根据系统生成的行业平均数据，与市场上的竞争对手进行对比，行业平均的生成办法除了全体行业平均外，也可以选择典型企业、PSM法（倾向得分匹配法）等配对方法进行选取。系统中设有预警条件，会对指标存在异常的情况进行风险提示，并根据分析结果、行业对比情况和风险识别等情况为学生提供下一步的经营建议。

第二，营运能力分析。在对企业营运能力进行分析时，主要关注各类反映企业资金运营周转情况的资产和负债项目的营运能力指标，如总资产周转率、流动资产周转率、应收账款周转率、存货周转率等。学生与系统交互提取数据并进行分析的过程，与偿债能力分析相同。

第三，盈利能力分析。在对企业盈利能力进行分析时，主要关注净利润、总资产回报率、净资产回报率、每股收益等盈利能力分析指标。学生与系统交互提取数据和分析的过程，与偿债能力分析相同。

第四，发展能力分析。在分析企业发展能力时，主要关注营业收入增长率、营业利润增长率、总资产增长率等指标。学生与系统交互提取数据和分析的过程，与偿债能力分析相同。此外，在发展能力分析板块中，还拟开发企业成长中的生命周期识别和发展战略识别功能，并根据其发展战略和所处生命周期，提出风险点和经营建议。

二、实验考核与实验评价

（一）实验考核方式

本虚拟仿真项目的运行结果即为实验中“酒店模拟经营实战轮”的名次排名，其中破产小组须单独计算最后位次。在组间竞争的基础上提出思考题，引导学生深入思考并总结相关知识和经验，为其后期撰写实验报告和心得体会打下坚实基础，此为实验结论的最终呈现形式。

本虚拟仿真实验根据本科生培养方案、课程建设要求等学科建设制度规范，着重从实验态度、实验过程、实验结果和最终分析报告四个方面设置实验目标并对学生进行考核，旨在培养学生的综合素质，考核内容详见表2。

表2　实验成绩考核赋分表

模块序号	步骤序号	评分依据	评分标准 （旺季）	评分标准 （淡季）
（二） 销售决策	第4步	市场占有率 （50%）	市场占有率：［60%+40%×（公司总数-排名）/公司总数］×满分分值	
		销售毛利率 （50%）	85%以上：满分 80%~85%：0.9×满分 70%~80%：0.85×满分 70%以下：0.8×满分	80%以上：满分 75%~80%：0.9×满分 65%～75%：0.85×满分 65%以下：0.8×满分
	第5步	预测准确度	预测数据/实际数据×满分	预测数据/实际数据×满分
	第6步	广告投入占比 （50%）	广告投入占比：［60%+40%×（公司总数-排名）/公司总数］×满分分值	
		广告投入增长率 （50%）	25%以上：满分 20%~25%：0.9×满分 10%~20%：0.85×满分 10%以下：0.8×满分	20%以上：满分 15%~20%：0.9×满分 5%~15%：0.85×满分 5%以下：0.8×满分
（三） 运营决策 （固定资产）	第7步	固定资产周转率	25%以上：满分 20%~25%：0.9×满分 10%~20%：0.85×满分 10%以下：0.8×满分	20%以上：满分 15%~20%：0.9×满分 5%~15%：0.85×满分 5%以下：0.8×满分
	第8步	酒店实际星级	六星级：满分 五星级：0.9×满分 四星级：0.85×满分 三星级及以下：0.8×满分	
	第9步	营业利润率	60%以上：满分 30%~50%：0.9×满分 0%~30%：0.85×满分 0%以下：0.8×满分	50%以上：满分 30%~50%：0.9×满分 0%~30%：0.85×满分 0%以下：0.8×满分

续表

<table>
<tr><th>模块序号</th><th>步骤序号</th><th>评分依据</th><th>评分标准
（旺季）</th><th>评分标准
（淡季）</th></tr>
<tr><td rowspan="4">（四）
运营决策
（人力资源）</td><td rowspan="2">第 10 步</td><td>员工流通率
（负向，50%）</td><td colspan="2">7%以下：满分
7%～8%：0. 9×满分
8%～10%：0. 85×满分
10%以上：0. 8×满分</td></tr>
<tr><td>员工工资收入占比（50%）</td><td>10%以上：满分
8%～10%：0. 9×满分
6%～8%：0. 85×满分
6%以下：0. 8×满分</td><td>12%以上：满分
10%～12%：0. 9×满分
8%～10%：0. 85×满分
8%以下：0. 8×满分</td></tr>
<tr><td>第 11 步</td><td>员工能力</td><td colspan="2">100%以上：满分
95%～100%：0. 9×满分
90%～95%：0. 85×满分
90%以下：0. 8×满分</td></tr>
<tr><td>第 12 步</td><td>预测准确率</td><td>预测数据/实际数据×满分</td><td>预测数据/实际数据×满分</td></tr>
<tr><td rowspan="4">（五）
财务决策</td><td rowspan="3">第 13 步</td><td>资产负债率
（负向，40%）</td><td colspan="2">50%以下：满分
50%～60%：0. 9×满分
60%～70%：0. 85×满分
70%以上：0. 8×满分</td></tr>
<tr><td>长期贷款利率
（负向，30%）</td><td colspan="2">3%以下：满分
3%～3. 5%：0. 9×满分
3. 5%～4%：0. 85×满分
4%以上：0. 8×满分</td></tr>
<tr><td>短期贷款占比
（负向，30%）</td><td colspan="2">0%以下：满分
0%～1%：0. 9×满分
1%～2%：0. 85×满分
2%以上：0. 8×满分</td></tr>
<tr><td>第 14 步</td><td>股利支付率</td><td>20%以上：满分
10%～20%：0. 9×满分
0%～10%：0. 85×满分
0%以下：0. 8×满分</td><td>10%以上：满分
0%～10%：0. 9×满分
0%以下：0. 85×满分</td></tr>
</table>

续表

模块序号	步骤序号	评分依据	评分标准 （旺季）	评分标准 （淡季）
（六） 综合分析	第 15 步	销售净利率	25%以上：满分 10%～25%：0.9×满分 0%～10%：0.85×满分 0%以下：0.8×满分	20%以上：满分 5%～20%：0.9×满分 0%～5%：0.85×满分 0%以下：0.8×满分
	第 16 步	总资产周转率 （60%）	30%以上：满分 25%～30%：0.9×满分 15%～25%：0.85×满分 15%以下：0.8×满分	25%以上：满分 20%～25%：0.9×满分 10% ～ 20%：0.85 ×满分 10%以下：0.8×满分
		酒店利用率 （40%）	酒店利用率×满分	
	第 17 步	利息保障倍数 （50%）	0 以下：满分 1.5 以上：0.9×满分 1～1.5：0.85×满分 1 以下：0.8×满分	
		负债现金比率 （50%）	20%以上：满分 10%～20%：0.9×满分 0%～10%：0.85×满分 0%以下：0.8×满分	10%以上：满分 5%～10%：0.9×满分 0%～5%：0.85×满分 0%以下：0.8×满分
	第 18 步	股东累计投资 回报率	［60%+40%×（公司总数－排名）/公司总数］×满分分值	

（二）实验设计评价

1. 实验结果的合理性

本实验教学设计依托多门课程（如会计学、财务管理、成本管理会计、公司战略与风险管理等）的基本原理，来指导经营决策应用场景的案例资料设计与准备以及各实验步骤赋分模型、赋分标准的设计等，具有内在的科学性和合理性。

依托上述课程，设计虚拟仿真实验环节，帮助完成传统实验不好操作、高成本、高消耗相关的内容，采用“虚实结合、能实不虚，以虚补实”的原则进行系统设计，在课堂讨论、课后练习等环节加以应用，帮助学生更加深刻地理解教学内容，提升专业素养与能力水平。

本实验教学的上课时间通常也是在安排上述主要课程学习之后进行的，此时学生已具备了基本的前置理论知识，可以进行知识迁移和运用，这也体现了教学计划安排的合理性。

利用学校国家级实验中心的网络和数据库技术，通过本地和云形式，部署仿真案例和模拟沙盘系统，将6P仿真理论（即根据产品、地点、价格、促销、包装与人这6个方面梳理市场、客户需求的营销理论）生动地应用于教学环节，增加学生的参与感、操作性和趣味性。通过对酒店资源、竞争形式，利润预算目标的主动分解和工作分工，体现了经营的直观感、决策的成就感和竞争的真实感，较传统教学更加具有合理性。

2. 实验系统的先进性

（1）教学机制的先进性——4V式实验教学法。4V式实验教学法，是指以兴趣、困惑、提升、成就为核心的四轮VR实验教学法。第一轮VR实验用于激发学生学习兴趣和热情，通过酒店经营案例，使学生有“当老总”“开公司”的冲动和兴趣，期待进一步动手实践。第二轮VR实验重在提升、挖掘决策和竞争意识，巩固知识与技能。第三轮VR实验强调团队合作与竞争决策，意味着在复杂场景下，酒店如何做大胜出、归核化竞争以及战略重构的深度决策和模拟。第四轮VR实验属于总结与绩效考核环节，重点是模拟管理层向董事会报告业绩，进行年度总结，训练学生打造学习型、成长型经营队伍的人才机制和业绩导向的企业文化。

（2）对抗推演机制的先进性。实验具备“预习预热、问题提出、案例模拟、自主决策、智能评价、问题反馈、实验总结”的推演机制，将经营案例资料作为预习引导。

本实验系统具备先进的推演机制。通过开放式模拟经营虚拟仿真系统的建设，学生面对的不再是确定的、机械化重复的模拟操作，而是充满各种未知可能的模拟市场。学生在本实验系统中所进行的也不再是单一性质的验证式实验，而是需要综合并活用所学知识，自己提出问题，自己寻求解决问题的方法。教师只提供思路与分析工具，不再有所谓的标准答案。这种实验教学方式与传统课堂式教学有很大不同，更加有利于培养学生发散与创新思维，提高解决问题能力。

本实验系统具备先进的对抗机制。学生在每一轮、每一步骤的决策结果，都有合理的赋分模型和赋分标准细则，这意味着只要你进行决策，按照赋分模型就能得分，但与其他模拟公司对比，如果你的决策方案不够理想，得分就可能逊色于对方，这是第一层对抗；本实验竞争博弈每一轮的最后是以股东累计投资回报率作为多轮竞合的评定标准，这意味着你可能在第一轮胜出，但如果其后几轮不能取胜，那也有可能导致经营决策竞争的最终失利，这是第二层对抗。

（3）实验所用方法技术、实验组织方法的先进性。本实验系统采用虚拟仿真、人机交互等技术，与行业前沿、产业相关单位进行合作，设计具有推演性、科学性的交互设计内容，帮助学生解决财务管理和成本管理会计中的决策问题。实验采取分角色、分职能决策的模式，每个学生每个轮次都只能完成自己角色职能范围内的任务，无法代替别人完成工作。这就要求每个同学必须参与企业经营决策，并进行充分有效沟通，这样才能保证企业战略得到贯彻执行。同时，在实际教学中，教师通常会采用随机分组、定时换岗等手段，最大限度地打破学生的传统交际圈。

（4）实验蕴含的课程思政的先进性。本实验系统嵌入了一些商业伦理规则，如尊重员工（工资、压力、需求等）准则，违反此准则，将导致企业员工罢工或离职，企业在就业市场也将难以招聘到员工。此外，还有超额预订罚金（遏制恶意竞争）；理性顾客设定（即使市场严重供不应求时“黑店”也无法盈利，模拟顾客需求）等规则。通过系统内嵌企业应恪守的基本商业伦理道德准则，润物无声，潜移默化，达到课程思政的育人效果。

（5）实验重点突出了重大突发事件决策推演机制的训练，体现了实验设计理念的先进性。如前所述，本实验沙盘系统设计了重大突发事件的决策应对场景，如新冠肺炎疫情（危机）、北京冬奥会（商机）等，而这恰恰是其他同类型沙盘系统所缺乏的。重视常态经营环境下动态博弈决策能力的训练培养固然重要，面对重大突发事件时决策应对能力的解决也是众多企业所急需的。因此，本实验沙盘系统的设计理念具有先进性。

三、实验结论

本实验应用虚拟仿真、人机交互等技术，融入财务管理教学实践，是一种高效的教学手段补充，可以有效实现以下目的。

第一，培养学生发散与创新思维，提高学生知识运用能力和解决问题的能力。如前所述，通过开放式模拟经营决策沙盘的建设，学生面对的不再是确定的、机械重复的模拟操作，而是充满各种未知可能的模拟市场。学生需要综合并活用所学知识，自己提出问题，自己寻求解决问题的方法。教师只提供思路与分析工具，不再有所谓的标准答案。这种教学方式与传统课堂式教学有很大不同，更加有利于培养学生的发散与创新思维，提高解决问题的能力。

第二，培养学生的大视野、大格局，提高学生的知识迁移能力和财务综合应用能力。在本课程中，学生的任务是扮演 CEO、CFO 等角色，经营一家在 21 世纪快速发展环境下的虚拟家庭式酒店。学生将面临各项战略和财务决策的挑战，努力运用竞争性业财融合决策方法与手段使自己的酒店在市场竞争中生存和发展。学生们需要利用财务管理、管理会计等课程所学的知识，为酒店的销售、营运、投融资、股利分配等制定有效可行的决策。为了完成沙盘模拟经营的任务，学生需要站在企业管理层的视角下思考问题，而不再受传统财务视野的局限。即，既要考虑微观企业经营决策中的具体细节问题，也要结合宏观的经济形势、市场信息以及行业竞争者的动态信息来综合设计整体决策方案，从而提高财务综合应用能力。在本实验中，通过创设良好、积极的教学情境，激发学生求知欲、注意力，使学生从中受到启发并实现知识的有效迁移。

第三，培养学生主动思考及探索的能力，提高学生的学习兴趣。兴趣是最好的老师，在沙盘模拟角色扮演模式下，学生成为课堂主人，在企业商战、市场竞争中体会学习知识的乐趣。学生们通过建立商业联盟、开启价格战或差异化经营等手段，在娱乐中学习，在娱乐中成长。学生们不再依靠教师督促，而是可以主动投入知识学习，主动思考业财融合决策方案，探索如何在动态博弈中帮助企业克敌制胜。甚至有时已下课很久了，还有学生留在实验室，只为了讨论经营决策问题的解决方案。

第四，培养学生的沟通能力，提高学生的团队协作能力。沙盘模拟采取分角色、分职能决策的模式，每个学生都只能完成自己角色职能范围内的任务，无法代替别人完成工作。这就要求每个同学都必须参与企业经营决策并进行充分有效沟通，才能保证企业战略得到贯彻执行。同时，在实际教学中，教师通常会采用随机分组，定时换岗等手段，最大限度地打破学生的传统交际圈。这就改变了传统教学模式各自为战，只为自己负责的模式，推动学生走出舒适圈，适应团队配合。

第五，有利于培养具有差异化竞争优势的高素质财会人才。本实验是基于动态博弈竞争的仿真市场环境而设计的。因此，学生要想在实验中胜出，就必须思考竞争策略，而竞争策略的具体选择（如成本领先、差异化、集中化等）又必然引导学生落实思考策略，从而带来对市场预测、竞争对手策略分析、市场及产品定位、成本控制、营销策略等一系列问题的系统化思考。这样，学生既领略了真实企业竞争的复杂性、专业性、动态性和残酷性，又掌握了动态博弈业财融合决策的一般化策略和手段，有利于培养具有差异化竞争优势的高素质财会人才。

第六，有利于培养学生解决实际问题的能力。极高的推广性和可应用于各类经管课堂的实用性是本实验的显著特点，本实验项目既可以用于财务决策、市场决策或战略决策的单项知识课程实践，也可以应用于多轮次经营决策的复杂环境下的能力训练需要，不同轮次的安排可以让学生体验多角色的决策任务场景，起到单项能力训练和多元认知相融合，单一岗位体验与竞争团队相匹配的多层次、多目标课堂训练效果。既可以设定必选模块的集中模拟，又可以灵活调整可选模块，以增强对抗式仿真市场竞争和决策训练的难度。总之，本实验的实用性体现为强化企业决策知识点之间的融合，驾驶舱式智能化经营指标的提示和预警，合作式与对抗式竞争环境的嵌入以及学生自主学习和案例回放等学习工具，适合学习和巩固。

第七，本实验沙盘系统画面生动、直观、引人入胜，引入游戏设计元素，可以有效缓解学生做实验时的疲劳感，引起学生主动学习的兴趣。本实验沙盘系统操作简单（但决策问题及其决策方案的设计却并不简单）直观，系统分角色进行决策，学生模拟什么角色就需要按照系统实验步骤开展本角色所属的决策任务，系统会自动屏蔽非本角色应履行的决策任务；操作界面美观、生动，通过游戏竞技的方式增加学生的沉浸体验，缓解学生做专业实验过程中可能产生的精力疲劳和审美疲劳。

本实验项目既可以作为企业经营决策沙盘模拟课程的专属实验，也可以作为相关专业课程（如财务管理、管理会计等）的配套实验实训项目。通过本实验提供的经营决策沙盘的挑战性，驱动学生钻研课程知识的能动性。作为专属实验，教师只需要注意合理设置企业经营决策沙盘模拟课程在教学计划表中的开课学期（通常在第五学期），以确保学生已经先行修学本实验中所需要的基本原理与决策方法等内容，如此既可以温故前序课程的知识内容，又可以检验对前序课程的掌握理解程度。由于本实验采用了动态博弈决策竞争机制，因此检验决策方案好坏的关键在最终市场，即以股东累计投资回报率作为多轮竞合的评定标准。这就使本实验所提供的动态经营决策沙盘具有极大的挑战性，也因此激发了学生的求胜心，从而可强烈驱动学生探求其中所需知识、方法以及解决问题的方法，提高学生钻研相关课程的热情和能动性，进而提升相关课程的教学效果和人才培养质量。

参考文献

[1] 程平，陶思颖. 基于 ADDIE 的“互联网+会计”MPAcc 财务共享课程教学设计：以重庆理工大学为例 [J]. 财会月刊，2018 (22).
[2] 黄瑞. 谈融入创新创业理念的财务管理课程改革 [J]. 财会月刊，2016 (30).
[3] 蒋平，王琴. ERP 沙盘模拟对抗实验在财务管理教学中的应用 [J]. 江苏商论，2007 (11).
[4] 许世英. 论财务管理本科专业实践性教学体系的构建与完善 [J]. 会计之友（下旬刊），2008 (3).
[5] 闫华红，张悦. ERP 沙盘模拟教学在财务管理教学模式改革中的应用 [J]. 财务与会计，2013 (2).

以专业课教学为载体打造学生高层级思维能力

——基于Bloom认知模型的研究

王雅婷

（首都经济贸易大学　金融学院）

【摘　要】Bloom认知模型的核心理念最早由美国心理学家、教育家本杰明·布鲁姆（Benjamin Bloom）于1956年提出，该模型将人的思维能力分为“记忆、理解、应用、分析、评估、创造”六大层级。电脑、智能手机等外部智能设备的快速发展正在将人类大脑的“记忆”部分解放出来，智能时代要求高层次人才具备“分析、应用、评估、创新”等高层级思维能力。基于Bloom认知模型，本文界定了常见思维名词的范畴和相互关系，认为不同层级的思维过程是与不同的提问关键词结合在一起的，专业课教学以课程内容为载体，通过代表不同思维层级的提问关键词进行提问设计，训练学生识别体现不同思维水平的提问关键词，打造学生的高层级思维能力。在本科专业课授课过程中探索并干预学生大脑思维过程，既能促使学生更为深入地掌握专业课知识，又可提升学生更高层级思维能力，有利于学生思辨能力的培养及未来职业发展。

【关键词】专业课教学　Bloom认知模型　高层级思维能力　批判性思维

引言

外部智能设备（如电脑、智能手机等）的快速发展正在将人类大脑的记忆部分解放出来，绝大部分需要记忆的知识借助这些外部设备可以轻松查询到，大学生对在课堂上学习那些能够从手机、电脑轻易获取的知识已经严重缺乏兴趣和动力。智能时代下，大学课堂必须着力培养学生除了记忆、理解之外更高层级的思维能力，这样才能在激烈的人才竞争乃至与人工智能的竞争中获胜。在这些更高层级的思维能力中，批判性思维能力、结构性思维能力以及创新能力，培养起来更为困难，宜早不宜迟。

一、Bloom 认知模型与智能时代对高层次人才的培养要求

美国心理学家、教育家本杰明·布鲁姆（Benjamin Bloom）于 1956 年发表文章《教育目标分类：认知领域》，认为思维有六种级别，分别是识记、理解、应用、分析、综合与评价，此后这六种思维级别被广泛接受和使用，成为影响甚远的“Bloom 教育分类法”，亦称 Bloom 思维能力模型或认知模型。2000 年，该认知模型经过布鲁姆的学生安德森（Anderson）修订，最终形成了思维能力层级列表，将思维能力按照从最简单到最复杂的顺序排列（图 1）。

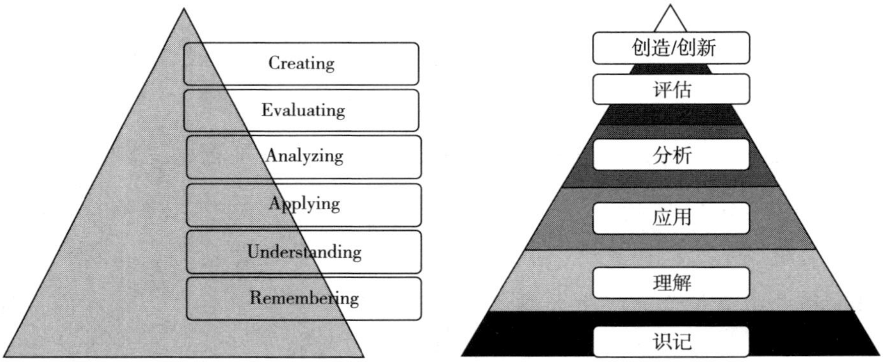

图 1　Bloom 思维能力层级模型

Bloom 认知模型将思维能力层级分为六个水平，从低到高依次是：①识记，指对基本概念和具体事实的记忆和复述；②理解，指能够用自己的话解释概念，搞清事物的意思；③应用，指能够把经过理解的知识应用于新的场景；④分析，把复杂的知识整体分解，并建立各部分之间的联系（如因果关系、并列关系、递进关系等），从而发现事物的本质；⑤评估，根据标准评判某种观点、决策或选择其他办法；⑥创造/创新，指能够产生原创性工作，创

建新的思想并预测可能的结果。在我国，从义务教育到高等教育阶段，学生在学校课堂上并不缺乏识记、理解这两个层次的教育和训练，然而从思维能力的第三个层级开始，即从应用一直到创新，学校的课堂教育存在很大欠缺。

在当前智能时代背景下，我国高层次人才除了应具有从事本专业业务工作的能力和素质外，更应该具备独立获得知识，提出新问题，分析新问题并提出新解决方案的系统性思维能力和创新性思维能力。这一能力是各行各业都需要的能力，是可迁移的能力，能够适应未来职业的多样化发展。例如，目前人工智能（AI）行业并不缺少一般意义上的编程技术人员，大量的公司技术专家也都在从事攻克 AI 底层技术的工作。从一定意义上讲，现在的人工智能技术已经较为成熟，之所以还没有得到广泛使用，是因为在应用层面没有将底层技术的商业价值开发出来。人工智能行业缺少的是极具创造力和洞察力的人才，因而尚未真正发挥这一技术的商用价值。因此，如前所述，我们培养的学生必须具备除了记忆、理解之外更高层级的思维能力，这样才能在激烈的人才竞争乃至与人工智能的竞争中获胜，而在这些更高层级的思维能力中，批判性思维能力、结构性思维能力以及创新能力，培养起来更为困难，宜早不宜迟。目前，我国在人工智能下的全球金融浪潮中处于领先地位，财经类大学应该抓住良机，与时俱进，为中国智能金融的发展做好高层次人才的培养和输送工作，为新一轮的全球人才竞争做好准备。

二、国外教育的核心在于对学生思辨能力的培养——以美国为例

教育最重要的差别，不在于硬件差异，而在于培养内容的差异，即是否在教育过程中更深入地干预学生大脑的思维过程，是否更注重培养学生的思辨能力和做事方法。以美国为例，其从幼儿园到研究生的整个教育体系都是围绕这个中心而展开的。

（一）小学阶段，培养学生的初步思辨能力和做事方法

从幼儿园和小学开始，教师会分阶段给孩子们讲授如何区分“事实”和“观点”，培养孩子们的初步思辨能力。在幼儿园、小学一二年级阶段主要讲授基本元素；三四年级阶段教会学生初步运用；五六年级阶段教授全面运用，随着孩子年龄增长，举的例子也更抽象。举例来说，在低幼年级阶段，会教

孩子们辨别“这个苹果是红的”是事实，而“这个苹果很大”则是观点。到了小学高年级，会教孩子们辨别“这个女孩很漂亮”“地球很巨大”是观点，“这个女孩的眼睛是蓝色的”“地球是圆的”才是事实，并让孩子们理解事实是客观的，而观点是主观的，是由价值观和信仰所决定的。教会孩子用事实（客观）支撑观点（主观），理解“原因”和“结果”。

（二）中学阶段，培养学生的深度思辨能力和做事方法

到了初高中阶段，美国教育体系（教师、教材等）开始注重学生深度运用思辨能力并传授做事方法。例如，历史课上，教师会教学生编制历史年表，区分一手资料和二手资料，用“5W 法”① 对一手资料进行分析等；此外还会教学生使用基本的批判性思维技巧，例如，如何理解原因和结果，如何预测，如何对比，以及如何推导并得出结论，等等。整个中学阶段，学校会重点打造学生的读书、写论文和思考的方法，从而为大学阶段乃至工作生涯打下扎实的思维和方法论基础。

（三）大学阶段，注重通识教育和专业知识的大量输入

在中学阶段充分学习了思辨和做事方法后，学生的思辨能力基本形成，随后进入专业课的大量、高强度学习。在美国大学阶段的课堂上，教师注重专业知识的大量输入。在这个阶段，所谓的“满堂灌”现象似乎更为普遍了，几十人、上百人的大教室里，教师速度很快地进行着专业知识的讲授，课后学生们进行大量阅读并完成作业。这样，大量专业知识的输入、输出给大学生打下广博的专业基础。当然，在教师的课堂讲授过程中，会灵活运用互联网案例、校内课堂教学管理系统等进行现场提问、讨论、发言、点评等。

（四）研究生阶段，注重训练学生对专业领域的深度耕耘

在研究生课堂上，学生在教师的带领下，真正开始了专业综合运用。在这个阶段，课堂人数明显减少，学生运用高中之前已培养起来的思辨技能和分析方法，结合大学期间扎实的专业基础知识，深入某一研究领域探索，对专业领域进行深度学习。每次上课之前，研究生必须完成教师布置的十几篇

① 5W 法，指对所要分析的材料提出“Who，When，Where，What，Why”这 5 个问题，即从人物、时间、地点、内容、原因这 5 个方面进行分析。

经典文献阅读，教师围绕每次课的主题，组织由学生本人根据所读文献归纳总结专业领域的知识要点和知识体系，并提出若干批判性问题由学生深度讨论，鼓励学生提出创新性观点。在研究生阶段，是学生思辨分析方法与专业基础知识相结合的重要时期，也是研究成果的重要产出时期。

几十年来，美国教育已经形成了从幼儿园到研究生阶段的一系列强调培养思维能力和做事方法的教育要求和标准；其全国教育界也已经就此达成共识，一代代教育者按照这些标准和要求，耐心而细致地贯彻执行。从小经过这样一整套教育方法训练出来的学生，其思辨能力、分析能力、表达能力等必然更高一筹、更显章法。当然，由于智力、家庭教育、兴趣等因素的差异，很多孩子并没有很好地掌握这些思维技能和做事方法，从而也就逐渐出现了教育分层乃至最终的社会分层。当然无论怎样，既然学生已进入大学阶段，学校就应取长补短，弥补教育方法上的差距，以大学专业课教学为载体，重点培养学生的思辨习惯和思辨方法，并结合专业领域的学术热点对这些思维方法进行深度应用和继续培养。也就是说，教育内容更像是载体和手段，其最终目的是锤炼学生的高层级思维能力。这一点是值得我们借鉴的。

三、与 Bloom 思维层级相对应的提问关键词和常见思维名词的范畴界定

（一）与 Bloom 思维能力层级相对应的动词词语和提问关键词

在 Bloom 思维能力模型（认知模型）中，对应六大层级思维水平有一些可用于衡量、说明思维能力的动词词语以及提问关键词，在使用这些动词词语或提问关键词的场景，基本能够判断该场景是在动用哪一个层级的思维能力。

第一层级：识记（remember），是对基本概念和具体事实的记忆和复述。其对应的动词词语有：定义（define），重复（duplicate），列举（list），背诵（memorize），复述（repeat），陈述（state）等。训练“记忆”层级思维能力的提问关键语包括：谁？哪里？什么？多少？什么时候？怎么样？等等，即 5W1H 提问法，这些问题属于澄清信息内容的问题，通过回答这些问题，学生能够记忆并检索之前所学习的内容。以“社会医疗保险”这一专业领域为例，属于“记忆”层级的问题或提问方法有：健康风险的特征和种类有哪些？

过去人们怎么支付医疗费用？现在有哪些新的支付方式？美国人支付健康护理费用的四种基本方式是什么？这些方式是怎么产生的？等等。一旦出现以上动词或提问关键语，我们可以清楚地知道这些要求和问题属于“识记”这一层级的思维水平。

第二层级：理解（understand），指能用自己的话解释概念，弄清事物的意思。其对应的动词词语有：分类（classify），描述（describe），讨论（discuss），解释（explain），识别（identify），定位（locate），认识（recognize），报告（report），选择（select），翻译（translate）等。训练“理解”层级思维能力的提问关键语包括：为什么？A 与 B 有什么区别？主要内容是什么？等等。这些问题不再只是复述材料的表面意思，而需要在理解的基础上解释材料内容。例如，“社会医疗保险”领域属于“理解”层级的问题或提问方法有：美国的 Medicaid（医疗补助）与 Medicare（医疗服务）制度有什么差异？我国为什么将城镇和乡村的基本医疗保险“双轨制”进行“并轨”？等等。一旦出现以上动词或提问关键语，我们可以清楚地知道这些要求和问题属于“理解”这一层级的思维水平。

第三层级：应用（apply），指能够把知识应用在新的场景里。其对应的动词有：执行（execute），实施（implement），解决（solve），使用（use），证实（demonstrate），解释（interpret），操作（operate），制定（schedule），简述（sketch）等。训练“应用”层级思维能力的提问关键语包括：有什么其他情况是一样的？如果……会发生……？还有……方式？等等。这些问题要求我们把在其他场合学到的知识拿来运用到当下的场景，或将知识运用到另一领域，举一反三。例如，“社会医疗保险”领域属于这一层级的问题或提问方法有：美国平价医疗法案的实施会给提供医疗服务的部门（如医院）带来什么变化？如果我国也实施类似规定，会出现什么情况？等等。只要出现以上动词或提问关键语，则可以判断这些问题属于“应用”层级思维水平。

第四层级：分析（analyze），是指能把复杂的知识整体分解，并建立各部分之间的联系（如因果关系、并列关系、递进关系等），从而发现事物的本质。该层级对应的动词词语有：区分（differentiate），组织（organize），关联（relate），比较（compare），对比（contrast），辨别（distinguish），考察

（examine），尝试（experiment），质疑（question），测试（test）等。训练“分析”层级思维能力的提问关键语包括：……由哪几部分构成？这些部分的逻辑关系？等等。这些问题是为了深入了解材料，将材料给出的信息进行拆分，区分不同部分以了解其结构，发现整体与部分的关系。例如，“社会医疗保险”领域属于这一层级的问题或提问方法有：医生、病人、购买健康保险的消费者，三者的行为特征及需求有什么内在关系？只要出现以上动词或提问关键语，我们可以判断这些要求和问题属于“分析”层级的思维水平。

第五层级：评估（evaluate），是指能根据标准评判某种观点、决策或选择其他办法。其对应的动词词语有：赞成（appraise），争论（argue），辩护（defend），判断（judge），选择（select），支持（support），估价（value），评论（critique），权衡（weigh）等。训练“评估”层级思维能力的提问关键语包括：你认为……对/错？有没有更好的建议？为什么？作者有没有错误？作者是否出现前后矛盾的情况？等等。这些问题是对现象、他人观点作出评判，并进行原理阐述、事实阐述以支持该评判。例如，“社会医疗保险”领域属于这一层级的问题或提问方法有：你是否同意“消减25%的临终护理预算以提高疾病预防服务的投入”，为什么？为什么Bodenheimer（博登海默）认为美国医疗系统“是一个悖论，匮乏与超额并存”，你是否同意这一观点，为什么？这一现象是否公平，为什么？等等。一旦出现以上动词或提问关键语，我们可以清楚地知道这些要求和问题属于“评估”层级的思维水平。

第六层级：创造/创新（create），是指能够产生新的原创性工作，创建新的思想并预测可能的结果。其对应的动词词语有：设计（design），组装（assemble），构造（construct），推测（conjecture），开发（develop），构想（formulate），编写（author），调查（investigate）等。训练“创造”层级思维能力的提问关键词包括：你的观点有什么不同？你自己可以从中发现什么？等等。这些问题可以使人跳出事情本身，从中挑选重要信息对自己掌握的知识进行重新组合，并得出自己的结论。例如，“社会医疗保险”领域属于这一层级的问题或提问方法有：你认为符合我国当前医疗国情现实的基本医疗保障模式可以有哪些改进，为什么？等等。在创造性工作领域，重新创作故事结尾，改编故事情节等属于创造层级的思维能力；如果在研究性工作领域，选择新的方法、寻找新的角度等则属于创造层级的思维能力。因此，一旦出现以上动词或提问关键语，我们可以判断这些要求和问题已经达到“创造”层级的思维水平。

图 2 对 Bloom 思维能力模型中的六大思维水平进行了归纳。从图中可清晰地看到，前三个层级“识记、理解、应用”尚属于“理解别人观点”的层次，中间两个层级“分析、评估”已达到“评论别人观点”的水平，最后的“创造/创新”层级则到了“提出自己观点”的高度。这一点与硕士生、博士生的培养过程和目标不谋而合，硕士博士的培养也是从阅读文献开始，再到评述文献，直至提出自己的创新点。如果学生在大学本科阶段就接受了类似的思维训练，将对其进一步深造打下坚实的思维能力基础。

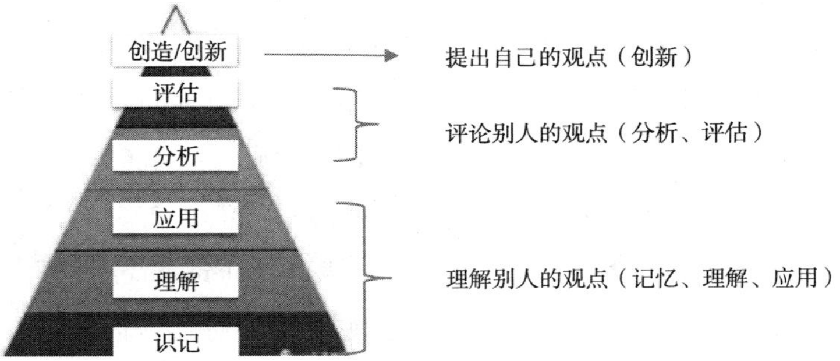

图 2　对思维能力六大层级的归纳

（二）常见思维名词的范畴界定

在与思维相关的若干短语组合中，较为常见的组合有“创新性思维”“批判性思维”“结构性思维”等，下面我们界定这些短语在 Bloom 思维能力模型中的位置。首先，“创新性思维”（creative thinking）显然就是模型的最高层级，与“创造/创新”层级属于完全相同的范畴，是指能够进行新的原创性工作，能创建新思想的思维能力。其次，“批判性思维”（critical thinking）无法对应六个层级中的某一个层级，它是综合若干思维层级而形成的。针对某一事物或观点，从“应用”这一层级的思维开始，综合进行“分析”“评估”“创造”，才有可能实现批判性思维过程。因此，可以认为批判性思维是 Bloom 认知模型中更高层级的思维能力。最后，“结构性思维”（structured thinking）是近年来的一个热点词汇①，它是指人们在认识世界的过程中，从结构的角度出发，利用整体和部分的关系进行有序思考，从而更清晰地表达，更有效地解决问题的思维方式，简单而言就是想清楚，说明白。显然，结构性思维的主要功能是将思维过程进行有序整理，无论是输入知识还是输出知识，都可以将输入和输出变得清晰、简洁、有序。因此，结构性思维非常关键，可以贯通并应用于 Bloom 模型的所有层级，无论是记忆、理解等简单层级，还是分析、评估乃至创造等复杂层级，都需要结构性思维的有序整理。

综上所述，如果教师在授课过程中，基于 Bloom 思维能力分级理论，结合教学内容设计并提出体现不同层级思维水平的问题，遵循学生学习过程中的思维递进规律并形成完整体系，强化高层级思维习惯和思维方法，同时在所有层级中有效运用结构性思维整理输入或输出的专业知识，将能够真正促使学生进行深度学习和深度思考，从而极大提升学生思维水平（图 3）。

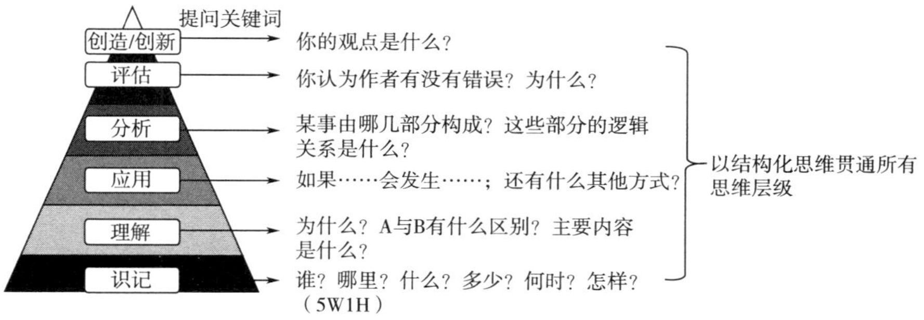

图 3 基于 Bloom 认知模型的问题设计

四、专业课教学打造学生高层级思维能力的实践探索

笔者以金融学院保险专业必修课——年金保险为例，说明以专业课教学为载体，打造学生思维能力的实践探索过程。教师在讲课前，根据每次授课

① 结构性思维与系统性思维容易混淆。系统性思维是指人们运用系统观点，把对象互相联系的各个方面及其结构和功能进行系统认识的一种思维方法。这两种思维有一定相似性，都是对事物进行结构化的有序处理。但两者侧重点不同，结构性思维侧重结构本身，关注将思维进行有序整理；系统性思维则侧重结构中的整体，更关注思维的全面性。

内容的特点设计体现不同思维层级的问题；在课堂上引导学生解答的过程中，以结构性思维为主体整合相关知识点。在以结构性思维整合知识点时，运用一些成熟的结构化思维模型，帮助学生有效理解并学会分析应用所学知识点，这有利于提高学生未来进入职场后思考问题与解决问题的能力。在这一过程中，只要能够将专业知识以一定逻辑呈现，就可以大胆突破教材章节安排。

（一）以结构化思维处理“理解”层级的专业课知识点

年金保险课程教材的最后章节部分，作为介绍性知识提出了人口老龄化和养老金缺口现象，而这部分内容恰恰是理解年金保险课程定位的基本前提。因此，笔者将我国人口老龄化和养老金缺口现象安排在学期伊始讲授并提出如下问题：我国为什么会出现养老金缺口压力？显然，这一问题属于“理解”层级的问题，帮助学生理解当今社会养老保障制度现象和年金保险课程的定位。

讲授过程分别采用宏观视角与微观视角来分析这个问题：宏观视角运用PEST模型分析养老金缺口现象产生的原因，即分别讲述基本养老保险的政治环境（politics）、经济环境（economy）、社会环境（society）和技术环境（technology），帮助学生认识是这些环境的合力使得养老金出现缺口压力。微观视角则运用个体的“生存风险分析框架”来分析养老金缺口现象的产生原因，这一分析框架是将教材内容整合归纳成三个不确定性（寿命不确定—生活成本需求不确定—生活成本负担能力不确定），以这一递进逻辑分析推演从个人的三个不确定演化为整个社会的养老金缺口压力。通过这种讲授方式，当面对“我国为什么会出现养老金缺口压力？”这样的问题时，学生不再仅凭直觉和简单常识（如人口老龄化）来回答，而是学着运用更为结构化、更为系统的方式来思考，从而可以更深入地理解这一现象及其产生原因。

（二）以结构化思维处理“应用”层级的专业课知识点

专业课教学中，总会有一些概念性内容需要理解和记忆。这些概念性内容可以在讲授时设计“应用”思维层级的问题，促使学生思考如何将教材中偏理论的知识应用于实践中。

第一个例子，是讲授年金保险产品的分类，该产品仅分类方式就有十种，具体类别则多达几十种。如果仅是逐个讲解其分类方式或类别，学生会感到枯燥无聊，因为这些内容理解起来难度不大，甚至学生通过网络自学也能理解。因此，教师先提出有一定难度的问题，并运用结构化思维来解决问题。提出的问题是“学习年金保险产品的分类方式后，你自己可以自主设计什么产品?”这一问题显然属于“应用”思维层级的问题。讲授过程中着重提醒学生通过分类来辨别年金产品的关键点，首先能做到从微观上理解每种分类方式和每种类别，其次以宏观视角归纳这些分类方式，引导他们认识这些分类方式实际上可以理解为年金保险产品的设计思路，在设计产品时可以自由组合不同类别，从而形成不同功能的年金保险产品。这样，引导学生将产品类别与产品设计思路结合起来，提高了学生将理论知识点应用于实践的能力。

第二个例子，是讲授年金保险合同的常用条款。教材中介绍了年金保险合同的 18 个常用条款，同样，学生理解这些条款没有任何难度，如果教师仅仅满足于让学生听懂条款，那么对学生的思维无法形成任何挑战。此时，我们可以设计这样一个问题：“这些条款中哪些可用于避免退保损失?”显然，这个问题同样属于“应用”思维层级的问题。这时，学生的思维受到挑战，学习兴趣增加，教师在讲授过程中只需要提醒学生注意每个条款的功能和退保的关联性，并让学生自行归纳整理可用于避免退保损失的若干条款即可。

通过这种方式，可以将教材中相对单调并易于理解的概念性内容进行结构化整理，并引导学生主动寻求将理论性知识加以实际应用的途径和方法，从而促进学生的深度思考。

（三）以结构化思维处理“评估”层级的专业课知识点

专业课教学过程中，还会有结合社会热点或政策热点来讲解的知识点，这类知识点是训练学生“分析、评估”层级思维的好机会，可以在讲授过程中提出相应问题，引导学生对政策热点及其背后的逻辑进行评判和思考。

例如，我国银保监会 2018 年向社会发布《人身险保单贴现业务试点管理办法》征求意见，这个法规可以与教材中年金保险的两个特征（不可赎回性和不可让渡性）相联系进行知识拓展。教师先提出问题“如何分析并评价该政策?”这一问题所涉及的思维层级有应用、分析、评估三个层级。在引导解答这个问题时，介绍思维模型 PMI 策略（The PMI Strategy），即判断一件事是否值得去做的时候，要先确立衡量标准，再看做这件事的好处在哪儿（plus）、问题在哪儿（minus）以及亮点在哪儿（interesting）。根据 PMI 策略分析该政策，可以清晰地看出，监管部门推出《人身险保单贴现业务试点管理办法》的初衷是给市场、消费者以更多的灵活性和选择权（即衡量此事是否值得做的标准）。接下来，分析这一政策的利弊和亮点并引导学生得出结论：这一政策满足了衡量标准，该政策的推出具备若干有利之处，即监管部门只需要致力于将不利方面控制在可控范围内，如果市场变化变得不可控，则收紧政策。可见，通过运用结构化思维模型 PMI 策略处理“评估”层级的专业课知识点，可以对学生进行决策训练，并引导他们学习评价相关政策。

结语

有效思考在很大程度上是习惯问题，而非智商问题。对教师而言，难的是教会学生如何思考；对学生而言，难的是学会如何思考。这是一个教学相长的过程，从教师提问到学生提问，要提出更多、更具创新性的好问题，需要教师和学生在课堂内与课堂外共同努力，修炼内功。对学生未来能起更长久作用的能力，恰恰是思维能力。因此，在高层次人才的培养中除了讲授专业知识和技能外，更需要对学生的思维能力进行大力培养。以专业课教学为载体，着力培养学生的思维能力，对大学生的健康成长、职业发展以及适应社会都具有重大意义。

参考文献

[1] 安德森．分类学视野下的学与教及其测评/布卢姆教育目标分类学：修订版［M］．蒋小平，译．北京：外语教学与研究出版社，2009.

[2] 布朗，基利．学会提问［M］．10 版．吴礼敬，译．北京：机械工业出版社，2012.

[3] 布鲁贝克．高等教育哲学［M］．王承绪，译．杭州：浙江教育出版社，2001.
[4] 帕尔菲曼．高等教育何以为高：牛津导师制教学反思［M］．冯青来，译．北京：北京大学出版社，2011.

经典原著嵌入经济思想史教学研究

董香书
（首都经济贸易大学　经济学院）

【摘　要】经济学经典原著嵌入经济思想史课程，是提高课堂质量的重要途径。在经典原著融入经济思想史课程的教学过程中，应当坚持“凸显经济思想史发展的基本脉络”、“对原著进行翔实准确的文本阐释”和“带着问题意识去学习经典原著”等原则，通过“探究式教学”、“翻转课堂”和“混合式教学”等多种教学形式，使经典原著更好地嵌入经济思想史课程。对于该课程的考核，应当打破传统的考核模式，注重采取读书笔记、课堂辩论、开卷考试等多种形式对教学绩效进行反馈。此外，还可以通过问卷调查等形式，收集学生对经典原著的心得与建议，以使经典原著更好地融入经济思想史课程。

【关键词】经典原著　经济思想史　教学研究　课堂质量

引言

“那些讲求实际，以为能够与所有精神世界中的影响绝缘的人，到头来不过是某位已故经济学家的奴隶而已。”这句常被引用的凯恩斯的经典名言，也许正是经济思想史研究、教学在当代经济学研究与教学中重新焕发活力之最为现实的意义。近些年经济思想史近乎成了经济学的一个冷门学科，很多学校甚至已不开设这门课程。在笔者讲授此课的过程中，也曾出现学生对上这门课积极性不高的情况。如何将经典原著嵌入经济思想史课程，增强其感染力，是外国经济思想史课程教学中亟待解决的问题。笔者在教学中尝试将浩如烟海的经济思想史文献中的经典著作与篇章融入经济思想史课程之中，这些初步探索取得了一些积极成效，获取了一些宝贵经验。笔者认为，将经典原著嵌入经济思想史课程之中，是提升本课程教学效果的重要途径。

一、经典原著在经济学学习中的重要地位

（一）重视原著学习有助于深入理解经济思想史的发展脉络

在当前的经济学教学过程中，宏观经济学、微观经济学、计量经济学等是其主干课程。那么，这些课程中的重要理论、重要原理在经济思想发展史中到底是一个什么位置？它们又是如何发展、演化而来的？正如熊彼特所说，经济分析的技术和方法，应包括经济史、统计学和经济理论，而经济史应当排在第一位①。缺乏经济思想史学的滋养，宏观经济学、微观经济学、计量经济学等都将成为无本之木、无源之水；而经济思想史如果离开了经典原著，则很可能会沦为经济学的大事年表或经济学家的个人传记。只有深入经典原著进行阅读，才能更好地体会经济思想的发展脉络，体会不同时期经济学说的理论预设、经济逻辑与政策启示。

例如，学习《国富论》，会让人感叹经济学家能用如此通俗的语言而非精密数理模型描绘一幅以交换为纽带，在“无形之手”作用下，通过追逐个人利益而带来国民普遍富裕的充满生机的市场图景。种种这些，只能通过用心学习体会，才能领略亚当·斯密基于资本主义自由竞争历史阶段而对市场经济的理解与提炼。又如，只有通过对凯恩斯的巨著《就业、利息和货币通论》的学习与阅读，才能更好地体会当资本主义走向垄断阶段之后，“大萧条”时期的自由市场在宏观领域的“失灵”。可见，只有经济思想史的发展脉络在经典原著的选读中不断立体化、深刻化、清晰化，方可更为深刻地领略经济思想史这门学科的魅力，并加深对经济理论的理解。

（二）重视原著的学习有助于从根本上提高学生的经济学阅读能力

当前经济学学习中普遍存在“贫史症”的问题，这一方面表现为经济史的匮乏，另一方面则表现为经济思想史的缺乏。“贫史症”在一定程度上又是当前经济学强调数理模型的结果。由于学生在经济学学习中更加注重数理推导和计量软件的运用，忽略阅读能力的提升，因而总是忽略经济模型背后的经济学逻辑与政策含义。要提升学生经济学的阅读能力，加强原著学习是一

① 熊彼特．经济分析史：第一卷［M］．朱泱，孙鸿敞，李宏，等译．北京：商务印书馆，2015.

种有效的渠道。经典原著与现有的经济学教科书不同，其更多不是理论推导，而是经济思想与主张的阐述。例如，认真研读门格尔《国民经济学原理》中的重要章节，就可以更为清楚地理解“边际”这一概念背后的经济思想，不仅可使学生更为清楚地理解微观经济学中边际效用的数理、图形形式背后的经济含义，而且可提高学生的阅读能力，使之通过阅读原著而领略奥地利学派的风格。在经济思想史的发展中，许多先贤不仅仅是经济学家，同时也是哲学家、历史学家、政治学家。例如，亚当·斯密在写出辉煌大作《国富论》的同时，也写出了伦理学的经典《道德情操论》。对经济原著的阅读，不仅可加深对经济理论的理解，而且可以扩展哲学、历史学、政治学等方面的视野。尤其在当前经济学研究过于强调“工具”的背景下，通过大量阅读经济学原著，不仅可以增强学生的人文关怀，而且可以提高学生对社会科学的认知和理解能力。这种能力构成了大学生的核心能力之一，具有较强的累积效应。通过将经典原著嵌入经济思想史课程，可以给学生一个与经济学先贤进行心灵对话的机会，这不仅为学生打开了一扇理解人文世界的窗口，而且可以培养学生在无限的人文世界里探索知识的能力。

（三）重视原著的学习有助于从根本上提高分析经济问题的能力

随着经济学研究分工的不断细化，经济学教育日益注重理论工具的阐释。在经济学学习中，熟练掌握各种经济学的分析工具是很有必要的，但是如果忽视对现实问题的讨论与分析，则容易陷入“黑板经济学”的境地，对经济学的理解也难以结合现实深入进行。阅读经济学原著，可以有效地弥补教学中在这方面的不足。许多经济学著作都是直面现实经济问题而展开的，其中的理论阐释又经后来学者的不断阐释、提炼方进入教材。例如，凯恩斯的《就业、利息和货币通论》就是直面西方资本主义世界“大萧条”的现实挑战而展开研究的。又如，弗里德曼的《自由选择》则是在直面资本主义世界的“滞胀”，并对凯恩斯的政府干预主义进行反思的背景下进行的。通过研读这些经济学经典作品，可以学习著名经济学家面对不同经济问题时的反思与分析，学习他们是如何提出相应的理论和政策解决路径的。通过对这些原著的研读，无疑可以有效提升学生对现实经济问题的分析能力，提升思辨水平。

（四）重视原著的学习有助于提高学生学习经济思想史的积极性

经济思想史是经济学专业的一门重要课程。但是经济思想史跨度较大，且它与各种学术问题的互动很难模仿宏观经济学、微观经济学或计量经济学等，可运用习题的形式吸引学生参与。在笔者的教学实践中，存在学生主动参与度不高、热情度不高的问题。笔者认为，重视对经济学经典原著的学习将有助于提高学生的学习积极性，令学生在经典原著中遨游，不断体会理论的神奇与奥妙。许多经典原著之间还存在各种争论，让学生在不断争论中体会思想碰撞的火花，可以有效提升学生的学习积极性，进一步增强经济思想史学科的感染力。例如，在讲授以兰格和米塞斯为代表的计划经济与市场经济的争论时，引入原著的学习，一方面可以让学生叹服，兰格仅仅是改变了中央政府可以获取完全信息这一假设便能够推出计划经济同样可达成有效率经济运行的结论；另一方面也使学生意识到，前提、假设和论证过程与结果同样重要，严格假设中的哪怕一点点放宽，都有可能失之毫厘，差之千里。

二、经典原著在经济思想史教学中的基本原则

如何将经典原著真正融入经济思想史的教学，是课程教师需要探索的。“教必有法而教无定法”，具体著作、章节的融入或许可能因具体教学内容不同而异，但是一些基本原则可能需要贯穿整个教学过程。

（一）凸显经济思想史发展的基本脉络

经典原著横跨千年，浩如烟海。在有限的课时和学习时间内，如何能够通过有效阅读经典原著来加强经济思想史的学习，是一个值得深入研究的问题。笔者认为，在选取著作与篇章时，应当把握“凸显经济思想史发展的基本脉络”这一原则。例如，在介绍早期经济思想史思想时，可以选取柏拉图的《理想国》，色诺芬的《经济论》等；在介绍古典经济学时，可以选取亚当·斯密的《国富论》等；在介绍边际革命时，可以选取门格尔的《国民经济原理》等；在介绍马克思主义经济学时，注重选取马克思的《资本论》；在介绍德国历史学派的时候，可以选取李斯特的《政治经济学的国民体系》等著作的相关章节。在凸显经济思想史发展的基本脉络这一原则下，本着少而

精的原则选取经济思想史经典原著，尤其注重选择观点之间不断碰撞，在前人理论基础上不断发展的相关著作与章节，使学生通过研读经典原著，体会经济思想史不断发展的历史进程，同时这种发展又不是线性的，而是呈现一种螺旋式的上升过程。

（二）对原著进行翔实准确的文本阐释

由于历史的变迁，经典原著的语境也发生了不断变化，加之经典原著又来源于不同的语言，对其翻译的水平也参差不齐。因此，如果仅凭学生阅读，可能对这些经典章节的理解有限。对经典原著的研读，应当先对文本进行较为深入的研究，在重点原著、重点篇章中，教师应当为学生起到答疑解惑的作用。有些原著较为晦涩，加之有的翻译水平又不高，这些都会影响学生的阅读兴趣。因此，在条件允许的情况，教师应当对照关键著作与篇章的中英文版本，向学生阐释相关文献的准确含义。同时，对文本的阐释，还应结合当时的历史背景、理论的来龙去脉进行全面分析，避免就事论事，从而帮助学生更为深刻地体会文本传递的经济意义。

（三）带着问题意识去学习经典原著

解决现实问题是经济学重要的历史使命。当前，对培养经济学应用型人才的财经类高校而言，能否解决现实经济问题，加深对经济现象的把握与理解，更是其学生培养中的重要目标。经典原著并不是象牙塔中的学问，对其研读也应当结合现实问题来学习。例如，在研读德国历史学派先驱李斯特的《政治经济学的国民体系》之时，使人更为深刻地理解了作为后发资本主义国家的德国，当年是如何打破先发资本主义强国的围堵而实现国家赶超的。因此，当带着对当前“国内大循环为主、国内外双循环”的思考来研读这部著作时，不仅可以提高学生的学习兴趣，而且可以更为深刻理解著作中的现实政策含义。又如，带着如何建设创新型国家这一重要现实问题研读熊彼特的《经济发展理论》时，可以更好地理解“创造性毁灭”的含义，并且更为深刻地理解企业家在创新中的重要作用。只有让经典原著与现实问题紧密联系起来，才能增进经济思想史“经世济用”的功能，并加强学生的学习兴趣。

三、经典原著融入经济思想史课程的结合方式

（一）探究式教学

经济学的经典原著思想内涵丰富，里面的许多思想连教师也需要仔细琢磨，不断体会，且在有限的课堂中很难面面俱到地加以讲解。因此，在经典原著融入经济思想史课程的教学实践中，要避免填鸭式教学，而应当注重调动学生积极性，采取探究式教学的方式。在开展经典原著学习之前，可先由教师提供作者的信息、写作的时代背景、该著作与以往著作的联系及其对后续理论的影响等背景知识。这样，一方面可让学生准确地找到原著的时空与理论坐标；另一方面，也能激发学生的阅读兴趣。例如，在阅读凯恩斯的《就业、利息和货币通论》之前，应当较为系统地介绍凯恩斯传奇的人生经历；在讨论其作为理论家的同时，也应当强调他丰富的经济实践经历，以让学生更好地理解此书强烈的现实导向性。同时，应对凯恩斯写作此书的历史背景进行较为详细的介绍，讨论为何“古典经济学在‘大萧条’中失灵”“货币政策为何失效”等问题。同时围绕此书中对相关理论发展所作出的贡献进行讨论，从而给学生以一个较为全面与系统的背景介绍。

教师在课堂上应当提出一些理论与现实问题。例如讨论上述凯恩斯的这本著作时，可以结合“为何财政政策可以有效扩大内需”“如何削减失业”等问题，引导学生带着问题展开阅读，从而探究理论的逻辑与魅力。同时也要注意提醒学生，由于时代与国情的不同，经典原著能为我们提供的更多是启发，而不是现成的答案。研读经典原著的目的，是通过让学生主动阅读、思考、讨论，从而体会思想家的理论魅力，主动探究经济理论的逻辑。

（二）翻转课堂

经济学经典原著的研读更强调发挥学生的积极性。因此，在经济思想史的授课过程中，教师可以划出部分课时，采用翻转课堂的教学新样态，提高学生的课堂参与。在翻转课堂的实施中，应当将教学的主体交给学生，在课堂有限的时间内，教师更多起到引导作用。在授课过程中，先布置学生课前对经典原著的阅读，并对相关课程资源（包括慕课）进行提前学习。在经济思想史的课堂上，教师应积极与学生进行交流与对话，有针对性地对学生在研读经典原著中的重点、难点与学术问题进行讨论，甚至辩论。在研读经典

原著时使用翻转课堂要注意其与其他课堂的区别，它的重点不应该放在视频录制上，而应当聚焦于学生的阅读与讨论上。这一方面要求教师对经典原著有较为透彻的把握，应当为学生提供经典原著的相关研究与解读，从而使学生在经典原著的研习过程中获取更多的知识与信息，不断提升理论水平；另一方面又要求教师善于在翻转课堂中“留白”，将更多的空间与舞台留给学生，通过教师和同学们之间的深入讨论与交流，进一步提升思辨能力。

（三）混合式教学探索

互联网不仅改变了学生的学习，也改变了经典文献的传播方式。因此，教师应当注意积极利用互联网资源，引入文献、著作、视频、动画等多种形式与样态，推动学生对经典原著的理论学习。一方面，教师可以通过建立网站、微信公众号等形式，将更多的资源立体式地展现给学生，使学生可以较为快捷地掌握更多的信息。另一方面，教师可引导成立若干学习小组，鼓励学生通过小组讨论，更好地利用各种相关资料，从而激发学生学习经典原著的积极性，避免他们在混合式学习时身处海量互联网资源之中却缺乏交流的弊端。

四、经典原著融入经济思想史课程效果的反馈研究

经典原著融入经济思想史课程的效果如何？对此，应当设计相应机制进行反馈。这种机制应与传统的考试相区别，应是更有弹性的机制，因此要避免学生死记硬背，注重提高学生的思辨能力。笔者认为，反馈机制可以从以下几个方面构建。

（一）读书笔记

读书笔记是经典阅读的主要考核方式。只有让学生自己动笔，记下所读、所想，才能真正提高其阅读能力，让经典原著真正融入学生的知识体系。当然，经典原著往往涉及面比较广泛，这就需要教师设计若干专题，引导学生关注，使之围绕经典原著中的重点领域与方面展开。适当的学术聚焦，有助于学生对某一专题进行较为深入的挖掘与研究，这种能力是可以推广的。例如，可以围绕“劳动价值论”这一经济学主题，推荐学生阅读《国富论》《政治经济学及赋税原理》《资本论》等著作的重要章节，并就这些问题展开

对劳动价值论较为深入的思考。又如，围绕“国家发展与赶超”这一主题，可以安排学生阅读《国富论》《政治经济学的国民体系》等著作，从而使学生体会处于不同发展阶段的国家对自由贸易这一政策主题为何有着截然不同的结论。对这些重点章节需要精读，而且需要带着问题，带着比较来阅读。教师通过检查学生的读书笔记，可以了解学生对经典原著的掌握程度，从而给学生相应的考核与指点。

（二）课堂讨论与辩论

经济思想史与其他经济学课程的教学不同。例如，宏观经济学、微观经济学与计量经济学的教学更多是将结论性的答案交由学生，而经济思想史的教学则更多是启发学生的经济学思维。经济思想史学界流派众多，大家辈出。在诸多渗透着经济学大家智慧的经典原著中，即使有些被证明存在某些谬误，但这些谬误也有其一定的逻辑和价值。品读经典原著，就是与智者的对话之旅，容易碰撞出思想的火花，课堂讨论与辩论则可以让这些思想火花再次碰撞并得到升华。在教学中，可以通过分小组就某些经济思想史流派的经典争论，如“计划与市场”“财政与货币政策”“自由贸易与政府保护”“人口悲观论是否成立”等问题进行课堂辩论，并鼓励学生辩论时站在思想家的角度，注重联系理论的历史背景，引经据点展开讨论。在课堂建设中，这种辩论往往可以最大限度地激活学生的积极性，有效提高学生的参与度。同时，在展开辩论之前，学生也往往会阅读大量的著作以及解读材料。在课堂讨论与辩论中，教师应当注意观察学生的表现，并给出相应的考核与指点。

（三）开卷考试

考试依然是经济思想史的重要考核机制。但在将经典原著引入经济思想史课程的教学尝试中，笔者认为应当采取开卷考试的形式。考试的试题应当是开放的问答，不是简单的填空、选择等，目的是考查学生的阅读能力与思维能力。通过开卷考试的形式，可以较好地考查学生对经济思想史整体性和基本脉络的掌握。这种考试机制也可以对学生起到鞭策作用，鞭策学生切实阅读经典原著，提高其学习能力。同时，开卷考试的原则应当是允许学生携带纸质版材料而不开放网络。实际上，学生考前对纸质版材料的选择，也是一次有益的经典思想提炼过程。

（四）问卷调查

读书笔记、课堂辩论与开卷考试更多是针对学生学习状况的考核，但对教学效果的把控，以及下一步如何调整教学形式与内容，则还需要与学生进一步沟通。笔者认为，可以在第一次课介绍课堂安排后设计相关问卷，使学生有机会展现对经济思想史的认识与期待。在最后一次课中也可设计相关问卷，以进一步了解学生对经济思想史的理解与建议。问卷设计既要有选择题形式，如按重要性排序等题目，也应当设计相关开放式命题。例如在第一次课堂上，可以选取课堂计划推荐的 100 本著作，让学生按熟悉程度和兴趣等排序，根据学生的选择对教学进度进行动态把握，从而在经典著作的选读中顾及学生兴趣，有针对性地向其推荐相关作品与文献。在最后一次课堂上，可以通过问卷的形式了解学生研读经典作品后的真实感受以及希望进一步了解的内容，从而全面掌握学生学习经典原著的状况，为下一步的课堂建设提供经验支持。

参考文献

[1] 郭建鹏．翻转课堂与高校教学创新［M］．厦门：厦门大学出版社，2018.

[2] 布鲁，格兰特．经济思想史：英文版［M］.8 版．北京：中国人民大学出版社，2014.

[3] 张明柱，贾巨才，孙兴华．基于网络教学平台的混合式教学改革与实践研究［M］．保定：河北大学出版社，2018.

[4] 伯格曼，萨姆斯．翻转课堂与混合式教学：互联网+时代，教育变革的最佳解决方案［M］．北京：中国青年出版社，2018.

[5] 蔡旺庆．探究式教学的理论、实践与案例［M］．南京：南京大学出版社，2015.

[6] 杨春学．经济学名著导读［M］．北京：学习出版社，2012.

[7] 王东京，赵建军．领读经济学名著［M］．北京：中国青年出版社，2013.

[8] 宋宇．现代西方经济学名著导读［M］．北京：中国经济出版社，2013.

[9] 姚开建，梁小民．西方经济学名著导读［M］．北京：中国经济出版社，2005.

[10] 王彤，刘守合，朱科蓉．应用型大学教学方法改革与实践［M］．北京：知识产权出版社，2015.

[11] 高觉敷．教育心理［M］．福州：福建教育出版社，2010.

智慧教学背景下计量经济学课程的教学模式改革研究

杜永潇

(首都经济贸易大学　经济学院)

【摘　要】随着智慧教学的发展，传统教学模式发生了深刻变革。相比其他经济学课程而言，计量经济学课程具备显著的理论性强和抽象度高的特点，为适应教学发展，应从课程设置、教学环节设置、考核设置和教学评价设置等环节作出改革。该过程给教师和学生均带来了新的机遇与挑战。

【关键词】智慧教学　计量经济学　教学模式改革　机遇与挑战

一、研究背景

近年来，随着互联网的迅速发展，中国高等院校的教育模式发生了迅猛变化，智慧教学在高校各学科教学中依托各种平台也越来越普及。自 2020 年新冠肺炎疫情以来，面对面授课由于疫情防疫措施而受到诸多限制，传统教学模式受到新的挑战。为了提升远程教学效果，保障高校课堂效率与效果，智慧教学在严峻的客观环境中取得了突破性进展。智慧教学依托 MOOC（慕课）、学习通、雨课堂等客户端教学软件平台，成功打破空间阻隔，在疫情期间保障了高等院校教育的稳步推进。随着科技的进步和环境要求，作为高等教育工作者，我们在适应时代要求的同时，也需要不断思考防止高等教育模式被裹挟发展，以智慧教学为平台为高等教育取得新的突破做好准备。

计量经济学是经济学的一个重要分支，是经济学和管理学专业本科生的学科基础。计量经济学作为一门综合性学科，将经济学、统计学和数学结合起来，定量化研究经济现象；透过经济现象解释经济活动的本质，发现经济规律，揭示经济活动中客观存在的数量关系，以分析经济结构，预测经济发展，评价经济政策等。

相比其他经济学理论课程而言，该课程的学习对数学和统计学的基础要求较高，因此教学模式也要进行相应调整。同时，笔者经过调研发现，在首都经济贸易大学开设计量经济学课程的本科专业中，学生大多是文科专业背景，因此普遍存在数理知识储备不足，概率统计相关知识欠缺等情况。笔者通过教学观察发现，由于上述问题的存在，在计量经济学的教学过程中存在显著的教师难教、学生难学的问题。

因此，为了实现计量经济学的教学目标，在授课过程中需要将计量经济学理论学习和经济学实践具体结合起来，发挥学校独特的经济学专业优势，帮助学生在经济学实践中领悟计量经济学理论，并用计量经济学理论指导经济实践。可以预见，在计算机技术迅速发展的互联网时代，计量经济学的授课将实现从传统教学模式向智慧教学模式的深刻变迁。

二、智慧教学的发展

在传统教学模式的课堂中，教师处于课堂中心，承担着知识的传播与输出的任务，所涉及的媒介主要有教材、黑板及其他补充资料。教学过程往往以单向输出为主，教师负责讲解阐述，学生负责消化理解。传统教学模式常见的场景是教师在黑板前边写板书边讲解，学生则低头摘录笔记，存在学生参与感较弱的问题。由于课堂互动性不足，教师主要通过课堂问答或者批改课后作业了解学生学习情况。然而，这些信息大都相对滞后，无法及时予以修正解答。同时，在传统教学模式的授课过程中，由于板书的局限性，无法把一些更加生动活泼的案例展示给学生。尤其是在计量经济学的授课过程中，那些对纯粹计量经济学理论知识的介绍，涉及引证大量的数学与统计学定理的证明与公式推导，很容易使学生觉得晦涩难懂，甚至对课堂失去兴趣。

随着互联网与计算机科学技术的成熟发展，计算机在课堂教学中逐渐占据重要地位，智慧教学也逐渐走进课堂并得到广泛应用。计算机在课堂中的应用，最早可追溯至幻灯片投影时代，教师将预制好的课堂教学幻灯片或影音资料，通过计算机投影，以幕布的静态形式在课堂中展示给学生，并在教学过程中辅以板书解释，实现了那个时代现代教育技术与传统教学模式的良好结合。幻灯片中包含的有趣配图和影音资料的动态展示，激发了学生的兴趣。这一优势在计量经济学的教学过程中也得到了充分发挥。例如，在计量经济学经典线性回归模型基本假设条件的学习过程中，关于随机扰动项零均值与同方差的假设，通过动态图形的演示，将学生从抽象的定理假设中解放出来；通过情景模拟，绘制散点围绕零均值线，在一定范围内随机波动的图像，使学生更加直观地理解了该基本假设的含义。

智慧教学并不局限于一两种形式，目前应用广泛的智慧教学模式还包括微课堂、翻转课堂、MOOC 等形式。这类教学模式以计算机及相关软件为平台，实现现代教育技术与传统教学模式的良好结合，在教学中及时收集掌握学生学习情况并予以及时反馈，对不同水平的学生定向发放学习资料，从而提升课堂效率，激发学生课堂积极性。同时，在智慧课堂中，注重学生的思维培训，激发学生学习的积极性，加强学生在学习过程中的参与感；将传统教学模式的以教师为主体，逐渐转变为以学生为主体，实现将被动学习转化为主动学习。例如，在微课堂中，教师将课堂内容制作成短影音资料的形式，保存在公共网络平台中，供学生自主查阅学习。其特点是学习时长短、内容精炼。学生根据自身学习进度，可在课前或课后自行进行学习，只需要花几分钟的时间就可基本回顾并掌握整堂课的内容知识。在翻转课堂中，学生通过自主学习教师提前制作的影音资料，记录自己的疑难问题并带到课堂中与教师、同学进行讨论，通过讨论学习的方式加深对重点问题的理解。该过程充分体现了学生的主体性，将传统教学模式进行了翻转。

三、计量经济学的智慧教学方法设计

由于计量经济学的课程特征，相比其他经济学课程而言，具备显著的理论性强和抽象度高的特点。智慧教学的蓬勃发展，为计量经济学的教学模式提供了新的挑战和思路。鉴于此，为达到首都经济贸易大学本科生培养目标，拟从如下方面对计量经济学进行改革。

（一）课程设置

笔者通过对首都经济贸易大学本课程设置的调研，发现目前计量经济学课程的开设对象主要为大学二年级及三年级学生。计量经济学课程的学习需要有一定的统计学与数学相关理论知识，这对理解模型的基本假设与统计性质论证具有重要作用。对于大学二年级的学生而言，他们刚刚结束基本数学课程的学习，统计学课程也刚起步，如果同时进行计量经济学课程的学习，是有一定难度的，甚至有可能事倍功半。因此，建议对部分专业的学生合理优化计量经济学课程的教学安排，调整专业课程设置，以实现教学效果的完美呈现。

此外，由于计量经济学兼具理论性与抽象性的特点，建议适当增加计算机实践课程。对本科阶段的计量经济学教学安排，主要包括三部分，即一元线性回归模型、多元线性回归模型、放宽基本假设的回归模型。该阶段内容为计量经济学学习的入门，同时也用以理解计量经济学的基本内容，对后期进行中级计量经济学的学习有至关重要的作用。

为克服计量经济学学习过程中的抽象性，授课时可让学生通过计算机软件学习，亲自动手模拟模型运算结果，通过图形与拟合值的实际比较，从而更加直观地理解模型的运算与原理。如关于残差项的理解，根据定义残差等于观测值与最小二乘拟合值之间的差距，而在计算机软件 Eviews 或 Stata 中，可通过对样本数据输入普通最小二乘指令，得到拟合值，进而得到代表拟合值的样本回归线。其中，散点所代表的样本观测值与该回归线之间的距离即为残差。这样，学生在软件实践操作的一步步过程中，既可以掌握普通最小二乘的原理，又可以直观地理解其背后的几何意义。

（二）教学环节设置

加强思维培养，多采用案例教学法。笔者通过对学校计量经济学课程班上学生的调研以及学评教建议的收集，发现学生中存在一种普遍现象，即尽管耗费了大量精力来学习计量经济学理论知识，但当遇到要对具体问题进行分析时，许多人仍然一筹莫展。此类问题的根源在于学生没有充分做到理论联系实际，所以应强化计量理论与应用实践相结合。不同专业的学生由于其专业特性，对计量经济学模型的学习需求也不同，如金融学专业的学生更偏好微观计量模型的学习，经济学专业的学术则更偏好宏观计量模型的学习。因此，在面对不同专业的学生授课时，所选取的具体案例需要具有不同专业的代表性，对计量经济学模型的讲解也更要有侧重性。

因此，可在教学过程中推广案例教学法，以实际经济问题引导学生用计量经济学的思维进行思考，进而推动学生对计量经济学基本原理的学习。例如，在对总体回归线的介绍过程中，通过将完备社区样本按照家庭收入进行分组，考察相同收入的组内样本家庭支出的异质性，进而引出基于相同收入的一类家庭平均消费支出的计算，即条件均值所代表的总体回归线的概念。同时引导学生思考，当样本为非完备数据组时，对此类收入家庭所代表的消费散点进行拟合即得到为样本回归线。对比两者，可更加直观形象地发现总体回归线和样本回归线的区别与联系。学生在学习过程中，也可通过对具体案例的回顾，加深对基本理论概念的理解。

同时，为巩固教学效果，要普及翻转课堂。计量经济学由于其学科性质，涉及大量定理证明和公式推导，对相关概念与定理的理解，既是教学的重点，也是教学的难点。在授课过程中，调动学生积极性相比其他课程更有难度，学生课堂参与度较低。翻转课堂不仅为学生提供了一份学习补充资料，同时可引导学生积极思考，打破沉默积极发问，通过在课堂中与教师、与同学的交流，加深对所学知识的理解，实现变被动学习为主动学习的转换。

（三）考核设置

善用随堂测试软件，动态掌握教学效果。在传统教学模式中，教师对学生学习效果的掌握大多采用课后作业批改及期末考试成绩获得，存在时滞明显的特点，不利于当堂问题当堂解决。为提升计量经济学教学效率，提高学生的课堂专注度，可积极推广随堂测试小程序的应用。例如，通过学习通在线程序设置十分钟课堂快速问答，学生通过扫描作答，提交结果并快速得到批复结果。这样，一方面学生能够加强对所学知识的回顾总结，强化短时记忆；另一方面，教学效果的迅速反馈能够使教师及时调整教学方案，有目标地进行补充总结，提高课堂效率。

优化期末成绩与平时成绩管理，调整应试思维。对学生学科总成绩的管理，高校一般采取平时成绩与期末成绩加权的计算结果。以首都经济贸易大学本科生成绩为例，平时成绩占比 30%，期末成绩占比 70%。其中，平时成绩主要由对出勤率、课堂参与度、平时作业完成情况等的考核确定，期末成绩主要指期末考试卷面成绩。依据目前评分标准，学生平时成绩差异性不大，期末成绩仍然是重点。因此，部分学生存在一种误解，不重视平时学习过程，过度强化期末的突击应试学习。实际上，高等院校对学生的培养目标与基础教育阶段不同，更注重人才的能力培养与训练，所以应尽量弱化应试教育思维。在成绩管理过程中，可着重提高平时成绩占比，明确平时成绩的管理考核办法，设计更有利于完成高校完成培养目标的考核方案。

（四）课堂评价设置

为督促教师提高教学水平，各高校都制定了严格的教学评价方案，目前以学生评价教师综合所得分数（以下简称“学评教”）为主要教学效果参考。调研发现，首都经济贸易大学学评教时间设置在期末考试前，学评教内容包括打分和课程建议两部分。存在学生由于时间紧迫而不认真完成学评教，甚至评价内容与课程不符的现象。为避免此类现象的发生，建议对学评教进行完善管理，充分发挥学评教设置的初衷。一方面，建议引导学生端正对学评教的态度，尽量客观真实地描述教学效果，以学评教建议内容为主，打分为辅；另一方面，明确教学评价的作用是为教师未来教学方法改革提供素材，同时也是为学校教学发展提供的备案。

设置同行评议，加强相似学科教师之间的教学交流。调研发现，授课教师的普遍感受是不同学科之间的教学方法存在重大差别。例如，讲授计量经济学课程的教师通过总结发现，如何深入浅出地讲解计量经济学原理是教学的关键，同时辅以案例模拟，可引导学生加深对理论的理解；讲授经济思想史的教师则发现，如何用生动的语言总结经济学大家的思想更为重要。因此，不同学科的教师之间对最优教学方法的推崇也存在不同。相似学科的教师在教学过程中，因为学科属性具有共性等根本原因，对教学方法的使用及其经验的总结也更有共通性。可见，建立相似学科教师的评价建议，对提升教学质量，提高教学效率都是有所裨益的；同时，相似学科教师之间的经验交流也更有效率。

强化教师本人对课堂教学效果的评价与总结。学评教与同行评议能够从不同的角度反映教学过程中存在的问题，帮助授课教师全面思考并提升教学效果，而教师对自己主导课堂的反思与总结，才是内在推进教学改革的关键。

四、智慧教学的进一步思考

现如今，科技发展日新月异，智慧教学媒介层出不穷，作为高校教师，在面对新兴教学机遇的同时也经受着严峻的挑战。高校教师要时刻不忘保持先进性的宗旨，在加强专业知识学习的同时，也要与时俱进不断学习，密切关注智慧教学发展。通过不断的比较试验，认真筛选适合课程特点的教学软件平台，当面对如新冠肺炎疫情等重大挑战时，能够灵活应对，以新兴教学媒介为载体保障教学活动有条不紊地推进。

此外，智慧教学也对学生的课堂学习提出了新的挑战。对学生而言，现代课堂活动的参与已经离不开手机、平板电脑等电子设备。在提高学生课堂参与度的同时，学生注意力也面临被电子设备吸引而分散的问题。如何正确引导学生科学使用电子设备，加强自我管理，成了智慧教学课堂的重要议题。调研发现，在教室设置手机托管中心，签署同桌约束协议等都是比较有效的方法。

总之，智慧教学的兴起，对教师和学生而言，既是机遇也是挑战。只有适应现代教学模式进行变革，提前做好学习准备，才能保障教学活动的有效进行。

参考文献

[1] 陈艺．“互联网+”背景下融合智慧教学理念的信息素养教学模式构建[J]．信息系统工程，2020（9）．

[2] 葛亚平，王欣欣．“互联网+教育”背景下智慧课堂教学模式的设计研究：以南通理工学院为例[J]．现代职业教育，2020（10）．

[3] 李琦，王怀钰．基于 ABL 教学模式的统计学教学设计[J]．大学教育，

2021（1）.
［4］孙友霞，李金良．应用统计学课程教学模式改革探究［J］．教育教学论坛，2020（2）.
［5］王崇龙．《生物统计学》课程教学改革研究［J］．教育教学论坛，2019（46）.

教育国际化背景下全英文专业课程教学效果提升研究

——以工作分析课程为例

毛艾琳　李晓曼　王晓霞

（首都经济贸易大学　劳动经济学院）

【摘　要】为与世界经济接轨，我国不仅需要培养国际前沿科学、技术的人才，更需要培养能与国际同行交流、学习的“多面手”。为此，我国高等教育的培养目标应立足国情，放眼世界。当前，高等教育人才培养的国际化已是大势所趋。在这一背景下，设立全英文专业课成为许多高校的选择。然而，全英文专业课的讲授对教师、学生都提出了较高要求。将全英文教学与理论教学和实践教学相结合，构建高效课堂是教育变革的一个重要领域。工作分析课程作为人力资源管理的基础，长期以来是人力资源管理专业的专业必修课，其重要意义不言而喻。本文基于问卷调查结果以及工作分析课程提出全英文授课实践面临的主要挑战，对当前全英文专业课程进行总体评估，并在此基础上总结提升教学效果的可行方案以及可资参考的建议。

【关键词】教育国际化　全英文教学　教学模式　工作分析

引言

随着国际交流的日益密切，为与世界经济接轨，我国不仅需要培养国际前沿科学、技术的人才，更需要培养能与国际同行交流、学习的“多面手”。为此，我国高等教育的培养目标应立足国情，放眼世界，高等教育人才培养的国际化已是大势所趋。

将全英文教学与理论教学和实践教学相结合，构建高效课堂是教育变革的一个重要领域。工作分析课程是人力资源管理的基础，长期以来作为人力资源管理专业学生的专业必修课，其重要意义不言而喻。作为一门已经在教学中经过多年实践的课程，工作分析课程在授课内容、方式、方法等方面已经相对成熟。为此，以此门课程作为改革对象，可以在控制其他要素的情况下检验全英文专业课程效果的主要影响因素，有助于获取相对可靠的结果，从而为提升全英文专业课程的授课效果提供有益的参考和借鉴。

一、研究背景、意义及要解决的问题

（一）研究背景

在高等教育国际化程度日益加深的背景下，目前越来越多的国内高校已经开始采用双语甚至全英文讲授专业课。首都经济贸易大学作为以经贸为特色的高校，经管类学生占了相当大的比重，无论是在未来就业时提高自身竞争力，在出国求学时更顺畅地投入专业学习中，还是在职业生涯发展过程中更上一个台阶，英文水平对经管类学生而言都是至关重要的基础。目前，尽管各专业均已开设英语课程，但是对非英语专业学生而言，仅靠每周有限的英语课堂时间很难真正达到提高英文水平的效果。特别是对出国深造、毕业求职所需要的英文水平而言，实际上更强调学生对专业英语的掌握程度。因此，开设全英文授课的专业课程具有十分重要现实的意义。更具体地看，开授全英文专业课符合学校发展的实际需要。

第一，从学校层面看，开设全英文专业课符合首都经济贸易大学的国际化发展以及与国际接轨的需要。国际化人才的培养是衡量一所大学开放程度和国际化水平的重要标准，而能否熟练运用国际通用语言进行专业知识的学习和交流则是人才是否具备国际化水准的重要评价指标之一。目前，首都经济贸易大学在吸引更多国际学生来校交流的同时，也在帮助更多的国内学生“走出去”，因此积极开展全英文课程教学的探索和尝试是国际化发展的应然之举。

第二，从学科、专业层面看，开设全英文专业课符合管理学相关专业发展以及前沿研究的需要。尽管我国管理学研究在近年来取得了长足进步，但不可否认的是，美国仍处在管理学发展的最前沿。此外，包括英国、德国、澳大利亚等在内，许多国家的官方语言都是英语。为此，我们需要掌握英语才能更快地跟上学科交流的步伐，在较短时间内掌握各种技术、方法。因此，开设全英文专业课是必然举措。

第三，从学生层面看，开设全英文专业课可以满足学生发展的需要，包括出国深造和职业生涯发展的需要等。目前，除学生自行申请国外高校进一步深造外，首都经济贸易大学亦已开展多项联合培养项目。为了使学生能够更好地完成国外学校的学习任务，学生在校学习期间不仅应教授其专业知识，还应保证他们能够突破语言关。这不是通过一次英语考试就可以实现的，因为对专业课的学习需要掌握相关专业词汇，具有专业文献阅读能力，并且能够参与课堂及课下小组讨论活动。此外，随着当前国际化和全球化程度日益加深，学生就业后所面临的环境是一个更加强调外部交流，更加开放的环境，这就要求我们的毕业生具备熟练使用英文沟通的能力，能在跨国企业和组织中进行顺畅交流，增进相互了解。

（二）研究意义

培养国际化人才是衡量一所大学开放程度和国际化水平的重要标准。这其中，一项重要评价指标即学生能否熟练运用国际通用语言进行专业知识的学习和交流。在此基础上，首都经济贸易大学的合格本科毕业生应不仅能够熟练掌握专业知识，而且愿意成为研究型问题的提出者和解决者。首先，学生要有能力解决别人提出的研究型问题，这也是传统本科生教育所倡导的。这种能力是学校培养高素质人才的根本保障，需要在教学改革中发扬光大。其次，学生应能够根据所学知识提出有价值的研究型问题。这种能力需要着重进行培养，这是使学校的毕业生能够在本学科领域脱颖而出，成为国家和社会栋梁的必要保障。最后，学生要能够自行解决研究型问题。培养主动探索的精神，并养成终身学习的良好习惯，从而可以在专业领域成为国家和社会的栋梁，这是本科生培养的关键所在。

本研究是以努力提高学生的综合素质为目标，通过工作分析的实践内容，加强学生在英语环境下专业知识应用能力的培养，着重培养学生运用英语解决实际管理问题的能力与独立思考的能力。同时，将从以教师为中心转变为以学生为中心的教学方式，采用内容教学法、对比教学法和案例教学法等教学方法，在输入新的语言和专业知识之外，注重师生之间互动，使师生共处于语言交际的教学环境中。

多数全英文教学改革研究更注重学生英文能力的提高，而本研究是将重点放在如何通过采用多种教学方式提升教学效果，并着力于培养学生解决实际问题的能力，以及应用所学专业知识的能力。首先，在教学方法上，将视频教学、课堂讨论、翻转课堂和案例教学等多种教学方式融入全英文课程教学中，以此提高学生的参与度和投入度，改进教学效果。其次，传统课堂授课多采用单向信息交流方式，学生机械性记忆内容多，考试之后很快会忘记，对知识的应用并不清楚，学生的独立思考能力、创新能力并没有得到很好的锻炼，本研究则采用引导学生发现问题，分析问题和解决问题的方法，帮助学生将所学知识加以实际应用，并通过模拟实战课的方式使学生能力得到更好的锻炼。

本研究的主要创新点在于注重培养学生的学习科研能力和实践创新精神，关注教学内容的先进性、内容组织安排的灵活性、专业特色要求的实践性等，通过重组和优化，体现研究型大学的特色，使学生既巩固课堂教学的内容，又提高感性认识和实践能力，同时开阔眼界。

本研究从知识结构构建、教学内容呈现、教学方法选择等方面入手，结合人力资源专业学生的特点和全英文教学的要求，以工作分析与能力素质模型构建课程的全英文教学为研究对象，对教学方法和教学模式进行相关分析探讨和教学实践，以期提高全英文教学质量，培养学生的国际化视野，提高学生的专业知识水平及应用能力。

（三）本研究要解决的问题

本研究期望通过实现教学观念的转变达到教学改革理念的内化，并将后者用以指导课程的建设。教学观念的转变，首先是针对人才培养的整体目标而言的；其次体现在课堂教学方法上，即由既定的结论灌输向师生共同研究得出科学结论转变，由教师单向度地授业解惑向师生共同探讨转变，由单一的课堂讲授向多样化的教学方式转变。通过学生主动参与教学，不仅使之积极性得到充分发挥，有助于学生对课程的深刻理解和综合能力的提高，而且有利于鞭策教师提高教学水平。

在教育国际化的背景下，首都经济贸易大学的学生应该既掌握相关学科的国际前沿动态，又能够提出问题，解决问题。为此，本研究努力探索一条注重培养学生的学习科研能力和实践与创新精神之路，注意教学内容的先进性、内容组织安排的灵活性、专业特色要求的实践性；通过重组和优化，体现研究型大学的特色，使学生既巩固课堂教学的学习内容，又提高感性认识和实践能力，同时也开阔眼界。

第一，授课方式上。传统的“灌输式”授课方式较为单一，学生只是被动地听课，并不能充分发挥其主观能动性。此外，对于管理类专业课程，学生要想充分理解知识必须辅以实际应用，而这也是传统教学模式所缺乏的。因此，如何在保障完整讲授专业知识的基础上，解决师生之间沟通、互动不足，课堂不够活跃，学生上课积极性不够高，课堂参与度不够等问题是本课题的首要解决问题。

第二，授课内容上。以往专业课存在一定程度上的重理论而轻实践的问题，学生在某门课程学习结束后对如何应用所学理论，以及学习该门课程对未来的工作有何帮助等方面仍旧存在困惑。因此，本项目试图通过增加实践环节，在不额外增加硬件设施的条件下，基于培养目标和课程特点，设置课内实战课，以解决学生理论联系实际的问题。

第三，语言上。学生英语水平参差不齐，且对从未接触全英文专业课的学生而言，专业词汇就是一大难关。因此若按照传统方式授课，一部分学习动机较差的学生可能会放弃听讲；学习动机较强的学生也可能因无法适应高强度的全英文授课而出现听课效果不佳的情况。因此本课题着力解决的这一问题是如何引入多种授课方式，以灵活多样的教学方法提高学生专注力，同时吸引学习动机较差的学生也积极参与学习。

此外，全英语讲授的专业课程对学生的要求区别于普通的英语课教学，后者对学生提出的主要任务在于理解句子、语法，且学生前期积累的词汇量已经能满足教学要求，课堂负担较小。反观前者，其在教学时的专业词汇量就是一大问题，大部分学生在专业课学习之前的英文专业词汇积累较少。专业课的要求主要是学生对专业知识点的理解和掌握，如果专业词汇掌握不足则将直接影响听讲效率，造成授课质量大打折扣的问题，而这亦是本课题需要解决的问题之一。

二、全英文专业课面临的挑战

（一）全英文专业课面临多重挑战

全英文专业课程在授课过程中需要使用英文向学生讲授专业课程知识。这本身即隐含了多重挑战：一是教师在授课过程中使用英文作为沟通媒介，要保障语言应用得当、准确；二是在教与学的过程中注意不能让英文“喧宾夺主”，需要确保障专业知识的讲授，毕竟全英文专业课仍旧是“专业课”，只是将授课语言转换成英文，而不能完全变成“英语课”。

全英文专业课的多重挑战既是面向授课教师的，也是面向学生的。从教师角度看：首先，对绝大多数教师而言，英语并非母语，且当年也往往学的是“哑巴英语”——能读能写但是张不开嘴，而英文教学要求教师必须张嘴说英文，这是第一重挑战；其次，在教师能用英语交流的基础上，为保障课程效果，还对教师的英语口语包括发音提出了一定的要求，这是第二重挑战；最后，对英文日常交流没有问题的教师，其用英文讲授专业课的难度仍然远大于日常口语会话，这是第三重挑战。从学生角度看，要通过全英文专业课程的学习掌握相关知识，一是需要学生阅读英文专业材料的能力过关，如此才能在课程开始前预习原版教材，熟练掌握相关专业词汇，从而达到课堂学习事半功倍的效果，这是第一重挑战；二是需要学生英语听力能力过关，如此才能在上课时听懂教师所讲内容，这是第二重挑战；三是需要学生搜寻英文资料解决问题的能力过关，如此才能在课后完成教师布置的课程作业，这是第三重挑战。

除了上述全英文专业课面临的共同挑战外，本课题的研究对象——工作分析课程，因其自身的特殊性，还提出了额外的挑战。一方面工作分析具有较强的理论性，另一方面它作为实践中被广泛应用的一门技术，又具有很强的实践性。但是对于本科生而言，最大的问题是缺少实践的经验，从而难以深切体会工作分析技术在实践中的应用。因此，若仍采用传统教学方式，将不仅无助于教学效果的提高，而且会造成学生重复学习，导致学习积极性降低；同时也会使学生缺少了解实践中问题的机会，当他们未来就业后面对各类问题时难免会有措手不及之感。根据工作分析课程本身的特点以及授课对象的情况，如何通过授课内容，更重要的是通过改进教学方法来提高教学结果的有效性，并增强学生学习的主动性、参与性，既是笔者在此次实施教学改革实践过程中最主要的挑战，也是需要重点解决的问题。

（二）学生需求调查

要提高教学效果，除了教学方法的改进以及教学内容的甄选，还需要了解学生对课程的需求，以便据此有针对性地对教学内容安排进行调整。笔者在此次教学改革实践开展之初，即对所有学生进行了一次需求调查，其中涉及的问题主要包括两个方面：一是学生对全英文授课的看法和预期，目的是了解学生的主要需求，从而有针对性地对课程进行适当调整；二是学生对课程的具体要求，目的是在细节问题上掌握学生情况，以尽可能根据学生需求做好准备。

此次调查共发放问卷 45 份，回收有效问卷 45 份。基于对回收问卷的分析，可将学生对全英文专业课程的认知和需求情况整理如下。

第一，学生在上课前较为担心语言会成为学习障碍。调查结果显示，有 8.89%的学生表示上课前非常担心听不懂教师所讲内容；55.56%的学生表示比较担心这一问题。因此总计有超过 60%的学生在学期之初将英语作为影响其课堂学习效果的重要因素之一（表 1）。

表 1　学生在上课前对全英文授课的看法

选　　项	小计（人）	比例（%）
非常担心听不懂	4	8.89
比较担心听不懂	25	55.56
无所谓	6	13.33
很期待	10	22.22
本题有效填写人次	45	

第二，调查结果显示，学生普遍期望在掌握工作分析基本理论和知识的基础上能够通过全英文课程提高自身英语水平，包括提升听力水平，锻炼口

语水平，增加专业词汇量，多阅读英文专业文献，为日后出国留学等作准备（表2）。

表2　学生上课前对全英文课程的期待

期待内容	小计（人）	比例（%）
提高英文水平	12	80.00
灵活的授课方式	2	13.33
为留学做准备	1	6.67

注：表中的比例根据回答此题的问卷数计算得出。

第三，学生对授课语言的选择倾向以英文为主，同时辅以必要的中文解释。在有关授课语言的调查中，仅有极个别被调查对象期望是全中文或全英文；大部分被调查者都期望授课时采用中、英双语，只是在两门语言所占比例上的选择存在差异。其中大部分被调查者期望以英文授课为主，关键内容能够用中文进行复述（表3）。

表3　学生对授课语言的要求

选　　项	小计（人）	比例（%）
全中文	2	4.44
以中文为主，同时提供专业英语词汇	11	24.44
一半中文，一半英文	7	15.56
以英文授课为主，关键内容用中文复述	24	53.33
全英文	1	2.22
本题有效填写人次	45	

第四，学生对教材的要求则期望既有国外教材，也有国内教材。尽管有20%的被调查者接受教师自行印发的材料，但绝大多数学生仍旧期望课程能采用已出版的教材。在教材语言的选择上，有不足20%的被调查者选择全中文或全英文教材；超过60%的被调查者选择二者兼顾，只是在以何种语言教材作为主教材的选择上存在差异（表4）。

表 4　学生对教材的要求

选　　项	小计（人）	比例（%）
国内编著的中文教材	6	13.33
国外编著的英文教材	2	4.44
国外教材为主，国内教材为辅	18	40.00
国内教材为主，国外教材为辅	10	22.22
教师自行印发材料	9	20.00
本题有效填写人次	45	

第五，学生对全英文课程的考核仍期望采用中文作答。在 45 名被调查者中，仅有约 10%的学生表示期望采用全英文进行考核；在其他约 90%期望用中文进行考核的被调查者中，大多数表示可以接受英文出题，允许学生中文作答的形式（表 5）。

表 5　学生对考核的要求

选　　项	小计（人）	比例（%）
全英文考核	5	11.11
全英文出题，允许学生用中文或英文作答	28	62.22
全中文考核	12	26.67
本题有效填写人次	45	

由此可见，学生对全英文专业课有着较高的学习热情，且对课程有着清晰的期望，具体而言，体现在以下几个方面。

第一，学生将语言视为主要障碍之一。在本课程实际教学活动开始前的摸底调查中，约 60%的学生将“担心听不懂”作为对课程学习的主要顾虑。这在其他专业课程的教学过程中十分罕见，甚至可以说是绝无仅有。这既体现出学生对全英文课程存在某种畏难情绪，也体现出学生对自身英文能力还不够自信。

第二，学生在接受全英文专业课程方面的学习动机普遍较强。教育心理学认为，学生的学习动机可以从不同的角度进行分类或分析其结构，其中之一是从起源上将学习动机分为直接学习动机与间接学习动机。前者指由学习活动本身或学科内容的吸引力而直接引起的学习动机；后者则指由于了解学习的社会意义而间接引起的对待学习的态度。直接学习动机比较具体，带有更多的短期性，且有时效性；间接的学习动机具有更多的社会性与理智色彩，富有长期性①。这二者虽有差别，但是作为教育工作者，若想更好地推动学生积极学习，则需要将这两类动机有机结合以促进学生学习动机的整体提升。为此，在实践中尝试进行教学方法的改革时，需要先了解学生学习动机，明确学生学习期望，以便将教学方法的改革与学生需求进行精准对接。教学最忌一厢情愿，若学生对某种教学方式接受度低，则无论此方式在理论上多么优越，其教学实践效果也必然大打折扣。鉴于学生在摸底调查中所表现出的对英语水平和英语教学的担忧，全英文专业课必须要考虑学生对此种教学形式的接受程度。在一项针对学生对课程期望的选答题中，约 80%的学生将全英文专业课程作为提升自身英语水平和能力的机会。因此可以说，尽管学生存在语言上的顾虑，但对此种授课形式仍有较高的热情，学习动机强。这是一个良好的信号，表明全英文专业课拥有尝试的土壤，具有实践的意义。

第三，学生仍期望以中、英双语结合作为过渡。尽管理论上来说，全英文专业课中不应存在中文，但大部分被调查者仍在教材使用、教学语言使用、考核方式选择等方面期望采用中、英双语结合的形式。这种情况，一是学生出于对自身英文水平的认知。尽管当前这一代大学生学的早已不是“哑巴英语”，但他们毕竟在大学之前的学习中仍普遍受到应试教育的影响，加之由于缺乏语言环境，对大部分学生而言自如地使用英语交流仍是一个不小的挑战。因此，更需要在日常的教育教学中加强英语教学的比例，这既是适应教育国际化的要求，也是学生提高英语实践能力的迫切需要。二是学生出于对学习效果的考量。如前所述，全英文专业课程仍应以专业内容为主。在学生英语水平确实无法做到毫不费力地接受全英文教学的时候，适当地使用中文保障教学质量亦不失为一个理性选择。但需要牢记的是，全英文教学最终仍应以

① 莱因贝格．动机心理学［M］．上海：上海社会科学院出版社，2012；邵瑞珍．教育心理学：修订本［M］．上海：上海教育出版社，2002.

“全英文”作为目标，即便做不到一步到位，也应小步快走，始终向着这一目标进行渐进式教学实践改革。

本次调查的结果显示出，学生对全英文专业课的关注点主要集中于“如何在通过全英文课程提升自身英语水平的同时保证专业知识的学习不打折”。因此，全英文专业课程教学的挑战在于如何有机整合教学内容和课程设计，保障教学质量，从而激发学生的直接和间接学习动机，达到更好的教学效果。

三、全英文专业课程教学的实践

（一）善用思维导图，及时总结要点

如前所述，笔者通过学期初的摸底调查了解到，学生对全英文授课的主要顾虑是担心语言成为学习并掌握专业知识的障碍；同时，学生的主要期望又是能够以此为契机提高自身英语水平。因此作为教师，在实际教学过程中需要把握英文授课的“度”，以更好地在英语教学和专业知识传授间寻求一个平衡。

首先，在教学实践过程中，采用“先英文再中文”并简要点明重点的形式。其中，在学期初的英文授课比例略低于中文，随着课程的进行，待学生英文水平有所提升时，逐渐增加英文授课比例，这样到学期末时仅需要用中文进行简短总结即可。其次，根据以往的经验，非英语母语国家的学生在上英语课时往往需要将注意力高度集中于听讲，因此可能无暇进行思考和内容总结。行为心理学的研究结果表明，一般成年人注意力高度集中的时间在10~15分钟左右。超过这个时间就会出现思维涣散，注意力难以集中的情况，这实际上是由人体生理结构所决定的。为此，在进行课程内容设计时，教师将课程内容细分为不同的教学单元，每一单元设计为15分钟左右。当一个教学单元结束后，教师会以小故事或相关教学视频的形式给学生以整顿、休息的时间。最后，将教学内容细分化虽是适应学生英语学习的举措之一，但却可能造成教学内容碎片化的不良结果。为避免这一问题，帮助学生更好地厘清教学单元之间的逻辑关系，教师选择在几个教学单元或一个专题讲授结束后以思维导图的形式进行总结。这样，在总结的同时帮助学生再一次复习知识要点，巩固所学内容。

从一个学期的实践情况来看，学生已经能够较好地适应英文专业课程的授课；同时对知识脉络的把握较为清晰，能够自行总结知识要点间的关系，客观上实现了学期初设定的目标。

（二）设置课下小组任务，翻转课堂

英文授课所选用的教材及教辅材料均以英文为主，这无疑加大了学生的课业难度，加之工作分析课程兼具理论性与实践性的特点，本课程在教学实践过程中需要给学生布置课下任务，促使他们完成一定量的资料搜寻和阅读，以保障在有限的课堂时间中达到更好的教学效果。但是，考虑到如果一味要求学生每个人都阅读同样的材料会存在以下问题：一是易造成其学习量较大；二是容易使之感到枯燥，并对课程学习产生畏难情绪，不利于学习效果的提升；三是不利于随堂检查学生的课下学习效果。因此，本课程在教学过程中借鉴以往实行翻转课堂的经验，以小组任务的形式布置课下任务，并在课堂上以小组汇报的形式检查任务完成情况。例如，本课程其中一项任务是给每个小组分配一个工作，并要求小组课下登录 O＊NET（美国劳工部组织开发的职位分析系统）网站，查询该工作的工作职责界定、任职资格要求、当前劳动力市场需求、未来职业发展前景等资料并进行资料的汇总、阅读和整理；课上要求小组同学扮演该工作的任职者，向其他同学和教师介绍该工作的情况，如要想成功任职需要成为什么样的人等，并制作招募广告。通过这种形式，使学生了解现实工作中的情况，巩固有关工作职责、任职资格要求等知识点，并考查学生汇总、使用英文资料，进行基本劳动力市场数据分析的能力，可谓一举多得。

从学期末的反馈调查看，学生对这一教学方式接受程度较高，它在帮助学生掌握相关专业知识的同时鼓励学生进行迁移性学习，并在一定程度上激发了学生深入研究和学习相关领域的热情。但是也有部分同学提出，由于每一小组设置为 8 人左右，小组规模略大，在课下讨论时出现了小部分学生不积极参与的“搭便车”现象，在课堂汇报时也难以做到每个人都能充分表现。这其中虽有受制于班级规模较大的缘故，但也确实反映了小组规模对任务完成质量存在影响，因此，在今后的教学中需要加以注意。

（三）开展模拟练习，理论联系实际

为使学生更真切地了解实践中工作分析相关技术可能遇到的问题及解决方案，笔者在授课过程中通过适时插入模拟练习等方式，为学生构建了虚拟的实践情境，通过组织课堂讨论等形式激发学生主动思考的热情，并由此引导大家得出结论。例如，在讲授工作分析访谈法是什么、怎么做及其适用范围等知识要点后，教师先采用游戏的方式，帮助学生在模拟情境中了解不同提问方式获取信息量的差异。这种做法既活跃了课堂，给学生以思维转换的时间，又使学生得以更深刻地理解工作分析访谈技巧。在此基础上，教师布置课后任务，要求学生以小组为单位确定一个工作并了解其工作内容等信息，同时以小组为单位列出访谈提纲并在第二次课上进行角色扮演，开展模拟访谈。具体做法是采用小组自行编写的访谈提纲进行访谈，以获取另一小组所扮演任职者的工作信息。通过这种形式可以同时达成以下目的：一是使学生掌握访谈提纲的编制方法，并在通过实践检验后加以修改；二是使学生掌握工作分析访谈法的注意事项和方法要点；三是帮助学生在模拟情境中加深对工作分析访谈法的理解与认识。

通过这种形式，既丰富了教学方式，活跃了课堂气氛，又使学生较为真切地理解现实中可能遇到的实际问题。从课堂讨论的热烈程度以及期末反馈调查的结果来看，学生的学习热情得到了有效激发。

四、教学实践效果评估

（一）本课程教学效果评估

本学期工作分析课程在兼顾理论性的同时，更侧重将实践中的案例融入教学过程中。通过讨论的方式使学生积极参与课堂，并在此过程中了解工作分析技术在实践中可能遇到的问题；要求学生探索合理的解决方法，并通过设置专门的模拟实践课以加强学生对某一知识点的理解。此外，本次教学实践在保障专业知识传授到位的基础上，以英语为主要教学语言，为保障教学效果而采用讲授—总结—再讨论的方式，使学生在加深对相关知识点的理解的同时提高授课效率。

在本学期结束前，笔者进行了一次教学效果评估调查，目的是了解学生对此次教学实践的反馈和意见建议，以便在未来的教学实践中进一步改善。从教学效果评估调查可以看出，此次教学改革实践效果良好。有90%以上的学生表达了对这种授课方式的认可，学生满意度高（表6）。

表6 学生对授课方式的反馈

选　　项	小计（人）	比例（%）
对授课方式满意	43	95. 56
对授课方式不满意	2	4. 44
本题有效填写人次	45	

进一步收集学生的反馈可见，大家对此次教学实践给出了良好的评价。多数学生表示上课气氛活跃，教师所讲授的知识内容明确，使人收获良多；并有学生提出了可资参考的建议，如希望适当增加练习机会，减少小组规模等，这都为今后的教学改进提出了值得参考的方向。

针对本次课程教学改进实践采用的增加课堂讨论、课后练习作业、观看视频以及思维导图等教学方式，学生亦给予了正向反馈。有超过90%的学生表示这些教学方式有助于改善其学习效果（表7）。

表7 新教学方式对学生教学效果的反馈

选　　项	小计（人）	比例（%）
有助于改善学习效果	42	93. 33
无改善效果	3	6. 67
本题有效填写人次	45	

（二）对全英文专业课的总体评估

此次调查的样本取自国际班学生，培养方案中涉及多门全英文专业课，这为本研究获取全英文专业课整体授课状况提供了很好的机会。

从授课语言看，目前几乎没有专业课能够完全做到全英文授课，其中约90%的专业课使用中、英双语授课，但在使用中文频率上存在差异，同时有少数课程大部分或几乎全部使用中文。这说明，要实现全英文授课仍有较长的一段路要走。

从对授课教师英语水平的评价角度看，超过70%的受访者认为在所有已上过的全英文专业课中，授课教师能做到发音准确，表达流畅；另有约20%学生认为任课教师在发音或表达流畅度方面存在一定的欠缺。此外，受访学生认为，在所有的全英文专业课授课教师中，不存在发音不准确并且完全不能使用英语表达其意者，这在一定程度上说明首都经济贸易大学在本课程任课教师的选择上是比较慎重的。

从对课程总体评价的角度看，受访者对全英文专业课的评价较为积极。约60%的受访者对所学全英文课程给予了正面、积极的评价；另有超过30%的受访者认为由于任课教师水平不同，课程总体情况呈现差异。这说明全英文专业课程在获得大部分学生认可的同时，也有继续改进的必要。

五、教学实践的改进

如前所述，此次教学实践尽管获得了学生的肯定，但仍有一些需要改进之处，在下一阶段的教学实践中将落实以下几点。

第一，筛选现有教学材料，补充新材料。学生对多种教学方式的接受度较高，而教学方法的效果往往取决于材料的选择，因此要进一步提高授课效果，教师需要不断更新资料库。

第二，加强实践教学与理论教学的衔接。实践教学是理论教学的辅助手段，目的是利于学生更深刻地理解理论知识，因此在采用多种教学方式时不可忽视对理论知识的讲授。这要求教师合理安排教学内容，将实践教学与理论教学密切联系起来。

第三，继续保留教学单元和思维导图的形式，适当鼓励学生参与其中，以方便学生总结知识点。

第四，进一步提高教师的英文授课水平，并通过翻转课堂提高学生学习效果。

此次教学实践过程开展顺利，获得了学生的支持与肯定，也得到了一些积极有益的反馈。在今后的实践中，笔者将积极落实各方反馈的意见和建议，也将继续保持实践中所获得的肯定之处，并希望能继续将此次实践的经验和教训运用在其他课程的教学活动中。

结论

全英文专业课程的设置，既是适应高等教育国际化的应然选择，也是学生提高自身能力的必然要求。作为高校教育工作者，应结合学生情况与课程特点，改进教学设计，提高教学效果，做好全英文专业课教学实践的持续改进。

参考文献

[1] 刘长江，张世奇．《专业外语》课程实施情景式教学法的实践与探索[J]. 教育教学论坛，2019（8）.

[2] 刘菲．本科专业课全英文授课教学改革实践与分析[J]. 课程教育研究，2015（5）.

[3] 詹君恒．国际化人才培养中的全英文教学模式探索[J]. 大学（研究版），2017（3）.

[4] 高洁．经济管理类研究生全英文授课实践探索[J]. 大学教育，2016（10）.

[5] 董亚娟，王人龙．面向硕士留学生的专业课全英文教学探索与思考[J]. 专家论坛，2018（4）.

[6] 孙莹．全英文教学在英语专业课与非英语专业课课堂中的差异研究[J]. 北方文学，2015（5）.

[7] 方玉明，王静．全英文专业课程的教学研究[J]. 电气电子教学学报，2018（1）.

[8] 陈均土．大学生就业能力与高校的课程设置：来自美国高校的启示[J]. 中国高教研究，2012（3）.

[9] 张培培．中外合作办学全英文讲授专业课的矛盾和对策[J]. 教育教学论坛，2017（11）.

[10] 王鉴．课堂志：回归教学生活的研究[J]. 教育研究，2004（1）.

[11] 潘尚领．普通医学院校双语教学存在的问题与出路［J］．广西医科大学学报，2006（9）．
[12] 郭国强．关于交叉学科专业建设的几点思考［J］．中国大学教学，2010（10）．
[13] 朱金兰．我国港台高校大学英语课程比较与启示［J］．外语界，2015（4）．
[14] GIBSON B，DEMBO M. Teacher-efficacy：aconstruct validations［J］. Journal of educational psychology，1984（4）．
[15] KOPPI，A J. Effective teaching and learning in a high－teach environment［J］. Innovations in education and training international，1997，34（4）．

附　录

课堂效果评估调查问卷

您的性别：A 男　　B 女

第一部分　全英文课程相关（此部分请根据您对全英文课程的总体期望作答，与本课程授课情况无关）

第 1 题　在上全英文课程之前，您对全英文授课的想法是？［单选题］

选　　项	是	否
非常担心听不懂		
有点担心听不懂		
无所谓		
很期待		

第 2 题　请具体说明您在上课前对全英文课程有哪些期待？

第 3 题　对于专业课，您希望教师采用何种语言授课？[单选题]

选　　项	是	否
全中文		
以中文为主，并提供专业英语词汇		
一半中文，一半英文		
以英文授课为主，关键内容用中文复述		
全英文		

第 4 题　关于全英文课程采用何种教材，您有何建议？[单选题]

选　　项	是	否
国外编著的英文教材		
国内编著的英文教材		
国外教材为主，国内教材为辅		
国内教材为主，国外教材为辅		
教师自行印发的材料		

第 5 题　您认为全英文课堂应采用何种授课模式？[单选题]

选　　项	是	否
传统授课方式，即依靠教师讲授		
以教师讲授为主，辅以适当讨论和互动		
以教师启发课堂讨论和学生任务完成为主		
其他		

第 6 题　您认为全英文课程考核应采用何种语言？[单选题]

选　　项	是	否
全英文考核		
全英文出题，并允许学生用中文或英文作答		
全中文考核		

第 7 题　您认为最理想的全英文授课班级规模是？[单选题]

选　　项	是	否
25 人左右一班，按英语水平分班		
50 人左右一班，按英语水平分班		
25 人左右一班，不按英语水平分班		
50 人左右一班，不按英语水平分班		
班级规模对教学效果没有显著影响		

第 8 题　您对全英文课程授课课时有何期望？[单选题]

选　　项	是	否
增加全英文授课课时		
减少全英文授课课时		
维持现有全英文授课课时		
最好不要全英文授课		
无所谓		

第二部分　当前全英文课程情况（本部分内容请基于您目前所有上过的全英文课程，根据总体情况作答）

第 9 题　截至目前，您对所有上过的全英文课程的适应情况是？[单选题]

选　　项	是	否
完全听不懂		
大部分听不懂		
能听懂一半左右		
大部分能听懂		

第 10 题　在目前您所有上过的全英文课程中，教师授课语言的使用整体情况是？[单选题]

选　　项	是	否
几乎全部用中文		
大部分用中文，一些专业词汇用英文		
一半英文，一半中文		
大部分用英文，关键内容用中文复述		
全部用英文		

第 11 题　您对所上全英文课程授课教师英语水平的评价是？[单选题]

选　　项	是	否
发音不准确，完全不能使用英语表达其意		
发音不准确，基本能够表达其意		
发音不准确，能流利表达其意		
发音准确，但欠缺流利度		
发音准确，且表达流畅		
其他		

第 12 题　您对上过的全英文课程的总体评价是？[单选题]

选　　项	是	否
差		
一般		
视任课教师的水平而定，有的很好，有的很差		
好		

第三部分　本课程授课情况（本部分所有内容，请结合本课程并根据您个人的实际感受和实际情况作答）

第 13 题　您是否满意授课方式？[单选题]

选　　项	是	否
对授课方式满意		
对授课方式不满意		

第 14 题　请针对本课程授课方式提出您的意见和建议：

第 15 题　您是否愿意参与课堂互动和发言？[单选题]

选　　项	是	否
愿意参与讨论和发言，这有助于我积极思考		
愿意参与讨论，但不愿意主动发言		
愿意发言，但喜欢独自思考而非小组讨论		
不愿意讨论和发言，我只想静静		

第 16 题　请针对小组讨论和发言形式提出您的意见或建议：

第 17 题　增加课堂讨论、练习、观看视频、思维导图相结合的授课方式是否有助于改善您的学习效果？[单选题]

选　　项	是	否
有助于改善学习效果		
无助于改善学习效果		

第 18 题　针对改善学习效果，请提出你的意见和建议：

第 19 题　请问模拟练习（模拟访谈、模拟工作分析等）是否有助于您加深对知识的理解？［单选题］

选　项	是	否
帮助很大		
有一定帮助		
帮助较小		
没有帮助		

第 20 题　对模拟练习，请提出您的意见和建议：

第 21 题　对 presentation，你有何意见和建议？

第 22 题　对本课程教学，您还有什么意见或建议？请详细说明：

第四部分　答卷人情况（请根据您的实际情况作答）

第 23 题　请问您毕业后的选择是？［单选题］

选　项	是	否
出国读研		
国内读研		
外企就业		
民营、国有企业就业		
考公务员		
其他		

第 24 题　请问您当前的英语水平是？［单选题］

选　　项	是	否
英语考试成绩高，且听说流利		
英语考试成绩高，但听说存在欠缺		
英语考试成绩一般，但听说流利		
英语考试成绩和听说均一般		
其他		

其他想对教师提出的建议或意见：

____

对本课程未来教学改进的意见建议：

____

微课辅助经管类院校公共课

——概率论与数理统计按专业需求教学体系的构建

张赛茵

（首都经济贸易大学　统计学院）

【摘　要】微课作为一种新型教学方式，对大学课程的辅助教学尤其是对大学公共数学课的辅助教学起到了积极的作用。本文依据首都经济贸易大学概率论与数理统计公共课的教学现状，在全校范围内对所有学习概率论与数理统计公共课的专业进行了调查研究，并汇总了现阶段统一教学大纲、统一教学手段中所遇到的问题。以期通过微课教学的方式，变“以教为主”为“以学为主”，变“灌输教学”为“互动教学”，变“统一教学”为“按需教学”，以满足各个专业对概率论与数理统计这门基础课程的需求，从而提高人才培养质量。

【关键词】微课　教学方式　概率论与数理统计　按需教学

引言

微课是指以短小精悍的微视频为主要载体，围绕某个单一知识点（重点、难点、疑点）或教学环节而设计开发的在线课程，它是教育信息化的一项重要探索，符合新时代的教学需求。微课视频的时长一般为 3~8 分钟，最新的由大数据分析结果给出的建议是短于 6 分钟的视频课程最吸引学生①。微课作为新型教学资源，具有针对性强、目标明确以及时间短的特点，所以对大学课程的辅助教学，尤其是对大学公共数学课的辅助教学起到了积极的作用。

① 倪彤．微课/慕课设计、制作与应用［M］．北京：清华大学出版社，2016.

“概率论与数理统计”是数学基础课中一门应用性很强的学科，在经济、管理、大数据、生物、气象、信息技术等领域中有广泛的应用。许多高等院校将其作为经济管理类的专业必修课程，是继微积分、线性代数之后又一门数学类理论基础课，同时也是学生学习后续专业课程，如运营管理、计量经济学、人力资源管理等的基础课程。它有助于培养学生运用概率统计方法分析和解决实际问题的能力，为学习有关专业课程和扩大数学知识面提供了必要的数学基础。也正因为如此，在需求牵引和技术推动下，20 世纪末此课程也在我国被确定为本科生考研的数学课程之一。因此，如何建设符合学生实际情况的概率论与数理统计微课是值得研究的课题。

一、首都经济贸易大学概率论与数理统计公共课的教学现状

公共数学类课程具有基础性、素质性和应用广泛性等特点，一直是经管类院校几乎所有专业的必修基础课程。数学的知识与方法，已成为学生素质和能力结构中不可或缺的组成部分，对实现学校的人才培养目标起着十分重要的作用。首都经济贸易大学的概率论与数理统计作为公共数学类课程，一直在实施统一教学大纲、集体备课、统一考试的教学方案，该教学方式可以集众人智慧、取长补短、择优弃劣，在讨论的过程中相互启发，在思想的碰撞中擦出智慧火花，极大地提高了教育教学质量。现阶段，学校推进大类招生、大类培养，力争打造一批有首都经济贸易大学特色的国家级、北京市级一流专业；以教室革命推动教学模式改革，变“以教为主”为“以学为主”，变“灌输教学”为“互动教学”；继续推进课程改革尤其是基础课改革，广泛尝试慕课、互动、研讨式教学，以提高人才培养质量。在此背景下，学校的概率论与数理统计公共课统一教学遇到了挑战——公共课统一教学模式与专业课程学习可能存在对接不了的问题，即对有些专业而言统一教学可能难以满足后续课程学习的需要。

基于此，本课题依据首都经济贸易大学概率论与数理统计公共课教学现状，在全校范围内对所有学习概率论与数理统计公共课的专业进行了调查研究。本次调研用金数据平台进行数据收集。调查问卷分两部分内容：一部分内容是从学习和考研的角度针对学生进行调研，主要面对大三、大四的在校

生和已考上研究生的往届学生；另一部分内容则是从后续课程学习的角度针对专业教师进行调研。下面对这两个方面的调研结果进行分析。

（一）针对学生的调研

针对学生的调查问卷共六道题，答题时间约为 1 分钟，由本项目组的所有任课教师在自己以往授课的班级微信群中进行问卷分发，共收到学生回答的调查问卷 464 份，学生的年级和学院分布如图 1 所示。

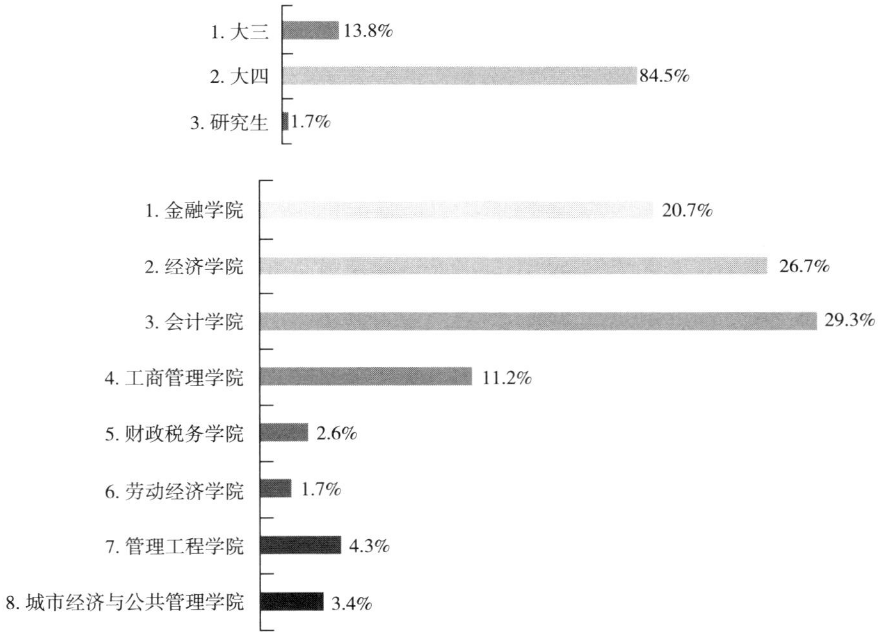

图 1　学生年级和所在学院分布

由图 1 可以看出，大四学生由于考研的需要，所以回答问卷比较积极，占比较高，而研究生人数比例较小且大部分已经离校，所以回答积极性显得不高，占比也较低。从学院的分布情况来看，金融学院、经济学院和会计学院这三个学院的高考招生分数普遍较高，学生理科基础好，且学生后期的学习与本课程相关性较强，所以回答问卷较积极，占比较高。

从考研的角度，学生认为在现有知识点的基础上还需要增加一些知识点进行讲解，如图 2 所示。

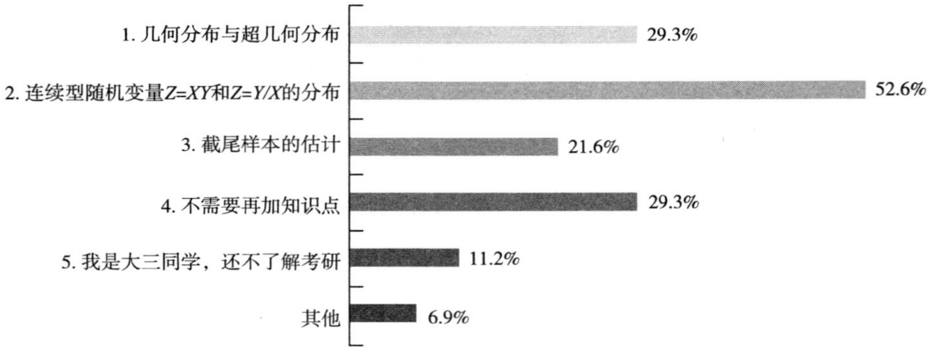

图 2　从考研角度而言需要补充的知识点

由于本课程课时有限，超几何分布、随机变量乘积和商的分布、截尾样本的估计等知识点不在课堂上讲解。通过对学生的问卷调查可以看出，有超过一半的同学认为随机变量乘积和商的分布对考研有用，需要教师的讲解；少部分同学认为几何分布和超几何分布、截尾样本的估计等内容也需要教师进行讲解，故本课题组教师将对这三部分内容录制成短视频进行讲解。

从后期专业课程学习的角度，学生认为在现有知识点的基础上还需要增加一些知识点进行讲解，如图 3 所示。

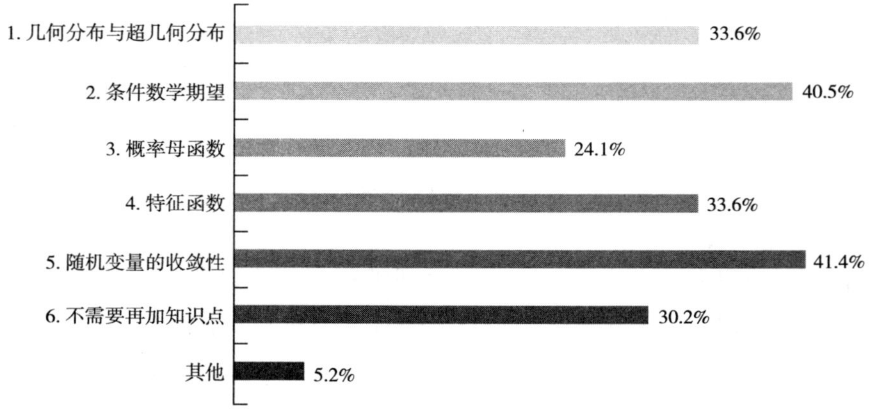

图 3　从后期专业课程学习角度而言需要补充的知识点

由图 3 可知，在学生后期专业课程的学习中，条件数学期望和随机变量的收敛性较为重要，而这两个内容又是概率论中最难理解的两个知识点。通过原始问卷数据可以看出，对这两个知识点需求最多的是金融学院和经济学院的学生，故相应的公共课教师可以在课堂上有针对性地进行知识点的补充；如果实在没有课时，建议录制微课进行教授，本项目会相应录一些小视频。几何分布与超几何分布、特征函数这两个知识点部分学院在后续学习中也会用到，其被选择的比例偏小，这与该知识点难度不高有关系，一些同学可以通过已有概率知识自学完成。大部分文科院系同学认为不需要额外知识点来增加学习负担，所以给文科学生授课的教师只需要把现有知识点讲解透彻即可。

由图 4 可以看出，运算量较大的几个知识点，如正态分布及其应用、随机变量函数的分布、条件分布及其应用、中心极限定理及其应用等，学生需要教师在课堂上着重讲解，而这些知识点也是考研中常见的知识点。

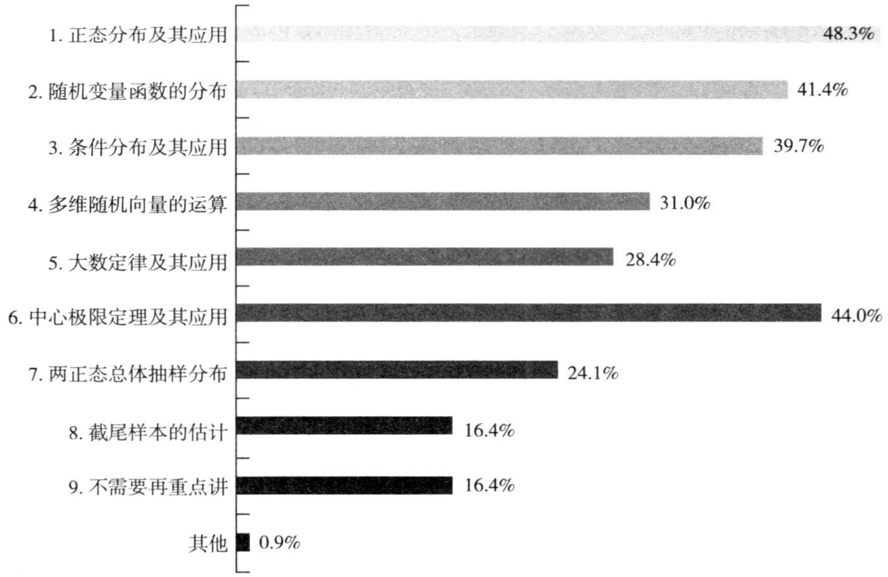

图 4　现有知识点中应着重讲解的内容

回答问卷的最后一道题时，同学们对本门课程提出了很多宝贵的意见和建议，下面仅列出部分建议。

第一，“与统计学、计量经济学等课程存在重合部分，也许可以将该部分内容再细化分配一下？”尽管本课题暂时解决不了此问题，但笔者觉得这个问题非常好，可以专门通过一个教改课题来完成，由三门课程的教师共同承担。可能的话，笔者后续也会跟进该课题。

第二，“如果能和计量经济学略有连接，对金融学院的同学来说就锦上添花了。”“感觉条件分布比较重要，今后对计量经济学的理解会更有帮助。”本门课程是计量经济学的基础，也有部分重叠内容；针对这类问题，后期在录制微课视频时会考虑加入这一点。

第三，“挺好的了，就是可能会存在部分文科生听起来有点费劲的情况，希望可以从基础讲起然后一步步提高。”“高中文科生有些没学过排列组合，希望教师能把这部分知识点带一下。”“希望能系统讲解排列组合，文科生没学过，虽然期末考试的时候可以靠记题等方法‘蒙混过关’，但是考研时会感觉很吃力。”对这类问题，笔者会将该意见传达给讲授文科概率统计的教师，建议不必再添加知识点，只需要把基础知识讲细致即可。

第四，“个人觉得要是想为同学考研提供帮助的话，多提一下应试技巧比较好，或者提高试卷难度使之与考研相似，不过可能会影响保研以及出国的同学。”“讲难点，可以拓展考研内容。”对此，笔者会尽可能多录制一些微课视频来满足不同学生学习的需求。

第五，“希望更加深入讲一下相关统计软件的应用，与今后的企业应用相结合。”“多讲一点数理统计部分。”这些意见都很好，笔者会把意见转达给统计学课程组的教师们。

（二）针对专业课教师的调研

针对非统计学院专业课教师的调查问卷共五道题，答题时间约为 1 分钟，由本项目组的所有任课教师在同事群中进行问卷分发。由于大部分专业课教师在后期授课时用不到本门课程，所以回收的问卷数量相对较少，共计 72 份，其中教师的学院分布如图 5 所示。

由图 5 可以看出，答卷教师所在学院分布与学生所在学院分布相差很大，最关注本门课程教学的专业课教师是金融学院、管理工程学院和城市经济与公共管理学院。金融学院和管理工程学院后期的专业课程用到本门课程的内容和机会较多，因此专业教师比较关注。城市经济与公共管理学院、财政税

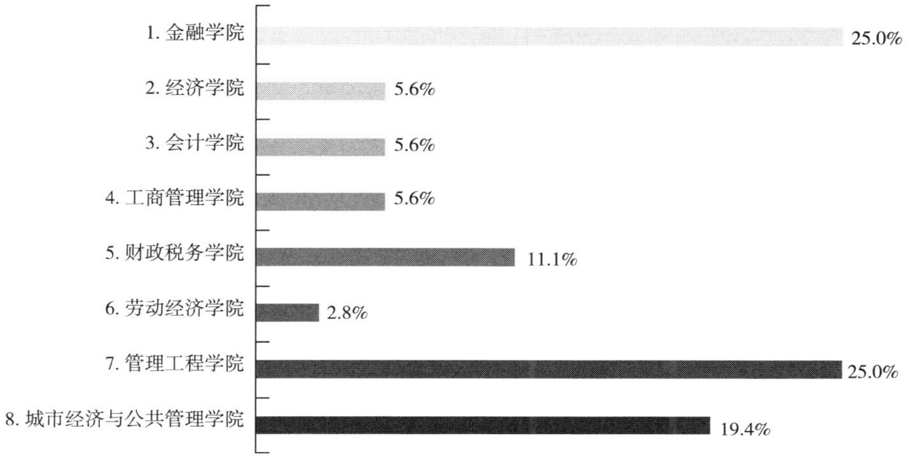

图 5 教师所在学院分布

务学院的专业教师和学生对本次调研的反馈略有差别，说明这两个学院后期专业的学习也会用到本门课程，但是由于学生大部分是文科生，所以对本门课程不太感兴趣。经济学院和会计学院的反馈刚好相反，即专业课教师觉得后期学习中用到的概率统计不多，而学生则因考研较多，所以给的反馈也较多。

教师的从教年限如图 6 所示，可以看出，从教 6~10 年的青年教师较多，现在学校里活跃的教师大部分都在这个年龄段。新入职的教师也积极参与本次调查，可见他们对教学怀有满腔的热情。教龄在 10 年以上的教师可能由于大部分是经济、管理类专业出身，所以授课过程中不怎么用得到概率统计。此外，教龄在 20 年以上的教师所占比例相对不低，在此表示由衷感谢。

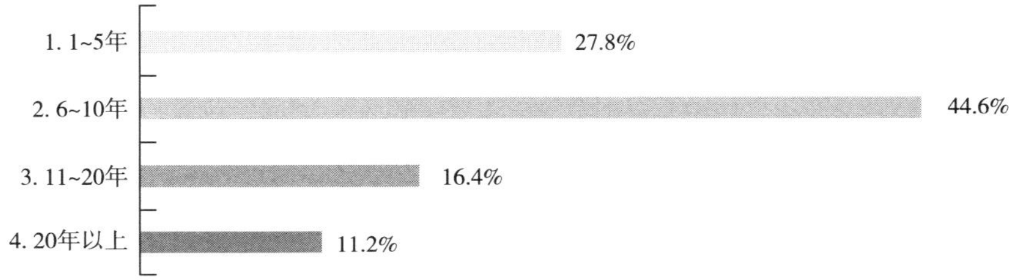

图 6 教师的教龄

从后期专业课程学习的角度，受访教师认为在现有知识点的基础上还需要增加以下一些知识点进行讲解（图7）。

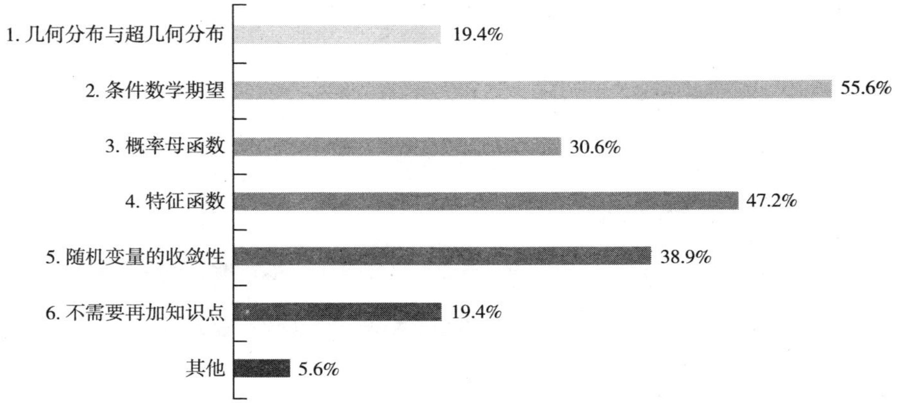

图7 教师认为需要增加的知识点

由图7可知，在学生后期专业课程的学习中，教师认为条件数学期望、特征函数、随机变量的收敛性较为重要，这与学生回答的不谋而合，只是比例略有不同，可见这些知识点后期必然会用到且较重要，接下来笔者所在的课程组会录制相应微课视频。与学生回答相类似的是，教师中也有少部分人认为没必要再增加知识点了。

图8是教师认为在现有知识点的基础上应着重讲解的知识点。大部分教师和学生都认为正态分布及其应用应该着重讲解，可见无论是从考研角度还是后期专业学习角度，正态分布的相关知识点都比较重要。从图8和图4的区别可以看出，学生希望概率统计组着重讲解的知识点更贴近期末考试，而专业教师则希望概率统计组着重讲解的知识点更贴近后期教学的衔接，由“截尾样本的估计”这一选项即可看出。

在回答问卷的最后一道题时，专业课教师对本门课程提出了很多殷切的希望，下面仅列出部分提议。

第一，“要强调应用”；“多讲讲在学科中的应用”；“多讲一些现实中身边的数学应用故事”；“增加一些实际案例的讲解”。这些意见提示笔者应多结合实际应用去讲解知识点，最好结合本专业今后所学内容去讲解应用，对此

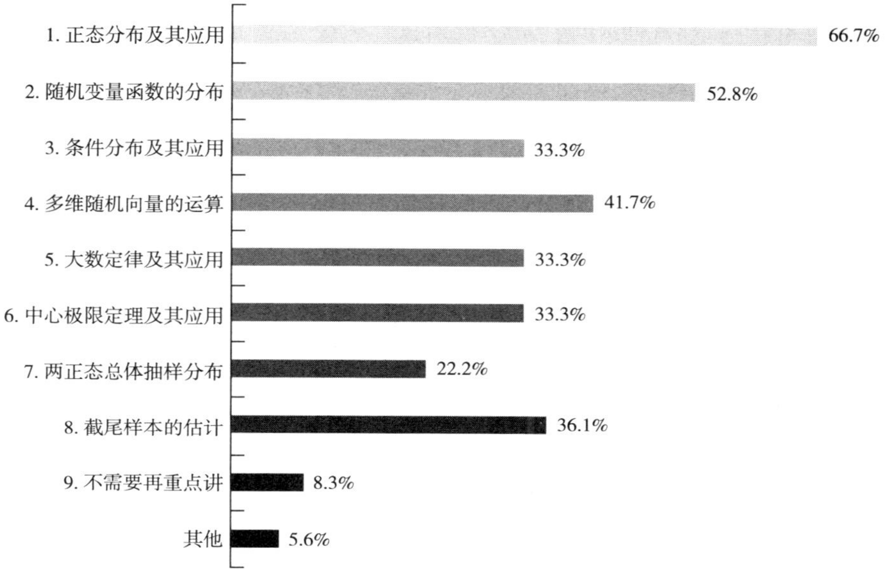

图 8 教师认为在现有知识点基础上应着重讲解的内容

笔者所在课程组教师会在接下来的备课中着重考虑这个方面。

第二，“再严格些”；“增加课程难度，让学生们多多做题”；“概率课很重要，能为今后的学习打下坚实的基础”；“建议增加贝叶斯的相关内容”。针对这些意见，笔者和课程组教师将在现有基础上增加难度，当然授课内容要根据学生的具体能力来定，目的是尽可能让他们多学些知识。

第三，“建议变化教学手段，帮学生夯实基础……教师讲得很棒，但毕竟目前学生基础还不够扎实……”这个意见很中肯，笔者和课程组教师也会继续努力。

第四，“建议适当介绍所涉及的软件操作”；“建议加强金融数学与随机微分方程的入门介绍”。这些意见很现实、很详细，尽管由于时间有限，目前软件操作内容在课堂上还实现不了，但是教师只要有时间就会给学生演示和讲解。

第五，“建议最好能和实现上述算法的课程与教师有沟通协作，我们开了数学建模与技术实现类公选课，发现学生对高数、概率统计、线性代数的知识点都记不清了，特别是对这些知识在生活中有什么用不清楚，也不知道问题出在哪里，感觉亟待联手解决”。针对这一建议，接下来笔者和课程组教师会及时与这些同仁沟通。

通过对学生和教师进行概率论与数理统计公共课的调查研究和走访，笔者了解了每个专业后续课程的学习以及考研对概率论与数理统计每个知识点所要求的掌握程度。同时，也了解了现行教学大纲在后续专业课程学习安排中的欠缺之处，以及学生对各类知识点中的重难点所应掌握的程度。

二、国内其他经管类高校在概率论与数理统计公共课中较新的教学方案和教育理念

本节通过对近年来国内各高校概率论与数理统计公共课教师在知网发表的教学改革论文梳理，总结其他高校在概率论与数理统计公共课方面较新的教学方案和教育理念，特别是经管类高校在本门课程中较新的教学方案和教育理念。

（一）浙江工商大学的教学方式和手段

为了培养学生的数学思维及解决问题的综合能力，浙江工商大学针对概率论与数理统计课程开展了教学创新改革。增加了前沿性和应用性的教学内容，采用了先进的教学方式和教学手段，将传统课堂教学和信息化教学手段深度融合，有效地弥补了传统课堂教学和网络教学的不足与缺陷。文章针对概率论与数理统计课程在实际教学实施过程中遇到的问题，提出了一些改革措施，并达到了以下几方面教学效果。

第一，通过现代信息化技术与传统课堂的结合，构建了师生之间、课堂内外的桥梁。在学生考勤、师生之间资源共享、课堂问答交流等环节中引进慕课等新媒体工具，全面提升了课堂的教学体验。

第二，采用动画设计、模拟实验等先进的教学方式，一方面提升了课堂的趣味性，另一方面培养了学生的实际动手能力。尤其是模拟实验的形式，锻炼了学生的计算机应用技能，非常受欢迎。

第三，采用案例分析法，使枯燥的理论知识具体化。这种做法不仅调动了学生的学习兴趣，也增强了学生独立思考，解决实际问题的能力。

（二）山东财经大学的教学理念

山东财经大学以概率论与数理统计的教学内容为基础，结合实际生活设计思政案例，深挖案例中蕴含的思政元素及其所承载的思想政治教育功能，将思政元素有机融入课堂教学，把“知识传授”与“价值引领”有机统一起来（表1）。这样，一方面可以起到润物无声、立德树人的作用，另一方面可以提高学生学习的兴趣，加深学生对知识的理解，提高学生的思维能力。在此基础上，将来还可以研究“互联网+课程思政”模式下概率论与数理统计的教学改革与实践，并把该成果借助新媒体加以推广。

表1　山东财经大学概率论与数理统计课程知识点中蕴含的思政元素

知识点	思政元素	知识点	思政元素
频率与概率	偶然性与必然性的对立统一	条件分布函数	透过现象看本质
小概率事件	量变与质变的规律	数学期望	树立合理目标，注重平时的积累，踏实勤恳，才能有所成就
全概率公式	将复杂问题简单化，化整为零的思想	方差、相关系数	启发学生积极思维，勇于探索
贝叶斯公式	坚持实践，实践是检验真理的唯一标准；诚信问题	连续型随机变量的期望	事物的普遍联系性；事物是在不断变化发展的
中心极限定理	量变到质变的转化规律	贝叶斯公式	利用“狼来了”的故事教育学生诚信做人
随机变量的概念	联系的客观性、普遍性、多样性；事物的不断发展性	最大似然估计	以联系、发展的观点看问题
二项分布	发扬团队互助精神	假设检验	实践出真知

（三）广西大学线上教学的实施和经验介绍

广西大学通过学生讨论、积极回答问题、按时完成作业、考核模式四个方面介绍了概率论与数理统计这门课程线上教学的经验。他们认为线上教学打破了传统教学固定上课地点和上课时间，学生被动接受的模式；学生可以自由选择听课地点，有事无法上课时还可以在课后看回放。上课时，学生可以及时将不懂内容反馈给教师，教师也可以及时解答，避免了带着问题听课而越听越不懂的情况。在线上课堂，教师可以通过发答题卡的形式，一分钟内即可了解学生对题目的掌握情况。随堂测试和课外作业也可以通过线上形式提交，批改，并发布模范作业，既能使做得好的学生有荣誉感和成就感，又能使做得不够好的学生有追赶动力，决心下次做好。此外，线上教学可以共享优质课程资源，实现融合的广度。

（四）吉林大学基于本课程的“课程思政”源与行

思想政治教育与专业课程结合开展教学不能生搬硬套，课程思政的建设应植根于课程自身蕴含的思政资源（表2）。高校专业教师是课程思政的重要力量，协同育人是专业课程思政的重要手段。有鉴于此，数学课程思政要根据数学学科的特点，挖掘专业知识和思政资源的共性素材；以所学科目为载体，以教学实践为契机，结合现代教育技术，利用慕课、翻转课堂、线上线下混合式教学模式等丰富的教学手段，使思想政治教育显隐结合，科学、自然地融入教学中；使学生在学习过程中培养数学思维，养成勤于思考，善于思考，抓住问题核心并分析问题的能力，通过讲求逻辑、辨识真伪来提高基本素质。此外，还要进一步帮助他们深刻理解生活的意义、世界的意义和人生的意义；更重要的是要培养他们的家国情怀，坚定其文化自信、制度自信、道路自信和理论自信，塑造完善人格，促进全面发展。

表2　吉林大学概率论与数理统计课程思政教学设计

教学内容	思政元素	育人目标	实施途径
随机事件和概率	实践观：实践是认识的来源和发展的动力，是认识的目的和归宿。应学习如何在实践中提炼科学研究方法，最终发现问题的本质。 认识论：人类认识是无限发展、螺旋式的，具有前进性和上升性，最终要实现现象和本质的辩证统一	了解学科背景，提出研究方法，立德树人，激发学习兴趣	实例与课堂教学相结合
随机变量及其分布	方法论：逻辑性、规则性和数理方法	体会学科的研究特点和培养数学的核心素养	小视频和课堂教学相结合

续表

教学内容	思政元素	育人目标	实施途径
数字特征	认识论：如何利用数量指标评价社会经济发展的客观情况	理性地认识客观世界，培养家国情怀	学生查阅资料，PBL（问题导向学习）模式
大数定律与中心极限定理	价值引领：用数学家的故事进行榜样示范，实现价值引领。 方法论：用本章的主要内容让学生认识科学研究的继承性、发展性，理解数学问题高度抽象的必然性	崇尚美德，尊重科学研究规律	实例与课堂教学相结合
数理统计初步	认识论和方法论：如何用数学量化分析方法认识社会问题	运用数学思维和方法指导我们的行动	课外研讨，实验建模
延伸与讨论	哲学与数学的关系	引导学生从另一角度认识、理解、热爱教学	课外阅读

（五）河南科技大学分层教学管理模式

河南科技大学结合不同专业、不同层次对教学内容的广度、深度及难度的要求，设计了不同层次的教学进度和教学大纲，教学大纲相应地也分为5个层次。第一层次包括概率论与数理统计的框架体系、学科历史、内容结果等各个方面的详细知识点；第五层次仅包括概率论与数理统计的核心概念和重要计算；其他三个层次则按照相应顺序，在讲授的知识点中进行适当的调整，整体呈现逐层下降的趋势，即广度、深度及难度逐层降低。为适应分层教学需求，制定分层教材管理方案。第一层次使用的是理科专业使用的概率论与数理统计教材；第二层次中，各专业曾采用浙江大学出版社出版的《概率论与数理统计》；第三层次中，各专业曾采用中国人民大学出版社出版的《概率论与数理统计》。与此相应，还进行了分层教学教师管理、分层教学考试管理、分层教学题库管理等。通过河南科技大学数学与统计学院两年的教学实践，证明了概率论与数理统计分层教学的教学改革方案是可行的，也是有效的，主要体现在：第一，教学过程中学生的满意度提高。不分层时，基础较好的学生尤其是一些理工科专业的学生，认为教师讲课及考核时的难度偏低；与此同时，对同样的讲解及考核内容，经济、管理专业的学生却认为偏难，分层后则较好地解决了这一问题。第二，分层后，同一层次的学生基础更相似，所以教师讲课的难度也相应降低。第三，考试的两极分化现象有所缓解，考试成绩的分布很少会再出现两头高中间低的现象。

（六）云南民族大学开设实验课程

云南民族大学在试点班级概率统计的教学过程中，利用 Excel 软件、Matlab 软件来实现概率计算、演示随机数生成过程，验证和绘制概率分布图形等问题；通过计算机软件的模拟计算实现对概率问题的直观解释，使学生对概率的知识有更直观的认识，从而提高学生的学习兴趣。此外，在教学过程中适当开设实验课环节，将课堂移到实验室，让学生边学边做；并结合全国大学生数学建模竞赛开展相应的创新实验，让学生学有所用，以此提高学生的动手能力和解决实际问题的能力。

以 Excel 为例，原本非常复杂的统计计算，通过直接调用 Excel 函数即可对数据进行分析并很快计算出结果，如样本数字特征、回归分析、假设检验中的 z 检验、t 检验、F 检验、画频率直方图、散点图等，都可以在 Excel 软件中实现。通过实验课程教学，不但能加深学生对基本原理和方法的理解，而且能激发学生的学习兴趣，并可从根本上纠正学生为应付考试片面追求解题方法而导致的题海战术。在考核方式上，期中考试将不设置闭卷考试，而是让学生结合自身情况，选择一个实际问题，采用统计方法进行分析，形成课程报告并提交，完成这一部分的得分将占期末总评的 25%。此外，期末考试将分成上机操作和闭卷考试两部分，占比分别为 30%和 45%。上机操作主要以统计方法的使用及运算内容为主，这种考核方式既免去了学生死记硬背，记忆大量计算公式的劳苦，又可全面考察学生的学习情况，从而给出比较客观的评价。

（七）南京财经大学

南京财经大学整体教学模式为：整体→部分→整体。第一个“整体”是较为模糊、朦胧的整体；而“部分”则强调从整体出发，但同样重视分解为部分，以进行分析、综合；第三个“整体”是经过分解为部分之后，重新认识的有血有肉的整体。用整体教学模式组合知识体系，即上述所指的整体结构教学法（整体教学思想，一个理论大结构和一个应用大结构+各章对应的小结构）。通过多种方式来补充并融入三大现代新元素——统计建模与应用、统计文化、数学与统计软件。

（八）中国矿业大学线上线下混合式“金课”建设

中国矿业大学通过建设课程资源库，利用网络教学平台学习痕迹产生的大数据，对概率论与数理统计课程进行线上线下混合式“金课”建设探索与研究，以提高学生学习的参与度，培养学生的知识应用与创新能力（图9）。

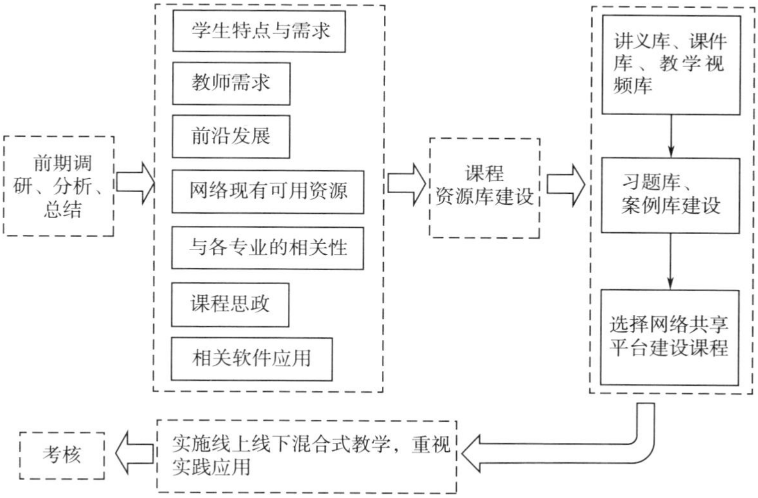

图9 中国矿业大学线上线下混合式“金课”建设实施方案

三、首都经济贸易大学概率论与数理统计公共课教育教学方案待改进之处

（一）契合时代发展背景

在提高人才培养质量，变“灌输教学”为“互动教学”，推进课程改革尤其是基础课改革的背景下，广泛尝试慕课、翻转课堂等教学模式。毕竟，统一的概率论与数理统计教学模式已经难以满足经管类各专业对后续专业课程的需求。教学方案水平的提升将切实改善这一发展困境，为社会输送高质量专业人才。因此，构建现代化的，满足各专业需求的概率论与数理统计课

程教育教学模式具有现实意义。

（二）对传统教学模式进行创造性革新

目前，首都经济贸易大学的概率论与数理统计公共课的教学多以ppt结合手写板的传统教学模式为主，统一教学内容，极大地提升了教学效果。但学生仍多拘泥于课堂理论知识，缺乏创新能力，对大纲以外的知识缺乏自主学习意识，也不知道该学哪些知识点，可见传统教学模式于现行人才培养方案而言存在一定弊端。因此，对传统教学模式的改革和创新将提升学校本科专业教学质量，以实现培养高质量经管类人才的目的。

（三）构建分层、分类教育教学体系

在不改变现有高质量教学模式的基础上，结合现代教育技术进行分层、分类教学是本课题的又一创新点。分类教学可以满足不同专业对概率论与数理统计知识的需求，如把重难点录制成微课视频供学习有困难的同学进行自主学习。总之，分层、分类教学模式，可以有效提升学生的学习效果。

（四）充分挖掘课程中蕴含的思政元素

概率论与数理统计课程是高等院校理工科和经管类各专业必修的一门数学基础课，听课学生人数较多，在此课程中开展思政教育并把课程思政做好有其现实意义。如何在概率论与数理统计课程的教学过程中贯彻课程思政，是这一课堂教学中面临的新课题。例如：如何将学科发展史与学科前沿融入教学过程，厚植爱国主义情怀；如何遵循学生的发展和认知规律，在教学过程中做到循序渐进；如何注重在课程知识点中渗透辩证唯物主义思想；如何注重随机性思维的培养，提高学生运用随机性思维的能力；如何结合案例开展思政教育，加强学生品德修养，培养学生优秀道德品质；如何将统计软件与理论知识相结合，培养学生求真务实的科研精神等。

本课题的研究体现了“以人为本、以学生为中心、因材施教”的教学理念，以“循序渐进、高效实用”为指导，根据不同专业所需要的概率统计知识和学生数学素质等具体情况进行分层分类教学。这样，既能节约课堂时间，又能保持后续知识学习的系统性、连贯性和流畅性；既便于学生吸收，又可激发学生的学习兴趣，加深对所学知识的理解。同时，作为任课教师，要以科学发展观作为指导，不断完善和丰富自身的教学方法和手段，不断总结和改进，争取为国家和社会培养更多优秀的经管类人才。

参考文献

[1] 陈蔼祥．财经类院校中概率论与数理统计课程的教学改革思考［J］．教育现代化，2019（6）．

[2] 陈振洲．《概率论与数理统计》教学改革探索与研究［J］．教育教学论坛，2019（397）．

[3] 葛培运．针对高校概率论与数理统计课程教学改革的分析［J］．中国科技投资，2018（23）．

[4] 胡学瑞，柳雪飞，张倩．应用型本科院校概率论与数理统计教学的几点心得［J］．东西南北，2020（549）．

[5] 洪银胜．概率论与数理统计课的教学改革及学生应用能力的培养探讨［J］．课程教育研究（学法教法研究），2019（5）．

[6] 靳曼莉，林玉国．创新教育下概率论与数理统计课程教学改革研究［J］．数学学习与研究（教研版），2020：6-7．

[7] 李朗，李泽华．农林院校“概率论与数理统计”课程的教学改革与实践［J］．教育现代化，2019（6）．

[8] 李贺．概率论与数理统计课程教学改革探索［J］．安徽工业大学学报（社会科学版），2019（149）．

[9] 李琴，李斐，丁春燕．大数据背景下“概率论与数理统计”课程的教学改革［J］．新课程研究，2020（6）．

[10] 马芳芳，李涵．概率论与数理统计教学改革的研究［J］．课程教育研究，2018（48）．

[11] 谌永荣，杨占英．基于案例和实验教学的《概率论与数理统计》教学改革探究［J］．科技视界，2019（286）．

[12] 王燕萍，吕震宙，李璐祎，等．新时代卓越人才培养计划下概率论与数理统计教学改革探索［J］．科教文汇，2019（457）．

[13] 王晓峰，李庆玉，谭婕，等．应用型高校概率论与数理统计教学改革与

实践：以重庆科技学院为例［J］. 重庆科技学院学报（社会科学版），2020（264）.
［14］吴童，霞丽．“互联网+课程思政”微课模式在概率论与数理统计课程中的研究与实践［J］. 电脑知识与技术，2020（16）.
［15］徐尔，赵鲁涛，李娜，等．概率论与数理统计“金课”建设与教学改革：基于慕课的混合式教学模式的探索与实践［J］. 高等理科教育，2020（150）.
［16］肖敏，徐静，唐叶云．《概率论与数理统计》教学改革思考［J］. 教育进展，2021（11）.
［17］易校石．概率论与数理统计在线课堂建设［J］. 科技经济导刊，2020（28）.
［18］张爱华，杨冬香．数学建模思想融入“概率论与数理统计”的教学改革研究［J］. 科教文汇（中旬刊），2019（452）.
［19］张海侠．基于创新能力培养的“概率论与数理统计”教学改革与探究［J］. 科技经济导刊，2020（28）.
［20］张鹏．应用型本科院校概率论与数理统计课程教学改革［J］. 西部素质教育，2020（6）.
［21］赵秀兰，刘洁，马红娟，等．运用案例教学法促进思政教育融入概率论与数理统计课［J］. 河南农业，2020（554）.
［22］赵雪芬．以大数据分析能力为导向的“概率论与数理统计”课程教学改革研究［J］. 科教导刊（下旬刊），2020（426）.
［23］种孝文．概率论与数理统计课程教学改革的研究［J］. 发明与创新，2020（820）.

附录1　针对教师的调查问卷

老师，您好！我们是首都经济贸易大学概率论与数理统计公共课组的教师。由于我们一直按照统一的考研大纲进行教学，不知对不同专业后期专业课的学习是否有影响，希望您给予我们反馈，我们将想办法改进，为学生提高学习效率而共同努力！

1. 您来自哪个学院?

A. 金融学院

B. 经济学院

C. 会计学院

D. 工商管理学院

E. 财政税务学院

F. 劳动经济学院

G. 管理工程学院

H. 城市经济与公共管理学院

2. 您从教已经多少年?

A. 1~5 年

B. 6~10 年

C. 11~20 年

D. 21 年以上

3. 您认为在概率论与数理统计现有知识点的基础上还需要增加哪些知识点进行讲解?

A. 几何分布与超几何分布

B. 条件数学期望

C. 概率母函数

D. 特征函数

E. 随机变量的收敛性

F. 不需要再加知识点

G. 其他

4. 您认为哪些知识点需要着重讲解?

A. 正态分布及其应用

B. 随机变量函数的分布

C. 条件分布及其应用

D. 多维随机向量的运算

E. 大数定律及其应用

F. 中心极限定理及其应用

G. 两正态总体抽样分布

H. 截尾样本的估计

I. 不需要再重点讲

J. 其他

5. 您对这门课程有什么意见或建议?

附录2 针对学生的调查问卷

各位同学，您好！我们是首都经济贸易大学概率论与数理统计公共课组的教师。由于我们一直按照统一的考研大纲进行教学，不知对不同专业后期专业课的学习是否有所影响，希望您给予我们反馈，我们将想办法改进，为同学们提高学习效率而共同努力！

1. 您来自哪个学院?

A. 金融学院

B. 经济学院

C. 会计学院

D. 工商管理学院

E. 财政税务学院

F. 劳动经济学院

G. 管理工程学院

H. 城市经济与公共管理学院

2. 您的年级是?

A. 大三

B. 大四

C. 研究生

3. 从后期专业课程学习的角度，您认为在概率论与数理统计现有知识点的基础上还需要增加哪些内容进行讲解？

A. 几何分布与超几何分布

B. 条件数学期望

C. 概率母函数

D. 特征函数

E. 随机变量的收敛性

F. 不需要再加知识点

G. 其他

4. 从考研的角度，您认为在概率论与数理统计现有知识点的基础上还需要增加哪些内容进行讲解？

A. 几何分布与超几何分布

B. 连续型随机变量 $Z = XY$ 和 $Z = Y/X$ 的分布

C. 截尾样本的估计

D. 不需要再加知识点

E. 我是大三同学，还不了解考研

F. 其他

5. 在已讲解知识点的基础上，您认为还有哪些内容需要教师着重讲解？

A. 正态分布及其应用

B. 随机变量函数的分布

C. 条件分布及其应用

D. 多维随机向量的运算

E. 大数定律及其应用

F. 中心极限定理及其应用

G. 两正态总体抽样分布

H. 不需要再重点讲

I. 其他

6. 您对这门课程有什么意见或建议？

第四篇　教学管理

审核评估视角下高校教学档案管理优化路径研究

刘江霞　王淑红　李　娟　耿　硕　黄少卿
（首都经济贸易大学　档案馆）

【摘　要】高校教学档案反映了学校教学的定位与目标、师资队伍、教学资源、培养过程、学生发展和质量保障等方面，是审核评估的基础，是负责审核的专家了解学校、了解教学业务工作的重要媒介和重要参考；教学档案是否真实、齐全、完整，在一定程度上直接影响审核评估的结果。目前教学档案在形成、归档、管理、开发利用中存在主体失位、内容失全、依据失准、价值失衡等问题。因此，在审核评估视角下构建全局式教学档案管理体系是使教学档案归档、管理系统化、规范化、信息化的有效手段，它能为教学工作审核评估提供全面的数据信息，并满足高校师生与社会各界对教学档案应用的多样化需求。

【关键词】审核评估　高校教学档案管理　优化路径　全局式教学档案管理体系

引言

根据《教育部关于普通高等学校本科教学评估工作的意见》（教高〔2011〕9号）和《教育部关于开展普通高等学校本科教学工作审核评估的通知》（教高〔2013〕10号），普通高等学校本科教学工作审核评估（以下简称“审核评估”）以党的十八大精神和教育规划纲要为指导，坚持“以评促建、以评促改、以评促管、评建结合、重在建设”的方针，目的在于加强教学基本建设，强化教学管理，深化教学改革，全面提高教学质量和办学效益。在审核评估中，必须调阅大量的教学档案，通过档案材料对照各项评估指标进行科学的定量、定性分析，给出评定结果。在审核评估的背景下，教学档案的规范性、完整性、系统性关系教学评估结果的准确、客观、公正。新形势下，如何优化现有的教学档案管理模式，令教学档案真正发挥“存史、资政、育人”的作用，是当前高校档案部门、教学部门应思考的课题。本课题以教学档案为研究对象，着重探讨审核评估视角下高校教学档案管理的优化路径。

一、研究视角：高校教学档案与审核评估

（一）高校教学档案对审核评估的作用

根据《高等学校教学文件材料归档范围》（〔87〕教办字016号）和《高等学校档案管理办法》（教育部令第27号），高校教学档案包括：①上级教育主管机关下达的指令性、指导性文件；②综合性教学文件材料；③招生工作的材料；④学籍管理材料；⑤学生奖惩材料；⑥教学计划、方案和教学大纲，教学改革方案、总结；⑦教材方面的材料；⑧教学实习、生产实习方面的材料；⑨课堂教学材料；⑩优秀的典型的毕业论文、毕业设计及评审意见；⑪研究生及硕士、博士学位获得者的名册、学位论文及有关审批文件；⑫毕业生分配材料；⑬毕业生质量调查材料；⑭师资培训的计划、考核和总结，出国进修等文件；⑮教研室的教学总结，教师教学经验总结、教师教学质量奖励材料，教学情况调查表；⑯教师工作量的规定及执行情况；⑰夜大学、函授部和各类培训班、进修班形成的文件和材料。

以上应归档的高校教学档案中，第②④⑤⑥⑧⑨⑩⑮等项档案是审核评估的重要内容，反映了本科教学的定位与目标、师资队伍、教学资源、培养过程、学生发展和质量保障等方面，是审核评估的基础，是负责审核的专家了解学校、了解教学业务工作的重要媒介和重要参考；教学档案是否真实、齐全、完整，一定程度上直接影响审核评估的结果。

（二）审核评估对高校教学档案的影响

审核评估的重点是学校办学条件、本科教学质量与办学定位、人才培养目标的符合程度，学校内部质量保障体系建设及运行状况，学校深化本科教学改革的措施及成效等。审核评估中，需要系统地检查学校教学条件、教学

状态和教学效果三个层次，在检查的同时也对高校教学档案的管理带来深远影响，即审核评估能够“以评促建”，增强高校师生员工的档案管理意识，为学校决策提供依据，促进教学档案建设转型升级，提高教学质量。同时，审核评估能够“以评促改”，新形势下的审核评估给教学档案的归档和管理带来了新的挑战和要求，高校档案部门要以此为契机，改善、解决教学档案管理中存在的突出矛盾与问题，使教学档案管理向科学化、规范化、创新化方向发展，增强教学档案管理的活力。审核评估能够“以评促管”，通过审核评估，减少教学档案管理利用的成本和手续，提高管理利用效率，促进档案开发，发挥更深层次的作用。审核评估还能“以评促发展”，审核评估中运用了大量的电子档案，这就对教学档案的管理提出了高要求，从而促进了高校教学档案信息化管理的发展。

二、高校教学档案管理中存在的问题

（一）主体失位：教学档案形成、管理部门脱节

教学档案主要来源于教学单位和教学管理部门，教学档案的形成和前端管理是教学管理活动的重要组成部分，应纳入教学管理人员的职责范围，档案部门则承担着归档中端和后端的管理工作，各部门应该密切配合，加强协作。然而目前的实际情况是，各高校教学单位、教学管理部门、教学档案管理部门各司其职、独立运行，教学管理部门、教学单位鲜有专职的教学档案管理人员；兼职的档案管理员又对档案工作业务知识不熟练，缺乏系统培训且流动性较大，在岗期间可能并没有认识到档案工作的价值或者没有把档案工作当成一项非常重要的工作来开展，即使认识到档案工作的重要性，也存在没时间干、不会干、干不好的情况，归档不及时、不充分，由此造成教学档案建档困难，给教学档案的系统性、延续性带来十分严峻的影响。档案部门虽负责制定教学档案的收集、管理制度，但档案部门因不参与实际教学及管理工作，在制定教学档案管理相关制度时难免会有偏差。这样一来，文件的形成部门与归档管理部门脱节，不能对教学档案的形成、归档工作进行高效的指导和协调，必然造成档案材料收集的不全面、不系统。

（二）内容失全：教学档案收集不齐全，分类归档不规范

教学档案的收集是根据教学工作流程进行的，分类要求覆盖全部工作过程产生的有保存价值的文件，同时内容不重合，因此确定了教学文件的归档范围；文件大类下设小类，上位类涵盖下位类，并分别确定文件的编号、密级、价值和保管期限。然而在实践中，因归档范围比较笼统，部分高校教学档案的收集覆盖范围很不全面，如归档范围中要求课堂教学材料归档，包括教师的教案、讲稿、实习指导等教学文件，但在实际工作中归档的内容很少；学生的作业、考试等文件也存在不归档或短期存档现象，这不利于提高教师教学水平和学生学业水平，对审核评估也有直接影响。在教学档案分类中，有些高校根据自身特点对部分教学档案单独设类，如高校教学评估档案是伴随教学水平的评估而形成的，部分高校单独设类，特殊管理。另有部分教学档案如录取、毕业、学位名册等，查借阅频率较高，利用频繁，为了方便查询利用，也存在单独设类的现象，这违背了档案管理的基本原则——来源原则，也会造成档案材料的重复或错漏归档和排架。

（三）依据失准：教学档案管理规章制度不够完善，修订不及时

在日常工作中，档案部门不能参与教学档案材料的形成过程，所制定的教学方面的文件材料归档范围和保管期限等规章制度不够完善；对教学管理部门、教学单位根据教育部、上级教育主管部门、学校等要求而调整职能机构、增加业务工作等信息，档案部门无法第一时间获取并及时修订相关规章制度，而按原规章制度管理又势必造成档案收集不齐全、不完整的情况。各教学单位的档案工作一般由兼职档案员负责，而业务部门又缺乏专门的教学档案管理的规定和制度，加之兼职档案员忙于教学、科研、办公室等事务性工作，没有多余的时间来学习、了解教学档案管理方面的制度规定，因而在档案部门制定、修订制度时，对其中不合理的方面不能根据业务实际情况及时指出。同时，考虑到各个教学单位在制度建设时要保持差异化，实现个性化，这同样也使得教学档案管理所依据的标准变得更加复杂、多样。

（四）价值失衡：教学档案服务性不强，编研开发不够

从档案馆档案利用情况看，教学档案的利用主要是为学生开具档案证明，包括成绩证明、学历学位证明、招生、录取、入学、毕业分配情况证明等，

这也是近年来学生升学、就业、出国深造、干部人事档案专项审查补充材料的主要依据。

然而，教学档案中既包括了上级教育部门发布或下达的指令性、指导性文件，又有学校制定的关于本科教育教学工作的规章、制度、条例等文件。在研究高校教育教学工作，研究高校运行与管理的规律、经验，编史修志等工作中，这些教学档案都是重要的信息支撑，能给研究者提供重要的、真实的一手资料。同时，也能为高校教师利用档案进行教学反思、教学组织等提供条件，尤其是教学档案中的行政综合类、课堂教学类、学生实习实践类材料较为系统、详实地记录了教学组织实施的全过程。显然，对这部分教学档案的利用较少，教师、学生在教学中很少通过查档了解教学、学生学习实践中的问题、经验教训等。档案利用较少，产生的社会效益和经济效益不明显，这一方面与档案的服务方式、方法、手段不够，内容单一，服务面窄分不开，另一方面也说明社会对教学档案的重视程度还不够，教学档案的价值被低估，教学档案管理工作的积极性难以发挥。

三、优化路径：构建全局式高校教学档案管理体系

审核评估以反映教育教学水平的各种数据资料、课程档案、实践教学档案等为审核依据，通过教学档案总结规律，发现问题，提高教学质量，提高高校科学化管理水平。通过审核评估发现，教学档案管理存在着不容小觑的问题。如何立足创新、加强管理，解决这些问题，促进高校教学档案管理科学化、规范化是本课题的立意所在。通过研究，本课题对教学档案的保障体系、资源体系和利用体系三个方面进行重新构建，有针对性地提出优化方案，设计了一个全局式的教学档案管理体系（图 1）。

（一）构建全方位的教学档案保障体系

1. 组织保障：以主体融合为导向，加强学校多部门的协同配合

高校教学档案的形成、收集、管理、开发、利用是学校基础工作的一部分，既是学校正常运转的重要依托，也是一个庞大的、复杂的系统工程，需要学校层面、档案部门、教务管理部门、教学单位等多方配合，协同共治。

首先，高校在制定学校发展战略规划时应将教学档案管理纳入全局谋划，并建立有效的监督评价和追踪体系。这对进一步推动学校教学档案工作的顶

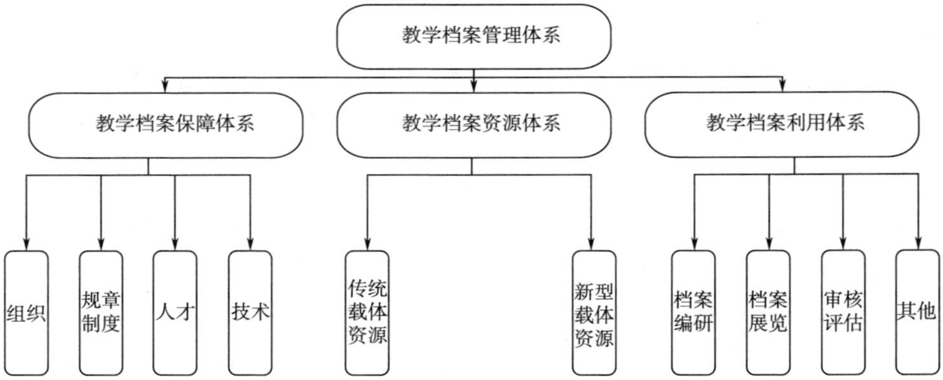

图 1　全局式教学档案管理体系

层设计，建设科学化的教学档案工作机制，提高教学档案资源利用率，发挥教学档案的潜在价值，推动全校教学档案工作的现代化、规范化发展具有重要意义。

其次，档案部门在发布教学档案收集范围和保管期限，出台教学档案管理规定和制度前，应与教务管理部门、教学单位充分沟通。应根据历年教学档案的内容、归档特点等进行分析，结合教学工作新要求、教学部门职能变化等情况，综合考虑不同学科专业领域形成教学档案的特殊性。既在规章制度中突出共性内容，又对个性部分单独设立章节明确要求，如要求各学院收集学生成绩单，除了课程成绩单、英语四六级成绩单外，对外国语学院单独要求收集英语专业四级和专业八级考试的成绩单。

最后，教学管理部门和教学单位应建立一个“大教学档案”的概念，纳入这个大概念范围内的档案都应归档，如课堂教学档案、实验实习教学档案、考试档案、毕业论文及其评估档案、教师教学档案等。教学管理部门应做好设计和管理，在教学单位开展各项教学工作的初期即应预估末端文件归档环节，并强调这些文件材料长久保存的重要性，强化教学单位的归档意识。

2. 制度保障：以制度建设为抓手，完善教学档案管理的规章制度

教学档案管理的规章、制度是教学档案规范化、标准化管理的基础和保障。教学档案管理所依据的现行规章、标准、制度有《高等学校档案管理办

法》（中华人民共和国教育部、国家档案局令第27号）、《高等学校教学文件材料归档范围》（〔87〕教办字016号）、《机关文件材料归档范围和文书档案保管期限规定》（国家档案局令第8号）和《高等学校档案实体分类法》（DA/T10—1994）等，各高校也根据自身特点制定了相关管理规定。当然，任何一项管理规章、制度的内容都需要随着社会环境的发展、行业发展和学校发展不断进行调整和完善。所以，教学档案的产生、管理部门应根据学校不同发展时期的任务，做好制度设计、制定、修订等工作。一方面，应充分结合国家出台的新制度新办法，结合教学档案产生部门的实际发展情况做好修编工作，并注意制度的衔接和创新；另一方面，要以制度建设为保障，制度要有重点，兼具灵活性、实用性和前瞻性，在各部门之间营造“各司其职，有序推进”的档案管理新环境。在本课题研究中，针对此项问题，课题组修订了包含教学档案在内的《文件归档范围和保管期限表》并于2021年1月发布实施。教学档案部分经过各部门的集中讨论和商议，最终根据各部门现有的职能，形成了“年度-教学层次-教学环节”的分类方式，明确了立卷原则和保管内容、保管期限。其中，将原来的教学督导环节和课堂教学环节产生的档案类进行了调整。调整后大类名为教学建设及运行（因教学督导部分工作划归发展规划处，所以部分内容移至该处）。同时，增加了各专业培养方案、教学大纲、课程简介、各专业年度教学安排表、教学执行计划等内容。此外，学院的归档范围中增加了声像档案的归档内容和毕业生成绩单，并对外国语学院明确了英语专业四级和专业八级考试成绩单的归档要求。

3. 人才保障：以培养复合型人才为核心，加强专业培训

因教学档案形成、收集人员（统称兼职档案员）大都非档案专业出身且流动性大，因此对兼职档案员进行有针对性的培训很有必要。教学单位和教学管理部门可以在兼职档案员到任时设立教学档案管理基本理论知识的培训，并对各部门各岗位的分工进行介绍，使兼职档案员了解教学部门每个岗位在工作过程中都会形成哪些归档材料。档案部门在培训内容和培训时间上要注意针对性，除全校内具有共性的文书档案归档流程及其要点培训外，还应加强关于教学档案的专业化培训机制，突出教学档案与文书档案在归档范围、立卷方式、分类方法、编号、排序、著录方法等方面的区别，并面向兼职档

案员将常规培训和专项培训相结合。

4. 技术保障：以信息技术为突破口，推进教学档案数字化建设

档案信息化、数字化是档案工作的发展趋势，也是检验档案工作成效的重要手段。大数据背景下，教学档案管理要积极拥抱信息化、数字化技术，包括利用宽带数据的通信传输技术、多媒体网络技术、TCP/IP 技术、云存储技术、爬虫技术、数据压缩、数据加密、水印技术等现代信息技术；要抓住信息化建设发展机遇，构建数字化、智能化的教学档案管理系统，提升教学档案在收集、整理、保管、编研等环节的信息化水平，实现教学档案产生、收集和服务功能的“转型升级”。

（二）构建多元化的教学档案资源体系

1. 加强对传统载体教学档案资源的收集

对传统教学档案的收集，要完善教学文件归档范围和保管期限，明确档案门类，教学单位和教学管理部门要为教学档案的齐全完整进行前端控制、全局谋划。可以设置教学档案袋，在档案袋上明确归档范围，使教师了解工作过程中形成的哪些材料应归档并及时做好档案归档工作；由教学管理部门牵头，做到将教学档案收集、管理归档工作“三纳入”“四同步”。“三纳入”，即纳入教学计划和规划，纳入教学管理制度，纳入相关人员的职责范围。“四同步”，即下达教学任务与提出教学文件材料的归档要求同步，检查教学工作与检查文件材料的形成积累情况同步，评审鉴定教学质量、教材、毕业论文、优秀教学成果与审查、验收档案材料同步，毕业分配、上报评审材料、教师考核晋升与档案部门出具档案证明同步。

2. 推进教学档案数字资源的收集

教学档案数字资源，包括直接生成的电子档案和纸质档案数字化后的数字档案。教学档案数字资源应与传统载体档案资源实现双套存储，双轨运行。数字档案资源的收集、存储、管理、利用需要通过档案管理系统来实现，这就要求学校引进或设计开发教学档案管理系统，或开发教学系统与档案系统关联的接口，突破传统线性归档模式和时间等限制，实现教学状态数据、教学档案的在线及时归档，不断增加档案的种类和数量，推进教学档案数据库的建设，为学校审核评估做好准备。教学形成的电子文档格式、教学档案数

字化后导入系统的格式均应满足《电子文件归档与电子档案管理规范》（GB/T 18894—2016）的规定和要求。

3. 开展教学档案资源的征集

因归档范围存在一定的局限性，教学档案的征集可以打破这一局限。对有收藏价值、有社会需求的档案资料加大征集力度，增加馆藏资源总量，丰富馆藏内容，优化馆藏结构，从而优化档案资源结构。高校可长期通过各大媒体、宣传平台，大型活动窗口，面向师生校友进一步挖掘和征集全校优秀教学档案资源。征集过程中，需要先制定一个相对合理的教师教学档案构成、学生学籍档案构成、学生科研项目构成，征集内容包括师生的多媒体教学资料、信息技术与学科教学整合的案例集合、教学设计方案、获奖论文等。开展档案征集可以对教学档案资源进行有效补充，以利于后续科学研究。

（三）构建完善的教学档案利用体系

1. 以教学档案内容为基础，编研开发其功能

目前，教学档案中大部分档案价值被低估，没有发挥其应有功能，可以借鉴国内外相关机构在档案资源开发方面的经验，对教学档案进行开发。如美国国家档案网站的“文献教学”项目，分为“探索”、“发现”和“创建”三大板块，其目标在于鼓励更多的师生利用该项目提供的档案资源和“活动”进行历史教学和学习。澳大利亚档案馆的“虚拟阅览室”项目，是获取澳大利亚国家档案馆数字档案资源用于课程教学的新方法。美国布莱恩特大学将授予宋美龄女士的荣誉博士证书、学籍档案以及授予其荣誉博士仪式议程的档案捐赠给成都建川博物馆，这些档案陈列于建川博物馆抗战系列之援华美军博物馆中，推进了国内外学术研究和国际文化交流。山东德州的数字档案馆推出了学籍档案等民生档案的查询利用，缩短了档案查阅时间，简化了查阅流程。高校档案部门可以借鉴这些成功的经验，将不同教学时期教学管理的政策变化、教学管理情况等进行编研，如借鉴招生宣传册方式，对不同年度招生、毕业、实习等数据进行挖掘、编辑，并进行横向、纵向的对比，通过对信息的二次、三次加工，最终以大事记、年鉴、图集、审核评估等各项评审专题成果汇编，以及举办展览等方式充分发挥资源优势，吸引社会各界走进教学档案，了解教学档案，了解高等教育。

2. 以用户满意为目标，加强对教学档案资源的整合共享

教学档案管理部门可加强与其他学校、教育机构、图书馆、博物馆等机构的合作，基于信息资源的整合共享理念，将分散在这些机构的，反映同一教学内容、主题的档案进行整合并开发其教育功能；设立教学档案利用平台，充分发挥各自资源优势，实现资源互补。同时，以用户满意为目标，吸引用户参与档案的教育功能开发，调动高校师生以及社会各界的积极性，使各高校师生通过教学档案利用平台了解学校教学内容、教学经验，不同学科教学方式的差异、教学质量，以及学生学习、实践情况等；使社会各界了解教育史，了解涉及政治、经济、文化等方面的相关学科发展情况。信息化环境下，信息资源的整合，数据库的建立，线上利用平台的设计都为社会各界利用教学档案提供了方便，从而可发挥出教学档案的最大价值。

结语

当前，周期性的本科教学水平审核评估已成为一种检验高校教学质量的手段和例行的操作方式。针对审核评估及日常工作中发现的问题而提出的构建全局式教学档案管理体系，是对原有教学档案管理模式的一个全方位的改革和完善；这不是一蹴而就的，而是要在改革中逐步形成的一个长效机制。结合智慧校园的建设、数字档案馆的建设，教学档案管理体系也必须在方方面面结合新形势新内容进行管理和服务模式的优化与再造，最终通过资源共享的方式最大限度地实现教学档案资源的教育和研究功能，为实践创新提供协助和发展空间，这也是落实国家政策的必然选择。

参考文献

[1] 孙曙光，张帆，郝爽．学科评估视域下图书情报与档案管理学科建设的问题与策略［J］．情报科学，39（5）．

[2] 李冬梅．“互联网+”环境下高校教学档案数字化管理研究［J］．兰台内外，2020，303（30）．

［3］蒋玮．“后评估时代”背景下的高校教学档案管理优化路径探析［J］．档案，2019（3）．
［4］付长缨．高等教育信息化视域下高校教学档案的建设与开发利用［J］．山西档案，2015，223（6）．
［5］李江峰．基于流程化管理的高校教学档案工作创新与实践［J］．兰台世界，2018（10）．
［6］郭蓉．探究高校教学档案管理在本科教学评估中的应用［J］．辽宁科技学院学报，2019，21（1）．
［7］肖肃萍．高校教学档案管理应在创新上下功夫［J］．管理观察，2011（7）．
［8］黄少梦．国外档案资源教育功能开发实践［J］．中国档案，2017（1）．

学校国际学生学历生学业预警制度研究

全佳红
（首都经济贸易大学　国际学院）

【摘　要】近年来，首都经济贸易大学国际学生学历生的数量呈现跨越式增长。如何提高学生的整体素质，把好培养过程的监督关，提高学历生的毕业率，把更多优秀的国际学生学历生推向社会，是目前需要解决的问题。本研究根据学校国际学生学历生培养情况，有针对性地制定既符合来华留学生教育规律要求，又符合学校人才培养目标和规定，并且可实施性强的国际学生学业预警制度和实施方案。希望通过科学规范的教育与管理，即使在疫情期间困难重重之下，也尽可能提升人才培养质量，并吸引更多优秀留学生人才来留学，真正提高首都经济贸易大学的国际竞争力和影响力。

【关键词】国际学生学历生　学业预警制度　实施方案　研究

引言

国际化办学水平是衡量一所大学综合实力的重要指标，也是首都经济贸易大学建设国内一流、国际知名财经大学的重要内容，对提高学校的国际声誉与学术地位有着重大影响。随着学校国际化水平的稳步提升，吸引了越来越多的国际学生来校学习深造。近几年来，首都经济贸易大学国际学生学历生的数量和单独为国际学生学历生开设的专业均持续增加，呈现跨越式增长。如何提高学生的整体素质，把好培养过程的监督关，提高学历生的按期毕业率，把更多优秀的国际学生学历生推向社会，是目前需要解决的问题。

2017 年、2018 年、2020 年，国家和北京市相继出台了《学校招收和培养国际学生管理办法》（中华人民共和国教育部、中华人民共和国外交部、中华人民共和国公安部令第 42 号）、《来华留学生高等教育质量规范（试行）》

（教外〔2018〕50 号）和《北京地区高等学校招收和培养国际学生管理办法》（京教外〔2020〕1 号）等相关文件规定，对提高高等学校国际学生教育的培养质量提出了明确要求。因此，高校需要加强国际学生学历生培养过程中的引导、辅助和约束，提高教育教学质量和学生综合素质，提高毕业率，减少因国际学生学历生学业问题而引发的后续矛盾和问题，帮助学业出现问题的学生合理安排学习进程并最终完成学业。

为了更好地规范国际学生教育，学业预警的研究就颇为紧要，此类研究可作为国际学生培养过程的引导和辅助。不过中国知网上关于国际学生的研究虽然颇多，但多为文化语言或是学生管理等层面。同时，关于国内高校学生的学业预警研究很多，但研究对象又几乎都是中国学生，很少涉及国际学生。总之，对国际学生学业预警的相关研究少之又少。

本项目研究了部分高校国际学生实施学业预警机制的基本情况。近年来，学业预警制度越来越为各高校所重视。许多高校制定了本校层面的配套制度，以不断完善国际学生教育管理体系，提高国际教育质量水平。兄弟院校的国际学生培养多是入系入院模式，即国际学生直接与中国学生编班上课。部分全部入系培养的高校采用的是国际学生和中国学生共用一个管理信息系统，趋同化管理水平很高。比如，国际学生的培养、教学管理都可以在国际学生入学后统一录入，授课安排、考勤统计、成绩录入和打印毕业证书等事务均可在系统中完成；在信息化系统操作方面基本实现了无差别管理，学业预警过程可在数据辅助下一目了然。

首都经济贸易大学因校区设置等相关因素，国际学生学历生主体为单独组班，授课地点为红庙校区，国际学生采用的是相对独立于中国学生的教学管理，保留了一定的管理弹性。目前学校国际学生教学管理信息化水平较低，相关环节均无系统支持，需要手动进行教学排课、考试联系通知、考试成绩录入、成绩单制作等。当然，鉴于各校的特殊性，他校国际学生学业预警机制的成效与经验，并不完全适用于首都经济贸易大学国际学生的教学管理现状。

《来华留学生高等教育质量规范（试行）》中提出了“逐步实现中外学生教学管理的趋同”。除了在教学考试考核上的趋同，还有管理和服务上的趋同化。教育部要求高校提供平等一致的管理服务，对违规违纪的国际学生严肃处理。关于此制度的执行，在首都经济贸易大学校内全日制中国学生中已经比较成熟稳定。当然，趋同并不意味着等同。开展国际学生学历生学业预警机制研究，是在中国学生学业预警机制得到完善的情况下，根据来华留学生的教育特点，制定国际学生学历生学业预警制度，以达到促进学校来华留学生教育开展和提高学历留学生培养质量的目的。

对国际学生学历生的培养管理，可以借鉴已有制度，在推进来华留学生趋同化管理的过程中，建立有针对性的国际学生学历生学业预警制度和实施办法；加强学业管理，帮助学生成功应对学业危机，按时按期完成学业，从而为首都经济贸易大学整体国际化水平的提升作出更大贡献。

一、学校国际学生学历生培养基本情况

（一）学校国际学生学历生在读情况

随着首都经济贸易大学的国际化水平稳步提升，吸引了越来越多的国际学生来校学习深造。近几年来，学校国际学生学历生的数量和单独为国际学生学历生开设的专业均持续增加，呈现跨越式增长。截至 2021 年春季，学校国际学生学历生在读情况如下。

1. 参加入系学习和参加单组班学生情况

在校国际学生学历生共 281 人，其中入系入院学习的汉硕汉博国际学生共 26 人，单独班学习的本硕博国际学生共计 255 人。入系入院的汉硕汉博学生涉及 11 个专业，5 个培养学院。单独为国际学生学历生开设的专业有 14 个，单独开班的教学班级达到 27 个。参加入系入院学习的汉硕汉博学生情况，具体如表 1 所示。

表 1　参加入系入院学习的汉硕汉博学生情况

培养学院	类别（入系入院）	总计	专业	人数
经济学院	汉硕	11 人	国际贸易	9 人
			世界经济学	1 人
			国际商务（专硕）	1 人

续表

培养学院	类别（入系入院）	总计	专业	人数
经济学院	汉博	4 人	国际贸易	2 人
			数量经济学	1 人
			增长经济学	1 人
工商管理学院	汉硕	7 人	企业管理	7 人
法学院	汉硕	1 人	法律	1 人
金融学院	汉硕	1 人	金融学	1 人
劳经学院	汉硕	1 人	人口、资源与环境经济学	1 人
	汉博	1 人	人力资源开发与人才发展	1 人
总计 26 人，其中入系入院的汉硕 21 人，汉博 5 人				

2. 学校为单组班国际学生学历生开设的专业情况

学校为国际学生单独设立的专业，包括汉语授课的国际经济与贸易、经济学、汉语国际教育和全英文授课的工商管理等本科专业，以及全英文授课国际贸易学、产业经济学、国民经济学、数量经济学、企业管理等硕士和博士专业。以上专业分属经济学院、工商管理学院、文化与传播学院等，各项目、各班具体人数如表 2 和图 1 所示。

表 2 为单组班国际学生学历生开设的专业情况及学生人数

	类别	专业（授课语言）	总计	年级/人数				
经济学院	本科	国际经济与贸易（汉语）	91 人	20 级 20 人	19 级 26 人	18 级 24 人	17 级 21 人	
		经济学（汉语）	15 人	20 级 3 人	19 级 6 人	18 级 6 人		
	硕士	应用经济学项目（英语）	22 人	20 级 3 人	19 级 19 人			
	博士	应用经济学项目（英语）	28 人	20 级 5 人	19 级 7 人	18 级 12 人	17 级 2 人	16 级 2 人

续表

	类别	专业（授课语言）	总计	年级/人数				
工商学院	本科	工商管理（英语）	37 人	20 级 5 人	19 级 9 人	18 级 10 人	17 级 13 人	
	硕士	企业管理（英语）	18 人	20 级 3 人	19 级 15 人			
	博士	企业管理（英语）	21 人	20 级 6 人	19 级 4 人	18 级 6 人	17 级 5 人	
文传学院	本科	汉语国际教育（汉语）	23 人		19 级 7 人	18 级 9 人	17 级 7 人	
总计 255 人，其中本科（单独开班）166 人，英硕英博（单独开班）89 人								

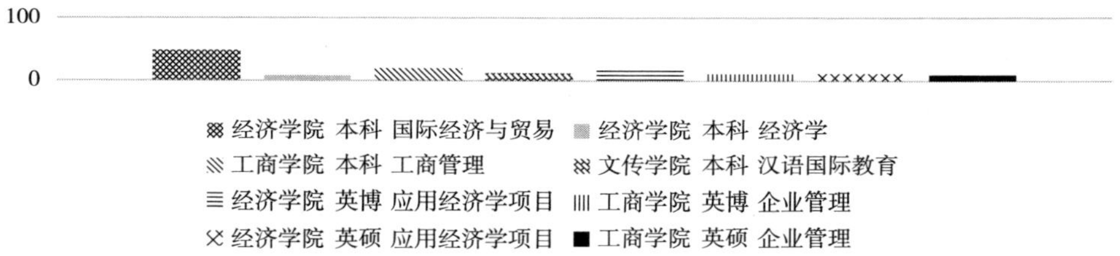

图 1　国际学生单组班各个项目人数比较

（二）学校国际学生学历生近 5 年毕业（非常规毕业）情况

总结近几年国际学生学历生学业状况，其学业完成度并不是很理想，虽然每年毕业人数有所增长，但是实际毕业率不高，并有下降趋势。具体见表 3、图 2 和图 3。

表 3　近年来国际学生学历生毕业生应毕业、实际毕业、顺利拿到学位、非常规毕业和延迟毕业人数明细　（单位：人）

	应毕业	实际毕业	顺利拿到学位	非常规毕业	延迟毕业
2016—2017 学年	54	50	44	6	4
2017—2018 学年	44	43	36	7	1

续表

	应毕业	实际毕业	顺利拿到学位	非常规毕业	延迟毕业
2018—2019 学年	71	62	51	11	9
2019—2020 学年	102	90	70	20	12
2020—2021 学年	121	100	70	30	6

注：2020—2021 学年，含 2021 年春季强制休学 15 人。

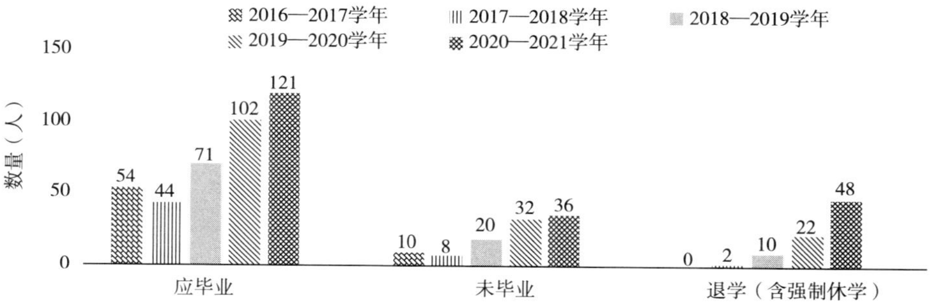

图 2　近年来国际学生学历生毕业、未毕业、退学数据变化

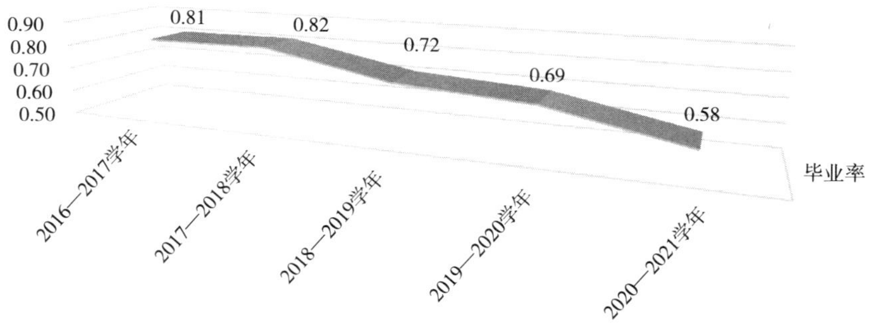

图 3　近年来国际学生学历生实际毕业率数据比较

（三）学校国际学生学历生毕业率下降的原因分析

1. 从学生个体层面分析

（1）中外教育模式的差异性。由于中外教育模式存在差异，国际学生在课堂教学中已习惯本国轻松自由的课堂环境。

（2）部分国际学生语言障碍问题。学生来华时语言水平有限，汉语读写存在一定障碍，导致其同专业课程的衔接难度很大，学习理解能力严重受阻。

（3）国际学生年龄偏小，自我约束力弱。目前，在校国际学生普遍年龄偏小，主观学习意识薄弱，自控能力较差。

2. 从学校管理层面分析

（1）教学管理工作有待进一步规范。虽然近年来学校正努力推进中外学生教学管理的趋同化，且基于国际学生的特殊性，国际学院已经有初步培养管理规定，但仍需要新建和完善相关管理规定，如《国际学生学历生学业预警制度》《国际学生学历生教学管理制度》等。

（2）国际学生数量的增长与教育资源的增长不平衡导致教学和管理水平跟不上。国际学生学历生单组班的招生规模不断扩大，但教学资源无法及时跟进，出现了诸如国际学生学历生单组班项目专业课任课教师匮乏等问题。

（3）教学管理信息化水平低，效率堪忧。目前国际学生学历生的日常管理工作，如成绩录入、成绩单制作等依然完全靠手工操作，花费时间很多，效率却很低。

因上述诸多原因，部分国际学生学历生在校期间学习积极性下降，出现逃课、沉迷网络等情况，导致不能正常完成学业。虽然在培养管理过程中，教师和管理人员密切关注学生动向，对缺勤严重、考试成绩不理想的学生及时提醒约谈，但因制度层面尚不完善，对学历生的约束、警示作用没有起到很好的效果。

二、学校国际学生学历生学业预警工作开展情况

（一）学业预警工作开展现状

1. 管理模式相对滞后

虽然意识到了学业预警的重要性，学校、学院也对国际学生的各项表现进行了尽可能详尽的记录和划分（如期中考勤汇总、期末补考统计、平时违法违纪记录等），但仍不能全方位、及时地反映学生的真实状况。目前所汇总的节点多是期中、期末，办公室的信息收集实际处于滞后状态。总之，现有模式虽能起到一定监控作用，但是总体而言仍属于事后管理模式。

2. 监控形式相对单一

目前，授课教师基本上都是手工填写相关考勤记录并上报给留学生培养

办公室，然后由工作人员人工整理分析，再分享给留学生管理办公室，效率较低。由于平台的局限，当前的学业预警统计方式，一是无法做到实时报备，二是无法对数据进行处理跟踪。

3. 沟通方式相对固定

目前学院采取的沟通方式主要是找留学生一对一谈话，学生签署“学生成绩警告通知书”（承诺书），同时联系留学生在华担保人进行提醒警示。但是，由于留学生存在年龄尚小、态度懈怠等各种情况，其父母又远在本国无法充分了解孩子的实际状况并及时管教，谈话警示后学生仍有可能又自我松懈，预警沟通效果相对有限。

（二）学业预警工作存在问题

1. 没有完善的学业预警制度可遵循

只有制度层面的完善，方可作为基本保障。这样才能对国际学生的培养过程加以引导，帮助国际学生更加合理地规划个人学习进度，规避可能因学业问题而导致的后续矛盾，从而激励国际学生按要求完成学业，顺利毕业。然而，目前并没有完善的、可遵循的学业预警制度。

2. 学业预警工作信息化水平低

截至目前，学校的国际学生教育信息化管理系统尚在建设中，处于起步阶段。因此目前仍然是通过工作人员手工方式统计各种信息，并在此基础上开展学生学业预警工作，学业预警工作的信息化水平明显跟不上。

3. 各部门各学院协作不够有效

国际学生单组班学历生的独立管理模式造成其同中国学生的管理相隔离，形成国际学生学历生在校内的体外循环。因其独立于学校日常管理之外，学校教务处、研究生部、学生处等各部门、各相关培养学院不能确切掌握国际学生的实际学习情况，学业预警的配合工作也很难做到及时到位，没有起到国际学生学历生管理的联动效应。

三、学校国际学生学历生学业预警制度的建立

开展学业预警工作是一个持续、动态的过程。在理念层面上，应将“以学生为本”的教育理念与实现高等教育根本职能作为价值追求，并贯彻于国

际学生学历生学业预警制度的建立和完善全过程中。内容设计方面，学校国际学生学历生学业预警制度，是依据国际学生管理规定、国际学生学籍管理规定及各专业人才培养方案的要求，以每个学期为节点，对国际学生的学习过程进行把控分析；对可能或已经发生的学习问题、可能无法顺利完成学业的国际学生进行预先警示，告知国际学生本人及其家长可能产生的不良后果，并及时有效地采取相应补救和帮扶措施；通过学校、教师、国际学生及其家长多方沟通与协作，帮助国际学生在中国境内顺利完成学业的一种信息沟通和危机预警制度。

针对国际学生启动预警制度，制定落地实施方案，可以提高国际学生学习主动性和积极性，提高学生对自己学业完成情况的重视，帮助国际学生顺利应对学业危机。各个部门明确工作程序，联动构建切实可靠的帮扶效果，可以通过充满人性化的关怀方式为国际学生学历生的发展和学校教学质量的提升提供良好的支持与保障。

（一）学业预警工作原则

学业预警工作的原则是“坚持预防为主，防患于未然；坚持以人为本，重在教育帮扶；加强分析评价，提前预判，重在危机转化。”学校应督促各部门建章立制，做到有章可循，多维度地采取针对性强、操作性强的有效措施，引导和帮助学生提高学业成绩，确保预警工作的成效。

（二）学业预警制度等级划分

国际学生学历生学业预警按其程度由低到高可分为三级预警、二级预警、一级预警。

1. 三级预警

在每学期补考前，根据教学计划规定组织的相关课程考试，每一学期内按学分计算若有 33%及以上课程未能取得学分者，或在第一学年至第三学年逐学期累计超过 10 学分、少于 18 学分者，则对其进行三级预警。预警办法：向国际学生学历生下达《首都经济贸易大学国际学生学历生学业预警通知书（三级预警）》，并安排专人与学生谈话，进行警示教育；填写《首都经济贸易大学国际学生学历生预警学生谈话记录表（三级预警）》，并由学生本人签字确认。

2. 二级预警

经补考和重修后，根据教学计划规定组织的相关课程考试，每一学期内按学分计算有50%及以上课程未能取得学分者，或在第一学年至第三学年逐学期累计超过18学分、少于28学分者，对其进行二级预警。预警办法：向国际学生学历生下达《首都经济贸易大学国际学生学历生学业预警通知书（二级预警）》，并安排专人与学生谈话，进行警示教育并实施学业帮扶；填写《首都经济贸易大学国际学生学历生预警学生谈话记录表（二级预警）》，同时向国际学生学历生的在华担保人或家长邮寄《首都经济贸易大学国际学生学历生学业预警通知书（致家长）》，在与家长沟通后填写《首都经济贸易大学国际学生学历生预警学生家长谈话记录表》。

3. 一级预警

一级预警即缓退试读，适用情况：学习成绩达到退学条件应予退学，但国际学生本人提出继续留校学习一学年的申请且经学校审核同意。经补考和重修后，根据教学计划规定组织的相关课程考试，每一学期内按学分计算有66%及以上课程未能取得学分者，或在第一学年至第三学年逐学期累计超过30学分者，对其进行一级预警。预警办法：向国际学生学历生下达《首都经济贸易大学国际学生学历生学业预警通知书（一级预警）》。学生须向学校递交申请，经国际学院、培养学院审核批准后，方可继续留校学习一学年。学院安排专人谈话，进行警示教育并实施学业帮扶，填写《首都经济贸易大学国际学生学历生预警学生谈话记录表（一级预警）》；同时，与国际学生学历生的在华担保人或其家长沟通后填写《首都经济贸易大学国际学生学历生预警学生家长谈话记录表》。学习期间，学校对学生进行学业帮扶，加强助学。一学年后，国际学院和培养学院对学生成绩进行复核，如其学习成绩依然达到学校管理规定的退学条件，学校将予以退学处理。

综上所述，国际学生学历生三级预警和二级预警以一学期为限，一级预警以一学年为限。在学业预警期间，国际学生学历生按其所在年级、所修专业的正常教学进度，学习成绩如有所提高，到期后则视情形自动解除学业预警或经审核后降低学业预警等级。如一级预警学生经过预警教育仍达到退学条件，则依照学校相关规定予以退学处理。

（三）学业预警工作办法

1. 确定学业预警学生名单

每学期开学初考成绩统计完毕后，国际学院和培养学院指定专人依据专业培养计划对学生学业情况进行统计，确定进入一级、二级、三级预警范围的学生名单。

2. 下达学业预警通知书

对于一级预警的国际学生学历生，由国际学院和培养学院共同下发《首都经济贸易大学国际学生学历生学业预警通知书（一级预警）》，送达被预警学生本人及其家长。对于三级预警和二级预警的国际学生学历生，由国际学院下达《首都经济贸易大学国际学生学历生学业预警通知书》，被预警学生本人签字确认。

3. 进行警示谈话

国际学院和培养学院安排专人对被预警学生进行警示谈话，了解分析学生的学习问题与原因，协助其制订学习计划，并填写《首都经济贸易大学国际学生学历生学业预警学生谈话记录表》。

4. 与学生在华担保人或家长沟通

对达到二级预警和一级预警的学生，按国际学生学历生预留联系方式向其家长寄发《首都经济贸易大学国际学生学历生学业预警通知书（致家长）》并留存邮寄证明，或以其他方式通知家长，留存书面通信记录。与担保人或学生家长进行沟通，共同督促学生努力完成学业；对家长寄回的反馈材料，各学院要及时整理，并建立相关档案备查。对一级预警学生，除向在华担保人或其家长寄发《首都经济贸易大学国际学生学历生学业预警通知书（致家长）》外，还应联系家长在接到通知书后一定期限内到校，就预警国际学生学历生的学业情况进行面谈。若家长不便来校，则至少保证每学期主动与学校电话联系两次以上。学校应及时整理谈话记录，填写《首都经济贸易大学国际学生学历生学业预警家长谈话记录表》，确切记录具体的谈话时间、地点、谈话人和相应内容。

5. 开展帮扶

国际学院和相关培养学院根据学生预警情况安排专人开展帮扶工作。一学期开展帮扶交流不少于 5 次，国际学院培养办公室负责汇总整理被预警的学生情况并及时告知相关培养学院、学业导师、授课教师，班主任等。

由班主任负责做好预警学生的心理辅导和学习、生活关心工作；学业导师负责学生在读期间的全过程学业帮扶；各任课教师负责为学生的学习提供必要的指导和帮助，并主动、及时向国际学院培养办公室通报学生课程学习情况。

6. 进行学业警示处理

根据学生的学业学习情况，对照制度要求进行学业预警处理，并将处理结果按照预警等级通报学生、学生家长及其所在培养学院。

（四）建立学业预警管理档案

1. 制定专项档案留存制度

学业预警过程必须有书面记录并经当事人签字存档，所有工作都要有记录并注意存档留存。

2. 分类分级别保存相关材料

应明确规定保存每个学业预警国际学生的学业预警通知书、学业预警学生谈话记录表、学业预警通知书（家长回执）、学业预警学生家长谈话记录表、学生成绩单等材料。

（五）学业预警工作组织管理

学业预警工作由学校教务处、研究生部、学生处、国际学院和国际学生学历生所在培养学院共同实施，具体工作由国际学院牵头组织完成。各相关培养学院应了解和掌握学生学习的总体情况并配合国际学院完成学业预警工作。

学校国际学院设立国际学生学历生学业预警工作领导小组，具体负责学校国际学生学历生的学业预警工作。领导小组由国际学院院级领导、相关培养学院分管国际学生工作的院领导和教务管理人员、国际学院培养办公室和管理办公室工作人员组成。

1. 各部门明确分工并密切配合

国际学院和培养学院应分工明确、各司其职、密切配合，及时掌握学生的学习状况和学业完成情况，共同做好学业预警工作。

2. 按照学生所学专业制定学业预警细则

培养学院应根据专业特点，制定相应的学业预警学生帮扶细则，明确学业帮扶和督促措施，加强帮扶教育，积极构建学业帮扶长效机制。国际学院将汇集各学院的帮扶措施，并积极协助各学院不断完善学业帮扶长效机制。

3. 定期检查并进行动态管理

国际学院和培养学院应在每学期内对本学期发出学业预警学生的学习情况进行复查，对学生进行动态管理，督促国际学生学历生完成学习任务。

四、学校国际学生学历生学业预警制度实施的几点建议

(一) 改进相关数据采集模式，后续跟踪分析

学习成绩是学生学习成果的最终表现形式，因此学业预警是为学生顺利完成学业所采取的一项警示措施。做好学业预警工作，必须从学生入学到毕业开展其培养过程的数据采集、跟踪、分析工作。同时，应逐步构建相应的学生数据库，以便细化分析影响学生学业成绩的因素，以及各种因素对学习成果的影响。此外，还应针对学生学业学习情况，确定学业预警评估多项指标并跟踪学生后续学习情况，以更有针对性地做好学业预警工作。

(二) 在国际学生管理系统内专设学业信息管理平台

在学校国际学生教学和管理信息化平台上应设有专门的国际学生学业预警信息系统板块，包括学生学习情况监测板块、学业预警风险评估板块、学业预警监控板块以及向学生、家长、教师、管理人员推送预警信号的板块等。同时，还应在系统中设置国际学生学业预警专门入口，包括可供学生随时查阅的学生端口和供任课教师和管理人员使用的管理端口。这样，一是学生可随时查看自己的学业完成情况和应引起重视的学业预警信息；二是各任课教师可以通过管理端口查看其所授课程的学生学习情况，从而有针对性地进行学生课程学习预警并开展帮扶；三是管理人员可对已经被学业预警的学生进行管理干预和开展帮扶。

(三) 学业预警关口前移，做到早发现、早警示、早帮扶

以往在学业预警的操作节点上，常常是事后提醒，事后规范。建立制度的根本目的是规范和防范，所以需要在操作层面更好地完善制度本身。比如，

在系统数据的支持下，可通过数据统计进行有效预判，将事后提醒逐步提至事中甚至是事前，体现预警的前瞻性作用。

（四）国际学院和相关培养学院共建学业预警双帮扶体系

国际学院和相关培养学院应共同组建学业预警帮扶队伍，开展各项帮扶工作。一是建立授课教师的课程学习帮扶队伍，主要帮助学生顺利进行课程学习；二是建立班主任帮扶队伍，主要工作是随时关注学生，开展谈心谈话，从思想上和心理上开展帮扶工作；三是建立管理人员帮扶队伍，从管理角度进行学业预警干预和帮扶；四是建立学长制帮扶队伍，让优秀的学长、同学、舍友协同开展帮扶工作。

（五）建立监督、评价体系，高质量地开展学业预警工作

国际学院应联合培养学院和学校相关部门，建立合理的检查/督导制度，以便有效推动国际学生学业预警工作的实施和开展。应尽快实现科学严谨的预警监控体系，以最大限度地促进教学工作各个环节有序运行，切实有效地规范教学管理的整个过程。

（六）国际学生学业预警管理的“四化”标准设定

1. 学业预警管理模式的程序化，做到时效性和强制性

应针对国际学生不同的文化背景，做到在充分尊重个体选择基础上统一、有效的群体管理。同时，学业预警需要在各个时间节点，如开学、期中、期末等特定时间段得到充分强化。

2. 学业预警管理模式的系统化，做到科学性和针对性

在构建科学、独立的国际学生学业预警体系之前，需要依托国际学生培养管理信息化进程，全面收集国际学生的相关数据，获取学业预警系统分析的基本信息。

3. 学业预警管理模式的现代化，做到全面性和持续性

应做到垂直管理和平行指导相结合，打破单一的监控形式，形成有效的多维度监督系统，使沟通方式更多样化，具有灵活性和互动性。

4. 学业预警管理模式的数据化，做到明晰性和超前性

根据目前情况，应按照步骤进行规则建立，数据统计应便于梳理、共享，这样才能更好地对数据信息进行分析处理，以响应各方需求，利于协调合作。

五、疫情期间线上教学模式下国际学生学历生学业预警操作的思考

2020年初突发的新冠肺炎疫情，给教育界带来了前所未有的挑战。按照“停课不停学”的教学工作安排，首都经济贸易大学充分发挥了“互联网+教育”的优势，保证了国际学生学历生教学的顺利开展，确保了教学质量和学习进度。当然，如何保证突发公共安全事件下国际学生教育的连续性和完整性，仍是我们需要认真思考的问题。

从学生层面来看，很多国际学生出现学业问题，一是因为疫情造成经济下滑，家里无法支撑其学费生活费，因此难以安心继续学业；二是有的学生因种种原因未能返校，受许多客观条件限制，如世界各地时差问题，网络条件不理想（其所在国网络覆盖率低，网速不稳定等）造成学习过程中时常发生访问崩溃情况，这些都会使学生积极性大受打击。

从学校培养层面来看，所存在的困难和挑战，一是任课教师需要对常规教学方式、进度加以调整；二是开展线上教学需要教师在互联网技术方面进行学习和提高；三是线上教学方式因互动性受限而使教学效果亦打折扣。

鉴于上述情况，学校对所开展的学生学业预警工作，主要进行了以下几方面的改进。

（一）制定教学预警实施办法，确保教学平稳有序

针对线上教学，国际学院第一时间制定了《首都经济贸易大学国际学生网络教学预警实施办法（试行）》，明确各部门职责如下。

班主任每周定期了解本班级任课教师的网络教学情况，并填写网络教学情况周报上报学院。同时与该班学生密切联系，在学习、生活等方面给予指导和帮助。

培养部门对周报所反映的网络教学问题，按照非教师教学原因和教师教学原因分类并进行相应处置；对本部门不能解决的问题和上报后1周内未解决的问题进行预警并继续重点关注，同时报学院。

学院对上报的网络教学预警问题进行分类处置。对持续性问题、突出问题、有可能或即将产生的问题和困难进行紧急提示或预先告知，尽最大可能杜绝各类网络教学问题发展为负面舆情。

（二）设立网络学习优秀专项奖学金，减轻学生经济压力

考虑境外网络费用高等问题，为保证国际学生教育质量，督促学生积极参加网络学习，国际学院设立了网络学习综合态度单项奖学金，奖励积极参加网络课程学习的国际学生。学生在网络教学期间的学习综合态度成绩，作为本项奖学金评定的唯一依据和年度奖学金评定的重要参考。学习综合态度包括积极参加任课教师直播授课，学习教师推送的学习资料，参与学习讨论和交流，按时完成作业，服从教学管理，以及任课教师认为应纳入所授课程考核的其他方面的学习态度表现。以此激励国际学生克服困难，积极投入线上学习。

（三）充分考虑时差等各种问题，灵活掌握授课时间

学院充分考虑国际学生因身处中国境外，时差和网络条件差异而带来网络学习中不同程度的困难，为此根据各班级的具体情况，专门同授课教师协调具体的授课时间，调整授课课程表，以使授课时间更加灵活并有针对性。

（四）制作各类学习平台操作说明，做好技术支撑

国际学院制作了各类网络平台使用视频和中英文使用说明，帮助学生在第一时间解决网络学习平台使用中的技术问题。此外，学院制作了《国际学院疫情防控期间教学管理速答手册》，就首都经济贸易大学国际学生教学安排、国际学生如何进行网络学习、线上教学成绩评定、期末和补考相关安排、毕业论文撰写和学位申请等问题为国际学生进行一一说明。

（五）授课教师积极配合录制网课，开展课下答疑

由于国际学生所在地时差和网络相关问题，学院要求授课教师适应线上教学模式录制网课，并在课前提供各种相关学习资料，课下通过微信、邮件等平台开展答疑，尽最大可能为国际学生授业解惑。

（六）加强各环节监控，提高学业预警成效

整理分析国际学生学业进度与学业预警的相关情况，摸排、掌握学习困难学生群体情况，通过电话、微信、邮件等多渠道联系学生，帮助他们分析学业预警的有关原因，开展学业指导。

学院将电子成绩单按班级反馈至班主任和培养学院负责人，鼓励班主任分析班级整体学习情况，掌握学生具体学习状态，做好重点被预警学生的督

促工作，以点带面助推做好学业预警工作。同时，引导建立内部对接帮扶机制，帮助学生提高学业成绩，提高补考通过率，确保预警工作的成效。

对被预警学生，则与其担保人或家长建立一对一联系，搭建家校平台，使家长充分了解学生的线上学习状况，并利用学生在家时间与之进行有效沟通和指导，有针对性进行家庭教育，从而使家长也参与对学生的学习管理，形成合力。与此同时，做好对学生线上学习期间的督促和关注，配合学校督促学生努力完成学业，积极协助其走出困境，帮助其早日解除预警，以达到学校与家庭相互监管的目的。

结论

如前所述，制定国际学生学业预警制度的原则是“坚持预防为主，防患于未然；坚持以人为本，重在教育帮扶；加强分析评价，提前预判，重在危机转化”。本研究针对国际学生采取相应的补救和帮扶措施，引导和帮助国际学生提高学业成绩，确保预警工作的成效。只有重视国际学生的人才培养，科学规范地进行教育与管理，提升人才培养质量，学校才能获得更好的国际口碑，吸引更多优秀国际人才来留学，真正提高国际竞争力和影响力，从而为建设成为现代化、国际化、多科性、特色鲜明的国内一流、国际知名的财经大学奠定基础。

参考文献

[1] 教育部关于印发来华留学生高等教育质量规范试行的通知［EB/OL］.（2018-09-03）［2018-10-09］. http：//www. moe. gov. cn/srcsite/A20/moe_ 850/201810/t20181012_ 351302. html.

[2] 宫兴林，章燕. 加强外国留学生教育管理工作的几点思考［J］. 学校管理与改革，2006（5）.

[3] 高英学. 关于来华国际学生教育管理对策的思考［J］. 中国高教研究，1998（6）.

[4] 吴宗志，黄小琴. 高校学业预警制度设计初探［J］. 黑龙江教育（高教研究与评估），2015（6）.

[5] 杨洋，张烨青，方丹丹. 学业预警指标体系构建及系统初探［J］. 中国教育信息化，2017（7）.

[6] 孙建. 国外高校学业危机研究及启示［J］. 首都师范大学学报（社会科学版），2015（6）.

[7] 徐晓霞，陈军. 学分制下学业困难成因及动态预警模式探索［J］. 长春大学学报，2016（10）.

[8] 程桂龙. 危机管控视域下留学生学业预警体系建设研究［J］. 大理大学学报，2020（1）.

加大教学奖励力度就可以提升教学质量吗?
——来自全国63所高校的实证研究

李　楠　陶政宇
(首都经济贸易大学　劳动经济学院　学生处)

【摘　要】教学与科研的关系问题一直是高等教育领域中的重要议题。由于科研指标在高校排名中的重要作用以及在教师奖励和晋升标准中的绝对优势，科研和教学的失衡在高校中已成为一种趋势，重科研轻教学的现象也愈演愈烈。近年来，教育部呼吁各高校要重视教学本位，加强对教学工作的激励，各高校也纷纷出台政策，加大对教学的奖励力度，以此显示对教学的重视程度。但各种教学奖励的出台是否真的能够提高教师的教学质量，却无人有过研究并拿出有说服力的依据。本文通过对全国63所高校的908名教师展开定量研究，使用分层线性回归模型，分析了教学激励政策对提升高校教师教学绩效的影响作用。研究发现：一是单纯增加教学激励，对高校教师的教学质量并没有促进作用；二是只有当教学激励大于科研激励时，才会对教师的教学质量有促进作用。

【关键词】教学激励　科研激励　教学质量　实证研究

一、问题提出

自从洪堡将“教学与科研相统一”的观点引入柏林大学后，教学与科研二者的关系问题便成为高等教育领域中的重要议题，关于二者关系的争论一直没有停止过。1999年，我国高校实施了教育改革政策，扩大招生，高等教育从精英教育转变为大众化教育，也从“卖方市场”转变为“买方市场”，高校之间的竞争愈发激烈。由于高校的排名和社会声誉受科研成果的影响显著，科研已在高校中占据重要地位，成为大学发展和认可机制的主要驱动力，高校普遍表现出重科研轻教学的倾向①。网上发布的中国大学排行榜指标中，学术指标占到57%，远远超过美国最权威的大学排行发布媒体《美国新闻与世界报道》提出的相应指标②。此外，高校在教师奖励和晋升的评价体制中，也往往加大科研的比重，科研成果与教师的任职、考核、晋升和薪酬都紧紧挂钩，而教学在教师的评价体系中则似乎越来越不重要。

科研与教学的失衡在我国的大学已成为一种趋势。高校为争取好的排名和社会声誉而要求教师做科研，教师为争取自己的利益和发展也必须要做科研。科研之于大学的重要性，使教学与科研貌合神离③。2014 年底，四川大学历史文化学院教师周鼎，选择告别公选课讲台，他表示“一心上好课在高校里没用，一没科研经费，二没职称，是教师群体里的非主流”。周鼎自 2006 年任教开始，深受全校学生喜爱，曾多次获得川大各种教学奖项。但在重科研轻教学的大环境下，他感叹“科研是自留地，教学是公家田。一直以为教师最重要的工作是上好课，但如今教学似乎成了副业”。周鼎老师的情况并非个案，社会评论也指出，当今高校教学质量之所以每况愈下，主要源于教师职称只与科研成果有关的评价机制。在这种机制的助推下，更强化了教学“利他”，科研“利己”的观念，尤其在“非升即走”“非升即转”的晋升体制下，教师的科研起着决定性作用，甚至可视为唯一的标准④。

2015 年底，中央第八巡视组在给教育部的反馈意见中明确指出，重科研轻教学是教育部直属高校存在的突出问题之一⑤。随着“重科研、轻教学”的氛围愈演愈烈，政府和大众均开始意识到，尽管在国家财力及相应政策优先支持下，我国的科研规模与科研成果快速增长，成绩突出；但反观教学工

① 花良凤．教学科研评价一体化：关于高校教学与科研关系的研究［J］．成都大学学报（教育科学版），2008，148（8）：53-55.

② 肖兴安．大众化时期我国大学教学与科研新型关系的构建设想［J］．国家教育行政学院学报，2010，150（6）：77-80.

③ 刘燕，徐颖．知识产权战略背景下大学教学与科研关系的协调路径［J］．中国大学教学，2017，319（3）：70-73.

④ 李俊义．高校教师职责中教学与科研关系摭论［J］．高教探索，2018，183（7）：30-35.

⑤ 王严淞．凝聚共识·交流理念·分享实践：“一流大学本科教学高峰论坛”综述［J］．中国高教研究，2016，275（7）：14-20.

作却不尽如人意，教学变成了可以随意应付的差事，教学改革、教学模式等方面缺少创新，原地踏步，甚至在一些方面还出现了倒退现象，由此引起了政府和社会的高度重视①。2018 年 6 月，时任教育部部长陈宝生在“新时代全国高等学校本科教育工作会议上”讲到：“教师的天职就是教书育人，老师是第一身份，教书是第一工作，上课是第一责任。教师要回归本分，潜心教书育人。”他同时提出：“要把教学质量作为教师专业技术职务评聘、绩效考核的重要依据。”同年 9 月，习近平总书记在全国教育大会上发表了重要讲话，他强调“做老师就要执着于教书育人，有热爱教育的定力、淡泊名利的坚守”。在国家着力扭转“重科研轻教学”、倡导“回归教学本位”的背景下，各高校也纷纷出台各种激励政策，设立各种教学奖项，有些甚至是高额奖项，以重奖有教学突出贡献者，激发教师的教学热情，提高教学质量。如四川大学设立了“卓越教学奖”，奖金高达 100 万元人民币；浙江大学设立了“永平奖教金”，包括杰出教学贡献奖（奖金 100 万元人民币）、教学贡献奖（奖金 10 万元人民币）、教学贡献提名奖（奖金 5 万元人民币）等。无疑，这些奖项显示了高校重视教学的态度和提升教学质量的决心。但高额的奖金和众多的奖项是否能真正起到激励广大教师的教学积极性，使之在教学中投入更多的时间和精力，从而提高高校整体的教学质量，却并没有一个科学的论证。

二、文献回顾

（一）教学和科研的本质关系

关于教学和科研二者的关系，研究者讨论得比较多，主要形成了以下三种观点，一是教学和科研无实质联系，相互独立。教师的教学评估结果与其科研产出之间无相关性。虽然教学能力与科研能力呈高度正相关关系，但由于受院校不同激励机制和时间分配竞争关系等影响，最终造成教学成果与科

---

① 刘振天．教学与科研内在属性差异及高校回归教学本位之可能［J］．中国高教研究，2017，286（6）：18-25.

研成果之间的相关性消失①。二是教学和科研协同促进。科研能为教学引入新的教学议题、发展研究方法，促进教师教学模式创新，帮助教学建立与国际学术发展之间的关联性②。高质量的教学与科研产出之间并非相互抑制，而是相辅相成③。哈佛大学等一些世界顶尖院校一致认为，“科研和教学是相互补充的，大学级别的教学不同于中学，如果没有科研提供新思想和新启示，其教学水平很难提升”④。三是教学和科研对立冲突。大量研究表明，教学与科研在时间上是彼此冲突的⑤，教学与科研之间存在竞争关系而不是互补关系⑥。我国高校的教学与科研时间比，从 2007 年的 1∶1.3 变为 2018 年的 1∶2.4，科研工作时数增长了 44.2%，本科教学工作时数则减少了 23.8%，教学和科研工作时间比已成为国际不可比的极端个案⑦。此外，教学和科研的兼顾有可能导致教师人格上的冲突。科研活动是一种向内的探索行为，而教学则注重向外的与学生的互动交流⑧。

---

① HATTIE J, MARSH H W. The relationship between research and teaching: a meta-analysis [J]. Review of educational research, 1996, 66 (4): 507-542; MARSH H W, HATTIE J. The relation between research productivity and teaching effectiveness: complementary, antagonistic, or independent constructs? [J]. The journal of higher education, 2002, 73 (5): 603-641.

② NEUMANN R. Perceptions of the teaching-research nexus: a framework for analysis [J]. Higher education, 1992, 23 (2): 159-171.

③ ALLEN M. Research productivity and positive teaching evaluations: examining the relationship using meta-analysis [J]. Journal of the association for communication administration, 1995: 1-46.

④ 罗索夫斯基．美国校园文化 [M]．谢宗仙，周灵芝，马宝兰，译．济南：山东人民出版社，1996：70.

⑤ HATTIE J, MARSH H W. The relationship between research and teaching: a meta-analysis [J]. Review of educational research, 1996, 66 (4): 507-542; HARRY J, GOLDNER N S. The null relationship between teaching and research [J]. Sociology of education, 1972: 47-60; JAUCH L R. Relationships of research and teaching: implications for faculty evaluation [J]. Research in higher education, 1976, 5 (1): 1-13.

⑥ MARSH H W, HATTIE J. The relation between research productivity and teaching effectiveness: complementary, antagonistic, or independent constructs? [J]. The journal of higher education, 2002, 73 (5): 603-641; FOX M F. Research, teaching, and publication productivity: mutuality versus competition in academia [J]. Sociology of education, 1992, 65 (4): 293-305; FOX M F. Gender, family characteristics, and publication productivity among scientists [J]. Social studies of science, 2005, 35 (1): 131-150.

⑦ 郭卉，姚源．研究型大学教师教学和科研工作关系十年变迁：基于 CAP 和 APIKS 调查 [J]．中国高教研究，2020，318（2）：77-84.

⑧ HATTIE J, MARSH H W. The relationship between research and teaching: a meta-analysis [J]. Review of educational research, 1996, 66 (4): 507-542; EBLE K E. The craft of teaching: a guide to mastering the professor's art [M]. San Francisco: Jossey-Bass Publishers, 1976.

（二）教学和科研对教师的激励作用

第一，教学和科研对教师晋升的激励。高校的聘用晋升制度决定了高校教师教学与科研的职责关系。在过去十年左右的时间里，大学教师的聘用晋升制度在导向上发生了根本性转变，即从教学和科研的相对均衡变成非常重视科研而不太重视教学，在教师聘用和晋升中看重科研的评价均值从2007年的3.63上升到2018年的4.6，接近上限5.0；而看重教学的评价均值从2007年的3.37减至2018年的2.62，低于理论均值3.0。与此相应，教师在工作倾向上也变得越来越重视科研而忽视教学，偏好教学和偏好科研的教师比例从4∶6变成2∶8[①]。高校在教师职称晋升、岗位聘任等奖励的授予时，科研的重要性是教学的2倍，科研比教学扮演了更为重要的角色。同时，教师的奖酬也与科研产出呈强相关。科研成为高校评价学者学术水平，授予奖励的最重要的因素[②]。由此，教师就形成了科研比教学能为其带来更大收益的观念。

第二，教学和科研对教师奖励的激励。大学教师的教学与科研行为的诱导因素即是高校的评价与激励制度，而目前高校的评价与激励几乎均以教师发表的作品为基础；更为重要的是，在高校教师的薪酬构成中，课时费所占的比重非常低，而因科研成果所获得的奖励非常突出[③]。此外，由于高校在日常考核中对教学的奖励额度远远低于对科研的奖励额度，这对不再准备职称晋升的中老年教师而言，无法激发其投入教学的热情[④]。

（三）文献述评

综上所述，对于高校而言，虽然教学和科研是高校教师两大重要职责已不言而喻，但并没有成熟的观点证明二者谁更重要。然而，在目前许多高校的发展和管理者的实际操作过程中，科研的重要程度已远远超越了教学，其

① 郭卉，姚源．研究型大学教师教学和科研工作关系十年变迁：基于CAP和APIKS调查［J］．中国高教研究，2020，318（2）：77-84.

② 魏嵘，王玉芝．我国高校教师奖励制度的实证研究［J］．高教探索，2007，95（3）：104-107.

③ 陈晨．大学教师“教学与科研”活动的行动逻辑：差异化的选择策略［J］．现代大学教育，2020，181（1）：26-34.

④ 周海燕．“水课”里的“水”怎么挤出去？［J］．高校教育管理，2019，13（4）：64-71.

带来的直接结果就是教师迫于各种压力，将更多的精力投入科研。就我国高校整体而言，科研数量和质量都有了大幅提升，在科研的重压和光环下，教学显得黯然失色。虽然高额教学奖项的设立，让人们看到管理者想要证明教学重要性的决心，教学奖的确立也表达了管理者的良好意图，但还是很难有足够的证据表明这些措施对提高教学地位、改变科研占主导地位的大学文化有所帮助①。教学激励能否对以科研为主导的大学文化产生影响并进而提升教师的教学质量？这个问题尚没有多少学者进行研究，更遑论拿出有说服力的依据。鉴于此，本文将展开定量研究，用数据说明教学激励——特别是设立高额教学奖、增加教学奖数量以及提高教学在职称评定中的占比能否对高校教师教学质量的提高起到促进作用，以及高校究竟如何对待教学才能达到提高教师教学质量的目的。

三、研究假设及变量选择

（一）研究假设

众所周知，大学是知识的殿堂，既生产知识也传播知识，因此，科研和教学就成为大学教师的两项基本任务。这两项任务都非常重要，它们决定了大学的长期声誉和社会价值。对大学而言，必须兼顾对教师从事两种任务的激励②。在高校管理体系中，高校管理者是委托人，高校教师是代理人，管理者委托教师完成高校发展所确定的人才培养与科学研究工作目标。

现代社会的一大特征，就是以效率、结果为判断标准的“工具理性”压倒了以价值、意义为标准的“价值理性”，因为效率和结果更容易衡量并在群体中达成一致。如今，在大学中，工具理性已成为学术评价的价值导向，追求“即时”的功利和效率目标成了诸多高校及教师的选择。考虑到知识传递具有双边道德风险性质，教学绩效有赖于教师和学生双方的努力程度，任何

---

① OLSSON T, ROXA T. Evaluating rewards for excellent teaching-a cultural Approach [C]. Rotorua: Proceedings of the 31st Herdsa Annual Conference, 2008: 261-272.

② MILGROM P, HOLMSTROM B. Multitask principal - agent analyses: incentive contracts, asset ownership, and job design [J]. Journal of law economics and organization, 1991, 7 (Special Issue): 24-52.

一方不努力都有可能导致教学绩效不好[①]。此外，好的科研比好的教学更容易度量和界定。有研究表明，从多任务激励机制的优化设计来看，委托人对重要性高的任务的激励力度应高于重要性低的任务的激励力度；同时，委托人对不确定性较低任务的激励力度也应大于不确定性较高任务的激励力度[②]。因此，高校作为理性经济人，会对科研给予更大的激励力度。

事实上，科研和教学对大学声誉和价值都非常重要。由于不同级别的期刊和不同等级的科研课题的存在，大学教师的科研绩效容易度量；反观人才培养，因为是由许多教师共同提供的，就很难判断某个特定教师的教学贡献。因此，当大学设计与科研绩效强烈相关的“激励合同”时，教师从事绩效难以度量的教学活动的激励就会大打折扣。根据霍姆斯特罗姆（Holmstrom）和米尔格罗姆（Milgrom）所开创的多任务模型，对于大学而言，“激励”教学活动的唯一办法就是降低对科研活动的激励强度[③]。

基于文献综述和以上双任务激励理论，提出本文的研究假设如下。

假设一：教学奖项数量多，对高校教师的教学质量有促进作用；

假设二：教学奖励额度高，对高校教师的教学质量有促进作用；

假设三：当教学奖励大于科研奖励时，对教师的教学质量有促进作用；

假设四：当教学水平在职称晋升中的占比增加，对教师的教学质量有促进作用。

（二）数据来源

本文使用的数据来源于“我国高校教师教学评价制度的效果及重构研究”课题组于2018年9月开始对高校教学激励制度展开的调查，主要收集教师的个人基本信息、不同学校的教学激励制度等信息。为了从学校和教师两个层面来探究教学激励和教学质量之间的关系，课题组分别发放了学校问卷和教师问卷，并对两个层次的问卷进行了数据匹配。教师问卷通过问卷星的方式

---

① DEWATRIPONT M，TIROLE J. Modes of communication［J］. The journal of political economy，2005，113（6）：1217-1238.

② 田盈，蒲勇健. 多任务委托：代理关系中激励机制优化设计［J］. 管理工程学报，2006（1）：24-26.

③ 寇宗来，周敏. 多任务激励与能力筛选：大学如何提供终身教职合同？［J］. 世界经济，2010，33（6）：99-117.

开展调查，学校问卷则根据教师问卷的填写情况，直接联系相应学校的教务部门进行填写，每个学校只填写一份学校问卷。调研共回收有效学校问卷 63 份、有效教师问卷 908 份。回收问卷所涉及的 63 所高校来自全国 16 个不同省市，调查的受众面较广，包括省部级重点大学、北京市属重点大学、全国普通高校等，由于学校的层次不同、特点不同，调查结果具有一定的代表性和说服力。

（三）变量与测量

1. 因变量：教师的教学质量

目前可测量、使用较多的教学质量的指标即学生评教的成绩。虽然部分研究对学生评教的结果持怀疑态度，认为学生评教会受诸多因素的影响，但也有大量研究证实学生评教的结果是可靠的①，可以作为教学质量的衡量标准，故本文的因变量采用学生评教成绩。

2. 自变量

本文旨在研究高校的教学激励措施对教师教学质量的影响。基于文献综述的结论，教学激励包括教学奖励的数量、奖励的额度、奖励的力度、教学在教师职称评定中的占比等方面，因此本文的自变量为教学奖励数量、教学奖励额度、教学奖励力度和教学在职称评定中的占比情况。教学奖励数量、教学奖励额度为连续变量，教学奖励力度为二分变量。教学在职称评定中占比均为五分变量，即几乎没有、25%以下、25%~50%、51%~75%、75%以上。其他自变量包括教师的性别、教龄、学历、职称、月平均收入。教师性别、教学获奖情况为二分变量。学历为三分变量，即本科、硕士研究生和博士研究生。职称为三分变量，即讲师及以下、副教授和教授。教龄作为连续变量直接纳入模型。具体如表 1 所示。

---

① MARSH H W. Students' evaluation of university teaching: research findings, methodological issues, and directions for future research [J]. International journal of educational research, 1987, 11 (3): 253-388; CASHIN W E. Student ratings of teaching: a summary of research [J]. IDEA paper, 1988 (20): 1-7; 李楠，王欣．高校人力资源管理中学生评教的影响因素分析 [J]. 人口与经济，2012，192 (3): 27-32, 44.

表 1 主要变量定义及数据信息来源

	变量名称	数据信息来源及说明
被解释变量	学评教成绩	回答“近一学年的学评教分数是多少分?”
关键解释变量	教学奖励数量	回答“贵校和教学效果相关的表彰评选活动共有多少项?”
	教学奖励额度	回答“学校对教学评价结果的最高奖励额度是多少?”，取对数
	教学奖励力度	回答“学校对教学评价结果的奖励力度是否比科研的奖励力度大?”：0=否，1=是
	教学在职称评定中的占比	回答“在教师职称评定中教学水平所占的比例是多少?”：1=几乎没有，2=25%以下，3=25%~50%，4=51%~75%，5=75%以上
其他变量	性别	选择“性别”：0=女，1=男
	教龄	回答“您的教龄是多少年?”
	学历	选择“最高学历”：1=本科，2=硕士研究生，3=博士研究生
	职称	选择“职称”：1=讲师及以下，2=副教授，3=教授
	月平均收入	回答“您的月平均收入是多少?”，取对数

（四）分析策略

基于上文对变量进行的概念界定及测量方式，本文将使用传统的普通最小二乘法（Ordinary Least Squares，OLS）就教学奖励对学评教成绩的影响进行估计。OLS 的具体模型如下。

$$SCORE = \beta_0 + \beta_1 MOTIVATION + \beta_2 TEACHER + \mu$$

式中，被解释变量 *SCORE* 表示教师的教学质量，本研究中用教师的学评教成绩来反映；核心解释变量 *MOTIVATION* 表示高校的教学激励情况，包括教学奖励数量、教学奖励额度、教学奖励力度和教学在职称评定中的占比情况；*TEACHER* 为一系列控制变量，主要包括教师的性别、教龄、学历、职称等个体特征变量；μ 为随机扰动项。

四、数据分析及讨论

（一）描述性统计分析

描述性统计结果显示，教师近一学年学评教成绩的平均值约为 91.0 分。关于教学奖励的数量，学校设立的和教学有关的奖项的数量约为 3 项。学校对教学评价结果的最高奖励额度平均约为13 545元。关于教学的奖励力度，1.76%的学校对教学评价结果的奖励力度比科研奖励力度大。对教学评价结果的奖励力度比科研奖励力度大的学校教师的学评教分数为 93 分，对教学评价结果的奖励力度不比科研奖励力度大的学校教师的学评教分数为 91 分，经检验发现两者的差异在 10%水平下显著。

关于在教师职称评定中教学水平所占的比例，14.54%的学校几乎没有把教学评价纳入教师职称评定中，26.65%的学校在教师职称评定中教学评价所占比例在 25%以下，31.17%的学校在教师职称评定中教学评价所占比例为20%~50%，25.66%的学校在教师职称评定中教学评价所占比例为 51%~75%，1.98%的学校在教师职称评定中教学评价所占比例在 75%以上。

关于教师个体层次的变量，受访者中有 39.76%的男性，教龄约为 12 年，月平均收入为9 346元。受访者中，最高学历是本科、硕士研究生、博士研究生的比例分别为 3.96%、30.29%、65.75%。关于教师的职称，有 46.48%的教师是讲师及以下，43.61%是副教授，9.91%是教授。

具体如表 2 所示。

表 2　主要变量的描述性统计

变量定义	均值	标准差	最小值	最大值	样本量
学评教成绩	91.04	4.778	60	100	908
教学奖励数量	2.880	1.476	0	5	908
教学奖励额度	5.906	3.744	0	13.12	908
教学奖励力度	0.018	0.132	0	1	908
教学在职称评定中占比	2.107	0.631	1	5	908
性别	0.398	0.490	0	1	908
教龄	12.14	8.373	0	35	908

续表

变量定义	均值	标准差	最小值	最大值	样本量
学历	2.618	0.562	1	3	908
职称	1.634	0.656	1	3	908
月平均收入	9.068	0.383	8.161	9.903	908

(二) 教学激励对教师教学质量的影响

关于教学激励对教师教学质量的影响，模型（1）的自变量为教学奖励数量，模型（2）的自变量为教学奖励额度，模型（3）的自变量为教学奖励力度，模型（4）的自变量为教学在职称评定中占比。表 3 报告了模型估计的结果。

表 3　学评教成绩的 OLS 估计

	模型（1）	模型（2）	模型（3）	模型（4）
性别（1=男）	-0.170	-0.166	-0.147	-0.169
	(0.344)	(0.339)	(0.342)	(0.342)
教龄	0.043	0.044	0.043	0.044
	(0.027)	(0.027)	(0.027)	(0.027)
学历（以本科为参照）				
硕士研究生	2.560*	2.576*	2.534*	2.522*
	(1.463)	(1.474)	(1.471)	(1.487)
博士研究生	2.703*	2.707*	2.629*	2.613*
	(1.471)	(1.472)	(1.470)	(1.496)
职称（以讲师及以下为参照）				
副教授	0.812**	0.828**	0.767**	0.826**
	(0.377)	(0.379)	(0.378)	(0.376)
教授	-0.003	0.017	-0.117	-0.048
	(0.708)	(0.711)	(0.707)	(0.709)
月平均收入（取对数）	0.944**	0.891*	1.049**	0.844*
	(0.473)	(0.471)	(0.469)	(0.471)

续表

	模型（1）	模型（2）	模型（3）	模型（4）
教学奖励数量	-0.035			
	（0.117）			
教学奖励额度		-0.018		
		（0.047）		
教学奖励力度（1=教学比科研的奖励力度大）			2.250**	
			（0.872）	
职称评定中教学水平所占比例				0.619**
				（0.273）
常数项	79.207***	79.673***	78.196***	79.530***
	（4.715）	（4.849）	（4.712）	（4.654）
样本量	908	908	908	908.000
R^2_a	0.025	0.025	0.029	0.027

注：**和***分别代表在5%和1%置信水平下显著；括号内为稳健标准误。

模型（1）和模型（2）显示，教学奖励数量、教学奖励额度对教师的学评教成绩没有显著的作用。模型（3）显示，当学校对教学评价结果的奖励力度比对科研的奖励力度大时，教师的学评教成绩会显著提高2.3分，系数在10%置信水平下显著。模型（4）显示，随着职称评定中教学水平所占比例的增加，其学评教分数会提高0.6分，系数在5%置信水平下显著。

模型（1）—模型（4）显示：①较之本科学历，学历为硕士研究生、博士研究生的教师的学评教成绩更高；②以讲师及以下为参照，自变量的变化对职称为副教授的教师有显著的促进作用；③在其他条件不变的情况下，月平均收入更高的教师，其学评教的分数通常更高。

由此可以看出，假设一和假设二不成立，拒绝原假设，即教学奖项数量多，对高校教师的教学质量没有影响；教学奖励额度高，对高校教师的教学质量没有影响；假设三和假设四成立，即：当教学奖励大于科研奖励时，对教师的教学质量有促进作用；当教学水平在职称晋升中的占比增加，对教师的教学质量有促进作用。

（三）异质性检验

根据教师的年龄，笔者将小于40岁的教师定义为青年教师，此外则为非青年教师。据此，本文将样本分成两组，对上述估计结果进行异质性分析。其中，模型（5）的自变量为教学奖励力度，模型（6）的自变量为职称评定中教学水平所占比例。模型（5）结果显示，在非青年教师组，当教学比科研的奖励力度大时，其学评教分数会提高1.7分，系数在10%置信水平下显著。模型（6）结果显示，在非青年教师组，随着职称评定中教学水平所占比例的增加，其学评教分数会提高0.9分，系数在1%置信水平下显著。具体如表4所示。

表4　不同年龄教师学评教成绩的OLS估计

	模型（5）		模型（6）	
	青年教师	非青年教师	青年教师	非青年教师
奖励力度（1=教学比科研的奖励力度大）	2.594	1.698*		
	(1.809)	(0.937)		
职称评定中教学水平所占比例			0.419	0.875***
			(0.427)	(0.325)
其他控制变量	√	√	√	√
常数项	76.258***	82.597***	75.176***	81.090***
	(8.850)	(5.715)	(8.375)	(5.487)
样本量	495	413	495	413
R^2_a	0.019	0.017	0.018	0.032

注：*和***分别代表在10%和1%置信水平下显著；括号内为稳健标准误。

（四）影响机制分析

根据前文的研究结果，发现当教学比科研的奖励力度大，教师的学评教分数会更高。结合对现有文献研究的梳理，本文总结了可能的影响机制，包括教学投入变量和教学获奖情况变量。

本文选取了当被调查者被问到“近一学年每周的平均备课时间约为多少小时?”时的回答，将其定义为教学投入变量。模型（7）与模型（8）的不同之处为是否加入教学投入变量。可以发现，加入教学投入变量后，系数仍然显著，说明当教学比科研的奖励力度大时，教师会增加教学投入，进而学评教分数得到提升。

本文选取了当被调查者被问到“近五年获得校级及以上级别的教学效果奖项的数量是多少?”时的回答，将其定义为教学获奖情况中介变量。模型（7）与模型（9）的不同之处为是否加入了教学获奖情况变量。可以发现，加入该变量后，系数仍然显著，说明当教学比科研的奖励力度大时，教师的教学获奖数量会增加，进而学评教分数得到提升。

模型（10）与模型（11）的不同之处为是否加入教学获奖情况变量。结果显示，加入该变量后，系数仍然显著，说明当职称评定中教学水平所占比例加大时，教师为了晋升会更加重视教学，进而学评教分数得到提升。

具体如表5所示。

表5 机制分析

	模型（7）	模型（8）	模型（9）	模型（10）	模型（11）
奖励力度（1=教学比科研的奖励力度大）	2.250**	2.215**	2.211**		
	（0.872）	（0.867）	（0.888）		
职称评定中教学水平所占比例				0.619**	0.600**
				（0.273）	（0.274）
教学投入		0.004*			
		（0.002）			
教学获奖情况			0.237		0.225
			（0.175）		（0.177）
其他控制变量	√	√	√	√	√
常数项	78.196***	78.004***	78.079***	76.737***	76.691***
	（4.712）	（4.693）	（4.715）	（4.448）	（4.449）
样本量	908	908	908	908	908
R^2_a	0.029	0.030	0.031	0.032	0.033

注：*、**、***分别代表在10%、5%和1%置信水平下显著；括号内为稳健标准误。

五、结论及启示

(一) 结论

第一，绝大多数高校都是以科研为主导地位的，如果不改变以科研为主导的文化氛围，单纯增加教学激励，对教师的教学质量并没有什么促进作用。

本次调研发现，虽然越来越多的高校在教师评价中开始重视教学，但重科研、轻教学的现象在我国高校中仍然十分普遍。在本次调查的样本中，有近15%的高校几乎没有把教学评价纳入教师的职称评定中，有近3/4的高校在教师职称评定中教学评价占比50%以下，只有不到2%的高校教学的奖励力度大于科研。虽然近几年高校对教学工作和教学质量的重视程度有所提升，但与科研相比，教学仍然处在次要位置。在本次调研中，也证实了这一点。在教学奖励的数量和金额均列前15%左右的高校中，没有一所高校对教学的奖励力度大于对科研的奖励力度。不论是否为研究型大学，绝大部分高校都是以科研为主导的，即便很少一部分高校的教学奖励的金额比较高，教学奖项的数量也比较多，但由于仍然没有改变以科研为主导的现状，因此对教师的教学质量并无促进作用。

学校如果单纯增加教学奖励金额或增设教学奖项，并不能提升教师的教学质量。因为教学奖针对的是少数教师，属于选拔性奖励，只有表现非常突出、站在金字塔尖上的教师才能获此荣誉，奖励不具有普适性，所以对大多数教师来说，起到的激励作用有限。科研奖励则不同，科研奖面向所有教师，学校会将科研成果（包括发表论文的期刊、科研项目立项等）划分为若干等级，只要教师能发表核心期刊及以上的文章，拿到省部级及以上的课题就有奖励，有时奖励还是校院双重奖励，更何况课题本身也是有经费的。可见，教师辛苦一学期为学生上课所得的课酬收入与科研经费及奖励相比，实在是相差甚远，缺乏分量。

此外，在教师的职称评定中，目前大多数高校都更加看重科研的数量和质量，相比科研激励，教学激励与教师的职业晋升关系不大。高校在教师的职称评定中一般只对教学数量有要求，即完成学校规定的课时量，而对教学质量的要求很低，通常教师只要不违背教学管理的基本要求，不出现重大教学事故，在职称评定的时候有关“教学”一项大都能顺利通过。甚至在一些情况下，如果一个教师的科研成绩非常突出，那么，即便其连最基本的教学要求都没达到，其职称晋升也不会受到影响[①]。与此相对的是，由于教学质量在教师职称评定时没有被明确区分，教学质量突出的教师在职称晋升时并不像科研那样占有绝对优势，而如果科研不达标，则连申请晋升的资格都没有。虽然许多高校设置了教学型教授，但其评定时更看重的是教学课题、教学论文、教学成果奖等这些与“教学研究”成果相结合的可量化的指标。实际上，教学质量与这些成果之间并不总是相关的。因此，看起来高校在教师职称晋升的激励措施中重视了教学，设置了专门的教学型岗位，但最后的落实不过也是在激励科研而已，只是科研的对象是“教学”。

因此，对绝大多数教师来说，在以科研为主导的研究型大学文化中，教学身份的确立要付出的代价可能会非常大[②]。如果说之前教学和科研的差距很大，导致教师们一边倒地倾向科研而忽视教学，那么现在高校对教学重视程度的提升也不过是缩小了教学和科研的差距而已，并不能真正地提高教师对教学的重视程度以及对教学的投入，教学质量也不能因此而得到提升。

第二，只有和科研相比，学校更加重视教学激励，即教学激励比科研激励大时，对教师的教学质量才有促进作用。

本次调研结果显示，当高校的教学奖励比科研奖励大很多时，能够促进教师的教学质量提升；此外，随着高校职称评定中教学水平所占比例的增加，教师的教学质量有所提升。由此可以看出，高校单纯提升对教学的重视，是达不到提升教学质量的目的的。教学只有和科研相比，其地位比科研更重要的时候，才能对教师的教学质量起到促进作用。此外，当教学奖励比科研奖励大很多时，教师会通过教学投入的增加以及获得更多的教学奖项，进而提升教学质量；而当教学水平在职称评定中的占比增加时，教师会因为晋升高一级职称的需要而提升教学质量。

然而，由于教学成就往往只能获得校内的认可，而科研成果能获得全国性乃至全球性的认可。因此，在高校教师时间和精力有限的情况下，教师会

① 周海燕．“水课”里的“水”怎么挤出去？［J］．高校教育管理，2019，13（4）：64-71．

② LEON PAT. Received with reservations ［J］. Times higher education supplement，2002（1542）：8.

偏向更具有外显效应的科研任务，而减少对教学的投入，忽视教学质量的提升①。虽然很多高校也出台了相关的奖励教学的措施，但这些措施并没有真正起到激发和推动教师重视教学的作用；对于教师而言，完成教学工作量即可，却没有真正投入教学，努力提升教学质量。因此，一种普遍的现象是谈到科研时与“机会”相联系，而把教学与“工作量”相联系②。由此，当教师面对大学关于提高教学质量的政策时，通常采取漠视或怀疑的态度，不愿意参与③。

职务晋升是高校教师进行科研活动的重要动机④。当科研在教师职务晋升中起着决定性作用时，教师将在科研方面倾注更多的时间和精力；反之，当教学在教师职务晋升中发挥重要作用时，教师的学术行为将偏向培养更多更优质的学生⑤。但目前高校教师的职称评定已日益偏离教学，科研成果的数量和质量被视为决定性因素，而教学质量仅供参考甚至被忽略不计，这对教师工作重心的安排具有极强的导向作用。教师出于个人职业发展以及自我价值感实现等原因，也会更加重视科研，将更多的精力投入科研，这必将挤占其教学投入的时间，因而教学质量难以提高甚至下降就不可避免⑥。有调查研究表明，近 7 成教师同意“发表成果的压力削弱了本校的教学质量”⑦。

（二）启示

第一，回归教学本位，真正体现教学的重要性。早在 19 世纪，著名教育家纽曼就提出大学是传授知识的场所，它的目标是传播和拓展知识。“如果它

---

① 牛风蕊，张紫薇．高校教师教学科研偏好选择及其影响因素：基于“学术职业变革：中国大陆”的问卷调查［J］．现代教育管理，2017，329（8）：53-58.

② GORDON G，WHITCHURCH C. Managing human resources in higher education：the implications of a diversifying workforce［J］. Higher education management and policy，2007，19（2）：1-13.

③ KEMBER D，KWAN K P. Lecturers' approaches to teaching and their relationship to conceptions of good teaching［J］. Instructional sciences，2000，28（5-6）：469-490.

④ TIEN F F，BLACKBURN R T. Faculty rank system，research motivation，and faculty research productivity：measure refinement and theory testing［J］. Journal of higher education，1996，67（1）：2-22.

⑤ 叶芬梅．高校教师职称制度功能探讨：一个制度分析的视角［J］．黑龙江高教研究，2009，185（9）：117-121.

⑥ 杨燕英，刘燕，周湘林．高校教学与科研互动：问题、归因及对策［J］．教育研究，2011，32（8）：55-58.

⑦ 刘献君，张俊超，吴洪富．大学教师对于教学与科研关系的认识和处理调查研究［J］．高等工程教育研究，2010，121（2）：35-42.

的目标是仅仅科学和哲学的发现，我不明白大学为何还需要学生。”① 目前不少高校忙于争排名、争经费、争“发展”，出于“效率”的考虑，高校重在追求知识传导的高效性，反而忽略了学校的本职工作，即教学能力的提升，没有将人才培养真正视为组织目标。在这样的组织环境影响下，教师因无法感受到学校对教学的重视，会相应放低对教学工作的要求，忽视教学质量②。

大学的教学绝不仅仅意味着完成课时量，被动地完成学校对教师教学数量的要求。教学不只是课堂上的几十分钟的活动，教学是一个全过程，包括课前的充分准备，课堂的热情投入以及课后的互动交流。在科研的重压下，教师又怎么能够做到全心投入教学呢？有多少教师愿意给学生留作业，利用课余时间批改学生的作业？有多少教师愿意课下和学生讨论，辅导学生，真正地去了解学生，关心学生的成长？有多少教师愿意创新教学形式，带给学生不一样的学习体验？教学不仅教授专业知识，更是教做人，是一种关系的建立，教师是在用自己的生命状态影响学生的生命状态，但是现在能这样做的教师并不多。教学是规定动作，完成就能保证及格，科研才是创新加分项，它直接关系着教师的薪酬、荣誉、职业发展等，所以教师会将更多自主的时间用于科研，而不是花在教学上。早些年，当大学教师还没有太多科研压力时，反而能够专注教学，愿意在学生身上花时间，把教学质量的提升、学生的认可视为教师职业价值感的体现。当他们遇到自己感兴趣的问题时也愿意投入精力去研究，潜心钻研，而不是为了出成果而出成果，关注短期效益，这样反而成就了大家、大学问者，学生的培养质量也高。反观现在，在科研成果的数量和质量的双重压力下，教师除了上课，其余时间都在想着要搞什么研究，写什么文章，文章什么时间才能发出来，而利用自主时间来考虑教学看起来像是浪费时间，对自己的发展不利。

作为一名高校教师，虽然科研也是必不可少的，但科研应该是对教学的补充和升华，而不是对教学的挤压和替代。正如巴尼特（Ronald Barnett）所言：“对高等教育而言，研究是必要成分，但不是充分要素……作为大学教

---

① NEWMAN J H. The idea of a university［M］. New York：Doubleday，1912.

② 曾洁，李志峰，马瑞．基于“教学学术”的高校教师教学激励机制构建［J］．江苏高教，2018，207（5）：48-53.

师，其首要责任是对自己的教学（即对自己的学生）负责，而不是对研究负责。”① 科研权威的存在已成为一种社会惯性，大学组织更应善于发现教学权威的魅力②。也许只有教学重新回归本位，甚至是比科研更重要的位置，才能真正实现育人质量的提升。

第二，只有教学激励做到实处，才能有效提升教学质量。十年树木、百年树人，教学和人才培养的周期长，成果见效慢，但科研过程与科研成果相对而言周期短，且有立时成效，再加上科研成就的溢出效应，使得二者对教师的激励作用确实存在显著的差异。由此形成的局面是，虽然大家都知道教学质量很重要，但高校却并没有将更充分的资源投入教学质量的提升上。莱姆顿（Ramsden）认为，职称晋升是对教师教学认可和回报的最重要的奖励方式③。要想让教师重视教学，进而提升教学质量，高校就要在职称评定体系中加大有关教学质量的评价指标，而相对弱化科研的评价指标。如果只是一味增加教学质量的评价指标，而没有降低科研的评价指标，无形中会给教师造成更大的压力，并不能达成提升教学质量的目标。

教学工作和科研工作对教师而言，不是单独存在的，而是一个整体，在科研上投入的精力过多，对教学自然会无暇顾及。因此，教学激励和科研激励也要作为一个整体来设计，因为决定高校教师工作重心的并不是单一的教学激励或科研激励，而是教学激励和科研激励的差值以及各类情况下教学和科研收益差值的比较④。这也是为什么高校和相关决策部门不断加强对教学的激励而效果却不理想的原因。由于教师行为的选择在很大程度上受到高校激励政策的影响⑤，高校在制定、实施教学激励措施时，要将教学和科研两类激励综合考虑，在提升教学激励的同时，降低科研激励。只有这样，教学激励

① 巴尼特．高等教育理念［M］．蓝劲松，译．北京：北京大学出版社，2012：172.

② 于洁．如何实现大学教学与科研并重：一个研究框架的构建［J］．北京师范大学学报（社会科学版），2019，274（4）：15-22.

③ RAMSDEN P，MARTIN E. Recognition of good university teaching：policies from an Australian study［J］. Studies in higher education，1996，21（3）：299-315.

④ 叶杰．教学激励日增下的大学教师“科研热”：基于演化博弈的分析［J］．北京理工大学学报（社会科学版），2016，18（3）：158-165.

⑤ 胡之光．基于公平及博弈理论的高校教师激励机制研究［J］．大学教育，2019，105（3）：193-195.

政策才能真正发挥引导作用，最终实现教学质量的提升。

参考文献

[1] 花良凤．教学科研评价一体化：关于高校教学与科研关系的研究［J］．成都大学学报（教育科学版），2008，148（8）．
[2] 肖兴安．大众化时期我国大学教学与科研新型关系的构建设想［J］．国家教育行政学院学报，2010，150（6）．
[3] 刘燕，徐颖．知识产权战略背景下大学教学与科研关系的协调路径［J］．中国大学教学，2017，319（3）．
[4] 李俊义．高校教师职责中教学与科研关系摭论［J］．高教探索，2018，183（7）．
[5] 王严淞．凝聚共识·交流理念·分享实践："一流大学本科教学高峰论坛"综述［J］．中国高教研究，2016，275（7）．
[6] 刘振天．教学与科研内在属性差异及高校回归教学本位之可能［J］．中国高教研究，2017，286（6）．
[7] 罗索夫斯基．美国校园文化［M］．谢宗仙，周灵芝，马宝兰，译．济南：山东人民出版社，1996：70．
[8] 郭卉，姚源．研究型大学教师教学和科研工作关系十年变迁：基于CAP和APIKS调查［J］．中国高教研究，2020，318（2）．
[9] 魏嵘，王玉芝．我国高校教师奖励制度的实证研究［J］．高教探索，2007，95（3）．
[10] 陈晨．大学教师"教学与科研"活动的行动逻辑：差异化的选择策略［J］．现代大学教育，2020，181（1）．
[11] 周海燕．"水课"里的"水"怎么挤出去？［J］．高校教育管理，2019，13（4）．
[12] 田盈，蒲勇健．多任务委托：代理关系中激励机制优化设计［J］．管理工程学报，2006（1）．

[13] 寇宗来，周敏．多任务激励与能力筛选：大学如何提供终身教职合同？[J]．世界经济，2010，33（6）．

[14] 李楠，王欣．高校人力资源管理中学生评教的影响因素分析［J］．人口与经济，2012，192（3）．

[15] 牛风蕊，张紫薇．高校教师教学科研偏好选择及其影响因素：基于“学术职业变革：中国大陆”的问卷调查［J］．现代教育管理，2017，329（8）．

[16] 叶芬梅．高校教师职称制度功能探讨：一个制度分析的视角［J］．黑龙江高教研究，2009，185（9）．

[17] 杨燕英，刘燕，周湘林．高校教学与科研互动：问题、归因及对策［J］．教育研究，2011，32（8）．

[18] 刘献君，张俊超，吴洪富．大学教师对于教学与科研关系的认识和处理调查研究［J］．高等工程教育研究，2010，121（2）．

[19] 曾洁，李志峰，马瑞．基于“教学学术”的高校教师教学激励机制构建［J］．江苏高教，2018，207（5）．

[20] 巴尼特．高等教育理念［M］．蓝劲松，译．北京：北京大学出版社，2012.

[21] 于洁．如何实现大学教学与科研并重：一个研究框架的构建［J］．北京师范大学学报（社会科学版），2019，274（4）．

[22] 叶杰．教学激励日增下的大学教师“科研热”：基于演化博弈的分析［J］．北京理工大学学报（社会科学版），2016，18（3）．

[23] 胡之光．基于公平及博弈理论的高校教师激励机制研究［J］．大学教育，2019，105（3）．

[24] HATTIE J，MARSH H W．The relationship between research and teaching：ameta-analysis［J］．Review of educational research，1996，66（4）．

[25] MARSH H W，HATTIE J．The relation between research productivity and teaching effectiveness：complementary，antagonistic，or independent constructs？［J］．The journal of higher education，2002，73（5）．

[26] NEUMANN R．Perceptions of the teaching-research nexus：aframework for

analysis [J]. Higher education, 1992, 23 (2).

[27] ALLENM. Research productivity and positive teaching evaluations: examining the relationship using meta-analysis [J]. Journal of the association for communication administration, 1995 (2).

[28] HARRY J, GOLDNER N S. The null relationship between teaching and research [J]. Sociology of education, 1972.

[29] JAUCH L R. Relationships of research and teaching: implications for faculty evaluation [J]. Research in higher education, 1976, 5 (1).

[30] FOX M F. Research, teaching, and publication productivity: mutuality versus competition in academia [J]. Sociology of education, 1992, 65 (4).

[31] FOX M F. Gender, family characteristics, and publication productivity among scientists [J]. Social studies of science, 2005, 35 (1).

[32] EBLE K E. The craft of teaching: a guide to mastering the professor's art [M]. San Francisco: Jossey-Bass Publishers, 1976.

[33] OLSSONT, ROXA T. Evaluating rewards for excellent teaching-a cultural Approach [C]. Proceedings of the 31st Herdsa Annual Conference, Rotorua, 2008.

[34] MILGROM P, HOLMSTROM B. Multitask principal-agent analyses: incentive contracts, asset ownership, and job design [J]. Journal of law economics and organization, 1991, 7 (Special Issue).

[35] DEWATRIPONT M, TIROLE J. Modes of communication [J]. The journal of political economy, 2005, 113 (6).

[36] MARSH H W. Students' evaluation of university teaching: research findings, methodological issues, and directions for future research [J]. International journal of educational research, 1987, 11 (3).

[37] CASHIN W E. Student ratings of teaching: asummary of research [J]. IDEA paper, 1988 (20).

[38] LEON PAT. Received with reservations [J]. Times higher education supplement, 2002 (1542).

[39] GORDON G, WHITCHURCH C. Managing human resources in higher education: the implications of a diversifying workforce [J]. Higher education management and policy, 2007, 19 (2).

[40] KEMBER D, KWAN K P. Lecturers' approaches to teaching and their relationship to conceptions of good teaching [J]. Instructional sciences, 2000, 28 (5-6).

[41] TIEN F F, BLACKBURN R T. Faculty rank system, research motivation, and faculty research productivity: measure refinement and theory testing [J]. Journal of higher education, 1996, 67 (1).

[42] NEWMAN J H. The idea of a university [M]. New York: Doubleday, 1912.

[43] RAMSDEN P, MARTIN E. Recognition of good university teaching: policies from an Australian study [J]. Studies in higher education, 1996, 21 (3) .

文化霸权理论对做好高校意识形态工作的启示

杨春风

（首都经济贸易大学　马克思主义学院）

【摘　要】西方马克思主义界提出的文化霸权理论是资产阶级意识形态霸权的现实反映。葛兰西的文化霸权理论、阿尔都塞的意识形态的国家机器理论和哈贝马斯的公共领域理论均不约而同地指出，家庭、学校、教会、工会等是资产阶级传播意识形态的主阵地。文化霸权理论虽然产生于西方，但是对我们仍然有一定的启发意义。本文尝试分析西方马克思主义中的文化霸权理论，及其对中国高校意识形态教育工作的启示。

【关键词】文化霸权理论　高校意识形态　西方马克思主义　启示

引言

中国共产党第十九届中央委员会第五次全体会议提出，“十四五”期间我国要繁荣发展文化事业和文化产业，提高国家文化软实力。坚持马克思主义在意识形态领域的指导地位，坚定文化自信，坚持以社会主义核心价值观引领文化建设，加强对西方马克思主义文化理论的研究，既可以拓展我们的文化视野，提升我们的文化素养，又可以在加强对西方资产阶级意识形态批判的同时，汲取资产阶级意识形态的工作经验和教训，具有重要的理论意义和实践意义。

一、文化霸权是资本主义统治的新形式

文化霸权或意识形态霸权已经成为资产阶级统治国家、统治世界的最新形式。对此，西方马克思主义理论家控诉和讨伐了资本主义国家意识形态统治的残酷现实。

（一）葛兰西文化霸权理论阐述了文化领导权的重要性

在西方马克思主义发展史上，葛兰西开辟了研究资产阶级文化领导权的先河，并第一次提出了文化领导权理论，我们称之为文化霸权理论。

1. 文化领导权即对市民社会的领导权

葛兰西认为，市民社会是上层建筑的一个构成部分。他指出，目前我们能够做的是确定两个上层建筑的两个主要层面，一个被称作“市民社会”，即通常称作“民间的”社会组织的集合体，另一个则是“政治社会”或“国家”。在他看来，国家就是由政治社会和市民社会两部分构成的，即“国家=政治社会+市民社会”。既然如此，那么在西方资本主义国家中就存在着两种领导权，即对应于政治社会的政治的领导权和对应于市民社会的文化领导权。葛兰西认为，政治领导权是通过暴力的手段获得的，而文化领导权则是靠民间的社会组织起作用。在这些组织中，最重要的是政党、工会、教会和学校，另外还包括各种意识形态-文化的组织，如报纸、杂志和各种学术文化团体等。

2. 文化领导权的本质是一种教育关系

葛兰西认为：“发挥积极的教育功能的学校和发挥约束与消极功能的法庭，是最重要的国家行为……它们合在一起构成统治阶级的政治的和文化的领导权的工具。”① 可见，教育对资产阶级的文化领导权起着至关重要的作用。但是，教育机关是控制在统治阶级手中的，无产阶级要获得文化和意识形态上的领导权，必须建立自己的教育机构，并通过阵地战的方法蚕食资产阶级的文化领导权。并且，无产阶级要推翻资本主义制度，建立社会主义社会，必须先取得文化领导权，然后才能够取得政治领导权和经济领导权。

从葛兰西的论述可以看出，在西方，具有教育功能的学校是资本主义宣传其意识形态、实行文化霸权的重要工具，而发挥约束与消极功能的法庭则是资产阶级执行政治领导权的最主要工具。

（二）学校和家庭是资产阶级意识形态宣传的主阵地

阿尔都塞认为，学校、教会、家庭、广播、电视等都承载着意识形态教

① 俞吾金，陈学明．国外马克思主义流派新编：上［M］．上海：复旦大学出版社，2002：124.

育的功能，是意识形态的一种物质性存在，它们和政治的国家机器一样，是国家机器的一个有机组成部分，具有强制性。他指出："我们暂时还是可以把下述机构看成是意识形态的国家机器（我列举的次序没有任何特别意义）：

——宗教的意识形态国家机器（各种教会系统），

——教育的意识形态国家机器（各种公立的和私立的学校系统），

——家庭的意识形态国家机器，

——法律的意识形态国家机器，

——政治的意识形态国家机器（政治系统，包括各个党派），

——工会的意识形态国家机器，

——传媒的意识形态国家机器（出版、广播、电视，等等），

——文化的意识形态国家机器（文学、艺术、体育，等等）。"①

阿尔都塞认为，意识形态的主要功能是论证资本主义制度的合理性。意识形态的国家机器，如家庭、教会、学校、广播、电视、文学艺术团体等，都以意识形态的方式发挥作用，是确保资本主义生产关系和剥削制度存在的基本条件。阿尔都塞认为，在西方，当今社会、家庭和学校的教育已经取代了教会的作用，在意识形态的国家机器中发挥着重要的作用。

由于家庭和学校教育是意识形态国家机器的重要组成部分，资本主义国家把家庭和学校视为资产阶级意识形态宣传的主阵地。西方各国的教育发展规划及课程设置等都突出其民族精神、爱国主义及公民教育的意识形态内容。美国联邦教育部强调学校要利用一切形式强化美国中小学生的"美国意识"，国旗、国徽、国歌等国家象征物在学校随处可见。

（三）哈贝马斯指出了资产阶级意识形态的无孔不入

哈贝马斯讲的公共领域，是指一个介于国家和社会之间的公共空间，包括教会、文化团体、学会、党派、俱乐部、沙龙、咖啡馆、报纸、杂志等。市民可以在这个空间中不受国家干涉进行自由言论，并形成一定的公众舆论。这种公众舆论上可以影响国家路线方针政策的制定，下可以保护人民的福祉。但是在晚期资本主义社会，由于资产阶级加强了公共领域的管理，舆论是被

① 陈越．哲学与政治：阿尔都塞读本［M］．长春：吉林人民出版社，2003：349.

制造出来的，是被资产阶级控制的，是为资产阶级服务的。因此，要恢复自由资本主义的舆论结构，必须实行舆论结构的变革。

20 世纪中叶以来，由于科学技术的快速发展，“工具理性”统治资本主义世界、“科学技术即意识形态”已经成为西方“左”派知识分子的共识。马尔库塞认为，“科学与技术本身成为意识形态，是因为科学和技术同意识形态一样，具有明显的工具性和奴役性，具有统治人和奴役人的社会功能”①。他认为，现代化的工业设备及其高度的生产率在满足个人的各种需求过程中，剥夺了人的独立思想和自主性。当人们的生活满足于物质富足，过着“痛苦中的安乐生活”时，人变成缺乏批判性、否定性的人时，人就变成单向度的人，社会也变成了单向度的社会。哈贝马斯继承了马尔库塞的“科学技术即意识形态”的理论，论证了在资本主义社会中，科学技术在成为第一生产力的同时，越来越执行着意识形态功能，成为一种为统治提供合法性的异化力量。在晚期资本主义社会，科学技术的主要功能就是替资本主义社会辩护，论证资本主义制度合法性。“这个时期科学技术本身已经取得了合法的统治地位，成了理解一切问题的关键。”②

由西方“左”派知识分子的文化霸权理论可以看出，在资本主义国家里，资产阶级为了维护其阶级统治，把文化领导权的地位提高到政治领导权之上，利用家庭、学校、教会、党派、电视、报刊宣传其资本主义的核心价值观；利用科学技术为资本主义文化统治服务，控制公共领域的舆论，竭尽所能使资产阶级意识形态始终占据主导地位。

二、西为中用，做好高校意识形态工作

西方国家非常重视家庭、学校、教会、党派等在意识形态教育中的主导作用，重视对公共舆论的引导和控制，重视利用科学技术宣扬资本主义制度的合理性、合法性，重视对文化与舆论传媒的灵活有效掌控。这对我国高校做好意识形态工作有一定启发意义和借鉴作用。

---

① 马尔库塞．单向度的人［M］．吕世平，张峰，译．重庆：重庆出版社，1993：8.

② 哈贝马斯．作为“意识形态”的技术与科学［M］．李黎，郭官义，译．南京：学林出版社，1994：100.

（一）强化校园舆论管控

在西方，校园舆论承载着最重要的意识形态教育功能。葛兰西把政党、工会、家庭、学校等舆论起作用的地方称为“市民社会”，哈贝马斯把教会、学校、家庭、出版社、文化团体等舆论起作用的中间地带称为“公共领域”，阿尔都塞把工会、学校等称为“意识形态的国家机器”。西方国家对校园舆论的管理非常严格，任何损害国家利益的言行都会受到国家机器的惩罚。

校园舆论管控也应该成为中国高校意识形态工作的重要内容之一。

首先，用好高校网络媒体。网络是当代大学生经常接触的新兴媒体，具有传播快、信息量大、覆盖面广、交互性强的特点。用好高校网络媒体，可以活跃校园文化，开阔大学生视野，拓宽大学生获取知识的途径，就当前的热点难点问题提供交流与互动等。因此，高校必须重视网络媒体的作用，占据网上舆论的制高点。

其次，做好社团管理。学生社团作为校园文化生活的重要载体，是校园舆论发生和传播的地方。每个高校都有很多社团，参与人数也多。同时，这些社团又是松散的，各种社团的日常活动既多且杂，必须加以引导和管理。

再次，完善校园网络监管机制。学校要积极对舆论信息进行收集和分析，对网络论坛、微博、微信群、QQ 群等的监督和管理要做到无缝衔接；对校园突发事件，要及时处置，避免出现负面影响；对社会上的热点难点问题，要动员教师从专业角度加以阐释，以正视听。

最后，利用新媒体新技术，做好校园意识形态宣传工作。新媒体新技术的不断涌现，倒逼校园的网络媒体必须与时俱进。高校应当善于利于微博、微信公众号、QQ 群、校园论坛等各种新媒体，把校园意识形态工作搞活。

（二）家庭、学校、社会联动，形成意识形态工作合力

意识形态工作是一个十分复杂的系统工程。西方国家的意识形态工作是在政府的主导下，由学校、家庭、教会、党派、报刊等一起发挥作用，在工作实践中形成合力。在中国，要使意识形态工作卓有成效，也需要社会各方在诸多方面进一步沟通、协调，共同推动此项工作的开展。

首先，在高校意识形态教育中，家庭的作用不可或缺。大学生家长的世

界观潜移默化地影响着他们的孩子，如对共产主义的理想信念，对马克思主义的信仰，家长的言传身教甚至比教师的课堂教育还要管用。可见，家庭和学校联动搞好意识形态教育势在必行。

其次，要形成家庭、学校和社区联动的意识形态教育机制。在西方，资产阶级的价值观宣传是无孔不入的。资产阶级会充分挖掘各种社会力量，动员学校、家庭、社区、教会、工会等共同参与这一工作，构建了全方位、多层次、立体化的意识形态掌控体系。在中国，高校是意识形态教育工作的主要承担者之一，而目前高校从事意识形态教育工作无论是从时间安排还是到内容筛选都显得力不从心。面对数量庞大的大学生群体，面对极其活跃的大学生思维，面对众多的热点难点问题，面对海量的互联网信息，大学生思想政治理论课在有限的教学时间、有限的教学内容里，能做的工作其实很有限。在这种条件下，家庭、社会、社区参与大学生的意识形态教育就显得尤为重要。所以，高校要主动扩展大学生意识形态教育工作的各种渠道，重视家庭、社会、社区在意识形态工作中的作用，注重开展与家庭、社区之间的分工协作，形成学校、家庭和社区联动的意识形态教育制度。

最后，落实家庭和学校意识形态工作责任制。一方面，学校有责任把家长和社区领导请进来，请他们了解学校意识形态教育工作的内容、形式、方式方法、目的，以及相关的困难和需要解决的问题，动员家长和社区领导积极参与学校的意识形态教育。另一方面，家庭成员应当注重提高自身的素质，学会辨别区分一般社会认知问题、政治原则问题、学术观点问题等，旗帜鲜明地反对和抵制各种错误观点。这样，学校、社区、家庭如果能够各负其责，形成分工、互动与合作的完整思想教育网络，则高校意识形态工作的腾飞指日可待。

三、坚决抵制各种宗教势力在校园的渗透

资产阶级在对内实行意识形态控制的同时，又想方设法把自己的文化观念和意识形态推广到世界各国，进行宗教渗透就是资本主义国家实施文化输出，推行文化霸权的主要途径。

在党的十九大报告中，习近平总书记特别强调，“全面贯彻党的宗教工作

基本方针，坚持我国宗教的中国化方向，积极引导宗教与社会主义社会相适应”。贯彻习近平总书记关于宗教工作的重要指示，抵制宗教势力对高校的渗透成为迫切的政治任务。

（一）高校教师要有高度的政治敏锐性

政治敏锐性是关系国家兴旺发达的重要因素。高校教师在政治问题上要时刻保持头脑清醒，善于用马克思主义的政治眼光敏锐洞察和鉴别各种社会现象。在宗教信仰自由问题上要辩证看待，正确引导。一方面，要了解中国宗教信仰自由政策，旗帜鲜明地坚持教育与宗教相分离的原则；另一方面，也要认识到无论何时何地，宗教的本质、作用都没有发生根本的变化。因此，高校教师要积极引导学生正确认识和对待宗教，帮助学生解决个体成长过程中遇到的困难和困惑，增强他们对宗教渗透的抵御能力。公共政治理论课教师更是要担负起这个责任，要在自己的课程中融入对中国宗教政策的解读、宣传，增强大学生抵制和防范校园传教活动的敏锐性和自觉性。

（二）对大学生开展马克思主义宗教观教育

马克思认同费尔巴哈的宗教观，即宗教是人的异化。在此基础上，马克思进一步说明了宗教产生的根源和消除的途径。“世俗基础使自己从自身中分离出去，并在云霄中固定为一个独立王国，这一事实，只能用这个世俗基础的自我分裂和自我矛盾来说明。因此，对于这个世俗基础本身首先应当从它的矛盾中去理解，然后用消除矛盾的方法在实践中使之发生革命。”① 马克思指明了宗教产生于现实的激烈的矛盾冲突，是贫苦大众面对统治阶级残酷的统治和压力无能为力时的反映，他们渴望能够有一个至高无上的神灵拯救他们于苦难之中。因此，“宗教是被压迫心灵的叹息，是无情世界的感情。正像它是没有精神的制度的精神一样，宗教是人民的鸦片”②。要消灭宗教，就必须改变现实，消灭残酷无情的剥削制度。只有到了共产主义社会，宗教才能够被彻底消灭。在这里，马克思科学地分析了宗教的本质、根源、作用、消灭途径等重大问题。在新时代，我们要用习近平新时代中国特色社会主义思

---

① 马克思，恩格斯．马克思恩格斯文集：第一卷［M］．北京：人民出版社，2009：500.
② 马克思，恩格斯．马克思恩格斯文集：第一卷［M］．北京：人民出版社，2009：4.

想武装学生头脑，对大学生进行马克思主义宗教观教育，以抵制各种宗教势力在校园的渗透。

（三）高校的宗教事务管理工作要落到实处

首先，学校党委要高度重视高校的宗教事务工作，认真学习和贯彻落实习近平新时代中国特色社会主义思想中关于宗教工作的重要精神，及时学习传达中央精神，切实履行主体责任，将宗教事务工作落到实处。

其次，成立学校民族宗教工作领导小组。学校党委要统一领导，统战部门带头协调，宣传部门、学生工作部门、保卫部门、信息工作部门、马克思主义学院等相互配合，齐抓共管，有力落实各项宗教工作。

再次，明确责任，规范管理。要健全学校及其二级学院的意识形态工作责任制，形成宗教工作相关制度，制定具体落实宗教工作的一系列措施，使哲学社会科学讲座、报告、论坛得到严格审批和把关，使校报校刊、广播电视、宣传橱窗、校园网络等成为引导宗教工作的阵地。同时，加强对宗教工作的考核。高校和各二级单位，要制定量化的考核标准，使教师和学生充分意识到做好宗教工作的必要性和紧迫性。

最后，做好大学新生、少数民族学生、留学生和入党积极分子的指导、培训工作。高校的新生入学教育，应该包含宗教政策的宣讲；少数民族学生的日常生活、学习、创业和就业要纳入学校的指导工作；留学生和外籍教师要遵从中国的法律法规，认同中国的宗教政策；入党积极分子的党校学习，要把宗教问题当作一个重要的内容。

综上所述，我们要充分理解党的意识形态工作精神，借鉴西方国家的意识形态工作经验，多渠道做好意识形态工作，把控好校园舆论，使家庭、学校和社会联动起来，抵制宗教在学校的传播，从而形成高校意识形态工作的新局面。

参考文献

[1] 俞吾金，陈学明．国外马克思主义流派新编：上［M］．上海：复旦大学

出版社，2002.
［2］陈越．哲学与政治：阿尔都塞读本［M］．长春：吉林人民出版社，2003.
［3］马尔库塞．单向度的人［M］．吕世平，张峰，译．重庆：重庆出版社，1993.
［4］哈贝马斯．作为“意识形态”的技术与科学［M］．李黎，郭官义，译．南京：学林出版社，1994.
［5］马克思，恩格斯．马克思恩格斯文集：第一卷［M］．北京：人民出版社，2009.